Günter Stoewer

Der Zug der letzten Goten
Vom Vesuv nach Thule

Historischer Roman

München 2006/2015

Günter Stoewer

Der Zug der letzten Goten

Vom Vesuv nach Thule

Historischer Roman

München 2006/2016

Bibliografische Information der Deutschen Nationalbibliothek:
Die Deutsche Nationalbibliothek verzeichnet diese Publikation in der Deutschen Nationalbibliografie; detaillierte bibliografische Daten sind im Internet über http://dnb.ddb.de abrufbar.

ISBN 978-3-86870-963-6

Umschlagillustration: almogon (photocase.de)

www.rediroma-verlag.de
14,95 Euro (D)

Gewidmet meiner Frau

Dank sage ich meiner lieben Frau, die nicht nur
Korrektur las, sondern mir darüber hinaus wertvolle
Hinweise gab und mich immer wieder ermutigte.

Dank gebührt auch meinem Sohn Steffen, der
mich dazu brachte mit dem PC zu arbeiten und
den Druck des Manuskriptes veranlasste.

Alle Skizzen stammen vom Verfasser

Neuauflage 2016

Inhaltsverzeichnis

Vorbetrachtungen

In meiner Jugend wurde ein Buch des Historikers Felix Dahn viel gelesen, „Ein Kampf um Rom". Nicht nur wir Heranwachsenden fanden diesen auf historischen Ereignissen fußenden Roman spannend. Mit heißem Herzen nahmen wir teil am Kampf der Ostgoten um den Erhalt ihrer Herrschaft über Italien. Mit Bangen verfolgten wir das wechselvolle Geschick der Nachfolger des großen Königs Theoderich, erfreuten uns an deren Siegen und litten mit bei ihren Niederlagen und Schicksalsschlägen. Beim Untergang der Goten in der letzten Schlacht am Sarnus erlebten wir unsere Ohmacht und lösten uns nur mühsam aus dieser längst vergangenen Zeit. Ihr erbitterter und heldenmütiger Kampf um einen ehrenvollen Abschied aus dem Leben, war nahezu unerträglich für uns. In unserer Phantasie kämpften wir an der Seite ihres Königs Teja und wehrten gemeinsam die Angriffe des Byzantinischen Heeres ab. Vergebens, auch dieser letzte König der Goten konnte, trotz fast übermenschlicher Taten, das Geschick seines Volkes nicht mehr wenden. Für viele blieb danach eine Frage unbeantwortet, jene nach dem Verbleib der gotischen Krieger, die diesem Grauen entronnen waren. In seinem Roman lässt Dahn sie mit Wikingern über das Meer von dannen ziehen. Andere Historiker hingegen berichten von deren Zug gen Norden, wo sich ihre Spuren im Nebel der Geschichte verlieren.

Im vorliegenden Buch, das ursprünglich „Vom Vesuv nach Thule" heißen sollte, entsteht noch eine andere Version vom Zug der letzten Ostgoten, die ich ab jetzt nur noch Goten nenne. Angeführt von einem der wenigen Adeligen, der die letzte Schlacht überlebte, ziehen sie zwar gen Norden, allerdings nur bis in die Gegend des heutigen Pavia. Dort will der neue Anführer die über ganz Italien versprengten Reste seines Volkes sammeln. Mit Umsicht und Tatkraft bereitet er sie auf eine lange entbehrungsreiche Reise und das Leben in der neuen Heimat vor. Er weiß, dass seine des Arbeitens entwöhnten Goten eben dieses wieder mühsam erlernen müssen. Denn bis dahin verhielten sie sich – freundlich betrachtet – „nur" als Herren. Weniger wohlwollend bewertet, waren sie nicht nicht mehr als Land- und Beutesuchende und Sklavenarbeit fordernde Räuber. Heute würden wir deren Anführer als Kriegsherren bezeichnen. All das, was in unbekanntem Land zum Überleben notwendig ist, müssen sich diese letzten Goten wieder aneignen. Der

Anführer vernachlässigt darüber keineswegs die kriegerischen Fähigkeiten seiner Gefolgsleute. Ihm liegt am Herzen, die so bewunderten Errungenschaften der Antike in seinem Volk zu bewahren und weiter zu entwickeln.

Wie dies geschah und welche Hürden es dabei zu überwinden galt, findet sich im Roman wieder. Er stellt die Reise zu den neuen Ufern dar, beleuchtet die hierfür unabdingbaren Voraussetzungen. Es ist reizvoll zu sehen, was geworden wäre, wenn…? Ja, wenn diese letzten Goten, fern von den dämpfenden Einflüssen der anderen germanischen Völker und der alles aus der Antike als heidnisch verdammenden Kirche, diese römisch-griechische Kultur fortführten, eingebettet in ihre Lebensweise und Bräuche. Auch dies wird im vorliegenden Roman erzählt und als Streben nach einem idealen Staat dargestellt. Im Vordergrund steht jedoch der Zug der letzten Goten vom Schlachtfeld am Sarnus, über Ticinum, hin zur fernen Insel Thule. Die Geschichte rankt sich um den ersten König von Thule, der sein Volk in eine neue Heimat und eine gute Zukunft führt. Ziehen Sie mit in dieses Reich gedachter Vergangenheit und erleben Sie mit, wie diese Geschichte sich entwickelt.

München, im November des Jahres 2006 Günter Stoewer

Vorwort zur zweiten Auflage

Inzwischen liegen vier Folgebände zum weiteren Geschehen in Thule vor, dennoch lag mir gerade das erste Buch der sog. Thule-Reihe besonders am Herzen. Damals, noch unerfahren mit dieser Art des Schreibens und begierig darauf das Manuskript bald im Druck zu sehen, habe ich bei der Korrektur der Niederschrift Fehler übersehen. Dies Versäumnis veranlasst mich zu einer zweiten Auflage, zumal gerade dieser Band noch immer nachgefragt wird und außerdem auch als E-Book andere Zielgruppen ansprechen soll. Dabei habe ich beim Inhalt und im Text Ergänzungen vorgenommen. Dadurch sollten sowohl der Lesefluss verbessert, als auch Unklarheiten beseitigt werden. Ich hoffe jedoch damit der Phantasie meiner Leser keine Zügel angelegt zu haben.

München, im Frühjahr 2016 Günter Stoewer

1. Teil Davongekommen?

Kriegszeiten

Ein früher, heißer Herbst war angebrochen, einer, den sonst die Menschen in Tuscien willkommen hießen, da er die Trauben reifen ließ. Doch in diesem Kriegsjahr 552 nach Christus war an die Traubenernte nicht zu denken, anderes bedrängte die Menschen viel zu sehr. Außerdem unterschied sich dieser Oktoberbeginn bisher in nichts von den vorhergehenden Monaten. Seit unendlich langen siebzehn Jahren verheerte der mörderische Krieg der Ostgoten mit den Byzantinern das unglückliche Italien. Die einen wollten das eroberte Land behalten und die anderen es ihnen wieder entreißen. Das schöne Land litt unsäglich unter dem schrecklichen Krieg. Die verängstigten, von der Kriegsfurie gepeinigten Menschen hungerten, viele ihrer Felder und Weinberge blieben unbestellt, es stand kaum mehr Vieh auf den braunen ausgedörrten Weiden. Zu allem Übel wies selbst die Natur kein Erbarmen mit den Gequälten auf. Seit Wochen verbrannte die Sonne die Felder, kein Regen netzte die ausgetrockneten Fluren. Bäche und Flüsse führten immer weniger Wasser, einige Brunnen waren ganz versiegt. Es sah so aus, als schiene sich selbst der Himmel gegen die Menschen zu verschwören. Manch einer von ihnen war der Überzeugung, Gott habe sich wegen ihres Wütens von seinen Geschöpfen abgewandt und überlasse dem Teufel das Land. Viele Mutmaßungen und Falschmeldungen, aber auch „gläubig“ angenommene Weissagungen überschwemmten die Halbinsel, der latente Aberglaube tat ein Übriges dazu.

Das letzte dieser vielerorts zwiespältig aufgenommen Gerüchte lautete, die Goten seien am Vesuv von den Byzantinern vernichtend geschlagen worden. Sollte dies tatsächlich zutreffen, wie würde es dann mit dem unglücklichen Italien weitergehen? Würde das Land endlich selbst einen neuen Anfang finden oder weiterhin von fremden Herren und Heerscharen unterdrückt werden? Saugten jetzt die siegreichen Byzantiner das Land erneut aus, würden sie ihre schreckende Herrschaft wieder aufrichten? Dies wäre für alle das denkbar schlimmste Unglück, doch sie klammerten sich noch an einen Hoffnungsschimmer? Hatten nicht die hohen Geistlichen allerorten verbreiten lassen, nach dem Ende der ketzerischen, arianischen Goten würde Papst Vigilius selbst die Zügel in die Hand nehmen und das Gottesreich in Italien aufrichten? Für diejenigen, die weiter denken konnten, bedeutete dies jedoch nichts als eine schlichte Träumerei, bar jeden Bezugs zur Wirklichkeit und zu den Machtverhältnissen. Ob es einem behagte oder nicht, es war leider davon auszugehen, dass sich die einst als Befreier begrüßten Byzantiner Italien einverleiben würden. Und was dann kommen würde, das war leicht auszurechnen. Ihre Beamten würden alles daran setzen, ihrem Kaiser Geld und Beute zu verschaffen. Sie würden dabei keineswegs davor zurückschrecken, sich selbst gut zu bedienen, so wie sie es in der Vergangenheit schon gehalten hatten.

An diesem Morgen trafen sich die Bewohner des heutigen Cafaggiolo bei ihrem Pfarrer. Sie begingen mit ihm die Fluren und beteten unentwegt zum Himmel, baten um Regen. Was sie dazu ermutigt hatte, war eine Beobachtung. In der Nacht hatten feine Wolkenschleier dem Mond erstmals seit langem einen Hof verschafft. Sollten diese die Vorboten eines Wetterwechsels sein? Voller Hoffnung blickten sie immer wieder gen Westen, hinter den nahen Bergen lag in der Ferne das Ligurische Meer. Und von dort her kam doch sonst fast immer der Regen. So, als hätten ihre flehentlichen Bitten tatsächlich Gott erreicht, geschah das Wundersame. Über die etrurischen Hügel und den Arnus entlang quollen dunkle, schwere Wolken und schoben sich vor die Sonne. Und später, am frühen Nachmittag zogen immer mehr wollige Schwaden das liebliche Tal herauf, verdeckten die Hänge, hüllten Wald und Dorf in einen weißgrauen Schleier. Sanft setzte bald darauf der so sehr herbeigeflehte Regen ein, erfrischte die Lebensgeister und weckte neue Zuversicht. Sollte der gnädige Gott sie doch nicht ganz dem Satan überlassen haben!?

Unweit dieses Dorfs quälte sich ein Heerzug die Via Cassia hinauf zum Futa-Pass. Der heftiger gewordene Regen dämpfte das Klirren der Waffen und Kettenhemden, wusch allmählich längst geronnenes Blut von den Schilden und Brünnen. Das stete Rauschen verschluckte das Stöhnen der Verletzten und milderte die Flüche der übermüdeten Männer. Zuerst begrüßten alle den himmlischen Guss, herbeigesehnt von lechzenden, in der südlichen Hitze ausgedörrten Kehlen. Aber der Regen verlor bald seinen rettenden Segen, er geriet den nordwärts Ziehenden mehr und mehr zum Unbill. Auf diesem ansteigenden Abschnitt der Straße ließen die Wolkenströme die Schritte schwer werden. Der Staub der Strasse verwandelte sich in eine zähe Masse. Sie klebte an den zerschlissenen Schuhen, sammelte sich in den Schlaglöchern und drang in die Schuhe ein. Der Regen durchnässte die von langem Marsch und Kämpfen verschlissenen Umhänge immer mehr, rann über von Wunden gequälte Leiber. So niedergeschlagen zogen bestimmt keine Sieger. Der trotzige Stolz der Männer, der sie bis dahin aufrecht gehalten hatte verwandelte sich mit jedem Schritt in tiefere Niedergeschlagenheit. Wie lange wollte Herzog Indulf noch ohne längeren Halt weiterziehen? Unterwegs hofften sie lange darauf, sich in dem lieblichen Tuszien von den Strapazen erholen zu dürfen, doch vergebens, der Herzog hieß sie weiter nach Norden zu marschieren. Nun denn, wie gewohnt und nicht unwillig folgten sie ihrem neuen Anführer. Der Herzog ritt ja immer wieder am Zug entlang, munterte die Seinen auf und fand für die Kranken und Verletzten mitfühlende Worte. Sie sahen ihm die Sorge um sie an, auch er hielt sich bei der Verteilung der spärlichen Lebensmittel an die jedem zugedachte Ration. Der Fürst litt sichtlich am Schicksal der Seinen und wusste wohl selbst nicht so recht, was aus ihnen allen werden würde.

Herzog Indulf wusste nur zu gut um die Fragen seiner Anvertrauten, er kannte deren Wünsche, doch er konnte ihnen weder eine Phase längerer Ruhe einräumen, noch die sie bedrängenden Fragen beantworten. Und nun kam ihm auch noch dieser Regen in die Quere, einer, der seine Pläne vereitelte, die Schritte verlangsamte und sie zwingen würde, noch vor dem Futapass ein Nachtlager zu suchen. Die Sichtweite war bedrohlich eingeengt, ein Überfall an diesem Abschnitt der Via Cassia hätte sich verheerend ausgewirkt. Doch seine wachsamen Späher würden rechtzeitig warnen, darauf vertraute der Herzog. Bisher hatten sie keinen geeigneten Platz gefunden, auf dem sie ihr Lager aufschlagen konnten. Einer ihrer Späher meldete dem Herzog, sie würden bald auf ein an der Heerstraße liegendes Dorf stoßen, das als Rastplatz geeignet wäre. Der Herzog hob daraufhin die rechte Hand und gab damit den Seinen das Zeichen für baldiges Anhalten. Ein Aufatmen wanderte durch die Reihen, endlich hatte es für diesen harten Tag ein Ende mit der Schinderei. Der Herzog und seine Anführer setzten sich nun an die Spitze, um das Dorf zu inspizieren und vor Überraschungen sicher zu sein.

Aber die Überraschung erlebten nicht sie, sondern die entsetzten Bewohner des Dorfes. Viel zu spät entdeckten sie die aus dem Regenvorhang heraus auftauchenden Reiter, an eine Flucht war nicht mehr zu denken. Mutig wollten sich die Männer des Dorfes dem Unabwendbaren stellen, trotz ihrer Ängste und Besorgnisse. Angst und Sorge ergriff dann aber auch den Mutigsten, als sie die von langer Reise und hartem Kampf gezeichneten Krieger erkannten. Was durften sie in diesen schlimmen Kriegszeiten denn von solch abgerissenen Kämpfern schon Gutes erwarten? Doch sie klammerten sich an einen kleinen Trostfunken. Bei den Fremden handelte es sich weder um eine das Land heimsuchende Horde von Hunnen, noch um einen Trupp beutesuchender Söldner der Byzantiner. Goten standen ihnen gegenüber, und deren wurden immer mehr. Dies ließ sie ein wenig hoffen, denn sie, die bisherigen Herren Italiens, hatten sich gegenüber der einheimischen Bevölkerung zumeist anständig verhalten. Aber galt galt dies immer noch, nach so vielen Jahren rohen Kampfes? Aus der Reihe der abgestiegenen Reiter trat ein riesiger, sehr alter weißbärtiger Kämpe hervor. Beruhigend sprach er den Pfarrer an, der sich schützend vor seine Gemeinde gestellt hatte. „Habt keine Angst, wir suchen nur ein Obdach für diese eine Nacht. Solltet ihr uns darüber hinaus noch Essen und Trinken, vielleicht sogar Futter für unsere Tiere verkaufen können, soll es Euer Schaden nicht sein.“ Mehr sagte der Alte nicht, doch wie er es sagte, überzeugte und schuf Vertrauen. Erst danach stellte er sich vor, und so erfuhren die Bewohner des Dorfes, dass sie es mit dem legendären Hildebrandt zu tun hatten, dem ruhmreichen Waffenmeister der Goten. Nie gab es über den uralten Helden ein böses Wort, er galt zwar als ein gewaltiger Recke, doch auch als edler Mann. Die verschüchterten Bewohner atmeten auf, von diesen Goten drohte ihnen wohl keine Gefahr. Der sichtlich erleichterte Pfarrer geleitete die Ankömmlinge im strömenden Regen hinauf zu einer mächtigen Burg, die sich am Ende des Dorfes auf einem Hügel erhob. Der Priester schloss ein gewaltiges Tor auf, dessen rostige Angeln ächzten. Diese Burg schien verwaist zu sein, wie so viele Orte und Gebäude in diesem geschundenen Land. Diese Vermutung bestätigte der alte Pfarrer, der sie durch die Burg führte und die zum Schlafen wie zum Essen geeigneten Räume zeigte.

Vom Pfarrer erfuhren sie, der Besitzer hielte sich in Rom auf und habe sich seit längerer Zeit nicht um seine Burg gekümmert. Entweder hatte er dafür keine Zeit oder vielleicht zu viel Besitz zu verwalten. Auf Nachfrage nannte er den eigentlich für die Goten belanglosen Namen des Herrn der Burg. Zum Erstaunen des Pfarrers war dieser den Goten jedoch ein Begriff. Die Burg gehörte keinem Geringeren als dem römischen Konsul Cethegus, ihrem einstigen so verschlagenen wie gefährlichen Feind. Ihn hatte König Teja am Fuße des Mons Lactarius mit eigener Hand erschlagen. Der mächtige Patrizier Cethegus galt hier im Dorf als harter Herr und in Rom als mächtiger und intriganter Politiker. Allerdings hatte sich der Aristokrat wider Erwarten im Kampf als zäher und tapferer Gegner erwiesen. Doch nun ruhte sein Leichnam in kühler Erde und seine gotischen Widersacher fanden ausgerechnet unter seinem einstigen Dach ein willkommenes Obdach. Der Verwalter und das Gesinde der Burg hatten es vor kurzem vorgezogen, sich vor den Wirren der näher rückenden Kämpfe in Sicherheit zu bringen.

Die Burg war weitläufig angelegt und bot allen Raum, auch ihre Tiere konnten sie gut geschützt unterbringen. Selbst die sperrigen Planwagen fanden im Burghof noch Platz. Zu aller Überraschung gab es in der Vorburg noch reichlich Heu. Unangetastet lagerten volle Weinfässer in den Kellergewölben. Die Dorfbewohner brachten ihnen von ihrem Essen, was sie selbst entbehren konnten und wurden dafür gut entlohnt. Zusammen mit den Vorräten, welche die Goten unterwegs erworben hatten, reichte es zu einem zwar kargen, aber ausreichenden Mahl. Zu diesem luden sie den Pfarrer und den Vorsteher des Dorfes ein, die diese Ehre zu schätzen wussten. Bisher hatten die Bewohner des Dorfes in der Burg nichts angetastet, die große Angst vor dem harten Cethegus hinderte sie daran. Lediglich der Pfarrer besaß den Schlüssel zum Tor, den ihm der Verwalter vor seiner Flucht anvertraut hatte.

Die riesige hohe Aula beeindruckte durch reiche Ausstattung, hier gedachten die Edlen und ihre Gefolgsleute zu speisen. Offenkundig unterstrich der einstige Hausherr durch das Bauwerk seine herausgehobene Stellung. Als geräumig erwiesen sich auch die Säle, in denen die übrigen Krieger und ihre Anvertrauten nächtigen und essen konnten. Diese Burg wäre eigentlich ein geeigneter Ort, um hier noch länger zu verweilen. Doch das war leider nicht möglich, denn es gab hier keine Vorräte. Und das, was die Bewohner des Dorfes ihnen überlassen konnten, würde nicht lange hinreichen. Der Quartiermeister wies allen die Räume zu, in denen sie die Nacht verbringen konnten, doch zuerst wollten sie ungeachtet ihrer Müdigkeit noch das Abendessen einnehmen. Die Hungrigen ließen sich an den rasch aufgebauten Tafeln nieder, und in jedem der drei Säle erhob sich einer der Ihren, um das Tischgebet vorzusprechen, in das alle einfielen. In der Aula setzte der Herzog noch hinzu: „Herr der Ewigkeit, wir bitten Dich inständig, stürze uns nicht ins Verderben, zeige uns gnädig einen sicheren Ort, an dem wir fürderhin in Frieden leben dürfen." Nicht nur den Pfarrer erstaunte dieses Beten. Dabei hatte es doch immer geheißen, diese Goten seien von Gott verfluchte Ketzer, Arianer, die sein eigener Bischof als Heiden geschmäht hatte. Das waren die unerwarteten Gäste ganz sicherlich nicht. Der Pfarrer verstand zwar kein Gotisch, doch der Klang der Worte, wie die Inbrunst mit der diese angeblichen Ketzer beteten, entlarvte die Worte des hohen Klerus als Lügengespinste. Übereinstimmend sahen es so der Pfarrer und der Dorfvorsteher.

Eine von Regen triefende Gruppe, bestehend aus zwölf in weite Mäntel gehüllte Reiter begehrte kurz darauf Einlass. Sowohl ihr hoher Wuchs als auch ihre grauen, mit einem roten Löwenwappen gezierten Umhänge wiesen sie als Goten aus. Eine der Wachen, die den Dorfzugang sicherten hatte sie hierher geführt. Zwei der Ankommenden, ein sehr alter Edler und ein etwa vierzigjähriger Herr waren vornehmer gekleidet als die übrigen Reisigen ihres Gefolges. Diese erwiesen den beiden Herren, insbesondere dem alten Mann besondere Achtung. Von einem der sie erkennenden Wachhabenden, wurden sie freudig begrüßt. Dieser Angehörige ihrer eigenen Sippe geleitete sie hinein in die vom Lärm der Unterhaltungen erfüllte Aula. Ein kurzer suchender Blick, dann schritten die beiden direkt auf den ihnen den Rücken zukehrenden Herzog zu. Diejenigen, welche die beiden Ankömmlinge zuerst erkannten, erhoben und verneigten sich vor dem alten Herrn. Doch der hatte nur ein Auge für Herzog Indulf. Durch die erstaunten Gesichter seiner Männer aufmerksam geworden, wendete sich der Herzog um, und des sonst so in sich gekehrten Mannes Antlitz überzog große Freude. Bei den hinzukommenden Edlen handelte es sich um seinen Vater Herzog Usdrila und seinen jüngsten Bruder Graf Theodemir. Mit feuchten Augen sanken sich die drei Männer in die Arme.

Wie die Neuankömmlinge berichteten, rankten sich in der Heimat schlimme Gerüchte um die fürchterliche, allen Hoffnungen ein Ende setzende Schlacht am Vesuv. Es verlautete auch, der edle Indulf sei wie die meisten der gotischen Aristokraten, im Anblick des Vesuvs gefallen. Daran konnte seine Familie nicht glauben, sie hoffte zuversichtlich, dass dies eine irrige Nachricht war. Und nun wurden sie darin bestätigt und endlich erlöst von dieser bangen Sorge. Auf verschlungenen Wegen hatten sie erfahren, dass sich eine kleine Anzahl Krieger durch Etrurien gen Norden zu bewegte. Es hieß, dies seien die wenigen Recken, die der entsetzlichen Schlacht entrinnen konnten. Als sie in Ticinum davon hörten, hielt es die beiden nicht mehr. Der alte Herzog selbst wollte den Geschlagenen entgegenreiten, fest davon ausgehend, sein Ältester würde diese Überlebenden anführen. Es hatte einiger Überzeugung bedurft, um Indulfs besorgte Gemahlin Rechis vom Mitreiten abzuhalten. Nun erfuhr der erleichterte Indulf, dass sowohl seine geliebte Gemahlin als auch seine ihn ungeduldig erwartende Mutter wohlauf waren.

Danach wendeten sich die beiden Herren den anderen Herren in der Aula zu, sie umarmten die wartenden Enkel und Neffen und begrüßten die ihnen bekannten Edlen. Besonders herzlich fiel die Umarmung der beiden Alten aus, in so manchem Kampf standen Usdrila und Hildebrandt ihrem König Theoderich zur Seite. Die beiden Freunde hätten einander so vieles zu erzählen gehabt, doch sie verschoben dies, denn es gab weit Wichtigeres zu vernehmen. Vieles konnten die Hinzugestoßenen während des Mahls aus der Heimat berichten, doch fast alles, was die beiden hohen Herren ihnen nun darlegten, klang ernüchternd und äußerst unerfreulich. Die Goten hielten nur noch eine einzige geschlossene Region fest in ihrer Hand, nämlich die Gegend zwischen den Flüssen Sesites und Olonna. Hier stützten sie sich auf das nie verlorene Ticinum, das den Byzantinern wieder entrissene Novaria und die Landstädte Cuttiae und Laumellum. Zur Sicherung dieses weiten Landstrichs standen aber nur noch acht Hundertschaften zur Verfügung. Alle anderen Krieger waren entweder gefallen, zum Feind übergelaufen oder gen Norden geflohen. Ansonsten hielten die Goten nur noch einige feste Städte in Mittel- und Oberitalien, alle anderen Orte befanden sich inzwischen im Besitz der Byzantiner. Alte und Frauen, darunter viele Witwen, sowie zahlreiche vaterlose Kinder hatten sich zu ihnen nach Ticinum geflüchtet. Diese bitteren Botschaften lösten tiefe Betroffenheit aus, zerstörten bei vielen die noch glimmende schwache Hoffnung und raubten ihnen die letzte Illusion. Selbst in diesen einst von vielen Goten besiedelten Regionen fanden sie also auf Dauer keine Heimat mehr. Hildebrandt, der schon so viel Unglück erleben musste, sprach es aus: „Damit weisen wir zusammen nicht mehr Kämpen auf, als eine kleine Stadt Bewohner hat. So können wir keine Schlacht mehr wagen, wir sind ja nicht einmal mehr in der Lage, diesen Teil des transpadanischen Gebietes lange zu halten."

Hilfesuchend, ja fast flehentlich wandten sich nun alle Blicke hin zu Herzog Indulf. Jetzt musste sich ihr kluger Anführer doch endlich äußern. Seine Getreuen sahen es ihm an, dass er so wie stets viele Gedanken in seinem Kopf wälzte. Sie blickten auf sein schmales, von einer Adlernase geprägtes Gesicht, nahmen die vielen Falten auf der hohen, klaren Stirn wahr und den kurz gehaltenen blonden Bart. Der Blick aus seinen warmen blauen Augen verlor sich nicht wie sonst in der Ferne, sein Mund, den er beim Grübeln zusammenkniff, blieb dieses Mal locker. Doch seine Antwort war ernüchternd: „Meine Freunde, Ihr erwartet nun zu Recht eine Antwort von mir. Aber ich muss Euch wieder enttäuschen, denn ich muss zuerst einmal meine Gedanken sortieren, um diese von nicht erwarteten Hiobsbotschaften verarbeiten zu können. Um Euch jedoch nicht die letzte Hoffnung zu nehmen, will ich wenigstens einige meiner Überlegungen darlegen. Ich kann mir trotz all der entmutigenden Voraussetzungen einige Alternativen vorstellen, die ich allerdings erst unter den neuen Gegebenheiten abwägen will. Spätestens in Ticinum werde ich mich dazu konkret äußern. Nur soviel kann ich jetzt schon sagen, ich sehe eine Lösung, eine die ich schon seit Tagen ständig hin und her wälze und zu fassen versuche." So als käme ihm in diesem Moment eine Eingebung, hielt der Herzog inne, seine grüblerische Mimik veränderte sich, wurde auf einmal gelöst. Was ging in ihrem klugen Herrn vor, dem nachgesagt wurde, dass ihm die Gabe der Seherin Amalaberga in die Wiege gelegt wurde? Es musste eine gute Idee sein, die Herzog Indulf hoffen ließ. Doch was bewegte ihn gerade?

Was den Seinen unterwegs nicht entgangen war, ihr Anführer grübelte fast auf dem ganzen Rückzug über ihrem Schicksal und einem Ausweg aus der Misere. Aber was ging gerade in diesem Augenblick im Herzog vor? Da wendete er, Indulf, tagelang immer dieselben Gedanken hin und her und fand nicht weiter. Alle Ideen hatte er bisher verworfen, unzufrieden mit den sich anbietenden Möglichkeiten. Warum hatte er sich denn dann nicht mit den anderen Edlen beraten? Der Herzog schätzte es nicht ohne konkrete Vorstellungen und Fragen an seine Getreuen heranzutreten. Zu gut wusste er, dass diese selbst keine Lösung sahen und ihre Zukunft ganz in seine Hände legten. Noch einmal griff er einen der schon verworfenen Gedanken auf, den er bisher nicht zu Ende führen konnte. Wie war das denn noch mit der Weissagung seiner Ahnin, die ihm dereinst sein Schicksal vorausgesagt hatte? Leider wusste er es nicht mehr, nicht einmal an Bruchstücke erinnerte er sich. Aber vielleicht konnte ihm heute sein Vater weiterhelfen? Hilfesuchend wandte er sich an den alten Herzog: „Vater, hast Du noch die Weissagung Deiner Großmutter im Ohr, die sie wenige Tage vor ihrem Tode – es war bei meiner Taufe – äußerte? Vielleicht lässt sich hieraus für uns ein Fingerzeig gewinnen!“

Gebannt hingen alle an den Lippen des alten Herzogs, dessen Großmutter Amalaberga eine Tante ihres großen Königs Theoderich war und eine hochverehrte Seherin. Der alte Herzog, mit einer wie Pergament wirkenden Haut im asketischen Gesicht, versenkte sich in die Vergangenheit, er versuchte sich an die damalige Situation zu erinnern. Er schaffte es nicht sofort, immer wieder entglitt ihm der Zugang zu der Taufe seines Erstgeborenen, er rang offenkundig um eine klares Bild des Damaligen. Lange, von vielen Ereignissen überflutete Jahre waren seit jenen glücklichen Tagen ins Land gegangen und derart gravierende Erlebnisse überlagerten die meisten der frühen Erinnerungen. Sie waren verschüttet worden, so wie ein sich ständig mit Kies und Sand auffüllendes Flussbett. Still war es in der Runde geworden, fast alle gingen zuversichtlich davon aus, dass das, was der alte Aristokrat nun wiedergeben würde, ihr Schicksal bestimmen könnte. Nach geraumer Zeit, die den Beobachtern wie eine Ewigkeit erschienen war, äußerte sich Herzog Usdrila. Mit altersbrüchiger Stimme gab er die damalige Weissagung seiner Muhme wieder: „Dieses Knäblein wird dereinst vielen Feinden den Tod bereiten, und die letzten der Seinen in ein schönes und fernes Land führen. Ich sehe dieses Land vor mir, es ist grau umwallt, ich erkenne darin Leben, einzelne Punkte bewegen sich auf dem grauen Rahmen. Doch dessen Bedeutung und was die Punkte wiedergeben, das kann ich mir nicht erklären.“ Der Herzog kam langsam aus der Erinnerung an die lang vergangenen Zeiten zurück. Er verließ die einstige Welt und äußerte sich, doch diesmal mit fester, überzeugter Stimme. „Ja, genau, das waren ihre Worte, plötzlich steht die Taufe wieder vor meinem inneren Auge. Ich sehe meine uralte Muhme vor mir und wie sie allmählich diese andere Welt verließ, ihr Gesicht, das zuvor entrückt wirkte, gewann allmählich an Farbe. Danach segnete sie meinen Erstgeborenen, wünschte ihm ein langes edles Dasein und vermachte ihm den Ring ihres Vaters, den Du, mein Indulf, seit Deiner Schwertleite trägst. Meine Großmutter war fest davon überzeugt, dass dieser Ring, der in ihrer Familie über Generationen weitergegeben wurde, seinem Träger Ehre und Schutz bringen würde. Nicht lange darauf ist sie sanft entschlafen, sie, die so oft in die Zukunft geblickt hatte. Wie Ihr alle wisst, sind nicht wenige von diesen Weissagungen eingetroffen, leider auch diejenige, die den nahezu völligen Untergang unseres Volkes vorausgesagt hatte.“ Danach schwieg der alte Fürst.

Fragende Gesichter zeigten sich rund herum, was bedeuteten diese kryptischen Aussagen? Wieder richteten sich ihre Blicke auf ihren Anführer. In dessen Gesicht arbeitete es, er schien mit der Weissagung zu ringen. Eine Frage drängte sich Indulf auf: „Vater, kannst Du Dir das mit der grauen Umwallung erklären? Stellt diese für Dich ein Gebirge dar, oder einen See oder vielleicht gar das Meer?“ Zögernd antwortete der Herzog: „Die Bewegung spricht gegen ein Gebirge, das Ferne gegen einen See. Für mich hat meine Großmutter ein graues Meer gesehen. Die Punkte darauf deute ich als Boote, nein, doch eher als Schiffe. Für mich heißt es, dass wir über das Meer fahren müssen, um irgendwo neu anfangen zu können.“ „Danke Vater, Du hast mir weitergeholfen, lenkst meine Überlegungen in diese Richtung. Ich werde dazu jedoch erst später Greifbares beitragen können, noch fehlen mir wichtige Daten. Bitte geduldet Euch noch einige Tage.“ Sein Vater ergriff wieder das Wort und sagte, dass er mit einer Aussage seiner Muhme nichts anzufangen wisse. „Meine Freunde, was bedeutet: Er wird vielen Feinden den Tod bereiten?“ Nun schaltete sich sein alter Weggefährte Hildebrandt ein: „Lieber Usdrila, dies ist für mich der leichter zu deutende Teil der Weissagung, denn dieser hat sich schon erfüllt. Unter Deines edlen Sohnes Indulf kluger Führung haben wir unseren Feinden große Verluste zugefügt."

Nun war es an der Zeit, den Neuankömmlingen von den schicksalhaften Ereignissen am Vesuv zu berichten und über den beschwerlichen Zug der Überlebenden nach Norden. Hildebrandt wurde bei seinen Ausführungen immer wieder von anderen Edlen ergänzt. Vor dem Herzog und seinem jüngsten Sohn sowie deren Gefolgsleuten entstand ein dramatisches Bild, eines voller Schrecken und großer Not, doch zuletzt gewann darin leichte Zuversicht an Gewicht. Viele Fragen stellte Herzog Usdrila, der stolz darauf war, dass die Überlebenden seinen ältesten Sohn zum neuen Herrscher der Goten gekürt hatten. Sein Sohn Theodemir stand ihm darin nicht nach, auch er wollte alles erfahren, was die Seinen bis dahin durchgemacht hatten. Die beiden Edlen brachten den Fluss der Erzählung dadurch so manches Mal ins Stocken. In der nun folgenden Beschreibung dieser Ereignisse werden jedoch diese Unterbrechungen weggelassen.

Die Schlacht am Sarnus

So berichtete es Hildebrandt und die letzten der Schlacht am Sarnus entronnen Edlen. Zwei endlose Tage lang bot das kleine Heer der Goten unter Führung ihres Königs Teja der riesigen Übermacht der Byzantiner im Anblick des Vesuvs die Stirn. Sie wehrten Angriff auf Angriff gegen ihr Berglager ab, suchten mutig und den Tod verachtend den Heldenruhm. König Teja, der an vorderster Stelle grimmig und furchtverbreitend die anbrandenden Feinde niedermachte, blieb auf der Wahlstatt. Dieser letzte König ihres Volkes fiel trutzig als Held, ging seinem Volke in den Tod voraus. Doch nicht alle folgten ihrem König Teja in den ewigen Ruhm. Selbst den alten Hildebrandt, die lebende Legende der Goten, verschmähte der Schlachtentod wieder einmal. So auch die anderen dieser Tausend, die mit ihm nach Norden strebten. Mit ihnen zogen des gefallenen Herzogs Sinderich Familie und Gefolge. Diese Frauen, Kinder und Greise kamen zuvor auf beschwerlichen Wegen aus dem aufgegebenen Sizilien und stießen zufällig auf das Gotische Heer. Unter ihnen befand sich Gräfin Riguntis, die Tochter Sinderichs. Sie und König Teja teilten vor der Schlacht das Lager, hofften beide auf ein Überleben in Ehre und Liebe, doch dies war ihnen nicht vergönnt. Den tapferen König raffte der Schlachtentod dahin, die untröstliche Riguntis blieb allein zurück. Sie unterstellte sich und die Ihren der Munt des Grafen Indulf, mit dem sie verwandt war. Die schöne Gräfin teilte das Schicksal all der anderen, die gebeugt durch Hoffnungslosigkeit und geschwächt durch Hunger und Durst den Kampfplatz verließen. Sie zogen und schoben die schweren Planwagen, denn die meisten ihrer Pferde und Ochsen hatten sie in ihrer Not verspeist. Die restlichen Fuhrwerke mussten sie am Mons Lactarius zurücklassen, wie auch die unzähligen Toten.

Wohin würde sie der harte Weg ihres Lebens nun führen? Setzte sich die unsäglich mühevolle Wanderung ihres Volkes fort? Sollten Hunger, Not und Bedrohung wieder zu ihren ständigen Begleitern zählen? Keiner konnte diese drängenden Fragen beantworten, selbst der kluge Indulf nicht, den sie zu ihrem Anführer erkoren hatten. Doch der wies ihnen diesen nach Norden führenden Weg, und die Goten zogen mit, so wie sie seit Hunderten von Jahren ihren Fürsten folgten. Seine Weisung gaben die wenigen aus der Schlacht am Sarnus entronnenen Edlen ohne weitere

Begründung an ihre Gefolgsleute weiter. Auch sie verließen sich darauf, dass der Herzog schon wissen würde, warum er ausgerechnet die Via Appia einschlug, die doch direkt nach Rom führte. Sie verwunderte nur, dass er nicht versuchte, sich nach Cumae durchzuschlagen das Tejas Bruder Aligern noch immer hielt. Nicht viel ließ er bisher verlauten über das Ergebnis der zähen Verhandlung mit dem Sieger, dem byzantinischen Feldherrn Narses, und dessen Beratern. Selbst zum Ziel, das Indulf mit den Überlebenden des einst so stolzen Gotenheeres ansteuerte, gab er nicht viel preis. Am zweiten Tag nannte er ihnen Transpadanien als vorläufiges Ziel und mahnte alle zur Eile. Zuvor ordnete er die Reihen, verteilte die Aufgaben und gab das Zeichen zum Aufbruch. Seitdem ritt er wachsam auf dem herrlichen Rappen seines gefallenen Cousins an der Spitze des langen Zuges, zumeist versunken in grüblerisches Nachdenken. Indulf kümmerte sich um alle mit ihm Ziehenden, fand manch freundliches Wort und richtete die Betrübten auf. Gelegentlich ritt er selbst auf Kundschaft, denn er wollte sicher gehen, dass die Wege vor ihnen ohne Gefahr waren. Des Herzogs besonderes Augenmerk galt allerdings der Nachhut, die sein Freund Wittich befehligte. Oft hieß er einige seiner Getreuen auf dem Weg zurück zu reiten und Ausschau zu halten. Erwartete ihr Anführer, dass sie verfolgt wurden? Seine gespannte Aufmerksamkeit ließ dies vermuten.

Graf Indulf, den sie als ihren Klügsten ansahen, hatten sie einstimmig zu ihrem Herzog erkoren. Er stammte aus einem alten, hochangesehenen Geschlecht und war der älteste Sohn eines einst für seine Klugheit und Unerschrockenheit verehrten Herzogs. Außerdem war er weitläufig mit dem Königsgeschlecht der Amaler verwandt. Wie König Totila, ein Neffe König Ildibads, durfte auch er hieraus Ansprüche auf den Thron der Gotenkönige ableiten. Durch seine Mutter, eine Schwester von Tejas Vater, war er mit dem letzten König verwandt. Indulf stand in der Mitte der Vierziger, seine Getreuen kannten ihn als einen besonnenen und gerechten Herrn. Zwei seiner tapferen vier Söhne verlor er in den Gotenkriegen. Auch drei seiner Brüder blieben in den Schlachten. Seitdem wirkte er noch in sich gekehrter und schweigsamer. Seine Freundlichkeit litt darunter nicht, doch er trug schwer am Schicksal seines Volkes. Auf dem blonden und hochgewachsenen Herzog ruhten jetzt alle Hoffnungen seiner Gefolgsleute. Zuvor galt er unter den verbliebenen Goten nicht gerade als ein legendärer Recke. Diese

Einschätzung veränderte sich jedoch schlagartig seit ihrer letzten Schlacht.

Wie wurde denn der Herzog vorher wahrgenommen? Graf Indulf hatte im Rat der ungestümen, aus seiner Sicht manchmal geradezu leichtfertigen Edlen einen schweren Stand. Stets warnte er davor, sich zu weit gen Süden abdrängen zu lassen. Er empfahl stattdessen, nur im Norden zu siedeln, sich dort zu verschanzen und die eigenen Kräfte nicht zu verzetteln. Der Mahner Indulf fand jedoch kein Gehör. Vergebens riet er seinen Königen Totila und Teja zu mehr Vorsicht und empfahl eine andere Taktik im Kampfe. Der Verlauf des Kampfes um Italien gab ihm leider recht, allmählich verlor er dadurch seinen Ruf als Schwarzseher und Zauderer. Dem von König Teja angeordneten Abschlachten der wehrlosen Geiseln widersetzte er sich vehement. Nicht einer seiner Gefolgsleute beteiligte sich daran. Tejas Ruf – so Indulf – wurde dadurch auf ewig befleckt. Sowohl diese Aussage, als auch seine Weigerung, sich an den Geiselmorden zu beteiligen, vermerkte ihm der König übel. Bis zuletzt versuchte Indulf, König Teja davon abzuhalten, sich auf dem Mons Lactarius zu verschanzen. Er sah darin eine böse Mausefalle, eine ohne ausreichende Quellen, ohne Futter für die Tiere und keinerlei Möglichkeiten zur Flucht. Doch dieser Rat bekam ihm schlecht, denn der König schloss ihn von der weiteren Beratung aus und nahm ihm sogar seinen Rang als Führer einer Einheit des Heeres. Das verstanden auch andere der Edlen nicht. Nun dämmerte es vielen, jetzt erst wurde deutlich, König Teja suchte ein Ende all der italienischen Schrecken im Tode. Der heldenmütige König wollte, so schien es, mit einem Donnerhall und zusammen mit den Seinen in eine andere Welt eingehen. Vom Christentum, das die Goten vor langer Zeit angenommen hatten, blieb manchmal nur eine dünne Kruste übrig, dahinter schimmerte immer wieder ihr alter Götterglaube hervor. Den Tod in der Schlacht zogen sie allemal dem Strohtod vor. Nach ihren Vorstellungen zogen sie dann – wie dereinst ihre heidnischen Ahnen – als Helden in Walhall ein. Schweigend, mit einem schwer zu deutenden knappen Neigen des Kopfes, nahm Indulf die unverdiente Demütigung seines Königs hin. Im wilden Ringen, das danach mit den unentwegt anbrandenden Feinden anhub, kämpfte er dennoch tapfer und entschlossen. Indulf blieb dabei nicht ohne Wunden, trotzte aber Erschöpfung und Groll. Ausgerechnet ihm gelang es dann, gegen Ende der zweitägigen Schlacht, den

Isaurieren, diesen verhassten Kriegern des Narses, heftige Verluste zu bescheren und so dem Morden Einhalt zu gebieten.

Bis dahin hatte König Teja, der zwei Tage lang unermüdlich in vorderster Linie kämpfte, Dutzende der Angreifer niedergeschlagen. Seinem heldischen Vorbild eiferten seine Goten nach, nie zuvor stritten sie so erbittert, den Tod suchend und die Feinde höhnend. Das galt bis zu dem Augenblick, als ihr Heros fiel. Beim Wechsel seines mit Speeren gespickten Schildes blieb des Königs Brust einen winzigen Augenblick ungedeckt. Dem langen Kampf und der flirrenden Hitze Tribut zollend, dauerte der Schildwechsel einen Wimpernschlag zu lange, ein Speer drang in des Helden Brust und beendete sein Leben. Verstört wichen die gotischen Recken zurück, doch auch ihre unmittelbaren Gegner hielten inne. Fast alle ihre anderen Feinde, Römer, Perser, Hunnen und Griechen eilten, im Gefühl des sicheren Sieges triumphierend von dannen, hin zum Lager. Endlich konnten sie den Sieg feiern, denn sie gingen davon aus, dass sich die restlichen Goten, entmutigt vom Tod ihres Königs und erschöpft vom langen Ringen, alsbald ergeben würden. Vermutlich berieten sich die Geschlagenen noch ein letztes Mal, um danach ihr unabwendbares Schicksal, die Sklaverei, auf sich zu nehmen. So sah es auch Narses, der siegreiche Feldherr der Byzantiner.

Die Goten, langjährige Beherrscher Italiens – und bis dahin die unbestrittene Vormacht der Germanischen Stämme – waren nun endgültig am Ende, gescheitert nicht an schlechtem Waffengeschick und bestimmt nicht an fehlendem Kampfesmut. Daran mangelte es den gewaltigen und so unerschrockenen Kämpfern beileibe nicht. Narses, der geniale Stratege und gewiefte Taktiker, nützte lediglich geschickt deren taktische Schwächen und setzte auf den falschen Stolz der Goten. So wenig wie möglich ließ sich der Byzantiner auf verlustreiche Nahkämpfe mit den darin Überlegenen ein. Er befahl stattdessen, die wild anrennenden Goten mit einem Hagel von Pfeilen zu überschütten. Dafür sorgten vor allem die asiatischen Truppen des Feldherrn. Längst wusste Narses, wie dem gewaltigen Stoßkeil, der vorrangigen Angriffsvariante der Goten, zu begegnen war. Dies hatten die Byzantiner in Afrika im Kampf gegen die Vandalen und zuvor gegen andere Heere der Germanen mit Erfolg erprobt. Kurz nur dauerte der Krieg gegen die inzwischen verweichlichten Vandalen, doch lange dauerte es, bis er die sich erbittert wehrenden Goten in die Knie zwingen konnte. Endlich hatte er sie so weit und konnte zulassen, dass sich seine Krieger an die Lagerfeuer begaben. Der Krieg war zu Ende, seine siegreichen Mannen durften gerne den Sieg auf ihre Weise feiern. So kam es, dass nur noch die germanischen Söldner der Byzantiner am Ausgang des gotischen Lagers ausharrten, die dem „Frieden" noch nicht so recht trauten. Sie unterschätzten den Todesmut ihrer gotischen Gegner nicht. Unschlüssig warteten hinter ihnen auch noch die grausamen Isaurier, sie schienen etwas im Schilde zu führen. Lange geschah nichts, eine trügerische Stille lag über dem Kampfplatz, während vom Lager der Byzantiner her wilde Gesänge der Feiernden immer lauter herüber schallten.

Nach mehr als einer Stunde verständigten sich die Goten und ihre vor Ort verbliebenen Gegner miteinander auf eine Kampfpause. Beide Seiten wollten diese nützen, um ihre Verwundeten und Toten zu bergen. Darin erkannten die isaurischen Krieger, des Narses Elitetruppe, ihre Chance. Überraschend ergriffen sie, dabei wild triumphierend, den Leichnam König Tejas. Keiner der Isaurier stand zuletzt den Goten direkt gegenüber, dies überließen sie lieber den germanischen Söldnern ihres Feldherrn. Doch nun gebärdeten sie sich so, als wären sie die eigentlichen Sieger. Ihr gefürchteter Anführer Neraos trennte mit seinem Schwert das königliche Haupt vom Leichnam, ein anderer Isaurier spießte es nach Barbarenart auf eine Lanze. Mit schrillem Triumphgeheul strebten sie zu ihrem Feldherrn, um diesem das Haupt seines grimmigen Feindes zu präsentieren. Andere Isaurier ergriffen den Leichnam an den Beinen, schleiften diesen unwürdig und entehrend mit sich fort. Die gotischen Recken die sich nach ihrer Beratung am Ausgang der Schlucht gesammelt hatten, ergriff eine maßlose Erbitterung. Diese Schändung ihres Heldenkönigs durfte keineswegs ungesühnt bleiben. Selbst die ihnen bisher feindlich gegenüberstehenden germanischen Kämpen empörte dieser unglaubliche Vorgang. Nach ihrem uralten Brauch gebührte jedem Helden ein würdiges Begräbnis, und hohe Ehre über den Tod hinaus.

Graf Indulf ergriff die Initiative, erteilte klare Befehle und ordnete die Seinen. In wildem Grimme setzten Indulf und seine Mannen den überraschten Isauriern nach. Bei diesem stürmischen, aber geschickt angelegten Angriff rissen sie die anderen gotischen Recken mit sich fort.

Nahezu alle der völlig verwirrten und siegestrunkenen Isaurierhorde machten sie erbarmungslos nieder. Diese warfen zwar ihre im Nahkampf hinderlichen Bögen und Pfeile weg und griffen zu den Schwertern, doch vergebens. Im Kampf Mann gegen Mann konnten die Asiaten den hünenhaften Goten nichts entgegensetzen. Nur wenige entkamen diesem Furor, mehr als Tausend von ihnen deckten das Schlachtfeld. Neraos gelang es mit seiner Leibgarde und einigen Elitekriegern, die wilde Flucht für einen Augenblick zu stoppen. Mit diesen Getreuen wandte er sich gegen den Anführer der Goten. Ein erbitterter Kampf setzte ein, doch in diesem gewannen die gotischen Recken alsbald die Oberhand. Wider jedes Erwarten entwickelte sich zwischen ihm und dem Grafen Indulf ein einseitiger Kampf. Zu gut kannte der gotische Recke aus den Kämpfen zuvor des Neraos Schwachstelle, nützte diese grimmig und von Rache besessen aus und gab ihm den Todesstoß. Durch diesen Sieg über einen der gefürchtetsten Gegner der Goten wurde Indulf für sein Volk zum Helden. Der Erfolg dieses Ausfalls fiel glänzend aus, dennoch trübte ein Schatten diesen Glanz: Zwar eroberten die Goten den Leichnam ihres Herrschers zurück, doch ihres toten Königs Haupt konnten sie nicht zurückgewinnen.

Die Hunnen und einige andere Hilfsvölker der Byzantiner stemmten sich den entfesselten Goten entgegen und geboten den Recken allein durch ihre große Zahl Einhalt. Vom völlig unerwarteten Ausfall der Goten überrascht, und vom Feiern aufgeschreckt, griffen sie nicht an, verhinderten jedoch, dass die Goten bis zum Zelt des Feldherrn Narses durchbrechen konnten. Nicht verhindern konnten sie indes, dass die blonden Recken einige Geiseln in ihre Hand brachten. Acht unbewaffnete und sehr vornehm gekleidete Männer – wähnend, dass der Kampf zu Ende sei – wollten den Leichnam des heldenhaften gegnerischen Königs betrachten. Unvorsichtig wagten sie sich aus ihrer sicheren Position weit hinter den Kämpfenden hervor. Lediglich einem Befehl Indulfs verdankten sie, dass die Goten sie nicht niedermachten, sondern gefangen nahmen. Der umsichtige Graf hieß seine Krieger dann seitwärts zu den beiden Vorratszelten durchzubrechen und diese auszurauben. Danach bot sich ein seltsames Bild der schwerbewaffneten Recken, die vollgepackt mit Fleisch, Mehl, Broten und anderem Essbaren abzogen. Ihre unmündigen Söhne sammelten inzwischen die Waffen der toten Isaurier ein. Der Verlust der wertvollen, in mühsamer

Arbeit hergestellten Bögen und Pfeile, bedeutete einen herben Schlag für die Isaurier. Langsam und wachsam wichen die etwa 700 gotischen Mannen zurück. Sie blieben dabei unbedrängt von ihren nordischen Stammesverwandten.

Unterdessen schützten zwei Hundertschaften das gotische Lager. Indulf hatte es angeordnet, so als wäre er der gewählte neue Feldherr der Goten. Diese Wächter bestanden überwiegend aus Verletzten und älteren Kämpen. Zu ihnen gesellten sich Heranwachsende und sogar etliche Frauen, die sich mit den Waffen der Toten wappneten. Weiteren zwei Hundertschaften befahl der Graf, gedeckt von der angreifenden Kerntruppe, zum Sarnus durchzubrechen, was diesen auch ohne Kampf gelang. Für sie unerklärlich hielten die germanischen Hilfstruppen der Byzantiner still. Im Schutz ihrer Krieger und im Vertrauen auf das Stillhalten der Feinde, strömten Frauen, Kinder und Alte zum Sarnus. An dieser einzigen Stelle ließen die tief eingeschnittenen Ufer den freien Zugang zu. Sie wateten hinein in die kühlen Fluten, konnten nicht fassen, dass ihnen dies möglich war. Gierig tranken sie aus dem mit Blut vermengten Fluss und schöpften Wasser für ihre kämpfenden Männer. Alle hatten sie Bottiche und Gefäße dabei, bargen das kostbare, lebensspendende Nass. Bis dahin mussten sie sich, zwei endlose, von Hitze gepeinigte Tage lang, die zur Neige gehenden Wasservorräte teilen. Diese waren für alle, vor allem für die kämpfenden und der prallen Sonne ständig ausgesetzten Krieger, bei weitem zu wenig. In ihrer Not tranken sie Tierblut, opferten ihre kostbaren Rinder und Pferde, um nicht Durst und Hunger zum Opfer zu fallen.

Für Narses, wie für die anderen der nichtgermanischen Heerführer, blieb es unerklärlich, warum dieser unerwartete Ausfall der doch schon Geschlagenen so erfolgreich verlaufen konnte. Weshalb griffen seine germanischen Hilfsvölker nicht ein und ließen sie sich die Chance entgehen die Goten endgültig zu vernichten? Wie später bekannt wurde gab es hierfür zwei Gründe. Zum Einen erboste sie das zuvor erlebte, widerliche und barbarische Handeln der ihnen verhassten Isaurier am Leichnam des gewaltigen Helden Teja. Das vergällte ihnen den großen Sieg, legte einen Makel auf das Ende dieses langen Ringens. Außerdem wussten sie aus eigener bitterer Erfahrung gut genug, dass von den Goten künftig keine Gefahr mehr ausgehen konnte. Jahrzehnte würden diese brauchen, um ihre schweren Verluste an Menschen und Tieren wieder aufzuholen. Ohnehin standen in den Reihen der Goten viele dem Knabenalter noch nicht ganz entwachsene Krieger. Neben diesen kämpften alte Männer, ja sogar Frauen, den letzten großen Kampf ihres einst so stolzen und mächtigen Volkes.

Erst allmählich sickerte der weitere Hintergrund durch warum die nordischen Söldner nicht eingegriffen hatten. Längst erzürnte die Germanen die aus ihrem Verständnis so feige Kampfesweise der Isaurier und Hunnen. Das waren keine richtigen Kämpfer für sie. Die kleingewachsenen Asiaten versteckten sich in der Schlacht hinter ihnen, und ihren Pfeilen und Bögen, mieden den Kampf Mann gegen Mann. Dabei ließ der Feldherr Narses sie nicht nur gewähren, sondern bevorzugte sie ganz offen. Ihnen schrieb er jeweils die Siege zu, lobte deren vor allem schlachtentscheidende Kampfesweise überschwänglich. Von einem der angetrunkenen, am Lagerfeuer prahlenden Isaurier erfuhren sie zudem, dass diese, wie auch die Hunnen, höheren Sold als die germanischen Hilfsvölker erhielten. Graf Ardarich, einer der angesehenen Führer der Gepiden, sprach allen aus der Seele, als er wütend in die Runde der germanischen Anführer rief. „Wir müssen den mörderischen Nahkampf bestreiten, verlieren Mann um Mann, verbluten im Kampf gegen die Goten, und dann heimsen die anderen Gold und Ansehen ein.“ Das war wohl der letzte Tropfen der das Fass zum Überlaufen gebracht hatte. Daher ließen sie die sich zurückziehenden gotischen Krieger unbehelligt und tasteten die Wasserholenden nicht an. Beim Rückzug auf die alte Ausgangsposition konnten die Goten wie durch ein weit geöffnetes Spalier schreiten, bekamen weder höhnende Worte zugerufen, noch einen weiteren Kampf angedroht. Als zudem Ardarich, der Indulf und Hildebrandt seit langem kannte, auf diese zuging und die beiden Helden sowohl zu dem Erfolg des mutigen Ausfalls beglückwünschte, als auch den Tod König Tejas bedauerte, da schöpften die Goten zum ersten mal wieder Hoffnung. Die Aussicht auf einen erfrischenden Trunk ließ zudem eine zuversichtliche Stimmung aufkeimen.

Vor dem Zugang zu ihrem Lager, einer steil ansteigenden engen Schlucht, an dem Ort, an dem König Teja gefallen war, trafen die zurückkehrenden Goten wieder aufeinander. Zuletzt kamen deren

Anführer Indulf, geleitet von seinen kühnen Söhnen, und der alte Hildebrandt sowie die weiteren Edlen. Sie deckten umsichtig den Rückzug, wurden zu ihrer großen Verwunderung weder angegriffen, noch verfolgt. Verhaltener Jubel kam auf, vermischt mit Erleichterung darüber, dass fast alle wieder zurückkehrten. Die gewonnene Beute an Proviant, und das aus dem Sarnus geschöpfte Wasser, steigerte die allgemeine Freude. Als die Heersäule von der Schlucht aufgenommen wurde, nahmen die trutzigen Wachen ihre Stellung wieder ein, machten den engen Zugang nahezu uneinnehmbar. Oben im Lager stürzten sich die durstigen Kämpen auf das kostbare Wasser, tranken es in großen belebenden Schlucken. Es machte sich danach sogar eine gewisse Zuversicht breit, sodass sich viele wieder ein mögliches Überleben vorstellen konnten. Diesen Hoffnungsschimmer verdankten sie dem Grafen Indulf, der umsichtig und mutig den Ausfall angeordnet und angeführt hatte. Allen hatte er imponiert, selbst jenen, die bis dahin nicht gerade zu seinen Anhängern zählten. Von allen Anführern, die der Schlachtentod bisher verschonte, galt er als derjenige mit dem höchsten Rang und dem edelsten Herkommen. Durch seinen kühnen Ausfall wurde er nun auch noch zu ihrem Helden.

Narses der Triumphator

Der siegreiche Feldherr blickte aus verhangenen dunklen Augen in die gelichtete Runde seiner Anführer. In ihr vermisste er den getreuen Neraos und vor allem seinen Bruder, den klugen und liebenswürdigen Araxes. Den Führer der Isaurier erschlugen ihm die Goten und seinen vertrauten Bruder hielten sie in ihrem Gewahrsam. Ihn, der seine einzige Verbindung zur alten Heimat in Amida am Tigris war, vermisste er ganz besonders. Stets hörte er dessen Rat gerne an, befolgte er ihn, dann stellte sich zumeist Erfolg ein. Der Heruler Bulkari, den er von all den germanischen Heerführern am meisten schätzte, leitete in seinem Auftrag die Belagerung von Cumae. Ihn, den klugen und geschickten Berater, konnte er dieses Mal leider nicht beiziehen. Nun hatte er noch seinen Unterführer Rhodopos, dessen Rat abgewogen und auch zu Ende gedacht war. Mit Ausnahme von Ardarich erlebte er die anderen zumeist als vierschrötige Söldnerhäuptlinge, sie suchten vor allem eines: Kampf und Beute. Diese germanischen Hünen, die Unterführer nicht anders als ihre Krieger, schienen geradezu nach Streit zu gieren. In wildem Kampf Mann gegen Mann sahen sie ihre eigentliche Berufung und den erstrebten Ruhm. Längst wusste Narses, wie sie über ihn selbst dachten. Es kränkte ihn heute nicht mehr so wie damals, als er das Kommando über das Heer übernehmen durfte. Er sah ihnen damals das Entsetzen an, als sie ihm, dem Krüppel und Eunuchen, nun als ihrem Feldherrn dienen mussten.

Seine Gedanken schweiften zurück, blieben hängen an jenem Tag im vergangenen Jahr, der zum Zeugen seines großen persönlichen Triumphes wurde. Ihn – den bisherigen Unterfeldherrn Belisars – ernannte der Kaiser an dessen Stelle zum neuen Oberbefehlshaber. Damals hoffte er, dass ihm die blonden Häuptlinge endlich mit Hochachtung begegnen würden, doch weit gefehlt. Zu Belisar, diesem Hünen und gewaltigen Kämpfer, konnten sie aufsehen. Ausgerechnet dem groben Belisar, der ihn selbst so oft gedemütigt hatte, den er dafür hasste, folgten sie willig. Seinen, des Narses, Weisungen hingegen kamen sie zumeist mit innerlichem Murren nach, hielten sich oft genug nicht eng an seine taktischen Vorgaben. Beinahe hätten die undisziplinierten Rugier den Erfolg in der entscheidenden Schlacht bei Taginae (Gualdo Tadino) in Gefahr gebracht, weil sie zu langsam ins

Zentrum eingerückt waren. Im letzten Augenblick fingen sie Totilas wuchtigen Stoßkeil noch ab und führten die zum Sieg führende Umfassung aus. Nicht einmal dieser große Erfolg, den ausschließlich Narses überlegene Strategie herbeigeführt hatte, veränderte etwas an deren Sichtweise. Für diese grobschlächtigen Haudraufs war und blieb er eben ein Schwächling und Kranker. Einer, der besser am verderbten Hof zu Byzanz geblieben wäre, um dort seine Fäden zu spinnen und der ansonsten die Belisars dieser Welt auf dem Schlachtfeld gewähren ließ.

Berater im eigentlichen Sinne waren diese Germanenhäuptlinge fürwahr nicht, doch Narses konnte sie von den Beratungen auch nicht ausschließen, so wenig wie den verschlagenen Römer Junius. Tags zuvor noch, als König Teja den römischen Konsul Cethegus erspäht und nach heftigem Zweikampf erschlagen hatte, da tat der Gote ihm, ohne es zu wissen, einen großen Gefallen. Einen Augenblick lang hoffte Narses sogar noch, dass ihm der grimme Gote nicht nur den Ränkeschmied Cethegus vom Leib geschafft hatte, sondern auch dem falschen Junius ein Ende bereiten würde, doch leider vergebens. Statt seiner töteten sie bei ihrem zugegeben glänzenden Ausfall den schwer zu ersetzenden Neraos. Dieser zahlte mit dem Leben für seine Disziplinlosigkeit und riss dabei auch noch die Hälfte seiner treuen Isaurier mit ins Verderben. Ausgerechnet diesen Junius erkoren sich die Römer danach zu ihrem neuen Führer. Das war nun mal nicht zu ändern, ihn musste er auf andere Weise loswerden. Blieb noch der Anführer der Hunnen, der gerissene Bleda, der ihm weniger Sorgen bereitete. Solange er und seine Krieger mit gutem Sold und mit reicher Beute rechnen konnten, blieben sie bei seinen Fahnen.

Bittere Gedanken wälzte der kleingewachsene, schmächtige Feldherr in seinem großen, mit schütteren grauen Haaren bedeckten Kopf. Da lag er nun in seinem prunkvollen Zelt, ruhte auf der edlen Kline und ekelte sich vor den üblen Gerüchen, die zu ihm hereinwaberten. Süßlicher Leichen- und Blutgeruch und saurer Schweißgestank vermischten sich mit dem brandigen Geruch von bratendem Fleisch und dem von verschüttetem Wein, der aus dem Lager zu ihm herüberdrang. Er hatte zwar gesiegt, doch noch immer banden ihn die wenigen Goten an diesen derzeit so ungastlichen Ort. Zudem wusste er seit deren kühnem Ausfall, dass ihn die endgültige Unterwerfung der Goten noch Tausende seiner

Krieger kosten konnte. Das allein wäre schon schlimm genug für ihn doch der Zeitverlust wog noch schwerer, ein hoher, ein viel zu hoher Preis für den Sieg über dieses restliche Häuflein der Goten. Sein Kaiser wartete ungeduldig auf das Ende des kostspieligen Gotenkrieges und er rechnete mit reicher Beute. Die gab es nur in Cumae (Ruinenstadt Cuma bei Pozzuoli) zu holen, dort hütete Herzog Aligern, des Teja Bruder, den Hort der Goten. Längst wollte er, Narses, selbst nach Cumae abrücken, die trutzige Burg belagern und Herzog Aligern die Aussichtslosigkeit eines weiteren Widerstands deutlich machen. Gegen Herausgabe des Schatzes ließe er die hartnäckigen Verteidiger sogar abrücken.

Doch nun leisteten ihm hier diese wenigen Goten erbitterte Gegenwehr, trotzten seinem Heer von über dreißigtausend Mann. Zu allem Übel hatten diese noch einen neuen Anführer gekürt, den klugen und gefährlichen Indulf. Ihn unterschätzte er bestimmt nicht, allein die Art des Ausfalls nötigte ihm Achtung ab. Keinen leicht zu konternden Stoßkeil setzten sie, nein sie wählten eine nur schwer angreifbare Variante, eine interessante Abwandlung der schiefen Schlachtordnung des Epaminondas. So etwas hatten sie ihm bisher nicht geboten, der neue Anführer schien etwas von Taktik zu verstehen. Bald würde er ihm gegenüber stehen, vorausgesetzt, dass er sich nicht verrechnet hatte und die Goten nichts anderes als den Tod im Kampf vorzogen. Das könnte er zwar nicht verstehen, doch zuzutrauen wäre es den unbegreiflichen blonden Riesen. Nie zuvor hatte er es mit so tapferen und kampferprobten Kriegern zu tun. Selbst die Vandalen setzten dem byzantinischen Heer keinen vergleichbaren Widerstand entgegen. Sollten diese Helden denn spurlos aus der Geschichte verschwinden? Sollte ausgerechnet er, Narses, dieses besondere Volk auslöschen so wie Belisar die Vandalen? Dies verdienten sie bestimmt nicht, sie hatten in Italien eine gerechte und tolerante Regierung geführt. Ihr großer König Theoderich setzte die römischen Bauwerke wieder instand, verhalf der Halbinsel zu Jahren des Friedens und Wohlstands. Die ihnen nachfolgenden Byzantiner hasste die Bevölkerung schon jetzt. Von der byzantinischen Verwaltung ausgepresst und unterdrückt zu werden, das war ihnen von jetzt an beschieden. Der milden Gotenherrschaft würden sie nachtrauern, dessen war sich Narses gewiss.

Falls die Goten um eine Unterredung ansuchten – wovon er ausging – welche Trümpfe hatten diese denn in der Hand? Sie würden ihm die Rechnung mit der gebundenen Zeit und den ihm noch zuzufügenden Verlusten aufmachen. Darin musste er ihnen leider recht geben. Wenn es unglücklich für ihn lief, dann konnten die gestärkten Goten gut und gerne noch eine Woche oder mehr durchhalten. Zu bezwingen waren sie in ihrem Lager nur durch Erschöpfung aufgrund ständiger Angriffe, und das konnte ihn, Narses, leicht noch mehr als Tausend seiner Krieger kosten. Diese würden ihm danach bitter fehlen bei der Befriedung Italiens und der Besetzung der strategisch wichtigen Orte. Musste er doch zuvor schon die Langobarden „ehrenvoll“ nach Hause entlassen. Überall hatte deren schlauer Anführer Alboin herumspioniert und stets seine Strategie und Taktik hinterfragt. Dem König der Langobarden ging es damals offenkundig nicht um Kritik an seinen Plänen, sondern darum, möglichst viel von ihm zu erlernen. Dieser Schlaukopf wollte sich mit seinem Denken vertraut machen und in die Hintergründe seiner Überlegungen eindringen. Dieser Langobarde wurde ihm zu neugierig und auf Dauer gesehen auch zu gefährlich. Ihn hatte er verdächtigt mit seinen Langobarden die Goten beerben zu wollen und die Byzantiner aus Italien zu verdrängen. Das würde nicht sofort geschehen, aber nach seiner Rückkehr in die Heimat Byzanz stand es zu befürchten. Außerdem hatten diese ungezügelten Barbaren weder Frauen noch Kinder verschont und nicht einmal vor Klöstern und Kirchen Halt gemacht. Damals schadeten sie dem Ruf des byzantinischen Heeres ungemein. Trotz des riskanten Verlustes an Kriegern war er froh, diese undisziplinierten Söldner wieder los zu sein.

Der andere Trumpf der Goten hatte ein ähnlich großes Gewicht. Die Gefangenen, die sie an sich gebracht hatten, musste er unter allen Umständen unversehrt aus ihren Händen lösen. Vor allem ging es Narses neben seinem Bruder um den Jüngsten der Gefangenen, den Lieblingsneffen Kaiser Justinians. Dessen Tod brächte ihm, dem daran „schuldigen“ Feldherrn sehr viel Ärger ein. Nie würde ihm der Kaiser danach den so heiß angestrebten Triumphzug gewähren. Belisar bekam deren sogar zwei, und er, der die glanzvolleren und härter erkämpften Siege erzielte hatte, sollte leer ausgehen? Sollte er, Narses, wieder einmal hinter diesem so ungehobelten Barbaren Belisar zurückstehen müssen? Nein, das kam für ihn nicht in Betracht. Er war daher geneigt, doch dem Rat seines Unterfeldherrn Rhodopos zu folgen und diese wenigen, ihm nicht mehr gefährlich werdenden Goten abziehen zu lassen.

Falls deren Anführer Indulf käme, was er sich wünschte, wie würde er ihm entgegen treten? Sollte er den glorreichen, unnahbaren und harten Feldherr geben und die Besiegten demütigen? Oder sollte er sein Gegenüber als ebenbürtig ansehen und ihn ehrenvoll behandeln? Narses entschied sich für das Letztere, denn es sprach noch etwas für den Grafen, den die Goten vielleicht bereits zu ihrem König erkoren hatten. Ihn lernte er vor der Schlacht von Taginae als einen der Verhandelnden kennen und war froh, dass nicht dieser kluge Edle die Goten anführte. Mit ihm hätte er kein so leichtes Spiel gehabt, wie mit dem liebenswürdigen, recht unbekümmerten und in der Taktik nicht sonderlich bewanderten König Totila. Narses verheimlichte bisher, dass er einst am Hofe von Byzanz von einer der Geiseln etwas Gotisch gelernt hatte. Das nützte ihm oft im Umgang mit den Gotenführern, wenn die sich gegenseitig zuflüsterten. Sehr positiv vermerkte er damals, dass Indulf einen der gotischen Führer wegen ihm, Narses, zurechtwies. Ein blonder Hüne, dessen Namen er vergessen hatte, ließ sich über Narses Gestalt und Hinfälligkeit verächtlich aus. Gut erinnerte er sich noch an Indulfs Worte, die dieser seinem unkultivierten Stammesbruder ungnädig zuflüsterte. „Sei froh darüber, dass Du noch gesunde Glieder hast. Der Feldherr der Byzantiner ist nicht zu unterschätzen, das ist ein genialer Mann. Der hat mehr im Kopf als wir alle zusammen, außerdem ist er der Träger einer uralten Kultur, das bedenke." Das gefiel ihm, der sich bisher von den Germanen verachtet fühlte, und nahm ihn sehr für den Grafen ein. Ausgerechnet auf jenen Grafen kam es heute an, die anderen waren bestimmt nicht mehr als dessen Begleiter.

Narses entließ fürs erste seine Berater, bat sie jedoch sich bereit zu halten, denn er erwartete, dass sich die Goten unter Führung Graf Indulfs bald einfinden würden. Er befahl anschließend den Kopf des Königs Teja von der Lanze zu nehmen, zu säubern, dessen Augen zu schließen und das bärtige Kinn hoch zu binden. Er wünschte, dass das königliche Haupt in einem würdigen Behälter geborgen würde. Als er dieses noch im Tode entschlossen und heldenmütig wirkende Haupt nachdenklich betrachtete, suchten ihn viele bittere Gedanken heim. Zwei junge, hochbegabte Gotenkönige fielen während seiner Ägide, der geniale Totila und der heldenmütige Teja. Beide hätten jedem Volke gut als Herrscher angestanden. Dieser Teja nötigte ihm großen Respekt ab, er zollte seinem Heldentum Bewunderung. Der siegreiche Feldherr nahm den ihm von seinem Heer verehrten Lorbeerkranz ab, und zierte damit den toten König. Dies war zum einen eine spontane Geste für den gefallenen Heros, zum anderen wollte der Feldherr die unterlegenen Goten nicht unnötig demütigen. Außerdem konnte er damit dieses widerwärtige Schauspiel beenden.

Werfen wir wieder einen Blick in das gotische Lager. Endlich konnten die Krieger Hunger und Durst stillen und danach ihre Gedanken erneut der eigenen Zukunft widmen. Wie sollte es nun weitergehen, war denn an einen Abzug überhaupt zu denken? Diese Überlegungen überließen die Goten doch besser ihren Edlen. Diese nahmen mittlerweile im Schatten eines alten Ölbaumes Platz. An einem Ast hängte der Königsschild, der ankündigte, dass die Wahl eines neuen Königs bevorstand. Von allen noch verbliebenen Anführern trug Graf Indulf den höchsten Rang, und für die Goten wohl das Wichtigste, er war sowohl mit dem Geschlecht der Amaler, als auch dem des König Ildibad verwandt. Außerdem erwies sich der Graf durch seinen kühnen und vom Erfolg gekrönten Ausfall als Held. Vergessen hatten sie, dass ihn etliche zuvor als Bücherwurm und Philosophen schmähten, beiseite wischten die Männer, dass ihn sein jüngerer Cousin Teja erst vor drei Tagen degradiert hatte. Indulf galt ihnen als die höchste Autorität und als unbestrittener Anführer, darin stimmten sie über die Grenzen der Sippen hinweg überein. Brauchte es denn da noch eine formelle Erhebung?

Hildebrandt, der dieses kleine Thing der Edlen einberufen hatte, sah es nicht anders, denn er kannte den Wunsch des Volkes, doch er wollte der Form genüge tun, wie er es bei vier Königserhebungen zuvor schon übernommen hatte. Bei diesem Gedanken ergriff den Uralten, der sechs Herrscher überlebte, eine große Wehmut. Theoderich dem Großen, dem vertrauten Gefährten seiner Jugend, diente er gerne, auch Ildebad, Totila und Teja, sie allein empfand er als würdige Könige. Doch Athalarich, der von seiner Mutter Amalaswintha verzogene und den Goten entfremdete Enkel Theoderichs, dieser Träumer hatte seine Dienste nicht gebraucht, auch nicht der Verräter Theodahad, des Theoderichs feiger Neffe. Und wie verhielt es sich mit König Vitiges? Ihn hatte Hildebrandt zwar als guten Unterführer und tapferen Einzelkämpfer geschätzt. Aber, und so ging es vielen, die in der zweiten Reihe lange und treu den Weisungen eines genialen Mannes gefolgt waren, vom Feldherrnamt war Vitiges überfordert und vom Königsamt noch weit mehr. Dazuhin hatte er schwer an der Hypothek Mataswintha getragen, der ihm angetrauten Enkelin Theoderichs. Die schöne Tochter der Amalaswintha hasste ihn, den schlichten und um so viele Jahre älteren Mann. Ihre Umtriebe und ein Verrat: der ohne Zweifel von Mataswintha gelegte Brand in den Vorratshäusern der belagerten Stadt Ravenna, hatte das Ende der Gotenherrschaft beschleunigt. Und nun standen sie, diese wenigen vom Tode verschonten Edlen, vor der Wahl eines neuen Königs. War dieses tradierte Ritual denn nicht völlig überflüssig, ja sinnlos? Ob sie mit oder ohne König an der Spitze in den Tod gingen, oder in die Sklaverei, was machte das schon aus? Diesen bitteren Gedanken verdrängte der Waffenmeister wieder, hielt sich an sein Amt als Leiter dieses kürenden Things.

Vor dem Waffenmeister und Vertrauten des großen Theoderich saßen elf Edle. Vier Greise vertraten ihre gelichteten Sippen, drei ganz junge Adelige befanden sich erstmals in dieser Runde. Ihre Väter und Großväter hatte der lange Kampf hinweggerafft, nun standen sie an der Spitze der Familien. Keiner von ihnen durfte damit rechnen, als Kandidat ausersehen zu werden. Der Kreis der Favoriten beschränkte sich daher auf den ehrgeizigen Gesalich, den schweigsamen Totila, den kampfstarken Wittich und vor allem auf den klugen und durch frischen Heldenruhm ausgezeichneten Indulf. Hildebrandt ergriff das Wort: „Edle der Goten, lasst uns, so wie es von Anbeginn unseres Volkes der Brauch war, einen König wählen. Einen der uns führt und der verhindert, dass wir uns zersplittern und in Uneinigkeit verfallen. Zwar sind wir hier, an diesem Ort des Unglücks nicht mehr an freien gotischen Mannen, als eine kleine Stadt an Einwohnern in ihren Mauern birgt, doch wir sind es gewohnt einem Herrscher zu folgen, und den sollten wir nun erwählen.“ Die so Angesprochenen nickten zustimmend und Graf Wittich, der drei Rosen in seinem Wappen führte, fragte nach dem anstehenden Verfahren. Hildebrandt, der bereits die zweite Königswahl innerhalb eines Jahres leitete, entgegnete darauf: „Lasst uns Vorschläge machen und dann im großen Thing durch unsere Gefolgsleute darüber abstimmen.“ Einen Augenblick kehrte Stille ein, keiner ergriff das Wort, bis Graf Totila, den sie den „Löwenberger“ nannten, den Bann löste. Er fand das Verfahren unnötig, für ihn käme nur Graf Indulf, der Abkömmling zweier Königsgeschlechter, in Betracht. „Er allein trägt königliches Blut in seinen Adern, hat uns allen oft genug bewiesen, dass er der Weitsichtigste und Klügste von uns ist. Dem ordne ich meinen Anspruch gerne unter, ich wähle Indulf, den Helden.“ Als danach auch Graf Gesalich, bis dahin nicht gerade ein Freund Indulfs, auf seinen Anspruch verzichtete und ebenfalls Indulf vorschlug, da war es eigentlich schon gelaufen. Des Wittichs Appell: „In so großer Not müssen wir unseren Klügsten und Besten wählen und der heißt für mich eindeutig Indulf“, bestärkte es noch. Danach erübrigte sich die Wahl, denn Gegenvorschläge blieben aus, alle Edlen akklamierten dem altedlen Grafen Indulf.

Ein eher nachdenklicher denn stolzer Indulf ergriff das Wort, dankte für das große Vertrauen und verwies auf die riesige Bürde, die sie ihm damit auferlegten. „Meine Freunde, es ist nicht gut wenn wir, ohne die anderen unseres Volkes zu hören, jemanden aus unserer Runde zum König erheben. Wer bei der Wahl nicht dabei sein konnte, ist allzu leicht geneigt, dem ihm von anderen aufgezwungenen König die Gefolgschaft zu verweigern. Lasst uns erst dann, wenn wir es mit Gottes Beistand vielleicht schaffen sollten, uns zu den Unseren durchzuschlagen, diese Wahl wiederholen und den König wählen. Ich begnüge mich damit, Euer Anführer zu sein und werde alles daran setzen, uns aus dieser üblen Lage zu befreien. Gelingt dies durch Verhandeln, dann wäre es bei weitem das Beste. Sollte uns dies nicht glücken, wird es ganz eng und sehr bitter für uns werden.“ Sie wollten Indulf überzeugen, trotz seiner Bedenken den Königstitel zu führen, doch er war nicht umzustimmen. Einigen konnten sie sich dann auf den Titel Herzog, den Indulf zögernd annahm.

Hildebrandt rief es den ringsum sitzenden Gefolgsleuten zu. Die Getreuen erhoben sich, klopften zustimmend auf ihre Schilde und grüßten den gekürten Herzog Indulf mit hochgereckten Schwertern. Sie hoben ihren neuen Anführer auf den alten Königsschild, trugen ihn durchs Lager und zeigten ihn allen, auch jenen, die am Ausgang der Schlucht wachten. Selbst Hildebrandt fasste wieder Hoffnung für sein Volk, denn wenn es einer schaffen konnte, dann der neuernannte Herzog

Indulf. Die den hier Versammelten so genehme Wahl zauberte plötzlich auf viele Gesichter einen Schimmer der Zuversicht und weckte den Glauben an ein Wunder. Doch zunächst stand der schwere Gang ins Lager der Sieger bevor, es musste festgelegt werden, wer den Herzog begleiten sollte. Indulf wünschte sich Hildebrandt als Begleiter, auch Totila und Wittich boten sich an. Umgeben von einer Garde aus zwölf erprobten Kriegern, darunter Indulfs gleichnamiger Sohn, schritten sie schweren Herzens als Besiegte und Verhandelnde zum Zelt ihres Bezwingers. Des Feldherrn Narses persönliche Leibgarde empfing sie am Ausgang der Schlucht und geleitete sie durch das Lager. Diese große Ehre nahm die kleine gotische Delegation dankend entgegen.

Narses hatte beides richtig eingeschätzt, zum einen, dass die Goten um eine Unterredung ansuchen würden, und zum anderen, dass sich die drei Edlen, darunter der ihm wohl bekannte Greis Hildebrandt, auf ihres Anführers Klugheit und Geschick verlassen würden. Sie waren damit gut beraten, denn der Herzog wurde sowohl von Narses und Rhodopos, als auch von den germanischen Unterführern freundlich und voller Achtung empfangen. Von Bleda, dem Hunnen und Junius, dem Römer, war dies nicht zu erwarten, denn für diese standen mit den Goten noch einige bittere Rechnungen offen. Einmal mehr bedauerte es Narses, dass die anderen dabei waren und fand es schade, dass sie sich nur über Dolmetscher verständigen konnten. Zu gerne hätte er sich zuerst mit dem Fürsten der Goten unter vier Augen unterhalten, denn nur so konnten die eher heiklen Punkte angesprochen und Spielräume ausgelotet werden. Daher blieb es zunächst bei den üblichen Einleitungen und Höflichkeiten, die allerdings vor allem Junius nach Kräften zu stören versuchte. Mit einer bissigen Bemerkung nahm ihn Narses auf Lateinisch wieder an die Leine. Dafür erntete der Feldherr einen wütenden Blick seines ungeliebten Unterführers. Als der Prolog quälend zu werden drohte, da kam Narses der Zufall zu Hilfe und erfüllte seinen Wunsch doch noch.

Einer der drei Übersetzer übertrug einen gotischen Begriff offensichtlich falsch, was von Herzog Indulf bemerkt und in bestem Griechisch korrigiert wurde. Davon angenehm überrascht, wünschte der Feldherr zunächst alleine von Anführer zu Anführer zu sprechen. Auf beiden Seiten der Berater stiegen Bedenken auf. Des Narses Unterführer fürchteten des Indulf körperliche Überlegenheit. Diesen Einwand wischte Ardarich beiseite, rühmte den Feind Indulf als einen edlen und stets untadeligen Fürsten. Die drei Goten hingegen trugen Sorge, dass ihr Herzog von den tückischen Byzantinern vergiftet werden könnte. Indulf selbst beruhigte die Seinen mit der Bemerkung: „Freunde, Narses dient zwar den Byzantinern als Feldherr, er ist klug und sicher auch gerissen, doch ich halte ihn für einen Ehrenmann. Ein solch großer Mann beschmutzt seinen ewigen Ruhm nicht mit einer so niederen Schandtat. Ich vertraue auf sein Wort und freue mich auf einen ungestörten Dialog mit diesem hochgebildeten Fürsten." Im Weggehen äußerte er dann noch: „Lasst Euch unter keinen Umständen provozieren, denkt dabei nicht an Euch, denkt ausschließlich an unser unglückliches Volk, dessen Geschick steht heute auf dem Spiel." Seine Begleiter nickten verstehend. Sie wussten, dass ihr Herzog dabei vor allem Junius und Bleda als Provokateure im Auge hatte.

Eine schicksalhafte Unterredung

Narses, nicht frei von Eitelkeit, hatte alles verstanden, ihm gefiel der Herzog und er bedauerte einmal mehr dessen Geschick. Dieser gotische Fürst sprach nicht nur Latein und Griechisch, er schien auch ein guter Stratege zu sein und wirkte überaus angenehm auf ihn. Der Gote imponierte ihm, er fand es schade, dass sie sich als Feinde gegenüber standen. Was hätte dieser Mann für sein Volk bewirken können. Doch wenn er es bedachte, an diesem Geschick konnte er, der Sieger, noch einiges beeinflussen und das Schlimmste abwenden. Seinem Kaiser Justinian, dem er diente, ging es derzeit vorrangig um ein Ende des Krieges und darum, die Kosten dieses langen Ringens den Bewohnern des wiedergewonnenen Italiens aufzuhalsen. Diese würden bald den Tag verwünschen, an dem sie dem Rat ihres Papstes Silverius und der Patrizier folgend, sich gegen die Goten stellten. Nach dem Ende des langen Krieges würde er, Narses, nur noch der Statthalter Kaiser Justinians sein und musste sich mehr als zu Zeiten der Wiedereroberung von Italien an dessen Willen halten. Er besaß dann zwar noch immer viel Macht und dennoch würde er gerade Mal ein, wenngleich großes Rad in der eingespielten Verwaltung des Kaiserreichs sein. Dabei war es nicht einmal sicher, ob ihn sein Kaiser nach Byzanz abkommandierte oder gar an die unruhige östliche Grenze beorderte. Mit den Augen Justinians betrachtet wäre es vorstellbar, dass dieser die Macht seines Statthalters fürchtete. Doch noch wies er, als der alleinige Feldherr, eine große Gestaltungsmacht auf und die wollte er, wenn irgend möglich, größtmöglich nutzen.

Indulf eröffnete die Partie: „Ihr versteht unsere Sprache, Feldherr, ich sah es Euch an.“ Narses lachte leise und anerkennend: „Euch entgeht wohl nichts, Herzog?“ Der schüttelte den Kopf: „Nichts, das wäre anmaßend, ich bemühe mich aufmerksam zu sein, versuche dabei nicht nur auf die Worte zu achten.“ Der Feldherr interessierte sich dafür, weshalb Indulf, ein Gote, ein so gutes Griechisch sprach. Er erfuhr, dass es dieser von seinem Vater erlernte, der in jungen Jahren als Geisel am Hof von Byzanz weilte. Bei der Nachfrage nach dem Namen seines Vaters erlebte Narses eine freudige Überraschung. Des Herzogs Vater war jener Usdrila, der ihm, dem unglücklichen Armenierjungen, einst etwas Gotisch beibrachte und seinerseits von ihm Griechisch erlernt hatte. An diesen kultivierten, damals noch jungen gotischen Adeligen, der sich seiner mitfühlend angenommen hatte, banden ihn gute Erinnerungen. „Euer Vater steht heute hoch in den Achtzigern, wenn ich richtig gerechnet habe?“ Seinerseits verwundert nickte Indulf: „Ja, das stimmt, mein Vater – ich habe ihn zu meinem großen Bedauern letztmals vor über einem Jahr gesehen – steht im 85. Lebensjahr. Damals ritt er noch täglich über seine Fluren bei Laumellum und versenkte sich danach oft in die alten Schriften. Von ihm übernahm ich die Liebe zu Griechisch und Latein sowie zu den alten griechischen und lateinischen Texten.“ „Ihr seid sein ältester Sohn und Erbe, Herzog?“ Dieser nickte, gab durch sein leises Lächeln zu erkennen, dass er gerne an seinen Vater dachte. „Ihr scheint ein gutes Verhältnis zu Eurem Vater zu haben, oder täusche ich mich?“ Indulf bestätigte die Vermutung seines Gegenübers, legte die innige Beziehung zwischen ihm und seinem Vater, wie zu der ganzen Familie, offen. Er entnahm der Miene des Feldherrn, dass damit das letzte Eis gebrochen war. Der Feldherr bat Indulf, seinem alten Vater seine, des Narses, Grüße zu überbringen. Als die beiden ungleichen Gesprächspartner feststellten, dass sie dieselben Schriften gelesen hatten und die gleichen Philosophen verehrten, wurde das Klima geradezu freundlich. Beinahe vergaßen sie darüber den Grund ihres Beisammenseins. Mit einem wohlwollenden Lächeln kam der Feldherr dann zur Sache.

„Herzog, Ihr wollt von mir einen freien Abzug gewährt bekommen. Wer aber garantiert mir, dass Ihr nicht die versprengten Reste Eures Volkes sammelt und erneut gegen mich ins Feld führt?“ Des Herzogs Antwort überraschte ihn: „Die Vernunft und die endlich gewachsene Einsicht meiner Getreuen, Feldherr, und ich als Person. Wir erkennen an dem bisher Erfahrenen, dass wir Gott gegen uns haben, wir spüren die gegen uns entscheidende Macht, wir wollen vom Kampfe lassen. Doch niemals werden wir uns dem Kaiser unterwerfen sondern wollen unabhängig außerhalb Italiens leben.“ Die beiden letzten Sätze wurden in das Protokoll genommen und gingen damit in die Geschichte ein. „Herzog, Euch vertraue ich, doch was wäre, wenn Ihr zu Tode kommen solltet?“ Der dachte einen Augenblick lang nach und entgegnete: „Feldherr, hier steht Euer geringeres gegen mein viel höheres Risiko. Nicht einmal Ihr, der große Sieger, könnt für alle Eure Krieger die Hand ins Feuer legen, aus dem von Euch gewährten „freien“ Abzug würde dann doch unser endgültiger Untergang werden. Zu Eurem letzten Einwand kann ich nicht viel sagen, auch ich weiß nicht, wann der Allmächtige mich abberufen wird." Der alte Feldherr, er zählte damals bereits zweiundsiebzig Lenze, nickte und stimmte diesem Argument zu. „Ich sage vorläufig zu Eurem Ansinnen weder ja noch nein. Zuvor möchte ich Eure Begründung dafür hören, warum ich, der Euch völlig in der Hand hat, darauf eingehen sollte?" Wie von ihm erwartet, brachte der Herzog das Argument von der gebundenen Zeit ein und wies auf die hohe Zahl der Opfer hin, welche die völlige Vernichtung der Goten kosten würde. Der Feldherr zuckte lediglich mit den schmalen Schultern, gab nicht zu erkennen, ob diese Argumente stichhaltig waren. Doch das was der Gote dann vorbrachte, hatte er selbst bisher außer Acht gelassen, zu sehr war er noch mit der Beendigung des Krieges beschäftigt. „Sollten wir uns auf Zeit in Transpadanien sammeln und in Ruhe auf die weite Reise zu einer neuen Heimat vorbereiten können, gäbe dies Euch, den Byzantinern, eine willkommene Absicherung der westlichen Flanke. Dieser Schutz könnte die Franken abhalten dort erneut die Alpen zu überqueren, oder am Ligurischen Meer entlang ziehend, in Italien einzufallen."

Der alte Feldherr schwieg lange und strich sich nachdenklich über den spärlichen Haarkranz. „Herzog, Ihr rechnet ernsthaft mit einem Einfall der Franken? Diesen sollte doch Euer Schicksal eine Lehre, und die Kraft unserer Waffen Abschreckung genug sein", entgegnete Narses. Indulf widersprach ihm: „Feldherr, der Dummheit und dem Übermut, auch der Selbstüberschätzung sind leider oft keine Grenzen gesetzt. Ich schließe deren Einfall in Italien keineswegs aus. Eine weitere Invasion droht Euch nach meiner Einschätzung allerdings auch in absehbarer Zeit aus dem Osten. Die Führer der Langobarden kennen nun das schöne und noch immer reiche Land, das lockt sie sehr. Gegen die pannonischen Ebenen, diese im Winter eisgepeitschten Steppen, ist selbst ein verheertes Italien das reine Paradies. Noch sind sie vorsichtig und fühlen sich Euch nicht gewachsen, doch – Ihr verzeiht – nach Eurem Weggang oder Ableben, werden sie ihre Chance suchen, da bin ich mir recht sicher." Narses musste dem Goten in Gedanken recht geben und wunderte sich über dessen Analyse. Mit seinem nächsten Einwand wollte er die Ehrlichkeit des Herzogs prüfen, denn Narses galt als guter

Menschenkenner und Beobachter. „Ihr könntet Euch doch mit den Langobarden verbünden und so teilhaben an der Macht in Italien?!“

Müde schüttelte der Herzog den Kopf. „Feldherr, wir alle sehnen uns nach Frieden. Für mich strebe ich nur noch eines an, ein Leben in Freiheit und ohne ständige Kämpfe. Ich will als Herr auf eigenem Grund leben können, unbeneidet und ungefährdet von den eigentlichen oder den angemaßten Besitzern. Es wird wohl ein Traum bleiben, denn sowohl unser Abzug aus Italien, als auch die neue Rolle, die mir auferlegt wurde, wird dies nicht mehr zulassen. Wir alle lebten einen Traum, durften viele Jahre lang im irdischen Paradies weilen. Doch damit hat es jetzt ein Ende. Mir ist schon lange bewusst, dass ein kleines Volk wie wir niemals in der Lage sein kann einen solch großen Raum wie Italien auf Dauer zu beherrschen. Was ist das denn für ein „Herrenleben“? Ständig im Sattel sitzen zu müssen, Regen und Hitze ausgesetzt zu sein, und dann noch dieses widerliche Gemetzel in der Schlacht zu erleben. Ich sehne mich nach meiner Frau, den Kindern, Enkeln und den alten Eltern, für die ich zu sorgen habe. Mir ist nicht wohl in meiner Haut, wenn ich umgeben bin von Dienstleuten, denen wir die Freiheit genommen haben, die uns gegen ihren Willen dienen müssen und sich dabei aus tiefstem Herzen nach ihrem eigenen Zuhause sehnen. Verzeiht, so weit wollte ich mich nicht verlieren.“ Bitter klangen diese Worte, und der Feldherr gab ihm im tiefsten Inneren recht. Auch er sehnte sich nach seinem früheren ruhigen Dasein in seiner großen Villa am Hellespont. Ob er dieses wunderschöne Ambiente je wieder länger genießen durfte? Mit seiner nächsten Frage riss er sich selbst los von der schönen Erinnerung.

„Wenn ich Euch recht verstehe, dann wollt Ihr also gewappnet und mit all Eurer Habe abziehen?“ „So ist es, denn nur im Schutz unserer Waffen fühlen wir uns einigermaßen sicher und können drohenden Überfällen begegnen. Den wenigen Besitz, auch jenen, den wir in einigen Städten hinterlegt haben, benötigen wir dringend, um überleben zu können. Wir wollen die Menschen auf unserem Wege nicht ausplündern müssen. Unterstellt, Ihr bewilligt unser Ansinnen, wie würdet Ihr es aufnehmen, wenn bei der Abwehr von Angriffen auf uns, Gefolgsleute oder andere unter Eurer Herrschaft stehende Personen zu Tode kämen?“ Der alte Herr lächelte nachsichtig: „Lassen wir nun das

Abtasten, Herzog. Ihr bekommt Euren Wunsch nach freiem Abzug erfüllt, dürft sowohl Eure Waffen als auch Euer Eigentum mitführen. Ihr bekommt von mir einen Geleitbrief ausgestellt, der Euch einen ungehinderten Durchzug ermöglichen sollte. Mehr steht nicht in meiner Macht. Eventuell dennoch erfolgende Überfälle müsst Ihr selbst abwehren. Da diese dann gegen meinen erklärten Willen geschehen würden, stünden die Angreifer außerhalb meines Schutzes und müssten für die Folgen ihres unerlaubten Handelns selbst einstehen." Ein tiefer Seufzer der Erleichterung verließ Indulfs Brust, frei durften sie sein, es gab doch noch eine Zukunft für die Seinen.

Der Feldherr fuhr fort: „Nun zu meinen damit verbundenen Bedingungen: Ihr zieht unverzüglich nach Norden, wählt zuerst die Via Popilia und meidet unter allen Umständen Cumae. Dann zieht ihr auf der Via Latina weiter, umgeht in Eurem eigenen Interesse Rom weiträumig und überquert den Appennin auf dem Futa-Pass." Indulf unterbrach den Feldherrn mit der Frage, wie viel Zeit er ihm für diesen Zug einräume. Er wies darauf hin, dass seine Gefolgsleute durch Verletzungen, Hunger, Durst und die andauernden Kämpfe geschwächt seien. Er gab auch preis, dass sie nur noch über wenige Zugtiere für ihre Planwagen verfügten. „Fürst, das überlasse ich ganz Euch, ich will nur gewiss sein, dass ihr Goten mir hier im Süden nicht mehr in die Quere kommt. Längere Aufenthalte, oder gar die Besetzung einer festen Stadt, entsprechen nicht meinem Willen und machen unsere Vereinbarung hinfällig." Wieder nahm Narses einen tiefen Schluck aus seinem Becher und forderte den Herzog auf, desgleichen zu tun.

Indulf, ermutigt durch den Erfolg der bisherigen Verhandlung und stimuliert durch das gute Klima zwischen ihnen, brachte noch ein weiteres Anliegen vor. Er bat Narses um die Herausgabe des Hauptes von König Teja. Er solle unterwegs würdig bestattet werden, so wie es einem Helden und König gebührte. Diesen Wunsch konnte ihm Narses leichten Herzens erfüllen, denn das aufgespießte Haupt empfand auch er, der Ästhet, als einen barbarischen Akt. Er gab einem seiner Leibwächter auf Armenisch einen Befehl. Dieser brachte ein vergoldetes Kästchen und stellte es auf einen Tisch am Ausgang des Zeltes. Eine weitere Bitte hatte Indulf noch an Narses, die dieser allerdings zunächst ablehnte. Es ging um einige, den Goten sehr wichtige Stücke aus dem Königshort.

Narses gab zu bedenken, dass seinem Kaiser besonders viel an diesem in Cumae gehüteten Schatz liege. Er forderte Indulf sogar noch auf, seinen Einfluss auf den Anführer der Verteidiger von Cumae, Herzog Aligern, geltend zu machen. Für dieses Ansinnen erntete Narses aber ein bitteres Lachen. „Mit jedem anderen gotischen Edlen würde Aligern verhandeln, nicht jedoch mit mir. Er hat mir ewige Feindschaft angesagt und stets dafür gesorgt, dass ich bei seinem Bruder, unserem König Teja, einen schweren Stand hatte. Lieber würde er, dieser tapfere, grundanständige, doch manches Mal auch ungezügelte Recke, unseren ganzen Schatz im Meer versenken, als ihn an mich auszuhändigen. Sollte er die Belagerung überleben oder gegen freien Abzug kapitulieren müssen, droht mir von seiner Seite Ungemach. Dann wird er sich gegen mich wenden und meine Ansprüche vehement bekämpfen. So übel schaut es zwischen uns Cousins aus.“

Auf die Frage des Feldherrn, was denn diese Feindschaft ausgelöst habe, gab der Herzog nur zögerlich Auskunft. „Es ist eine höchst private Angelegenheit, doch ich will sie Euch wenigstens andeuten. Wir haben einst um dasselbe Mädchen, die kluge und stolze Rechis, gefreit und sie hat mich erwählt. Aligern war allerdings der Ansicht, dass er die älteren und vorrangigeren Rechte habe, was weder Rechis noch ich akzeptieren konnten. Seitdem zürnt er mir und verfolgt unsere Familie mit seinem Hass.“ Narses, dabei den Kopf schüttelnd, wandte ein: „Das finde ich bedauerlich, denn Herzog Aligern ist mir als tapferer und mutiger Mann bekannt; ich hätte hinter ihm eine solche Leidenschaft nicht vermutet.“ Resigniert stimmte ihm der Gote zu: „Ihr seht ihn durchaus richtig, Aligern ist ein gewaltiger und unerschütterlicher Kämpe. Ich bedaure den Hader zwischen uns zutiefst, denn zuvor hatten wir ein gutes Einvernehmen und schätzten einander, obwohl wir so verschieden sind. Meine jahrelangen Versuche, den Cousin zu versöhnen sind leider gescheitert. Jetzt gewinnt diese Lappalie gar noch ein historisches Gewicht. Das ist eigentlich lächerlich, wenn ich bedenke, worum es für uns Goten geht.“

Der Feldherr brachte das Gespräch wieder auf die Verhandlung zurück. „Herzog, welche Stücke aus dem Hort wollt Ihr denn haben? Was sind diese wert und was bedeuten sie für Euch?“ „Uns geht es um die uralte Krone der Gotenkönige und um das sagenumwobene Schwert unseres großen Königs Theoderich. Wir bitten auch um dessen Totenmaske, ihr Wert liegt für uns überwiegend im Ideellen. Lediglich die bescheidene Krone ist auch eine Preziose. Mehr, Feldherr, begehren wir nicht. Ich weiß um Eure Zwänge und will die Gnade, die Ihr uns erwiesen habt, nicht über Gebühr strapazieren." Dem Sieger gefiel diese Antwort und er beschloss, daher diesem billigen Wunsch zu entsprechen.

Narses fuhr fort: „Lasst uns zuletzt über Euer Ansinnen sprechen, Transpadanien für einige Zeit zu besiedeln. Ganz Padanien kann und will ich Euch nicht einräumen. Mediolanum (Mailand) und die von dort gen Norden verlaufenden Straßen über die Rätischen Alpen müssen in unserer Hand bleiben. Dies gilt auch für Taurasia (Turin), sein Umland und die dortigen Alpenpässe." Der Feldherr ließ sich eine Landkarte bringen, deren exakte Abbildung bestaunte Indulf. Des Byzantiners Finger umriss den Raum zwischen dem Padus (Po) im Süden und dem Alpenhauptkamm im Norden. Im Westen legte er den Sesites (Sesia) als Grenze fest, nur in dessen Quellgebiet schlug er das ganze Talbecken den Goten zu. Im Osten wurden die Olonna, das westliche Ufer des Lacus Ceresius (Lago di Lugano) sowie das nördliche Ufer des Lacus Verbanius (Lago Maggiore) als Grenzen festgelegt." Narses setzte nach kurzem Nachdenken noch hinzu: „Dort könnt Ihr Euch niederlassen, allerdings vorläufig begrenzt auf zwei Jahre. Ich verknüpfe diese Genehmigung jedoch mit einer Bedingung. Ihr, die dort lebenden Goten, nehmt den Status von Foederaten an und seid uns Verbündete bei der Absicherung unserer westlichen Flanke. Ihr räumt alle anderen noch in Italien gehaltenen Städte, soweit sie Eurem Willen Folge leisten und zieht Euch zurück in das zugewiesene Gebiet."

Indulf dankte riesig erleichtert für diese Großzügigkeit und erbat eine letzte Gunst, den Zugang zum Hafen von Genua. Narses versprach, dies mit der Kaiserlichen Verwaltung zu regeln und Indulf ein festes Haus und einen autonomen Bereich im Hafen zu überlassen. Er werde auch dafür Sorge tragen, dass sie auf dem Weg von Transpadanien nach Genua nicht behindert würden. Im Gegenzug verlangte er den freien Durchzug auf der nördlich des Padus von Placentia (Piacenca) nach Taurasia (Turin) führenden Reichsstraße. „Gilt dies auch für Eure Truppen, Feldherr?" „Auch für diese, allerdings nur dann, wenn von Westen her Gefahr droht. Ihr habt mein Wort Herzog, dass ich mich nicht gegen Euch richten werde, das muss Euch fürs erste genügen. Längstens nach Ablauf von zwei Jahren, vom heutigen Tage an gerechnet, verhandeln wir erneut über Euer weiteres Schicksal und Euren Abzug. Solltet Ihr dann eventuell Schiffe benötigen, können wir darüber noch reden. Ich kann mir allerdings auch vorstellen, dass Ihr bis dahin Eure Meinung noch ändert und es doch noch vorzieht auf Dauer als weitgehend unabhängige Untertanen des Kaisers in Transpadanien zu siedeln." Indulf schüttelte den Kopf, schwieg jedoch zum letzten Satz und nahm alle Bedingungen an, wohl wissend, dass der Foederatenstatus für seine stolzen Edlen eine bittere Pille bedeuten würde. Doch der gotische Fürst hatte auch so jetzt schon weit mehr erreicht, als er sich in seinen kühnsten Träumen ausmalen durfte. Seine Gedanken verloren sich einen Moment in der Zukunft, für die sich nun wieder Perspektiven auftaten.

Aus diesen Überlegungen holte ihn der so nobel handelnde Feldherr zurück. „Herzog Indulf, all das, was wir beide nun vereinbart haben, kann ich vor meinem Kaiser und meinem Heer vertreten. Ich trage unsere Vereinbarung nachher meinen und Euren Unterführern vor und diese übermitteln es ihren Kriegern. Seid Ihr damit einverstanden, Herzog?" „Aber ja, ich bin froh darüber", antwortete ein gelöster Indulf. Narses kam nun noch auf die Geiseln zu sprechen und erhielt die Antwort: „Feldherr, selbstverständlich händigen wir Euch diese unverzüglich und unversehrt aus. Ihr könnt bald Euren Bruder in die Arme schließen und Eurem Kaiser berichten, dass sein Neffe wohlbehalten ist." Einen kurzen Augenblick lang überzogen Freude und Erleichterung das gelbliche Gesicht des Siegers. Bewegt dankte er dem Goten. „Woher wusstet Ihr denn, um wen es sich bei den Gefangenen handelt?" „Dies war recht einfach; als wir sie abführten, da tauschten sie untereinander ihre Hoffnung aus, setzten dabei auf ihren Rang und ihre verwandtschaftlichen Beziehungen zum Kaiser und zu Euch. Da ich Griechisch verstehe, wurde mir schnell bewusst, welch kostbaren Fang uns der pure Zufall beschert hatte." „Fürst, warum habt Ihr mir gegenüber diesen großen Trumpf nicht ausgespielt?" Indulf mit verschmitztem Lächeln: „Ich wollte Euch nicht erpressen, ich vertraute einerseits auf Euren Edelmut und andererseits auf meine Argumente. Nur in der Not hätte ich mit dem Besitz der Gefangenen argumentiert."

Der Feldherr lachte anerkennend, er sah sich in seiner Einschätzung des Gotenfürsten bestätigt, was er seinem Gegenüber auch so spiegelte. Diese Anerkennung seitens des Siegers erfreute Indulf, der bedauernd sagte: „Schade, dass wir uns unter diesen Umständen und als Feinde gegenüber stehen müssen, zu gerne hätte ich mich des öfteren an einem Gespräch mit Euch erfreut“. Narses lächelte irgendwie wehmütig: „Herzog Indulf, wir sind nun keine Feinde mehr, eher schon Partner. Auch ich bedaure es sehr, dass dies wohl unser letztes Gespräch war. Schon lange traf ich auf keinen so angenehmen und kultivierten Gesprächspartner mehr. Ihr habt mein Bild von Euch Goten um eine positive Facette bereichert. Lebt wohl, Gottes Segen für Euch und Eure Anvertrauten.“ Mühsam erhob sich der alte Feldherr und trat auf Indulf zu. Er reichte seinem überraschten und erfreuten Gegenüber die Hand, eine im byzantinischen Ritual hohe Wertschätzung seitens des mächtigen Feldherrn.

Danach verkündete Narses den Seinen das Ergebnis der Verhandlung, die er kurz und präzise wiedergab und mit Befehlen an seine Unterführer verband. Zu den Goten gewandt, sagte er auf Gotisch: „Edle der Goten, diese für Euch so günstige Vereinbarung verdankt Ihr ausschließlich Eurem von mir sehr geschätzten Herzog.“ Die Unterführer der Byzantiner verließen zuerst das Audienzzelt, um das Ergebnis ihren Kriegern mitzuteilen. Die germanischen Führer taten dies überzeugt, Bleda und Junius hingegen voller Ingrimm und Ohnmacht. Die vier Goten sanken sich mit feuchten Augen in die Arme. Hildebrandt dankte seinem Herzog bewegt und sagte: „Indulf, dies ist einer der glücklichsten Momente in meinem langen Leben, dafür danke ich Dir aus tiefstem Herzen.“ Danach verabschiedeten sich die erleichterten Goten von dem so großmütigen Feldherrn Narses, den sie nun mit völlig anderen Augen betrachteten.

Die Abrechnung mit den Hunnen

Spät war es geworden in der Aula des Cethegus, so manchen Becher hatten die Recken geleert. Der alte Herzog Usdrila bat sie gerade, die weitere Erzählung auf den folgenden Abend zu vertagen, als sie jäh unterbrochen wurden. Ein Kundschafter meldete seinem Herzog eine wahrlich alarmierende Beobachtung. Der junge Mann berichtete von einem Heer der Hunnen, das ihnen seit vier Stunden wenige Meilen hinter dem Futa-Pass den weiteren Weg verlegte. Die anderen Kundschafter lagen weiterhin auf beiden Seiten des hunnischen Lagers auf Lauer und ließen die Hunnen nicht aus den Augen. Betroffene Stille kehrte ein. Mit einer derart bedrohlichen Herausforderung, und dies so kurz vor ihrem Ziel, hatten sie alle nicht mehr gerechnet.

Augenblicklich brandete eine Welle an Vorschlägen auf, die meisten mit einer klaren Vorstellung zum weiteren Vorgehen. Zuerst meldeten sich die maßgeblichen Herren zu Wort, der Herzog selbst hörte zu und schwieg. Der Tenor der Vorschläge lag auf einem Rückzug und der Suche nach einem anderen Übergang über den Appennin. Der besonnene Hildebrandt brachte zum Ausdruck, dass sie in ihrer derzeitigen Verfassung und aufgrund ihrer geringen Zahl einen Kampf dieses Ausmaßes nicht bestehen könnten. Dem schlossen sich alle anderen an, nur ihr Anführer schwieg noch immer. Dann bat Herzog Indulf um Ruhe. Alle waren sie gespannt auf seine Entscheidung. Als Verantwortlicher müsse er zuerst noch weitere Beobachtungen einbeziehen, so der Herzog. Indulf ließ sich vom Kundschafter die genaue Lage des feindlichen Heeres beschreiben. Er schüttete etwas Wasser auf den Tisch und bat den jungen Kundschafter, mit diesem Lage und Umgebung des Hinterhalts zu skizzieren. Er half dem Mann, auf der Tischplatte aus dem Wasserfilm ein klares Bild der Situation zu erstellen. Ihr Tischgast, der Vorsteher des Dorfes, kannte diesen kleinen, zu einem Hinterhalt geradezu einladenden Talkessel aus eigener Erfahrung. Von ihm erfuhr der Herzog, dass der Kessel für einen Ortskundigen gut zu umgehen sei. Indulf begnügte sich jedoch damit nicht, ihn interessierte wie die Hügel zu beiden Seiten des hunnischen Hinterhalts beschaffen waren und ob diese Hänge zu ersteigen seien. Die Antwort, dass dies nur von der Rückseite aus möglich und auf dem rechten Hügel etwas mühsam sei, gefiel ihm sichtlich. Was hatte ihr Herzog vor? Warum interessierte ihn eine, bei einem Rückzug doch völlig unwichtige Nebensache so sehr? Manchmal fiel es den Seinen schwer, ihres Anführers Gedankengänge nachzuvollziehen.

Was wollte Indulf denn noch alles erfahren? Was sie zu tun hatten, das war doch schon klar! Interessierte es denn, wie viele Hunnen dort oben auf sie warteten und wie breit der Talkessel war? Und noch viel uninteressanter war es doch, wo der hunnische Tross lagerte oder gar die Frage nach den Zugtieren, welche die Hunnen hatten und ob sie alle beritten waren? So wenig wie dessen Erkundigung, ob denn der etwas entfernt vom Hinterhalt lagernde Tross der Hunnen gut bewacht sei? Diese verdammten Hunnen gingen sie überhaupt nichts mehr an, sollten die dort in ihrem Hinterhalt anwurzeln. Die, auf welche sie dann vergeblich warten würden, waren längst über alle Berge hinabgezogen in das Tal des Arnus, auf dem Weg zu einem neuen Übergang. Nun, der Herzog hatte das Sagen, und bisher waren sie gut beraten, wenn sie sich auf seine Umsicht verließen. Jetzt erst überzog ein Lächeln sein nachdenkliches Gesicht, nach etlichen weiteren Fragen schien er endlich zufrieden zu sein. Gespannt erwartete die Runde seine Entscheidung.

„Meine Freunde, würde ich Eurem überwiegend geäußerten Vorschlag folgen, liefen wir Gefahr, dass die Hunnen uns entweder verfolgen oder unsere Absicht durchschauen könnten, einen anderen Pass zu nehmen. Dann würden sie mit asiatischer Geduld eben dort ihre Chance suchen und Katz und Maus mit uns spielen. Das gefällt mir ganz und gar nicht. Wir müssen das Heft des Handelns fest in unseren Händen halten. Unterschätzt die Hunnen nicht, diesen Fehler haben wir uns schon viel zu oft geleistet, und dies mit bösen Folgen. Die Hunnen sind alle beritten und damit weit beweglicher, als wir es zu Fuß sind. Außerdem behindern uns die schweren Fuhrwerke. Wenn wir ihnen ausweichen, dann haben wir diese zähen Verfolger noch lange nicht vom Hals. Doch sich mit den Hunnen derzeit auf eine offene Feldschlacht einlassen? Nein, dazu – und da gebe ich Euch völlig recht – sind wir im Moment nicht in der Lage. Wenn unser gut beobachtender Skipuar die Zahl der Hunnen richtig eingeschätzt hat, woran ich nicht zweifle, dann haben wir es mit etwa 800 – 1000 Feinden zu tun. Der Talkessel, in dem sie auf uns lauern, bietet ihnen mit seinem niederen Gehölz eine gute Deckung. Sie könnten uns von dort aus nach Hunnenart mit ihren Pfeilen niedermachen. Ihr gut ausgedachter Hinterhalt birgt allerdings für die Steppensöhne auch einen großen Nachteil. Die Hunnen müssen, um sich nicht zu verraten, ihre Pferde im Lager zurücklassen. Wie Ihr wisst, sind sie zu Fuß weniger wendig und damit eher zu packen. Doch selbst diese Variante ist mir immer noch zu gefährlich, der Blutzoll hierfür wäre nicht zu vertreten!“ Hier hielt er kurz inne und trieb die Spannung zum Siedepunkt.

„Für mich zeichnet sich eine andere, weit erfolgversprechendere Alternative ab. Von den Hängen über dem Talkessel aus sind die Hunnen gut auszumachen und zu bezwingen. Ihr Befehlshaber scheint – Skipuar hat ihn treffend beschrieben – jener Ernach zu sein, mit dem wir es vor Jahren schon einmal zu tun hatten. Der unbeherrschte Häuptling schied danach im Streit aus den Diensten des byzantinischen Feldherrn Belisar. Ernach ist für mich nicht mehr als ein marodierender Räuber und unbesonnener Heerführer, dennoch dürfen wir ihn, diesen verschlagenen Hunnen nicht unterschätzen. Wenn es uns gelingt, seine Wachen auszuschalten – falls er auf den Anhöhen überhaupt welche postiert hat – sind wir in der Lage die Hügel an beiden Seiten unbemerkt zu besetzen. Wir schlagen die Hunnen dann mit ihren Waffen, nämlich den am Sarnus eingesammelten Pfeilen und Bogen der Isaurier. Unsere eroberten Bogen sind länger und durchschlagkräftiger als jene der Hunnen. Weil diese auf dem Pferd zu unhandlich sind, verwenden sie die Reitervölker nicht, und über Fußtruppen, die mit den Langbogen umgehen können, verfügen sie selten. Uns bietet diese Waffe in der Situation, die wir dort vorfinden werden, einen unschätzbaren Vorteil. Unere Pfeile fliegen weiter, mit ihnen lässt sich in dem kleinen Talkessel jeder Feind erreichen. Ich gehe zuversichtlich davon aus, dass die Hunnen von oben ein gutes Ziel abgeben. Wir müssen sie dann „nur“ noch treffen. So weit meine Beurteilung der Lage und unserer Aussichten. Nun zum weiteren Vorgehen, das wir untereinander abstimmen müssen.“

Ringsum blickten fragende Augen auf ihren Herzog, in den meisten glühte auf einmal der alte gotische Kampfgeist wieder auf. Viele dieser Recken beflügelte die Aussicht auf eine schon lange ausstehende Rache an den Hunnen. Zwar war das mächtige Riesenreich Attilas zerfallen, das sie einst so gedemütigt hatte, doch dessen umherstreifende Horden, manchmal aus vielen Tausenden bestehend, verbreiteten noch immer

Angst und Schrecken. Auf solch einen Haufen würden sie nun stoßen, auf einen, der auf der Suche nach Beute zuvor weite Entfernungen durchstreift hatte. Zu Pferd waren die Hunnen ein gewaltiger Gegner, der rasch zustieß und schnell wieder floh, so wie ein wild gewordener Wespenschwarm. Bisher konnten die Goten dieser Kampfweise nur selten mit Fallen oder Einkreisungen begegnen, doch nun sah es so aus, als seien diese Meister des Hinterhalts und der Täuschung endlich einmal selbst in die Falle geraten. Gut hatte sich ihr Herzog das ausgedacht, sein Ansehen wuchs immer mehr, während er seinen Männern den bevorstehenden Angriff darlegte: „Wir brechen schon im Morgengrauen auf. Führen wird uns der treffliche Vorsteher des Dorfes und dessen ebenfalls ortskundiger Schwager. Bis zum Futa-Pass ziehen wir in geschlossener Formation, dann lassen wir den Tross gesichert zurück und wir Krieger besetzen die Hänge oberhalb des hunnischen Hinterhalts. Das muss in völliger Ruhe und zügig vonstatten gehen. Dabei sind unsere Brünnen hinderlich, wir sollten daher nur leicht gewappnet die Hänge hinauf steigen. Je drei Hundertschaften verteilen sich auf beiden Seiten des Talkessels. Weitere drei gut gerüstete Hundertschaften umgehen den Kessel weiträumig. Ihre Aufgaben bestehen darin, einerseits den hunnischen Tross zu überwältigen und andererseits die aus dem Talkessel herabführende Strasse zu sperren. Diese Krieger erwartet vermutlich der härteste Teil unseres Vorhabens. Ich gehe davon aus, dass es etlichen der Hunnen gelingen wird dem Pfeilhagel zu entrinnen. Sie werden dann zwangsläufig ihr Heil in der Flucht talabwärts suchen. Hier setzen wir unsere im Nahkampf erprobten Recken ein, deren Führung übernehme ich selbst. Von dort aus lasse ich Euch zuvor mit unserer Königsfahne das Zeichen zum Angriff geben. Gesalich und Wittich, Euch beide bitte ich, mit den Euren den rechten Hang zu besetzen. Den anderen und schwerer zu ersteigenden Hügel überlassen wir den jüngeren Anführern Totila und Theodemir. Alle anderen Krieger sichern den zum Pass hinaufführenden oberen Talausgang. Beim Tross verbleiben nur die schwerer Verletzten und die sehr alten Kämpen." Hildebrandt unterbrach seinen Herzog, er wirkte geradezu erschrocken: „Indulf, Du wirst mich doch hoffentlich nicht zu diesen ganz Alten rechnen?" Der Angesprochene lachte lauthals: „Mein ewig junger Waffen- und Lehrmeister, das würde ich mich doch nie wagen", worauf dröhnendes Lachen der anderen anhob. Alle wussten, wie sehr der „Uralte" unter dem Altwerden litt und in den Kämpfen den

Jungen keineswegs nachstehen wollte. Eitelkeit und Ehrgeiz überforderten ihn dabei so manches Mal. Zuletzt musste ihn Indulf selbst – im Kampf gegen die Isaurier – aus einer kritischen Situation heraushauen. Diesen Vorfall hatten alle, außer dem „vergesslichen" Hildebrandt, noch in frischer Erinnerung.

Bevor sich daraus ein unverdienter Spott über den treuen Waffenmeister ergießen konnte, fuhr der Herzog fort. „Bitte übernimm Du zusammen mit den angesprochenen Kriegern, den oberen Ausgang des Kessels und lasse keinen der dort hinauf flüchtenden Hunnen entkommen. Dich, lieber Vater, ersuche ich, den Tross zu schützen." Der alte Herzog, noch immer mit einem Schmunzeln auf den Lippen, nickte zustimmend. Im Gegensatz zu seinem Freund Hildebrandt fiel es dem Vater Indulfs nicht schwer, sein Alter anzunehmen. „Damit verfügen wir für den Fall, dass doch einige Hunnen in Richtung des Passes fliehen, noch über eine Reserve, verstärkt um couragierte Frauen und Heranwachsende. Diese Reserve könnte im Notfall Hildebrandts Mannen zu Hilfe eilen. Aber wie gesagt, mit diesem Szenario rechne ich nicht. Eines vergaß ich noch zu sagen. Wir sollten unterwegs, während einer der notwendigen Ruhepausen, die Bogen der Isaurier nochmals erproben. Ich kenne Eure Bedenken, doch wir haben uns davon überzeugt, dass diese Bogen den unseren überlegen sind. Ich bin sicher, dass sie uns erneut gute Dienste leisten werden. Den Rest könnt Ihr Euch selbst zusammenreimen." Ruhig und überzeugend sprach der Herzog, er fand begeisterte Zustimmung und stieß auf keinerlei Bedenken, geschweige denn auf Widerspruch. Dieser wohlüberlegte Plan versprach Erfolg, und bedeutete vor allem die größtmögliche Schonung der eigenen Leute.

Später, beim Gang zu den Schlafstätten, äußerte Herzog Indulf en passant einen Verdacht, der seine sechs engsten Gefolgsleute, die mit ihm gingen, fiebern ließ. „Wenn ich mich nicht sehr irre, dann schleppen unsere Feinde das Raubgut der letzten Jahre mit sich. Zumindest hielten sie es auf ihren bisherigen Heerzügen so. Von Narses weiß ich, dass einige der hunnischen Horden sogar im Kernland Kaiser Justinians brandschatzten und Kirchen wie Klöster ausraubten. Was die Hunnen sonst noch an Kleinodien erraffen konnten, das wird auch nicht gerade wenig sein. Sollte meine Annahme zutreffen, dann wären wir einer großen Sorge ledig, die mich seit Tagen umtreibt. Denn damit würden wir für uns einen neuen Staatsschatz gewinnen und hätten dadurch gute Voraussetzungen für unsere weiteren Pläne. Mit diesem Schatz wären wir in der Lage, unsere lange Reise besser vorzubereiten und könnten diese dann vielleicht ohne finanzielle Notlagen bewältigen. Aber wir sollten uns nicht zu früh freuen, vielleicht sitze ich einem Irrtum auf. Die andere Beute sehe ich jedoch ganz real. Jeder von uns wird danach wieder über ein Pferd verfügen; die hunnischen Pferde sind zwar klein, aber unglaublich zäh und ausdauernd. Schon von daher lohnt sich unser Überfall. Zusätzlich verspreche ich mir noch viele Zugtiere, Planwagen und – nicht zu unterschätzen in unserer Lage – den Proviant der Hunnen. Freunde, damit uns dies gut gelingen kann, müssen wir ausgeschlafen sein. Deshalb uns allen nun eine gute Nacht."

Kurz nur währte ihr Schlaf, noch in völliger Dunkelheit machte sich der Zug reisefertig und brach auf. Zehn Einheimische führten die Goten die steile Strasse bis zum Pass hinauf. Unweit des Talkessels hielt der lange Zug an einer geeigneten Stelle an. Mittlerweile war es bereits später Nachmittag geworden. Der Herzog und seine Anführer gingen daran, das kommende Schlachtfeld vorsichtig zu inspizieren. Was sie dort sahen und ihnen die Kundschafter bestätigten, das konnten sie zuerst fast nicht glauben. Die Hunnen verhielten sich sträflich sorglos, sie gingen wohl davon aus, dass der schwerfällige Zug der Goten erst am nächsten Tag zu erwarten sei. Sie vertrieben sich inzwischen die Zeit auf ihre wilde hunnische Art und hatten keinerlei Vorkehrungen getroffen, um vor unliebsamen Überraschungen gefeit zu sein. Sie bauten offensichtlich darauf, dass ihre Anzahl und ihr schlimmer Ruf alle potentiellen Angreifer abschrecken würden. Lediglich am oberen Zugang des Talkessels und talabwärts hatten sie Wächter aufgestellt, sie verzichteten laut der gotischen Kundschafter sogar fahrlässig auf eigene Kundschafter. Sowohl die Hunnen im Talkessel, als auch die Wächter, brieten Fleisch an ihren Lagerfeuern. Dazu sprachen sie Wein und Met auf gewohnte Weise kräftig zu. Die wilden Gesänge und die Tänze rund ums Feuer legten beredtes Zeugnis davon ab.

Was die gotischen Anführer von ihrem günstigen Beobachtungsposten über dem Talkessel aus erkundet hatten, das war zu verlockend für sie. Spontan beschlossen sie, ihren Plan umzuwerfen und noch an diesem Abend anzugreifen. In weniger als zwei Stunden nahmen die Angreifer ihre Plätze ein. Der Lärm, den die zechenden, singenden und tanzenden Hunnen verursachten, erlaubte es den Goten, sich ungehört und ungestört anzuschleichen. Nach einer weiteren halben Stunde erreichte sie das erste Fahnensignal. Jetzt wussten sie, dass der Herzog die Wagenburg der Hunnen eingenommen hatte. Dann endlich stieg am Ausgang des Tales die alte Königsfahne, der gekrönte Löwe auf blauem Grund, hoch in die Luft. Jetzt schwirrten die Pfeile, setzte das Morden ein. Jäh aus ihrem Gelage gerissen, wurden die verwirrten wie überraschten Hunnen zum leichten Ziel. Bereits mit der ersten Wolke aus Pfeilen forderte der Tod seine schreckliche Ernte. Diejenigen Hunnen, die den Pfeilhagel überlebt hatten, strebten in Panik entweder zu ihren Waffen oder sie versuchten sich in die vermeintlich schützenden Büsche zu schlagen. Doch das nützte ihnen nichts, denn im niederen Gehölz waren sie gut auszumachen und für die Goten eine leichte Beute. Ungefähr hundert Hunnen versuchten, talabwärts zu entkommen. Doch auch hier gab es kein Entkommen, denn dort empfingen sie die schwer gewappneten Elitekrieger des Herzogs. Zuerst rannten die Hunnen in deren Speere und Pfeile. Diejenigen, die dies überlebten, erlitten im Nahkampf samt und sonders den Tod. Ernach, ihr Anführer, der eine leichte Rüstung trug, fiel als einer der letzten, er wurde nach tapferer Gegenwehr erschlagen. Keiner dieser Hunnen blieb am Leben. Die Goten machten weder Gefangene, noch verschonten sie die Verletzten. Ihr so lange aufgestauter Hass brach sich Bahn, entlud sich in einem apokalyptisch anmutenden Gemetzel. Das ganze Morden dauerte nicht lange, danach kehrte für einen Augenblick gespenstische Stille ein, die von einem Jubelsturm aus rauen Kehlen abgelöst wurde. Sie hatten es geschafft und sich aus eigener Kraft aus einer zuvor so bedrohlich erscheinenden Lage befreit.

Die Kämpen strömten von den Hängen hinunter in den Kessel. Im Chor ließen sie den gerührten Indulf hochleben, hoben ihn wie bei seiner Wahl auf den Schild. Alle wussten wem sie diesen leicht errungenen Sieg verdankten. Hildebrandt sprach das aus, was das ganze Gotenheer empfand. „Hochverehrter Herzog, lieber Indulf, Du hast uns zu einem glanzvollen Sieg über unsere alten Feinde geführt. Gestern Abend noch, da musstest Du uns erst einmal dazu ermuntern. Und nun ist alles genauso gekommen, wie Du es geplant hattest. Lieber Indulf, in Dir ist unserem Volk wieder ein großer Heros erwachsen. Ich bin glücklich, dass ich dieses noch erleben durfte. Lieber Indulf, lebe hoch, lebe lange und führe den Erfolg stets mit Dir." Als der uralte Waffenmeister, selbst einer der legendären Helden dieses Volkes, seine Laudatio beendet hatte, da brauste erneut ein Jubelsturm auf. Die Krieger feierten ihren Anführer, den Sieg und auch sich in ihrem Siegestaumel. Vergessen war alles Zagen, weg die Ängste, die überstrahlt wurden von Zuversicht und Gewissheit. Sie würden es schaffen, so konnten sie eine neue Heimat erringen und eine gute Zukunft gewinnen. Diese Hoffnung prägte nun ihre Gedanken und veränderte Haltung und Blick. Auch der Dank und das Lob des Herzogs für die – wie er sagte – mustergültige Disziplin seiner Anführer und Krieger, erhöhte ihre Zuversicht.

Der Herzog ließ die aus den umliegenden Dörfern zögerlich zu ihnen stoßenden Menschen einiges von der persönlichen Habe der Toten nehmen. Die Kleider, Stiefel, Messer und Lederschilde, wie deren Amulette, waren ihm feil. Die Waffen, vor allem die kostbaren Bogen und Pfeile, behielten die Goten jedoch für sich. Die Bauern mussten für die ihnen erwiesene Gunst die toten Hunnen würdig bestatten. Ihr Pfarrer sprach für die Heiden ein Gebet an den Massengräbern. So unglaublich es klingen mag, die Goten bezahlten ihren Sieg lediglich mit vier leicht verletzten Kämpen. Drei von ihnen hatten die Hunnen im Nahkampf verwundet und der Vierte übertrat sich das Bein beim eiligen Abstieg vom Rand des Talkessels. Und was hatten sie selbst dabei gewonnen? Die schnell eingebrachte Ernte war schlicht überwältigend. Über tausend Pferde und Sättel gehörten nun ihnen, hundertvierzig Ochsen und zweiundsechzig Planwagen nahmen sie in Besitz. Dazu kamen die großen Vorräte an Getreide, Mehl, Fleisch und etliche Fässer Wein. Doch all das wurde von dem Schatz übertroffen, den sich diese Hunnen im Laufe der Jahre zusammengeraubt hatten. Zwei mit Brettern gesicherte Planwagen trugen eine stattliche Menge an Gold, Juwelen und Preziosen. Dazu kamen wunderbar geschmiedete Waffen, Prunkrüstungen, Helme und zwei Truhen mit byzantinischen Goldsolidi. Münzen aus anderen Ländern, sogar zwei Kronen und prächtige Seidengewänder wie auch kleine Barren puren Goldes befanden sich in zwei weiteren prall gefüllten Truhen. Einige der schönsten Schmuckstücke identifizierte Hildebrandt als Arbeit der untergegangenen Skythen. „Mein Großvater, der noch König Ermanarich erlebte, zeigte uns Kindern damals solche Kleinodien. Er wusste, dass diese aus den Grabhügeln stammten, die vereinzelt in der großen Steppe vorkamen. Sie wurden damals von den Römern teuer bezahlt und lockten die Grabräuber hinaus in die weite skythische Steppe.“ Diesen Staatsschatz, das neue Fundament ihres guten Überlebens, bekamen allerdings nur die Edlen zu Gesicht. Dessen großer Wert sollte allen anderen nur ganz allgemein angedeutet werden, zu groß würden sonst die Begehrlichkeiten. Zwölf der verschwiegenen „Löwen“ aus der Ehrengarde des Herzogs schützten ihn vor Blicken und jedem Zugriff.

Zuvor nahmen sie die übliche, seit Jahrzehnten eingespielte Verteilung vor. Es ging um die direkt von den toten Hunnen erbeuteten Solidi, Schmuckstücke und Waffen. Der neu ernannte Schatzmeister Graf Gesalich ließ daraus vier gleichwertige Haufen bilden. Das erste Viertel gebührte dem Herzog, das zweite den Adeligen und die beiden anderen den übrigen Mannen. Alle waren es zufrieden, nur der Herzog nicht. Als er erfuhr, dass nicht jeder der Krieger vier volle Solidi bekam, ließ er aus seinem Anteil die fehlenden 400 Solidi verteilen. Dann ließ er seinen Haufen teilen und die eine Hälfte jenen geben, die als Hinterbliebene weder am Kampf teilnehmen konnten, noch indirekt von der Verteilung etwas hatten. Die Edlen folgten seinem Beispiel und zu aller Überraschung traten sogar seine Krieger ein Viertel ihres Anteils ab. Bewegt dankte Herzog Indulf seinem Adel und den Kriegern für diese noble Geste. Die große Freude der bisher vom Schicksal benachteiligten Menschen, belohnte sie für ihre gute Tat.

Um die noch glimmenden Lagerfeuer versammelten sich nun die gotischen Krieger, ihre Angehörigen und alle anderen. Sie vertilgten in bester Stimmung den vorgefundenen Spießbraten und genossen den Wein der Hunnen. Etwas abseits scharten sich die Anführer und die Häupter der Sippen um ihren Herzog. Während ihnen die Knechte aufwarteten, erörterten sie, was mit den Gefangenen geschehen sollte, die sie im Lager der Hunnen vorgefunden hatten. Mit den vierhundert verschüchterten Angehörigen der Toten, handelten sie sich ein schwierig zu lösendes Problem ein. Diese Greise, Frauen und Kinder hatten nicht nur ihre Männer, Väter, Söhne und Brüder verloren, sie hatten auch eine ungewisse Zukunft vor sich. Würden die Goten wie üblich verfahren, dann erwartete die Unglücklichen das bittere Los der Sklaverei. Sie den Bewohnern der umliegenden Dörfer zu überlassen, wie es einige vorschlugen, wäre eine noch schlechtere Lösung, denn das bedeutete vermutlich die härteste Sklaverei überhaupt. Außerdem hatten die Bewohner der Dörfer selbst nicht genug zu essen. Auch der Vorschlag, sie dem Senat der Stadt Bononia (Bologna) zu übergeben, fand keine Mehrheit. Selbst Herzog Indulf fiel nicht mehr ein, als die Gefangenen doch nach ihren eigenen Vorstellungen zu befragen. Viel versprach er sich davon nicht, aber er wollte nichts unversucht lassen.

Vor die Adeligen wurden drei Hunnen geführt, ein sehr alter verrunzelter Mann, eine nicht viel jüngere zahnlose Frau und eine etwa Vierzigjährige. Diese stolze und noch nicht verblühte Frau war die Witwe des Ernach und wirkte weniger verschüchtert als die beiden Alten, bei denen es sich um die Eltern des toten Hunnenführers handelte. Hildebrandt, der in seiner Jugendzeit als Geisel zusammen mit dem Königssohn Theoderich viele Jahre am hunnischen Hofe leben musste, übersetzte deren Worte. Als er andeutete, dass die Goten nicht so recht wüssten, was sie mit ihnen anfangen sollten, gab ihm die zierliche, braunhäutige Frau des Ernach eine verblüffende Antwort. „Überlasst uns fünf Fuhrwerke, zwölf Ochsen, unsere Zelte und deren Einrichtung. Wenn ihr uns darüber hinaus noch zehn Sack Weizen und genau so viel Mehl abtreten würdet, dann könnten wir, zusammen mit dem, was wir sonst noch mit uns führen, überleben. Wir lagerten vorletzte Woche in der Nähe des Padus (Po) auf einer Halbinsel, die dieser Strom mit der Secia (Secchia) bildet. Das ist eine menschenleere Gegend, die Dörfer sind verlassen und vermutlich weidet dort noch entlaufenes Vieh. Hier könnten wir uns niederlassen und von diesem wie von den Früchten des Feldes leben." Demütig verhielt sich diese Enkelin Attilas nicht gerade, stolz führte sie ihre Rede und imponierte so den Goten. Alles übersetzte der Waffenmeister, der gut Hunnisch sprach. Indulf nickte zustimmend, für ihn bedeutete es die angestrebte Lösung und entwirrte den Knoten. Unter keinen Umständen wollte er die Gefangenen mit nach Ticinum (Pavia) nehmen, denn sie hatten in ihrer Zwischenheimat ohnehin viele gotische Witwen, Greise und Kinder zu versorgen. Der Winter stand bevor, die Ernte war in ganz Italien kärglich ausgefallen und allein diese zu erwartende Herausforderung stellte sie vor große Probleme. Daher erleichterte nicht nur ihn diese unerwartete Lösung. Lediglich zwei alte Bogenmacher unter den Gefangenen gab der Herzog nicht frei, er wollte sie unbedingt samt ihrer Frauen im Tross der Goten mitführen. Sie sollten ihre Kunst des Bogenmachens an seine Goten weitergeben. Vielleicht konnte dadurch verhindert werden, dass diese Hunnen künftig wieder über diese gefährliche Waffe verfügten und andere damit beunruhigten.

Am nächsten Morgen, als der viel länger gewordene Zug aufbrach, zogen die Hunnen mit ihnen, noch nicht frei und auch nicht mehr Gefangene. Ohne dieses Geleit hätten die überlebenden Hunnen unterwegs viel Unbill erleiden müssen und vermutlich auch nicht lange überlebt. Ihr übler Ruf wäre ihnen sonst wohl zum Verhängnis geworden. Der hunnische Tross durfte sich dem Gotenzug für einige Tage anschließen. Hinter der Brücke der Via Aemilia über die Secia verließen die Hunnen den Heerzug der Goten gen Norden. Angeführt von Ildiko, der Witwe des Ernach, verloren sie sich alsbald in der Weite der Ebene des Padus (Po), in der sich der Nebeldunst zu verflüchtigen begann. Als kleiner Punkt am Horizont entschwanden sie den Blicken der nach Westen weiterziehenden Goten und tauchten ein ins Dunkel der Geschichte.

Die Goten lagerten am zweiten Abend nach dem Gemetzel im Hunnenkessel, wie sie den Ort nun bezeichneten, unweit der Via Aemilia, befanden sich bereits hinter Bononia. Nachdem alle Entscheidungen getroffen und alle gesättigt waren, machte sich eine wohlige Entspannung breit. Herzog Usdrila und Graf Theodemir baten die Runde der Adeligen jetzt um den letzten Teil der begonnenen Erzählung. Der Bericht über die Reise vom Vesuv bis zum Palast des Cethegus, an dem sie sich trafen, stand noch aus. Wieder begann der alte Hildebrandt, den Herzog Indulf, unter dem Gelächter der anderen zu seinem „Erzählmeister“ ernannt hatte. Lauthals lachend nahm der Uralte, keinem Scherz abgeneigt, den neuen „Titel“ an.

Ehrenvoller Abzug vom Sarnus

So gaben es die Anführer der Goten wieder, die den Untergang des Gotenheers am Vesuv miterlebt hatten und zuletzt von dort abziehen durften. Ihre Krieger und all die anderen, die mit ihnen gezogen waren, drängten sich bangend hinter den Wachen, starrten gespannt hinüber zum Lager der Byzantiner. Dort verhandelten ihr Herzog und die drei Grafen, drüben im Zelt des Siegers entschied sich ihr weiteres Schicksal. Quälend lange warteten sie schon, die Dämmerung setzte bereits ein und sie begannen zu rätseln, ob dies nun ein gutes oder ein schlechtes Zeichen sei. Dann endlich erblickten sie die Anführer inmitten der Garde. Aus ihrem Gang war zu entnehmen, dass sie zumindest keine ganz üblen Botschaften mitbrachten. Allein schon der hochgestimmte Ausruf: „Wir sammeln uns oben um den Thingbaum. Meine Getreuen, nur soviel vorab, wir bringen gute Nachricht!“ Die Anspannung entlud sich in einem Freudensturm, beflügelte die Schritte und löste die Zungen. Alle hasteten den steilen Feldweg auf den Mons Lactarius (Monti Lattari/Milchberge) hinauf, um nur ja nichts zu versäumen. Dicht an dicht nahmen sie rund um den mächtigen Ölbaum ihre Plätze ein. Eine Geste des Herzogs beendete die Aufregung und sorgte für Ruhe.

Dann kam sie, die erlösende Botschaft aus ihres Herzogs Mund: „Wir dürfen abziehen mit all unserer Habe und in Waffen. Die wichtigste Auflage, die uns der großzügige Feldherr Narses machte, ist unser unverzüglicher Aufbruch. Wir verlassen diesen wasserarmen Platz schon morgen in aller Frühe. Eure Edlen geben die weiteren Anweisungen. Helft denen, die alt oder schwach sind, auch wenn sie nicht zu Eurer Familie gehören, sorgt dafür, dass wir ohne Verzögerungen wegkommen. Diejenigen, die nicht gehen können, finden hoffentlich auf den wenigen uns verbliebenen Fuhrwerken Platz.“ Der Jubel nach seinen Worten nahm Sturmstärke an, verflogen waren die Ängste vor Gefangenschaft und Sklaverei. Es ging weiter, es gab wieder eine Zukunft. Wie diese aussah, das würden sie später noch vom Herzog erfahren. Als die Seinen sich schon erheben wollten, um die Lagerplätze aufzusuchen, ergriff der Waffenmeister das Wort und dankte mit bewegten Worten dem Herzog. Erneut stieg ein gewaltiger Jubel auf, drang hinüber zu dem byzantinischen Heer, in dem so mancher unzufrieden grollte. Nicht wenige hätten es gerne gesehen, wenn diese fürchterlichen Gegner ein für alle mal von der Bildfläche verschwunden wären.

Anschließend organisierten die Anführer den Zug neu, wiesen die Krieger und den Tross den jeweiligen Einheiten und Wagen zu. Es mussten die gefallenen Unterführer ersetzt, fähige und akzeptierte Krieger ausgewählt werden, um so böses Blut zu verhindern. Unter dem alten Ölbaum übergab der Herzog feierlich einem jeden seinen neuen Rang und überreichte ihm den Kampfschild seines toten Vorgängers. Notgedrungen mussten neue Kampfeinheiten gebildet werden. Da der Tod ihre Reihen zu sehr gelichtet hatte, konnten sie nicht mehr wie gewohnt in ihren Sippenverbänden ziehen und kämpfen. In etwa gleich starken neuen Einheiten sollten durch das gemeinsame Schicksal neue Bindungen entstehen.

Mit allen Waffen, auch jenen der gefallenen Kameraden und denen, die sie von den Isauriern erbeutet hatten, zogen die Goten schweigend durch das weit geöffnete Spalier der Sieger. An der Spitze des Zuges ritt der Herzog, ihm folgten acht junge Männer, die den Leichnam König Tejas trugen. Aus Speeren hatten sie eine Trage gefertigt, das Haupt war mit dem Rumpf zusammengenäht worden. Der tote König strahlte stille Würde aus. Sein Schild lag auf dem Leichnam, der Königshelm bedeckte die dunklen Locken, das schwarze Fell eines Panthers, einst das Geschenk der Vandalen an König Theoderich, hüllte seinen Oberkörper. Sie gaben ein beeindruckendes Bild ab, ihr Schweigen unterstrich die Würde des Trauerkondukts. Die Goten trugen keineswegs die Mienen von Besiegten zur Schau. Dieses kleine Heer wirkte trutzig und immer noch bedrohlich. Gemessenen Schrittes zog es durch die Reihen ihrer Feinde. Sogar beim Übergang über den Sarnus behielten sie ihre geschlossene Ordnung bei. Unweit des Ausgangs der Schlucht nahm Ardarich, der Gepide, ehrerbietig seinen Helm ab. Diesem Beispiel folgten seine Mannen und auch die feindlichen germanischen Krieger. Sie ehrten damit den Helden Teja und verneigten sich vor dessen Heldentum. Doch nicht nur dem toten Heros galt diese Ehrerbietung, sie entboten diese auch seinem geschrumpften Volk, was diese Geste zum Ausdruck brachte. Der Gepide Ardarich trat aus der Reihe der Gegner, reichte Indulf und Hildebrandt zum endgültigen Abschied die Hand. Ein zustimmendes Raunen ging durch die Reihen der blonden Söldner.

Dieser Gang gab nicht das übliche demütigende Spießrutenlaufen ab. Es war heute anders, eine Trauergemeinde entließ die stolzen Goten aus der Geschichte. So zumindest empfanden es die nordischen Söldner des Narses. Denn dieses kleine Häuflein, kaum tausend Krieger an der Zahl, konnte bei aller bewiesenen Tapferkeit in einer Welt voller Feinde nicht überleben.

Vor dem Prunkzelt des Feldherrn Narses an dem der Zug vorbeiführte, saß der Sieger in einem goldgewirkten roten Umhang auf einem erhöhten Sessel, hinter ihm standen seine Leibwächter. Herzog Indulf hob den Arm, der ihm nachfolgende Zug hielt an. Der Gotenfürst schwang sich vom Pferd, ließ sich ein Bündel reichen und schritt zum Feldherrn hinüber. Dieser erhob sich und ging dem Gotenführer einen Schritt entgegen, welch eine große Ehre gewährte er dem Besiegten. Indulf überreichte dem alten Feldherrn ein Geschenk. Als dieser ein reichverziertes Buch aus der Umhüllung nahm, überzog das pergamentene Greisengesicht Erstaunen und große Freude. „Herzog, ich danke Euch von Herzen für diese besondere Gabe. Sie bedeutet mir, dem Armenier, sehr, sehr viel. Nur wenige Schriften aus unserer großen Vergangenheit sind erhalten geblieben und nun halte ich eine solche Kostbarkeit in Händen. Darf ich wissen woher Ihr sie habt?“ Indulf nickte: „Feldherr, ich führe das Buch seit langem mit mir, wollte mich, allerdings ohne Erfolg, mit der mir fremden Schrift und Sprache vertraut machen. Mein Urgroßvater erwarb diese Bibel einst, als wir Goten noch in der Skythischen Steppe siedelten. Er, damals als noch junger Mann, kaufte sie wegen des schönen Äußeren. Der Verkäufer war ein fahrender Händler, seitdem wurde sie in unserer Familie weitergegeben. Ich darf Euch dadurch meinen höchst persönlichen Dank für Eure Großherzigkeit und für das anregende Gespräch ausdrücken. Die Freude, die ich bei Euch wahrnehme, zeigt mir, dass es eine gute Idee war.“ Gebannt starrten die Umstehenden auf dieses schier unwirkliche Bild. Hier der zierliche und prunkvoll gekleidete Sieger und dort der hochgewachsene blonde Gote in seinem schlichten Umhang, darunter das Kettenhemd. Alle konnten es jetzt staunend sehen, die beiden Fürsten zollten einander großen persönlichen Respekt.

Narses winkte einem Diener, der ihm eine Schriftrolle reichte, welche der Feldherr seinem Gesprächspartner aushändigte. Sie enthielt den

Geleitbrief und die Vereinbarungen, die am Tag zuvor getroffen worden waren. Diese beiden für die Goten sehr wichtigen Dokumente waren sowohl in Griechisch als auch in Latein abgefasst. Indulf las sie durch und bedankte sich bei dem großmütigen Sieger. Der Feldherr hatte außer den Vereinbarungen noch einige zusätzliche, für die Goten günstige Punkte, hinzugefügt. Diese betrafen einerseits die ihnen beim Durchzug zu gewährenden Rechte, und andererseits die im Foederatenstatus eingeräumte Autonomie, darin war auch die festgelegte Region in Transpadanien eindeutig umrissen. Außerdem überließ Narses den Goten noch zwölf Zugochsen, die eine große Entlastung bedeuteten und zusätzlich noch einen Wagen voller Proviant. Wieder reichten sich die beiden Fürsten die Hände und verabschiedeten sich in einer für die Umstehenden erstaunlichen Freundlichkeit voneinander.

Danach zogen die Goten hinaus aus dem Lager der Byzantiner, strebten über schlechte Wege hin zur Via Popilia. Außerhalb der Sichtweite der Sieger packten nun auch die Krieger wieder an, halfen die schweren Wagen zu ziehen, um zügig voranzukommen. Schon da wurde deutlich, dass sie unbedingt noch weitere Zug- und auch Reittiere brauchten. Auf ihren Streifzügen konnten die Kundschafter ab und an Ochsen, Pferde und sogar Fuhrwerke erwerben. Sie kauften außerdem von der Bevölkerung Proviant für ihre ausgehungerten Leute. Einige der Reitertrupps hatten den Auftrag die Umgebung zu erkunden, um unliebsamen Überraschungen vorzubeugen. Andere Gruppen waren damit beauftragt, jene persönliche Habe wiederzufinden, die sie einige Tage zuvor versteckt hatten. Da zogen sie noch unter König Teja gen Cumae, das sie entsetzen wollten, doch Narses hatte diese Absicht durchschaut und ihnen den Weg verlegt. In einem dieser Verstecke fanden sie nach einigem Suchen den kleinen Hort, in dem König Teja die letzte Reichskrone des Theoderich verbarg. Daraus leitete des Herzogs Sohn Indulf ab, der den Reitertrupp dorthin geführt hatte, dass König Teja eine Niederlage nicht ausgeschlossen hatte. Diese Krone sollte unter keinen Umständen den Byzantinern in die Hände fallen. Bei all den Aufgaben, welche die gotischen Reiter von ihrem Herzog erhielten, aber auch für den ganzen Zug galt eine strenge Regel, die weitgehend eingehalten wurde: Die Landbevölkerung darf nicht beraubt werden!

Am ersten Abend ihres Marsches schlugen sie das Nachtlager hinter Casilinum (bei Capua) auf. Zehn lange und anstrengende Stunden waren sie gezogen, hatten erst angehalten, als bereits die Dämmerung einsetzte. Sie legten viele Meilen zurück, denn an diesem Tag wollten sie ein gutes Stück Wegs zwischen sich und das Heer der Byzantiner bringen. Sie hatten das erreicht, was sie sich vorgenommen hatten, und dies sprach der Herzog den Seinen gegenüber lobend aus. Soweit es das Gelände zuließ, durften die Krieger ihre schwere Rüstung auf den Wagen ablegen. Ihr Herzog verließ sich darauf, dass die Kundschafter für eine ausreichende Vorwarnzeit sorgen würden. Nach dem abendlichen Mahl galt es an diesem Tag noch eine traurige Zeremonie zu verrichten. Ihr toter König sollte seine letzte Ruhestatt erhalten. Fleißige Hände hoben auf einem abseits der Strasse gelegenen bewaldeten Hügel Gräber aus. Unter einer mächtigen Eiche lag dasjenige ihres Heldenkönigs, die sechs anderen Gräber nahebei nahmen die auf der Reise ihren Verletzungen erlegenen Krieger auf. Trotz aller Pflege durch die heilkundigen Frauen hatten diese den Transport nicht überstanden. Leider sollten sie nicht die Letzten sein, deren Gräber die Lagerplätze der Goten kennzeichneten. Jeden Abend musste mindestens ein Toter beklagt und beerdigt werden. Wen in der damaligen Zeit Wundfieber oder gar Wundbrand heimsuchte, dessen Aussichten auf ein Überleben waren sehr gering.

Zwölf Edle und einige ihrer Söhne trugen den gefallenen Heldenkönig voran. Die anderen Toten wurden von je sechs Kriegern getragen. In weitem Bogen umringten sie die Grabstätte, die Männer hielten Fackeln in den Händen, sie gaben barhäuptig und schweigend den Toten das letzte Geleit. Der Herzog sprach das Vaterunser, das Ulfilas sie lehrte, erstmals übte der Anführer der Goten sein Amt als Fürst und oberster Priester aus. Anschließend würdigte er die sieben Helden und tröstete die Hinterbliebenen. Teja den toten Heros, der aus seiner Sippe stammte und der ihm von Kind an vertraut war, sprach der Herzog persönlich an. Nicht eine einzige Andeutung machte er zu jenem Zwist, der sie am Vorabend der Schlacht noch so entzweit hatte. Alle spürten, dass dies den Herzog nicht mehr kümmerte, er würdigte nur noch das Besondere an seinem Cousin und er trauerte ehrlich um ihn. Jedem Toten wurde gegen allen Brauch eine Waffe beigegeben, Tejas Leichnam bekam zusätzlich noch den letzten Schild mit ins Grab, jenen der ihm mit zu vielen Speeren gespickt, zum Verhängnis wurde. Riguntis nahm eine goldene Kette mit einem herzförmigen Anhänger vom Hals und warf es weinend hinunter in die dunkle Grube, in der ihr Liebster auf den Tag des jüngsten Gerichts warten würde. Dieser Ausdruck der Liebe und Verzweiflung bedeutete den endgültigen Abschied von einem Traum. Indulf davon sehr bewegt, zog sein Mündel tröstend an sich und strich ihr väterlich über das goldblonde Haar. Junge Männer schaufelten die Gräber zu, alle anderen zogen an den frischen Grabhügeln vorbei, häuften darauf Stein um Stein. Still und nachdenklich suchten sie danach ihre Lagerstatt auf. Oben auf dem Gipfel des kleinen Hügels hielten die Angehörigen die Ehrenwache am Grab.

Ohne nennenswerte Behinderungen durchquerte der Zug Campania und Latium, stand am frühen Nachmittag des sechsten Tages nur noch einige Meilen vor Roms Mauern. Bisher sorgte der Geleitbrief für ungehindertes Durchkommen. Doch nun meldeten die Kundschafter, dass ihnen vor der Porta Appia ein römisches Heer den Weg verlegte. Das war keine gute Kunde, denn die Goten mussten die Brücke über den Tiberis (Tiber), den einzigen guten Übergang unbedingt nehmen, um auf der Via Cassia weiterziehen zu können. Aus der Zeit, als sie Rom wiederholt belagert hatten, kannten die Älteren von ihnen das Gelände rund um die heruntergekommene ewige Stadt. Der Herzog entschied sich für die direkte Konfrontation. Der Grund dafür lag darin, dass ihm die Kundschafter die Stärke des feindlichen Heeres – wie Indulf anmerkte – mit „nur“ zwölf höchstens jedoch fünfzehn Hundertschaften angegeben hatten. In weitem Umkreis entdeckten die wachsamen Kundschafter sonst keine weiteren feindlichen Scharen. Der Herzog ging sogar bewußt das Risiko ein, dass hinter den Mauern vielleicht noch Hundertschaften der Römer in Reserve lagen.

Die Krieger wappneten und formierten sich, wild entschlossen dem alten Feind trutzig die Stirn zu bieten. Sie verließen sich auf ihre Erfahrung im Kampf und vor allem darauf, dass ihrem Herzog bestimmt eine gute taktische Variante einfallen würde. Als sie von den Ausläufern der Berge aus die Anordnung des feindlichen Heeres erkennen konnten, gab ihnen Herzog Indulf die entsprechenden Befehle. Nun schien es sich auszuzahlen, dass sie jeden Abend auf den Lagerplätzen mit den Bogen der Isaurier übten. Diese weittragende Waffe sollte, falls sie der Feind tatsächlich angreifen würde, als erste eingesetzt werden. Doch noch war es nicht so weit. Knapp außerhalb der Reichweite der weniger weit tragenden römischen Pfeile hielten die Goten an. Ihre Krieger schwärmten aus und nahmen ihre Positionen ein. Der Herzog ordnete das verstärkte Zentrum links an und platzierte Bogenschützen davor. Den rechten Flügel beschloss die Reiterei, dazwischen standen unberittene Hundertschaften. Der ganze lange rechte Flügel sollte im Kampf gegen den Uhrzeigersinn einschwenken. Das Zentrum, angelehnt an ein ausgedehntes und schützendes Feld von Mausoleen, sollte die Achse der Drehbewegung bilden. Der Herzog wollte dadurch die römischen Truppen zusammendrängen. Deren Krieger sollten sich so gegenseitig behindern und ihre Kampfkraft nicht ausspielen können. Glückte diese Taktik, dann blieb den Römern nicht viel anderes übrig, als sich in den Schutz der Mauern zu flüchten. Eine mögliche Umgehung des linken Zentrums der Goten erschwerten die Grabmäler und ein weiterer Schachzug Indulfs. Eine Hundertschaft der Bogenschützen sollte weiträumig und vorsichtig die Mausoleen umgehen und die Römer dann auf deren rechtem Flügel angreifen. Diese Schlachtordnung wählte Herzog Indulf, als er erkennen konnte, wie sich die Römer aufstellten.

Aus der metallblinkenden Mauer der römischen Krieger lösten sich etwa zwölf vornehm gekleidete Personen, darunter ein Priester in vollem Ornat. In der Mitte der Kampflinien endeten ihre Schritte, sie erwarteten die Delegation der Goten. Diese ließen sich bewusst Zeit, um so die „stolzen“ Römer zu verunsichern. Nach etwa fünf Minuten ritten der Herzog, sein Waffenmeister Hildebrandt und Graf Gesalich zu der römischen Delegation. Die drei Goten stiegen nicht ab, sie behandelten die Römer damit bewußt so hochmütig, wie diese sich ihnen gegenüber immer wieder verhalten hatten. Der Priester – es handelte sich tatsächlich um Papst Vigilius – ergriff das Wort. „Anführer der Ketzer, der Feinde der Christenheit, ich fordere Euch auf die Waffen niederzulegen und Euch auf Gnade und Barmherzigkeit zu ergeben. Solltet ihr Euch meinem Befehl, dem Oberhaupt der Christen und Stellvertreter Christi, widersetzen, so erwartet Euch Gottes Strafgericht. Sein Heer steht Euch gegenüber und wird Euch Teufelsspuk in seinem Namen vernichten.“ Mit donnernder Stimme schleuderte der Papst als Bischof von Rom und dessen angemaßter Führer seine Worte dem Herzog entgegen.

Die beiden Begleiter Indulfs erwarteten gespannt und über diese unverschämte Ansage aufgebracht ihres Herrschers Antwort. Ruhig, ein amüsiertes Lächeln auf den Lippen, entgegnete der Herzog dem Kirchenfürsten. „Selbsternannter oberster Priester der Katholiken, der uns Arianern, nichts, rein gar nichts vorzuschreiben hat, bevor ich auf Eure anmaßenden Worte eingehe, darf ich Euch etwas vorlesen." Indulf verlas laut und gemessen den von Narses ausgestellten Geleitbrief. Des Papstes darob empörte Antwort überraschte ihn keineswegs. „Dieser Schrieb ist für mich und für uns Römer nicht mehr als ein wertloser Fetzen Pergament. Wir Römer sind frei, und nur wir allein sind die rechtmäßigen Herren Roms und Italiens. Die Byzantiner sind lediglich unsere Bundesgenossen. Sobald sie Italien von Euch Goten befreit haben, werden sie uns die Herrschaft wieder übertragen. So will es Gott und so werde ich dies, als Oberhaupt der einzig von Gott gewollten Kirche, von Kaiser Justinian und seinem Feldherrn Narses einfordern und erhalten!"

Indulf schüttelte fast belustigt den Kopf, er zwang sich, nicht lauthals zu lachen. „Priester, in welcher Welt lebt Ihr denn? Ihr wollt der Welt befehlen und seid nicht einmal in der Lage, Euren Einfluss über die Grenzen dieser elenden Stadt hinaus geltend zu machen. Obwohl das nicht immer so war, Euer verderblicher Einfluss hat den Euch Anhängenden nichts als Unheil und Not gebracht. Frieden und Wohlergehen habt ihr heuchlerisch gepredigt und insgeheim Hochverrat begangen und einen Krieg angezettelt. Euer Vorgänger und Ihr, auch der verräterische Cethegus, den König Teja selbst gerichtet hat, seid die Hauptschuldigen dafür, dass dieses schöne Land und die ewige Stadt im Chaos und in Anarchie versinken. Ihr habt die römischen Patrizier dazu verleitet, die mit uns geschlossenen Verträge zu brechen. Ihr allein hattet die Stirn, die geschworenen Eide, als von Ketzern eingefordert, für ungültig zu erklären und sie zu brechen." Scharf bog Indulf den Einwand ab, den der Papst einbringen wollte. „Ich kenne Eure falschen und anmaßenden Worte zur genüge, ihre ständigen Wiederholungen machen sie nicht besser. Es sei Gottes Wille, sei notwendig, um die Christenheit vor dem Verfall und der Zersplitterung zu schützen. Welch eine Hybris und welch eine Verworfenheit. Uns habt Ihr wiederholt als gefährliche Häretiker bezeichnet, die es auszurotten oder zu bekehren gilt. Dabei unterscheiden uns Winzigkeiten, aufgebauscht von Euch und

Euresgleichen in einem unsinnigen theologischen Streit. Doch dies müssen wir hier nicht erörtern. Ich verlange von Euch und der Stadt Rom, den uns vom Vertreter Eures Kaisers zugesicherten Durchzug durch Rom. Nicht mehr und nicht weniger; wir fordern unser Recht und wir suchen den Frieden. Solltet Ihr uns dies verwehren, dann werden wir notgedrungen um Eure, erneut vertragsbrüchige Stadt ziehen. Und Ihr werdet uns daran nicht hindern können."

Der Papst, ein Mann mit asketischen Zügen und fanatisch glühenden dunklen Augen, hob beide Hände und rief aufgebracht. „Dies wird Euch niemals gewährt, entweder Ihr legt die Waffen nieder und ergebt Euch, oder unser Gott und sein Heer wird Euch vernichten. Der Herr wird Euch schlagen mit Mann, Ross und Wagen. So wie es schon in der heiligen Schrift steht, so wird es sich nun erfüllen." Beide Heere vernahmen diese böse vorgebrachte Erwiderung des Papstes. In den Reihen der Goten sorgten diejenigen, die Lateinisch sprachen dafür, dass es auch die anderen erfuhren. Wut und Kampfeslust ergriff die gotischen Krieger und das versprach für die Römer nichts Gutes. Der Herzog beugte sich vor und schleuderte dem Papst eisig entgegen: „Nun denn, wenn Ihr es so wollt, dann lassen wir die Waffen entscheiden." Ohne die Entgegnung abzuwarten wendeten der Herzog und seine beiden Begleiter die Pferde und preschten zu den Ihren zurück.

Indulf ließ nicht sofort angreifen, er wartete erst einmal ab, was die Römer unternehmen würden. Diesen Kampf sollten die Römer beginnen, um sich später gegenüber Narses nicht für einen eigenen Angriff rechtfertigen zu müssen. Nach einer kurzen und erregten Beratung, die der Kirchenfürst dominierte, zogen sich der Papst und die Patrizier in den Schutz der sicheren Mauern zurück, überließen dem Heerführer den Vollzug ihres Beschlusses. Als das römische Heer dann in gerader Linie zum Angriff vorrückte, hob der Anführer der Goten die linke Hand. Die Bogenschützen traten einen Schritt vor und ließen ihren Pfeilen freien Lauf. Blitzschnell legten sie erneut Pfeile auf die Bogensehne und eine zweite Pfeilwolke traf die Römer. Danach waren viele Pferde ohne Reiter und eine große Anzahl Römer lag tot oder verletzt am Boden. Die Vorwärtsbewegung der Römer stockte und viele suchten diesem unerwarteten Inferno zu entkommen. Doch erst die dritte Welle der Pfeilschüsse löste eine Massenflucht aus, der sich im Nu der Rest des römischen Heeres anschloss. Wieder hob Indulf den Arm und gebot Einhalt, ließ seine Reiter die leeren Pferde der Römer einfangen und die Halbwüchsigen die Pfeile einsammeln. Diese fixen Knaben erfüllten den Auftrag schnell, schwangen sich danach kühn und stolz zu zweit oder dritt auf die eingefangenen Pferde und strebten zum Zug zurück. Der Heerzug der Goten befand sich bereits in Bewegung. So schnell wie irgend möglich, wollte der Herzog die feindliche Stadt umgehen und so die Verwirrung der Römer ausnützen. Am Brückenkastell über den Tiberis wurde ihnen erneut Einhalt geboten. Erst nach massivem Drohen gab der befehligende Hauptmann die Brücke für die Goten frei. Obwohl der Abend noch längst nicht hereingebrochen war, ließ der Herzog das Lager unmittelbar hinter dem Brückenkastell aufschlagen. Indulf wollte sicher gehen, dass die Wirkung des vorangegangenen Scharmützels ausgereicht hatte, um die Römer abzuschrecken und von weiteren Schritten abzuhalten. Doch in dieser Nacht blieben sie unbehelligt und auch die darauf folgenden Tage.

Ihre nächsten Stationen hießen Sutrium (Sutri) und Volsinii novi (Bolsena), beide Male nächtigten sie in den Städten. In Clusium (Chiusi) und Arretium (Arezzo) lagen nur schwache gotische Besatzungen, die ihren Brüdern gerne die Tore öffneten und die sich entschlossen, mit ihnen weiterzuziehen. Sie wurden überzeugt, dass sie dem überlegenen Heer des Narses nichts entgegenzusetzen hatten. In Florentia (Florenz) schafften sie es jedoch nicht die Goten unter der dortigen Besatzung zum Weiterzug mit ihnen zu gewinnen. Ihr Anteil war gering, überwiegend bestand die Truppe aus Überläufern und römischen Bürgern. Letztere befürchteten die Rache des Kaisers für ihren Abfall zu König Totila. Sie beabsichtigten, ihre Stadt zu halten und setzten auf die Zeit. Worauf sich deren Hoffnung begründete, erschien Indulf recht nebulös und vage zu sein. Unverrichteter Dinge kamen die Gesandten Indulfs auch aus den Städten Volaterra (Volterra), Pisa und Luna (Ruinenstadt bei La Spezia) zurück. Dort stießen sie wenigstens auf ein gewisses Verständnis, während die Lucaner, welche auf die Hilfe der Franken hofften, sie als die Abgesandten eines Feiglings schmähten. Die dortigen Goten wollten ausharren und ihre einheimischen Mitstreiter nicht im Stich lassen. Die Gefolgsleute Indulfs mussten sich schon hier in Etruria (Toskana) mit der bitteren Erkenntnis vertraut machen, dass der große Wunsch ihres Herzogs, das Sammeln aller Goten, wohl eine Utopie bleiben würde.

Von ihren Stammesbrüdern, die noch einige Städte Mittel- und Oberitaliens hielten, erhofften sich viele eine Wende, setzten ihre ganze Hoffnung auf den Frankenkönig Theudibald. Diesen wollten sie dafür gewinnen, den Byzantinern Italien zu entreißen und den Goten so wieder die Herrschaft über das Land zu verschaffen.

Auf allen ihren Lagerplätzen erörterte der Herzog mit seinen Beratern die Neuordnung eines möglichen gotischen Staates, wo immer dieser dann liegen würde. Sie trafen viele Beschlüsse, die sie in der neuen Heimat umsetzen wollten. Einer davon – nach hitziger Diskussion gefasst – beschäftigte sich mit den Unfreien und Sklaven. Diese wollten sie künftig in ihrem weiteren Zug nicht mitführen. Sie alle sollten die Freiheit erhalten und dann entscheiden, ob sie sich auf die weite Reise mit ihren einstigen Herren begeben wollten, oder lieber ihrer Wege ziehen. Indulf machte seinen Goten klar, dass sie vor allem über eine Rückkehr zu den eigenen Wurzeln als Bauern, Handwerker und Fischer wieder zu jener Zufriedenheit und Gemeinschaft finden würden, die sie in ihren Liedern so sehr besangen.

Ein für die Betroffenen sehr wichtiger Beschluss lag in der Zuweisung der Witwen und ihrer Kinder sowie der vielen Waisen zu einer Herrschaft. Erst unter der Munt eines Herrn konnten sie Schutz und Fürsorge erfahren, deren sie in ihrer Lage so sehr bedurften. So weit möglich, griff man auf entfernte Sippenverbindungen zurück, wo solche nicht vorlagen, entschied das Los über deren künftige Zugehörigkeit. Eine im Augenblick zweitrangige Debatte traten Hildebrandt und Gesalich los. Sie wollten unbedingt fixiert wissen, dass nie mehr eine Frau Anspruch auf den Thron erheben konnte. Das gotische Trauma, ausgelöst durch Königin Amalaswintha, die schöne und kluge Tochter König Theoderichs, die dennoch die Goten in ihr Verderben führte, belastete ihre Erinnerung nach wie vor. Gesalich wollte sogar, dass diese Regelung künftig auch für die Nachfolge in den Herzogs- und Grafenämtern zu gelten habe. Da dies im Augenblick keinen so richtig kümmerte – zu viele andere Herausforderungen beschäftigten sie – wurde es so entschieden.

Einen unbeabsichtigten, aber erfreulichen Nebeneffekt brachten diese Beratungen noch mit sich. Der Kreis der Führenden wuchs zusammen und lernte im Verlauf der Erörterungen die Adelskollegen noch von einer ganz anderen Seite kennen. Die daraus entstehende Bindung übertrug sich auf ihre Gefolgsleute und schuf ein Gefühl der Zusammengehörigkeit. Dieses neu entstandene Bewusstsein übersprang die Familien- und Sippengrenzen und führte später zu einem neuen Staatsverständnis. Erst einmal kreiste alles um die Person des Herzogs, in Gedanken längst der künftige König. Tagtäglich erlebten sie seine große Umsicht und Klugheit. Sie begannen, sich mehr und mehr mit ihm zu identifizieren und sahen ihn jetzt zu recht in der Nachfolge des großen Theoderichs. Die detaillierte Neuordnung verschoben sie allerdings auf die Zeit in Transpadanien, denn sie hofften auf noch viele versprengte Goten, die sich ihnen anschließen würden.

Auf dieser Reise entstand auch der Bund der „Löwen“, der sich aus dreissig jungen Adeligen herauskristallisierte. Diesen Namen gab ihnen der Herzog selbst, als sie sich an seiner Seite so wacker gegen die Isaurier schlugen. Wann immer es galt, Freiwillige für schwierige Vorhaben oder Kundschaftsdienste zu finden, dann waren diese jungen Aristokraten zur Stelle. Sie sorgten dafür, dass ihr Herzog nie ohne Schutz blieb und verstanden sich mehr und mehr als dessen Leibwächter und Sonderbeauftragte. Die „Löwen“ gaben sich feste Regeln und setzten strenge Kriterien für die Aufnahme in ihren Bund fest. Ihre Brüder und Freunde eiferten diesem Vorbild nach, sie bildeten ähnliche Bünde und stellten sich jeweils unter den Schutz eines der oberen Anführer. Von diesen kam die Anregung, doch deren heranwachsende Söhne und Enkel als Pagen und Knappen einander zuzuführen. Dies bedeutete zum einen für die Jungen eine gute Ausbildung und Förderung und zum anderen verstärkte es die gegenseitigen Bindungen wie Gesalich, der Schatzmeister fand. Graf Totila hielt dies für eine gute Idee und bat den Herzog spontan darum, seinen Sohn Theodemir unter seine Fittiche zu nehmen. Die Neuerung fand breite Zustimmung und wurde zur Freude der Betroffenen sofort umgesetzt.

Abb. 1 Der Rückzug des Gotenheeres 552 n. Chr.

Ankunft in Ticinum

Viele Goten schlossen sich dem Heerzug auf dessen weiterem Weg an. Nach den Städten Regium (Reggio nell Emilia), Parma und Placentia (Piacenza) wuchs ihre Zahl auf nunmehr 2420 Männer, Frauen und Kinder an. Die Argumente der Gesandten Herzog Indulfs überzeugten sie zumeist, außerdem standen ihre Sippen von jeher derjenigen des Herzogs nahe. Ihre tradierte Gefolgschaftstreue und die Aussicht auf einen erfolglosen Kampf mit den Byzantinern, erleichterte ihnen die Flucht aus Venetien. Diese neu Mitziehenden bildeten allerdings nur eine Minderheit gegenüber den in dieser Region noch ausharrenden Goten. Viele Tausende von ihnen suchten ihr Heil lieber im Abwarten, blieben vorerst in ihren scheinbar so sicheren Mauern. Sie bauten außerdem fest auf die Hilfe des Frankenkönigs Theudibald. Herzog Indulf wurde immer mehr bewusst, dass seine Befürchtung, die Franken könnten in Italien einfallen, viel realer war als er vermutet hatte.

Noch in Placentia hielt Herzog Indulf ein kleines Thing der Adeligen ab. Die Runde umfasste inzwischen fünfzehn Edle. Die „Neuen“ erfuhren dabei Genaueres zu der völligen Niederlage am Vesuv, dem Zug gen Norden, vor allem jedoch zu den Vereinbarungen mit Narses, und die daran gebundenen Bedingungen, wie auch zu dessen Großzügigkeit. Bisher gab es darüber lediglich wilde Gerüchte. Der Herzog verhehlte nicht, dass er mit denjenigen, die ihm folgten, eine weit entfernte neue Heimat ansteuern wolle. Diese Heimat zu finden und zu besiedeln würde viel Schweiß und Opfer erfordern, das ließ er deutlich vor aller Augen entstehen. Doch seine Getreuen setzten auf ihn und seine Vision. Selbst der zuvor eher zögernde Gesalich griff engagiert in die Diskussion ein und sagte: „Ich vertraue auf die Weissagung der Seherin Amalaberga und auf Dein Geschick Indulf, Du hast mich, der nicht immer voll auf Deiner Seite stand, längst überzeugt. Du wirst uns in dieses Land führen und Du wirst uns so gut vorbereiten, dass wir auch diese Herausforderung meistern können. Wir sind Goten, wir sind Kämpfer und doch sind wir des ewigen, das Leben zerfressenden Kampfes müde.“ Der anhaltende Beifall seiner Kollegen zeugte einmal mehr von dem inzwischen gewachsenen Zusammenhalt der „Vesuvianer“.

Die neu zu ihnen gestoßenen „Venetier“ konnten leider keine guten Nachrichten mitbringen. Ihre beiden Anführer, Graf Wisand und Graf Markja berichteten entrüstet von einer gotischen Gesandschaft, die von Venetien aus zu Frankenkönig Theudibald unterwegs sei. Der alte Hildebrandt, der schon so viel an Treulosigkeit und Blauäugigkeit erlebt hatte, rief bitter und voller Ingrimm aus: „Diese Narren, diese unverbesserlichen Träumer. War denn keiner von ihnen beim Verrat von Ticinum (Pavia) dabei? Hat denn keiner dieser Dummköpfe erlebt, wie die Franken alle heiligen Eide brachen? Hat denn keiner vernommen, dass sie unsere wehrlosen Frauen und Kinder, die sie als Bundesgenossen freudig willkommen geheißen hatten, ihren Göttern als Opfer schlachteten und dann in den Padus warfen? Erinnert sich denn niemand mehr dieser ungeheuerlichen Freveltaten und auch nicht daran, dass die Franken anschließend unsere ahnungslosen, sie freudig begrüßenden Krieger meuchelten? Damals schworen wir uns, nie wieder einem dieser Merowinger zu trauen. Diese sog. Bundesgenossen wollen auch diesmal nichts anderes als unsere Waffenhilfe. Die Franken benötigen vorerst nur unsere Kenntnis des Gegners und des Landes. Sollten sie dann auch noch den Sieg davontragen, was ich für äußerst unwahrscheinlich halte, dann gnade Gott denen, die ihnen vertrauten. Keiner von uns Goten würde diesen Sieg über die Byzantiner lange überleben, denn den tückischen Franken geht es ausschließlich um die alleinige Macht in Italien.“ Seit langem hatte sich der Waffenmeister nicht mehr derart erregt, er rang sichtlich mit seiner Fassung. Graf Markja entgegnete ihm: „Getreuer und erfahrener Waffenmeister der Goten, Berater unserer Könige, Du sprichst mir aus dem Herzen. Ich habe dieses Morden von waffenlosen und unschuldigen Frauen und Kindern nicht vergessen. Mein jüngster Bruder war unter den Ahnungslosen, die diese ruchlosen Schlächter in unserem Lager als Freunde und mit Freude empfingen. Ihn und weitere Krieger aus meiner Sippe haben sie hinterrücks erschlagen, ich habe meinem Vater geschworen, diese Freveltat nie zu vergessen. Ich werde alles tun, um den mir so verhassten Franken Unheil zu bringen. Herzog Indulf, ich werde Dir in allem getreulich folgen, doch wenn Du mich auffordern solltest, Seite an Seite mit den Franken in den Kampf zu ziehen, dann muss ich Dir die Treue aufkündigen.“

Jetzt äußerte sich auch Herzog Indulf dazu, und er tat dies eindeutig und klar. „Seid unbesorgt, unter den von Theudibert Geopferten befanden sich meine älteste Schwester und deren kleine Kinder. Nie verbünde ich mich mit den Franken, auch nicht in der größten Not. Ich traue Theudibald, dem Sohn dieses Ungeheuers, so wenig über den Weg, wie ich damals dessen Vater Theudibert vertraut habe. Wer solch ein ungeheuerliches Verbrechen verübt, der ist zu allem fähig. Dennoch – und hier rechne ich auf Verständnis und Unterstützung – kann es sein, dass wir zu unserem Schutz mit den Franken taktieren müssen. Doch eines versichere ich Euch, sollte diese Notwendigkeit entstehen, dann werden wir uns nicht aus unseren Städten und festen Orten herausbewegen. Wir werden den Franken mit äußerster Vorsicht und bis an die Zähne gewappnet begegnen. Sollten sie unser Taktieren durchschauen und uns angreifen, dann werden wir ihnen von den Zinnen unserer Mauern herab mit unseren Pfeilen und Speeren herbe Verluste zufügen. Allerdings bezweifle ich sehr, dass sie versuchen werden das wohlbefestigte Ticinum zu erobern.“

Zustimmendes Nicken in der Runde zeigte dem Herzog, dass ihn seine Anführer verstanden hatten. Indulf fuhr fort: „Wir müssen allerdings höllisch aufpassen, dass wir nicht zwischen den Franken und Byzantinern zerrieben werden. Daher ist es zwingend geboten, den byzantinischen Feldherrn Narses ständig über unsere Absichten auf dem Laufenden zu halten. Dies birgt zwar ein gewisses Risiko in sich, denn wir haben mit byzantinischer Tücke genug schlechte Erfahrungen gemacht, doch uns bleibt nichts anderes übrig. Wir wollen und werden überleben und zwei Jahre Ruhe bekommen. Denn wir müssen uns für die große und vielleicht lange Wanderung akribisch rüsten. Es soll uns nicht so ergehen wie einst unseren Vätern. Hunger und Not müssen nicht sein, Entbehrungen lassen sich nicht ganz vermeiden, doch bei sorgfältiger Vorbereitung deutlich vermindern. Ich gehe davon aus, dass Narses vor Cumae und in Mittelitalien noch mindestens ein Jahr lang hingehalten wird. Dabei hilft ihm unser Pakt, der ihm im Nordwesten Ruhe bringt. Wir brauchen diese Zeit, und wenn es schlecht läuft noch einige Monate mehr, um uns in jeder Hinsicht auf die weite Reise vorzubereiten. Es geht ja nicht nur um jene Wochen oder Monate, die wir unterwegs sein werden, wir müssen in der neuen Heimat auch vor allzu großen

Überraschungen sicher sein.“ Diese Worte stießen auf allgemeine Zustimmung, selbst bei den Neuen in der Runde.

Indulf erfasste schon beim Anmarsch auf Placentia die besonders günstige strategische Lage am Übergang über den Padus. Hier trafen vier bedeutende Straßen zusammen, deren Kontrolle verschaffte einen großen strategischen Vorteil. Die gut befestigte Stadt konnte jeden Durchzug unterbinden. Sie zu umgehen war lediglich im Süden möglich, und auch dort erforderte die Struktur des Geländes große Mühen. Mit einigen Truppenverbänden ließe sich hier vieles blockieren. Einen Augenblick liebäugelte der Herzog mit der Versuchung die Stadt mit einer starken Besatzung zu belegen, um diesen Brückenkopf in der Aemilia zu halten. Er verwarf den Gedanken aber sofort wieder, denn einen Bruch der Abmachung mit Narses wollte er weder riskieren, noch fand er ihn vertrauensstützend. Dies der dortigen Besatzung zu verdeutlichen, würde ihn viel Überzeugungsarbeit kosten. Am nächsten Morgen räumten alle Goten Placentia und überließen die Stadt den Einheimischen. Der ansehnliche Heerzug querte den Padus und zog gen Ticinum. In tiefer Dunkelheit und aufziehendem Nebel erreichten sie die Stadt. Bange Fragen nach den Angehörigen beschäftigten viele, vermischt mit der Neugierde darauf unter welchen Umständen sie selbst die nächste Zeit in der angestrebten Zwischenheimat verbringen würden.

Am großen Stadttor empfingen Theodegundis, Indulfs Mutter, und Rechis, seine Gemahlin, den Zug. Beide Damen genossen in der gotischen Gesellschaft hohes Ansehen. Auch sie stammten wie ihre Gatten, aus altedlen Geschlechtern. Dieser alte Adel hatte in den Kriegen den höchsten Blutzoll zu zahlen und wurde dann in den Wirren nach König Theoderichs Tod weiter dezimiert. Der neue, durch den König geförderte und von ihm abhängige Palastadel, teilte zwar dessen Schicksal, doch von ihnen blieben mehr am Leben. So kam es, dass auch einige Anhänger Indulfs diesem neuen Adel entstammten. Einerseits bewunderte dieser Palastadel die alten Geschlechter, doch Neid auf sie konnte nicht ausbleiben. Eine latente Spannung war deshalb vorauszusehen. Noch drei Edle, die neben den beiden Herzoginnen ihren Herrn und das geschrumpfte gotische Heer erwarteten, erweiterten den Kreis der Aristokraten auf insgesamt achtzehn. Hinter dieser kleinen Gruppe standen die Töchter und Enkel von Rechis und weitere

Angehörige des Herzoghauses. Alle anderen Goten erwarteten die herbeigesehnten Heimkehrer auf dem Platz vor der einstigen Residenz König Theoderichs. In diesem Amtssitz würde der Herzog wieder residieren. Die Krieger der Region trugen Fackeln in der Hand, säumten die Strasse, die zum Platz des Domes führte, auf dem das übrige Volk seit Stunden ungeduldig ausgeharrt hatte.

Alles was gehen und stehen konnte schien auf den Beinen zu sein. Fast unüberschaubar wirkte die Menge, die den Platz füllte. Sie zählte weit mehr als viertausend Menschen, überwiegend Frauen und kleinere Kinder, jedoch auch viele alte Menschen. Nahezu unmöglich war es in diesem von Fackeln nur schwach erhellten Nebel die eigenen Angehörigen auszumachen. So blieb für alle bis zuletzt die Hoffnung auf ein Wiedersehen erhalten. Über ein Jahr lang hatten viele sich nicht mehr gesehen, und hoffentlich hatte sie der Krieg nicht auf ewig getrennt, so ihr inständiger Wunsch. Nicht alle Angehörigen hatten es vermocht, sich nach Ticinum durchzuschlagen. Im besten Falle waren sie in einer anderen Region oder einer anderen Stadt in Sicherheit. Doch oft genug erfüllte sich auch diese Hoffnung nicht. Viele Waisen, Witwen und um die Söhne beraubte Eltern würden zurückbleiben. Zu oft schon hatten sie in den letzten Jahren solch eine bang und mit wundem Herzen erwartete Rückkehr erlebt, und viel zu oft waren danach nur Trauer und wehmütige Erinnerung übrig geblieben. Diese Gedanken trieben die Wartenden wie die Heimkehrenden um, ließen wenig Raum für den besonderen Empfang, der den Kriegern zuteil wurde.

Wie Sieger wurden sie empfangen, der Herzog und die Edlen wurden mit Lorbeerkränzen geschmückt, dies auch stellvertretend für alle tapferen Krieger. Alles lief nach altem Brauch eines Königsbesuches ab, für die Anwesenden trat Herzog Indulf an dessen Stelle. Vorauseilende Boten hatten die Kunde vom Nahen des Zuges gebracht. Vieles von dem, was die Herzoginnen und das Gefolge wissen wollten, wurde ihnen so vorab berichtet. Und nun kehrte ihr verehrter Herzog in sein Kernland zurück, hier lebte seine Familie und hier verfügte er über großen Besitz. Sein alter Vater leitete bisher das Herzogtum anstelle des Sohnes, dabei treulich unterstützt von Graf Theodemir, des Herzogs Bruder. Der Willkommenstrunk wurde in großen Pokalen gereicht, Brot und Salz unterstrichen die besondere Bedeutung dieses Empfangs. Herzogin

Rechis hielt eine kurze Ansprache, ihr Gemahl dankte für das herzliche Willkommen und stellte die Anführer seines Heeres vor, nannte deren Sippen und pries deren Taten und Treue. Mit großem Dank an seine tapferen Krieger und an all die anderen, die mit ihnen zogen und klaglos die Strapazen auf sich genommen hatten, löste er die Zeremonie auf.

Endlich konnten sich die Verwandten in die Arme sinken, suchten die Krieger nach ihren Angehörigen. Die kluge Rechis hatte zuvor das Volk nach Sippen ordnen lassen, um ein quälendes und langes Suchen zu vermeiden. Sie teilte jenen Ankömmlingen, die aus anderen Regionen stammten, entsprechende Quartiere zu. So blieb ein größeres Durcheinander aus. Diejenigen, die alleine blieben, gingen – wie schon auf der Wanderung eingespielt – mit dem Herrn unter dessen Munt sie nun standen. Auch des Herzogs erweiterte Familie wuchs dadurch um viele Köpfe. Doch alle wurden von den beiden Herzoginnen herzlich aufgenommen. Gräfin Riguntis, die für die Männer aus Herzog Indulfs Sippe bisher so selbstverständlich dazugehörte, war nun etwas bang zumute. Doch ihre Besorgnis erwies sich als unbegründet, denn Herzogin Rechis schloss sie mütterlich in ihre Arme und hieß sie als Tochter willkommen. Herzogin Theodegundis, ihre Schwiegermutter, stand ihr nicht nach, nannte Riguntis liebevoll ihre neue Enkelin. Sie gehörte damit zur engeren Familie des Herzogs und wohnte mit dieser im Palatium. Riguntis, weitläufig verwandt mit der herzoglichen Familie, erlebte so einen ersten Lichtstrahl in ihrem Unglück.

Unter den vielen Glücklichen ging die Feier des Wiedersehens anschließend im häuslichen Rahmen weiter. Die, welche leider vergeblich auf ihre Angehörigen gewartet hatten, zogen sich in Trauer zurück in ihre Behausung. Der lange Krieg hatte den meisten schon so vieles auferlegt, Unglück und Leid wurden zum ständigen Gast in vielen Familien. Selbst für diese tief Enttäuschten blieb noch eine, wenngleich geringe Hoffnung. In etlichen Städten Mittel- und Norditaliens standen vielleicht ihre Söhne, Männer, Väter und Brüder noch auf Wacht. Allein im belagerten Cumae befehligte Herzog Aligern an die elf Hundertschaften der Ihren, und die Besatzungen in Venetien zählten nach Tausenden. Allerdings musste bei all diesen Überlegungen eine große Einschränkung gemacht werden, die Besatzungen hatten in der Regel ihre Angehörigen mit dabei. Lediglich auf die versprengten

Krieger, die hinter diesen Mauern Zuflucht gefunden hatten, durften sie noch hoffen. Alle anderen hatten den Krieg nicht überlebt oder es hatte sie das bittere Los der Gefangenschaft ereilt.

Auf Dauer konnte Ticinum die vielen Neuankömmlinge nicht beherbergen, obwohl die Kornhäuser und die sonstigen Vorratshäuser zu Herzog Indulfs Überraschung gut gefüllt waren. Im Laufe der nächsten Zeit würden sie sich überwiegend weiträumig auf das fruchtbare Land im Gebiet zwischen den Flüssen Sesia und Olonna, sowie im Norden bis hinein in die Lepontischen Täler, verteilen. Die einst eingezogenen Güter der römischen Patrizier, die deren Gesinde auch weiterhin bewirtschafteten, sollten nun die gotischen Sippen und deren zugewiesene Mündel beziehen. Doch zunächst blieben alle noch einige Tage in ihrer stark befestigten Hauptstadt Ticinum. Ihre Anführer wollten sich am späten Morgen des kommenden Tages, direkt nach dem Gottesdienst, in der Aula des Herzogspalastes einfinden. Dort berieten sie sich mit ihrem Herzog und stimmten mit ihm das weitere Vorgehen ab. Darauf wartete das ganze Volk, denn davon hing seine weitere Zukunft ab. Die umsichtigen „Löwen“ erhielten die Aufgabe, alle jene zu erfassen, die bisher hier noch nicht siedelten. Die so entstandene Liste sollten deren Anführer dann in das kleine Thing einbringen. Doch das stand erst am nächsten Tage an, zunächst galt es nach Gotenart kräftig zu feiern, danach gut zu schlafen, um die Folgen des Feierns zu überstehen.

2. Teil Neubeginn in der Zwischenheimat

Herzogin Rechis und ihre Töchter

Auf der langen Reise des einst so stolzen und nun zusammengeschmolzenen Gotenheeres gedachte Riguntis, das neue Mündel Herzog Indulfs, nicht nur tieftraurig ihrer unwiederbringlich verlorenen Liebe. Ständig beschäftigte sie auch ihre neue Situation und die Familie ihres Oheims Indulf, der sowohl zum Oberhaupt der Goten, als auch zu ihrem direkten Herrn geworden war. Den klugen und tapferen Oheim bewunderte sie wegen seiner entschlossenen und umsichtigen Art. Sie verglich ihn immer wieder mit ihrem verstorbenen Vater Herzog Sinderich, der ein eher hochfahrendes und dabei doch zögerliches Wesen hatte. Die beiden entfernten Cousins Indulf und Vinsivad nahmen sich unterwegs brüderlich ihrer an. Riguntis überraschte es, wie offen sie ihre Liebe zum verehrten Vater zeigten. Frappierend fand sie die äußere Ähnlichkeit der drei Männer. Vinsivad sah so aus, wie sie sich den Oheim in jüngeren Jahren vorstellte, er hatte die identische Nase, das kräftige Kinn und die nachdenklichen warmen Augen seines Vaters. Cousin Indulf hingegen hatte ein schmäleres Gesicht und rötlicher schimmerndes Blondhaar als Vater und Bruder. Doch von seiner Art her war des Herzogs ältester Sohn eine Zweitausgabe seines Vaters, während der fröhlichere und impulsivere Vinsivad wohl mehr nach der Mutter kam. Der Stolz ihrer beiden Cousins auf den Vater und dessen neues hohes Amt färbte auch auf sie ab. Riguntis erlebte mit ihrem Oheim denselben väterlichen Umgang. Der Herzog konnte sich in sie hineinversetzen und ihren Schmerz ermessen, er, von dem es hieß, dass ihn mit seiner Frau Rechis eine große Liebe verbinde. Immer wieder erlebte sie, wie er über den Tod seiner beiden anderen Söhne trauerte und ihrer mit Indulf und Vinsivad gedachte. Diese menschliche Art sprach sie sehr an und erleichterte ihr den Übergang aus der Munt ihres Vaters in jene des Oheims.

Nun traf Riguntis erstmals auf Herzogin Rechis und erlebte sie an der Spitze der gesamten gotischen Bevölkerung von Ticinum. Über diese hohe Frau hatte sie auf der Wanderung oft nachgedacht und die anderen über sie ausgeforscht, denn von dieser Tante hing ihr weiteres Schicksal entscheidend ab. In ihrem Haushalt musste sie sich künftig einfügen und das Wohlwollen von Herzogin Rechis war entscheidend für ihr eigenes Wohlfühlen in der neuen Familie. Oben auf der Palasttreppe stand die Herzogin nun, nachdem sie zuvor ihren Gemahl, die Söhne und den ganzen Heerzug am Tor der Stadt nur formell willkommen geheißen hatte. Neben ihr standen ihre beiden hochgewachsenen Töchter und vier kleine Kinder, offenkundig die Enkel des Herzogpaares. Riguntis beobachtete gebannt die Gemahlin des Herzogs und ließ deren Persönlichkeit und Aussehen auf sich wirken. Was sie auf den ersten Blick wahrnehmen konnte, das gefiel ihr. Die Herzogin war zu ihrem Erstaunen eher mittelgroß gewachsen, was sie bei den hünenhaften Söhnen verwunderte. Sie trug ihr rötlichblondes Haar hochgesteckt und darüber ein Diadem, ein dunkelrotes Samtkleid ließ sie sehr vornehm erscheinen. Doch ihre herzliche, ja fröhliche Art zeigte, dass sich hinter dieser vornehmen Hülle eine Frau verbarg, die vermutlich das Herz auf dem rechten Fleck trug. Sehr gewinnend waren ihre strahlenden blauen Augen, die wie Sterne das schmale Gesicht prägten.

Schwer kam es Indulfs Gemahlin Rechis an, zuerst nur die würdig auftretende Herzogin zu sein und dann erst die liebende Ehefrau und Mutter. Wie hatte sie sich nach ihrem Gemahl und den beiden überlebenden Söhnen gesehnt, im Wachen wie im Träumen standen ihre Männer vor ihr. Zwei Söhne und eine Tochter hatte ihr der lange Krieg schon genommen. Die Söhne hatten an der Seite des Vaters gekämpft, tapfer und heldenhaft. Zuerst fiel Vitulf, der zweitjüngste Sohn. Er war bei einer Kundschaft in einen Hinterhalt der Hunnen geraten und verlor so sein junges Leben. Noch vor der Schlacht von Taginae geschah es, in einem Waldtal des Appennin. Das Leben von Usdrila, ihrem Zweitgeborenen, und jenes des überall geschätzten Schwiegersohnes Amalrich forderte dann die mörderische Schlacht selbst. Im Zweikampf mit einigen Rugiern – beim Versuch die Linie der Byzantiner zu durchbrechen – verließen sie Kraft und Glück. Ein Speer endete Usdrilas kurzes Leben und Amalrich tötete ein Schwerthieb. Nichts als Krieg und Kampf hatten ihre jungen Söhne bisher erlebt, wuchsen in einer unruhigen Zeit auf und in eine schreckliche Zeit hinein. Weil sie nichts anderes kannten, wollten sie es den Helden ihres Volkes gleichtun, träumten von Ehre und Heldenruhm.

Große Ängste plagten Rechis damals, als sie die Schreckensnachricht von Taginae erreichte. Wie ein Lauffeuer eilte diese entsetzliche Botschaft durch Italien. Es hieß, dass in dieser verlorenen Schlacht sehr viele gefallen seien, der Tod hätte vor allem unter den Edlen und deren Söhnen entsetzlich gewütet. Rechis musste schwere und bange Tage überstehen bis endlich ein genauerer Bericht eintraf, der sie allerdings nur bedingt beruhigte. Indulf, ihr Gemahl, schaffte es ihr kurze Nachricht zukommen zu lassen. Wenigstens er und die Söhne Indulf und Vinsivad hatten das Inferno überlebt. Der Bote vermeldete die verlorene Schlacht, den Tod der Söhne und des Schwiegersohnes sowie jenen des charismatischen Königs Totila und die weitgehende Auflösung des gotischen Heeres. Ein wenig tröstete sie, dass ihr Gemahl als einziger in dem ausbrechenden Chaos kühlen Kopf behielt und den Rückzug deckte. Nach Ansicht des Boten wäre es sonst zur völligen Katastrophe gekommen, und die Goten hätten kein Heer mehr auf die Beine stellen können. Damals zog sich das geschlagene Heer nach Ticinum zurück, um sich dort wieder zu sammeln, die letzten Reserven aufzubieten und neu zu formieren. Mit den Geschlagenen kamen auch ihr Gemahl und die beiden überlebenden Söhne. Die sich daran anschließende gemeinsame Zeit war nur von kurzer Dauer gewesen. Das neu zusammengestellte Heer zog, als die von König Teja erbetene Hilfe der Franken ausblieb, Richtung Cumae, um Herzog Aligern zu entsetzen.

Als damals ihr Cousin Teja und nicht, wie es viele erwartet hatten, ihr Gemahl zum neuen König ausgerufen wurde, da erfasste Rechis erneut große Angst. Von gemeinsamen Kinder- und Jugendtagen her kannte sie ihren ungestümen, unglaublich mutigen und unerschrockenen Cousin gut, zu gut. Schon als Heranwachsender beherrschte er die Waffen, und wenn es um körperliche Kraft und Geschicklichkeit ging, zeigte er sich allen seinen Kameraden überlegen. Doch, und da war sie mit ihrem Schwiegervater einig, war Teja kein Stratege und auch kein gewiefter Taktiker. Zu sehr verließ er sich auf die reine Kraft und setzte auf die Überlegenheit des Gotenheeres im Nahkampf. Ähnlich verhielt es sich mit ihrem anderen Cousin Aligern. Auch dieser galt als ein hervorragender Kämpe, konnte mit allen Waffen gut umgehen und seine Freunde mitreißen. Aligern war der besonnenere Kämpfer, doch konnte er ähnlich schroff sein wie sein älterer Bruder Teja. Geradeheraus waren sie beide, doch leider wussten sie stets alles besser. Für einen Rat oder eine Analyse nach einem Fehlschlag hatten sie selten ein Ohr, immer mussten die Brüder recht haben und die besten sein. Rechis befürchtete, dass ihr abwägender und umsichtiger Gemahl über kurz oder lang mit dem königlichen Cousin Teja in Konflikt geraten würde. Außerdem stand ja im Raum, dass sie, Rechis, einst Aligern zurückgewiesen hatte, als der um sie freite. Die Brüder Teja und Aligern hielten schon als Kinder fest zusammen und daran hatte sich bestimmt nichts geändert. Die beiden als Gegner zu haben, das war keine einfache Sache für ihren geliebten Gemahl Indulf.

Die Befürchtungen von Rechis und anderen trafen dann leider zu. Teja ließ sich mehr und mehr vom byzantinischen Feldherrn Narses das Heft des Handelns aufzwingen. Nach der entsetzlichen Niederlage des Gotenheeres am Sarnus, da versank einige Tage lang all ihre Hoffnung und sie verfiel in tiefe Trauer. Es bedeutete für sie das Ende der gotischen Macht, deren Kraft sich damit endgültig erschöpft hatte. Was diese vernichtende Niederlage für schutzlose Frauen und Kinder bedeuten würde, daran konnte sie nur mit Schrecken denken. Ein Dasein als Sklaven, gezwungen zu harter körperlicher Arbeit, ständigen Demütigungen und Erniedrigungen ausgesetzt zu sein, das drohte ihnen allen, ein elendes Los. Diesem Schicksal wollte sie sich nicht aussetzen und lieber selbst ihr Leben beenden. Düstere Gedanken plagten die hohe Frau, sie hatte Mühe, die eigenen Leute und die anderen Schutzbefohlenen zu beruhigen und ihnen die schlimmsten Ängste zu nehmen. Erst ein Traum konnte sie ein wenig beruhigen. Sie träumte eines Nachts von Indulf, sah den geliebten Gemahl an der Spitze eines kleinen Heeres reiten und erwachte am Morgen mit neuer Zuversicht. Als sie ihren Schwiegereltern den Traum erzählte, da fanden auch sie wieder neuen Mut. Und nun hatte sich ihr Traum tatsächlich erfüllt und ihre drei Männer zurückgebracht. Ihr Gemahl war nun derjenige der aller Schicksal in eine gute Zukunft führen würde.

Riguntis nahm nach dem gemeinsamen Kirchgang erstmals an der großen Tafel der herzoglichen Familie ihren Platz ein. Für sie war dies eine wichtige und mit Bangen erwartete Zeremonie, denn daraus ließ sich ihre künftige Stellung ableiten. Rechis wies ihr den einstigen Platz ihrer Tochter Winthalis zu, die von den Franken gemordet wurde und gab hiermit zu erkennen, dass Riguntis als Tochter in die Familie aufgenommen wurde. Da sie auch von den beiden Töchtern der Herzogin völlig selbstverständlich als Schwester angenommen wurde, verrannen ihre Ängste alsbald. Nicht nur die verwitwete älteste Tochter Theodegundis gehörte wieder zur Familie, auch die andere Tochter Rechis, deren Mann zu den Verteidigern von Cumae gehörte, flüchtete aus Venetien zu den Eltern. Wie Riguntis von ihr erfuhr, würde in den nächsten Tagen noch die ihnen allen unbekannte Verlobte ihres Bruders Indulf zu ihnen stoßen. Sie und ihre Eltern sollten mit drei Dutzend Kriegern und einem kleinen Gefolge aus Noricum kommen, wie Boten berichteten. Die herzogliche Familie wurde so zum Abbild aller Familien in dem kleinen Gotenstaat. Alle die sich in irgendeiner Form als verwandt empfanden, rückten in dieser großen Not zusammen und bildeten neue Gemeinschaften.

An diesem Morgen tagten die beiden Herzöge und Graf Theodemir mit den Edlen in der Aula. Vorrangig ging es um die neue Ordnung im kleinen Gotenstaat am Padus und um die ersten Überlegungen zum langen Zug in die endgültige Heimat. Die Herzogin saß währenddessen mit den Damen des Adels zusammen. Riguntis, die nicht nur den Zug derjenigen, die der Schlacht entkommen waren miterlebt hatte, sondern auch den Kampf selbst beobachten konnte, wurde gebeten, doch darüber zu berichten. Sie konnte gut erzählen und rückte dabei zwei Männer in den Mittelpunkt des Berichts, König Teja und Herzog Indulf, die beiden sich ablösenden Feldherrn. Aus ihrer Liebe zu Teja machte sie so wenig ein Hehl, wie aus der Verehrung des Oheims. Bei letzterem wusste sie sich einig mit der engeren Familie des Herzogs. Riguntis erfuhr hier, dass die ganze Familie eigentlich seit langem Indulf den Vorrang bei der Besetzung des Herrscherthrones gab. Seine wiederholte Zurücksetzung verstanden sie nicht, fühlten sich dadurch gekränkt und empfanden seine jetzige Position als ihm längst gemäß. Herzogin Rechis sprach es an und sagte, dass es mit einem König Indulf an der Spitze der Goten niemals zu diesem Desaster gekommen wäre. Hier sprach nicht nur die liebende Ehefrau, sondern auch die kluge und das Geschehen aufmerksam verfolgende Adelige.

Theodegundis, Rechis und Riguntis zogen sich auf Wunsch der Herzogin hin zurück, um untereinander die im Haus und in der erweiterten Familie anstehenden Aufgaben neu zu verteilen. Erneut befiel Riguntis ein ungutes Gefühl, denn nun ging es um die künftige Einordnung und Rolle in der neuen Familie. Theodegundis, in entwaffnender Offenheit, eröffnete die Diskussion: „Liebe Cousine, wir müssen uns nicht mehr abtasten, Du passt zu uns. Wir werden uns die Arbeit schon so einteilen, dass wir alle gleich belastet sind und außerdem haben wir uns bisher stets gegenseitig unterstützt. Ich gehe davon aus, dass unser Gesinde bei uns bleibt, mit uns zieht und weiter bei uns arbeitet. Deine Leute doch auch, Riguntis?“ Diese nickte erleichtert, das ließ sich ja bestens an mit den neuen „Schwestern“. Die beiden schienen die unkomplizierte Art ihrer Mutter geerbt zu haben. Theodegundis, die älteste der drei fuhr fort: „Die Repräsentation an der Seite unseres Vaters, das Kümmern um Kunst und Kultur, dies liebt unsere Mutter und wird es weiterhin übernehmen. Das gilt auch für das Betreuen derjenigen, welche unserer Fürsorge dringend bedürfen, das macht unsere Mutter liebevoll und gerne. Die Organisation und Überwachung unseres großen Haushalts liegt ihr inzwischen weniger und ist daher vorrangig unsere Aufgabe.“ Die immer fröhliche Rechis fuhr lachend fort: „Unser Vater isst sehr gerne gut und abwechslungsreich, er legt großen Wert auf Ordnung und Sauberkeit. Das gilt sogar für unser Landgut in Laumellum, obwohl es dort schwieriger einzuhalten ist als hier im Palast. Riguntis, verrate mich nicht für meine freche Bemerkung, unser sonst so liebevoller Vater kann, selbst bei Kleinigkeiten, richtiggehend giftig werden. Die letzten Tage, als wir abschätzen konnten, wann der Heerzug bei uns eintreffen würde, haben wir den Palast auf den Kopf gestellt und in Putz- und Waschwasser fast ertränkt. An allen Herden in der Küche mussten von früh bis spät Köstlichkeiten vorbereitet werden, um Vater und unsere nicht minder verwöhnten Brüder kulinarisch gebührend zu empfangen. Und nun sitzen und tagen unsere Männer da drüben, während das gute Essen leidet. Einer von den dreien meckert nachher bestimmt, entweder ist für ihn das Essen verkocht oder zu kalt. Zumeist ist es unser Vater, von dem schon unsere Großmutter erzählte, dass er in diesem Punkt nie leicht zufrieden zu stellen war.“

Riguntis schaute derart ungläubig, dass es den beiden Cousinen ein schallendes Gelächter entlockte. „Haben wir nun unseren geliebten Vater für Dich vom Sockel gestoßen? Du wirst bald noch auf einige andere, nicht immer liebenswerte Schwächen stoßen“, meinte Theodegundis. Schon bald war klar, dass sie die Steuerung der Küche, die Beschaffung und Bevorratung von Nahrungsmitteln, die der große Haushalt benötigte, übernehmen würde. Vor allem die anstehende lange Reise, wie das Überleben in der neuen Heimat, sah sie als ihre ganz persönliche Herausforderung an. Rechis wollte sich vorrangig der Ordnung und Sauberkeit im Palast wie draußen auf dem Gut in Laumellum, annehmen. Dazu gehörten zur bevorstehenden Winterszeit, das Versorgen mit Brennholz und die Behaglichkeit in Palast und Gut. Zusätzlich oblag ihr die medizinische Betreuung der Familie wie des Gesindes. Riguntis wollte sich künftig um die Gewänder von Familie und Gefolge kümmern und um deren Pflege. Außerdem musste für die in der neuen Heimat benötigte Kleidung ein Vorratslager angelegt werden. Gemeinsam würden die drei „Schwestern“ das Gesinde gemäß den jeweiligen Fähigkeiten auf den Haushalt aufteilen, was bei den Betroffenen sicher keine Widerstände hervorrufen würde.

Die Vision des Indulf

Zwanzig gotische Aristokraten versammelten sich in der Aula des herzoglichen Palastes. Das kleine Häuflein wirkte etwas verloren in diesem weiten Raum. Unter ihnen saßen erstmals auch des Herzogs ältester Sohn Indulf und Unila der Anführer der „Löwen", Wittichs mittlerer Sohn. Mit Jubel quittierten die stolzen „Löwen" diese Aufwertung, wohl wissend, dass sich damit keineswegs das Recht zur Wahl des Königs verband. Endlich waren auch sie, die jungen Adeligen, direkt vertreten und nicht nur durch die Oberhäupter der Sippen oder ihre Väter. Der prächtige golden schimmernde Saal war umgeben von einem Säulenumgang, auf dessen Empore sonst die Zuschauer saßen. Doch diesmal wollten die Edlen unter sich sein, denn was sie hier besprachen konnte, wie der Herzog ausführte, nicht mehr sein als ein erstes Herantasten. Ringsum blickten Mosaikbilder auf sie hernieder, die neben Christus und einigen Heiligen die vier letzten Amalerkönige vor König Theoderich darstellten. Über dem grünen marmornen Thronsessel wachte der große König selbst über die wenigen Überlebenden seines einst so großen Volkes. Um dieses Portrait gereiht, bildeten Szenen aus der Wanderzeit und vor allem Bilder von Kämpfen das wechselnde Geschick des Gotenvolkes ab. Von den Anwesenden fand sich nur der alte Waffenmeister darauf abgebildet, noch mit blondem wallendem Bart, dicht hinter seinem König Theoderich stehend.

Prunkvoll ließ der legendäre Herrscher einst seine Residenz erbauen, er, der sich in der Nachfolge der römischen Cäsaren wusste. Nur noch in Ravenna, Rom und Verona gab es vergleichbar großartige Paläste des Amalerkönigs wie der in Ticinum. Diese Stadt bot ihm und den Seinen einstmals Schutz hinter den Mauern vor dem übermächtigen Heer Odoakers. Deshalb hatte Theoderich diese Stadt so liebgewonnen. Nun bot sie erneut den wenigen überlebenden Goten Schutz und Heimat. Damals konnten sie sich mit Hilfe der Westgoten aus einer üblen Lage befreien und machte die Eroberung Italiens erst möglich. Doch diesmal waren sie völlig auf sich allein gestellt; jedwede „Hilfe", sei es durch die Franken oder sei es durch die Langobarden, würde ihr unausweichliches Ende bedeuten. Diese bittere Erkenntnis hatten die Edlen inzwischen verinnerlicht. Sie wussten nun auch, dass ihres Bleibens in Ticinum keine längere Dauer beschieden war. Es sei denn, dass sie sich den

Byzantinern völlig unterwarfen. Aber dies wollte keiner der Anwesenden, alle empfanden die jetzige Freiheit – bei aller Einschränkung, die ihnen der Status als Foederaten der Byzantiner auferlegte – als die einzig erstrebenswerte Situation.

Der Herzog nahm bewusst nicht auf dem königlichen Thron Platz. Noch empfand er sich nicht als der erwählte König, und nur diesem gebührte nach seiner Ansicht der erhabene Sitz. Indulf saß lieber mitten unter seinen Getreuen, er wollte keine lähmende Distanz aufbauen. Er stieg ohne lange Vorrede in die Überlegungen ein: „Ich versprach Euch in Ticinum meine Gedanken aufzudecken und meine Überlegungen zu unserer gemeinsamen Zukunft darzulegen. Diese können allerdings längst nicht völlig ausgereift sein, sie bedürfen Eurer Ergänzung und auch zusätzlicher Erkenntnisse. Doch irgendwie müssen wir damit beginnen und miteinander unsere nähere und fernere Zukunft durchdenken. Wir dürfen keine Zeit mehr verlieren, denn wir müssen dabei sehr vieles beachten und noch mehr erlernen, sowie aus unseren Fehlern Lehren ziehen. Das, meine Getreuen, wird kein Honigschlecken werden, es stellt uns vor bisher nicht gekannte Herausforderungen und bedeutet viel, sehr viel Arbeit. Und diese sind weder unsere Leute, noch wir selbst so richtig gewohnt. Wir haben lange Jahre nur das Schwert geführt, kontrollierten Land und Leute. Den Pflug hielten wenige von uns je in der Hand, die Fluren bestellten Knechte und Unfreie für uns. Unsere Häuser ließen wir bauen und alles, was wir an Gerätschaften benötigten, das kauften wir uns, zumeist von den Italiern. Strassen, Brücken und Wasserleitungen, die bauten wir nicht selbst, nützten aber jene, welche uns die Römer hinterließen. Diese Bilder könnte ich beliebig fortsetzen und wir kämen in allem zu ein und demselben Schluss. Wir waren und sind noch abhängig von anderen, zumeist von den hier lebenden Italiern oder unseren Leibeigenen. Die bäuerliche Arbeit, die beherrschen wir noch zum Teil. Mit der handwerklichen Arbeit, da sieht es bereits viel schlechter aus, die können nur noch unsere alten Männer und einige wenige der Jungen. Selbst die Verwaltung des von uns beherrschten Staates der Goten und Italier, übertrugen wir gänzlich den Nachkommen der Römer. Von der Gesetzgebung und der Gerichtsbarkeit einmal abgesehen, überließen wir auch Wissenschaft, Kunst und Bildung gerne den uns hierin überlegenen Einheimischen. Für uns war all das bisher nicht sonderlich wichtig und für das eigentliche Überleben im Moment vielleicht auch nicht so dringlich."

Der Herzog trank einen tiefen Schluck aus seinem Weinglas in dem ein roter Wein funkelte. Keiner unterbrach ihn, keiner widersprach ihm, aber alle Blicke richteten sich gebannt auf Indulf, der nun fortfuhr. „Warum ich all dies so betont in den Raum stelle? Weil wir – und darüber waren wir uns alle einig – von hier weg wollen und uns daher eine neue Heimat suchen müssen. Das können wir bestimmt nicht aus dem Stand leisten. Solch ein Zug, das sagte ich unterwegs wiederholt, braucht eine gute Vorbereitung. Bei jeder der möglichen Alternativen erwarten uns nur auf den ersten Blick unterschiedliche Herausforderungen. Ziehen wir gen Norden, oder zurück nach Pannonien (Ungarn), dann wird es wieder so sein, wie einst auf der großen Wanderung. Wir beschaffen uns – sei es durch Kauf oder Raub – unterwegs das Benötigte von den Menschen am Wege, müssen uns außerdem den Weg tagtäglich erkämpfen. Wenn wir uns dann in einer für uns geeigneten Gegend niederlassen wollen, erwartet uns auch dort der ständige Kampf um das Überleben. Wir brauchen Nahrung, Kleidung, Obdach für uns und Futter für unsere Tiere, müssen vermutlich auch immer wieder andere Völker abwehren. Dabei laufen wir als ein so stark geschrumpftes Volk – zumindest in den nächsten zwanzig Jahren – Gefahr, schnell zu unterliegen und ausgelöscht zu werden. Das gilt selbst, wenngleich mit gewisser Einschränkung, für die ungeliebte Alternative hier zu bleiben. Hier müssen wir uns genauso versorgen und schützen wie an jedem anderen Ort. Unsere Region ist von je her ein Durchzugsgebiete von Heeren und damit immer bedroht!"

Einen Augenblick hielt der Herzog in seinem Monolog inne und blickte in die Runde. Was er wahrnahm, das gefiel ihm nicht. Er hatte mit seinen Worten betroffenes Schweigen ausgelöst und die Seinen nicht herausgefordert, so wie er es beabsichtigte. Was war denn nur mit seinen Goten los? Wo blieb deren trotziger Stolz, was wurde aus deren zähem Streben nach Freiheit und Ringen um eine gute Zukunft? Die Kette der Niederlagen, der stetig hoffnungsloser werdende Kampf ums Überleben, er hinterließ offenkundig tiefe Spuren und zog ein resigniertes Dreinschicken nach sich. Hier musste er dagegen halten und die Männer mit seiner Vision konfrontieren. Eigentlich hatte er gehofft, dass sich aus der gemeinsamen Analyse so etwas wie eine klare Vorstellung der gewollten Zukunft erarbeiten ließe, doch nun schien es ihm, als habe er die Seinen damit überfordert. Er verzichtete daher auf eine weitergehende Analyse und brachte das ein, worauf sie insgeheim gewartet hatten, nämlich seine eigene Vision.

Herzog Indulf hatte sich erhoben, ging einige Schritte auf und ab, breitete dann nachdem er sich anschickte wieder Platz zu nehmen, seine Vision aus:

„1. Wir suchen für uns eine größere Insel, die möglichst unbewohnt und so beschaffen sein sollte, dass wir dort gut überleben können.

2. Wir erschließen uns diese Insel aus eigener Kraft, und dies von zwei bis drei Schwerpunkten aus, um uns nicht zu zersplittern und unsere Sicherheit nicht zu gefährden.

3. Wir erhalten uns unsere Fähigkeit zur Verteidigung durch gezielte Ausbildung, Wachsamkeit, Waffenpflege und häufige Übungen an Land wie auf dem Meer.

4. Wir nützen die für uns nützlichen Errungenschaften der Griechen und Römer, binden deren Kultur, Kunst und Wissenschaft in unser eigenes Leben und unsere Gebräuche ein."

Damit standen des Herzogs Vorstellungen im Raum. Nun konnten seine Berater darauf einsteigen. Der erste war Hildebrandt. „Indulf, mein Herzog, wo finden wir eine solche Insel? Im Mare Internum (Mittelmeer) sind doch alle Inseln bewohnt oder für uns nicht geeignet. Für mich kämen dann nur die Inseln in den nördlichen Meeren infrage, und die lassen für uns ein gutes Überleben nicht zu, deshalb haben sie doch schon unsere Vorväter verlassen." Nach ihm ergriff der greise Herzog Usdrila das Wort: „Hildebrandt, das sehe ich genauso wie Du, aber ich habe etwas anderes vor meinen Augen. Einst weilte ich als Mitglied der königlichen Gesandtschaft für einige Wochen am Hofe des Vandalenkönigs. Wir geleiteten unseres Königs Schwester Amalafreda zu ihrer Vermählung mit König Thrasamund nach Karthago in Africa. Dort fand ich Gelegenheit, mich mit einigen kühnen Kapitänen der

Vandalen zu unterhalten. Ich staunte über deren wagemutige Seefahrten, die sie sogar weit über die Säulen des Herkules (Straße von Gibraltar) hinausführten, so wie es ihnen einst die Punier (Phönizier) vorgemacht hatten. Einer dieser Seefahrer, ein Graf, wenn ich mich nicht irre, hieß er Stilicho, berichtete von einer schönen und vermutlich auch unbewohnten Insel draußen im großen Ozean. So viel ich mich noch erinnern kann, sagte er: „Wenn man von der Nordwestspitze Hispaniens gen Westen segelt, dann treiben einen Wind und Strömungen mit etwas Glück dorthin. Diese Insel am Ende der Welt liegt allerdings sehr weit draußen vor den Säulen des Herkules. Wählt man für die Fahrt eine geeignete Zeit – welche das ist, bleibt unser Geheimnis – dann ist dieses Eiland gut zu erreichen.“. Zuerst tat ich dies als Phantasiegebilde ab, entstanden vom reichlichen Weingenuss, doch das passte eigentlich nicht zu diesem ernsthaften und vernünftigen Mann. Einige Tage später erzählte mir dann ein anderer Vandale von seiner Fahrt zu eben jener Insel, an dessen Strand sie ein Sturm getrieben hatte. Er schwärmte von dieser großen Insel, die nicht nur alle Vandalen sondern auch noch viel mehr Menschen aufnehmen könnte. Diesen Plan trugen sie damals ihrem König vor, der aber fand, dass solch ein großes Abenteuer nicht von Nöten sei. Sie lebten hier in Africa so gut und sicher, dass es keinen Anlass gäbe, dieses Land wieder zu verlassen. Der kluge König Thrasamund täuschte sich hierin ebenso wie wir; zuerst sind die Vandalen von der Bildfläche verschwunden, und nun stehen wir selbst auch dicht davor. Diese Insel müssen wir für uns finden. Möglicherweise verstecken sich irgendwo auf Sardinia oder an der Küste Mauretanias noch einige versprengte Vandalen. Vielleicht gelingt es uns, diese aufzuspüren, und mit etwas Glück ist einer unter ihnen, der uns zu jener Insel führen kann, die sie Vandalia nannten.“

Auf diesen Beitrag seines Freundes Usdrila stieg Hildebrandt ein: „Danke Usdrila, Du hast bei mir etwas angestoßen. Ich erinnere mich nun wieder meiner Gespräche mit den Vandalen, die zu jener Zeit unsere Verbündeten waren. Auch ich lernte damals einige Kapitäne der Vandalen kennen und hörte sie gerne von jener sagenhaften Insel erzählen. Zu jener Zeit tat ich dies als das übliche Seemannsgarn ab, doch nun bedaure ich es, damals nicht besser zugehört und nachgefragt zu haben. Das wäre genau die Insel, die Du, Indulf, Dir für uns vorstellst. Wir müssen und werden sie finden und daraus unsere neue Heimat machen." Auf einmal redeten alle durcheinander, stimuliert durch diese Botschaften der beiden alten Herren, bis ausgerechnet Herzog Indulf Essig in den Wein des Überschwanges goss.

„Meine Getreuen, Ihr tut ja so, als wüssten wir ganz genau wo jene sagenhafte Insel liegt. Unterstellt, dass es sie tatsächlich gibt, dann steht vor deren Auffinden, der so teure wie mühsame Bau von Schiffen, das Erlernen des seemännischen Handwerks, hierbei vor allem der Navigation. Wenn wir die ersten Schiffe erworben oder gebaut haben, dann müssen wir diese Schiffe erproben und uns mit diesen erst vertraut machen. Nur so könnten wir uns auf den großen Ozean hinauswagen. Wir werden den Radius unserer Erprobung allmählich so ausweiten, dass wir dabei auch nach den von Hildebrandt und meinem Vater vermuteten versprengten Vandalen Ausschau halten können. Mit dem Feldherrn Narses habe ich zuletzt noch vereinbart, dass wir in Genua einen Bereich des Hafens ganz für uns bekommen. Dort werden wir ein großes Haus erbauen und eine Werft errichten, um die benötigten Schiffe zu überholen oder neu zu erstellen. Ich habe Narses auch noch um zehn Schiffe aus unserer ehemaligen Flotte gebeten und er versprach, uns diese zu überlassen. Wie viele Menschen neben der Besatzung ein solches Schiff beherbergen, und was es sonst noch an Last aufnehmen kann, davon habe ich, die Landratte, allerdings keine Ahnung. Dieser wichtigen Aufgabe muss sich einer von uns annehmen und unsere kleine Flotte reisefertig machen. Wer von uns will denn diese immens wichtige Aufgabe, von der alles Weitere abhängt, verantwortlich übernehmen?" Keiner der erfahrenen und hochrangigen Aristokraten wollte sich dieser schwierigen Herausforderung stellen. Nach einer quälenden Pause meldete sich zum Erstaunen aller Graf Indulf des Herzogs Sohn. Ungläubig schaute ihn sein Vater an, doch die anderen Edlen empfanden es als gute Idee. So wurde aus dem Grafen Indulf der erste „Admiral" des kleinen gotischen Reststaats.

Damit war die erste der offenen Funktionen auf den Verantwortlichen übertragen worden. Mit Gesalich, dem Schatzkämmerer, und mit Hildebrandt, dem Waffenmeister, waren bereits zwei der wichtigen Funktionen verteilt, doch es standen noch weitere Aufgaben an. Indulf hatte sie grob gegliedert: Neben der Verwaltung des jetzigen und des künftigen Staates ging es derzeit vorrangig um das momentane

Überleben und danach um jenes auf der Insel, sowie um deren Erschließung und Urbarmachung. Das Hinkommen, der Schutz auf dem Weg zur neuen Heimat und dort, bildeten die anderen zentralen Herausforderungen. Da diese Aufgaben einen Einzelnen überforderten, wurde vorgeschlagen, sie jeweils auf mehrere Leiter zu übertragen. Der Herzog empfand dies als eine hervorragende Idee, doch er verknüpfte sie mit zwei Bedingungen. Einer sollte diese Gruppen leiten, und in jeder dieser Gruppen durfte mindestens einer der Jungen mitwirken. „Freunde, ich will bei den Schwerpunkten nur einen Ansprechpartner haben, und ich möchte von vorneherein unsere so eifrigen und tüchtigen jungen Herren an die Verantwortung heranführen.“ Das wurde allgemein begrüßt und von den jungen Herren enthusiastisch aufgenommen. In diesen gewann der Herzog eine getreue Gefolgschaft und stellte daneben die Kontinuität der Arbeit sicher.

Die Grafen und Heerführer Gesalich, Hildebrandt, Totila und Wittich übernahmen nun auch im Frieden die vorrangigen Positionen. Neu in diese erlauchte Runde der „Oberen“ stieg lediglich „Kronprinz“ Indulf auf. Allein dadurch, dass dieser das schwierigste Amt übernahm, gewann er eine Anführerrolle und alle fanden dies gut. So jung des Herzogs Sohn auch war, er galt in diesem Kreise bei allen die ihn kannten, als ein fähiger, umsichtiger und dynamischer Herr. Keiner derjenigen, die an dieser denkwürdigen Beratung teilnahmen, ahnte damals, dass mit der Verteilung dieser Ämter für lange Zeit der künftige Rang direkt unter dem Herrscher festgelegt wurde. Für eventuell noch hinzustoßende Adelige verblieb damit, zumindest was Rang und Einfluss anging, nicht mehr allzu viel übrig. Erst in der neuen Heimat konnten sich aufgrund der dortigen Lage noch weitere hocheingestufte Positionen ergeben, doch sicher war dies keineswegs. Die Nachzügler mussten sich mit dem Mitwirken in den Leitungsgruppen und dem Recht zur Königswahl begnügen. Mit dem Ergebnis dieser ersten richtungweisenden Beratung waren die meisten zufrieden und strebten mit einem guten Gefühl an den häuslichen Herd.

Abb. 2 Das zeitweilige Siedlungsgebiet der Goten

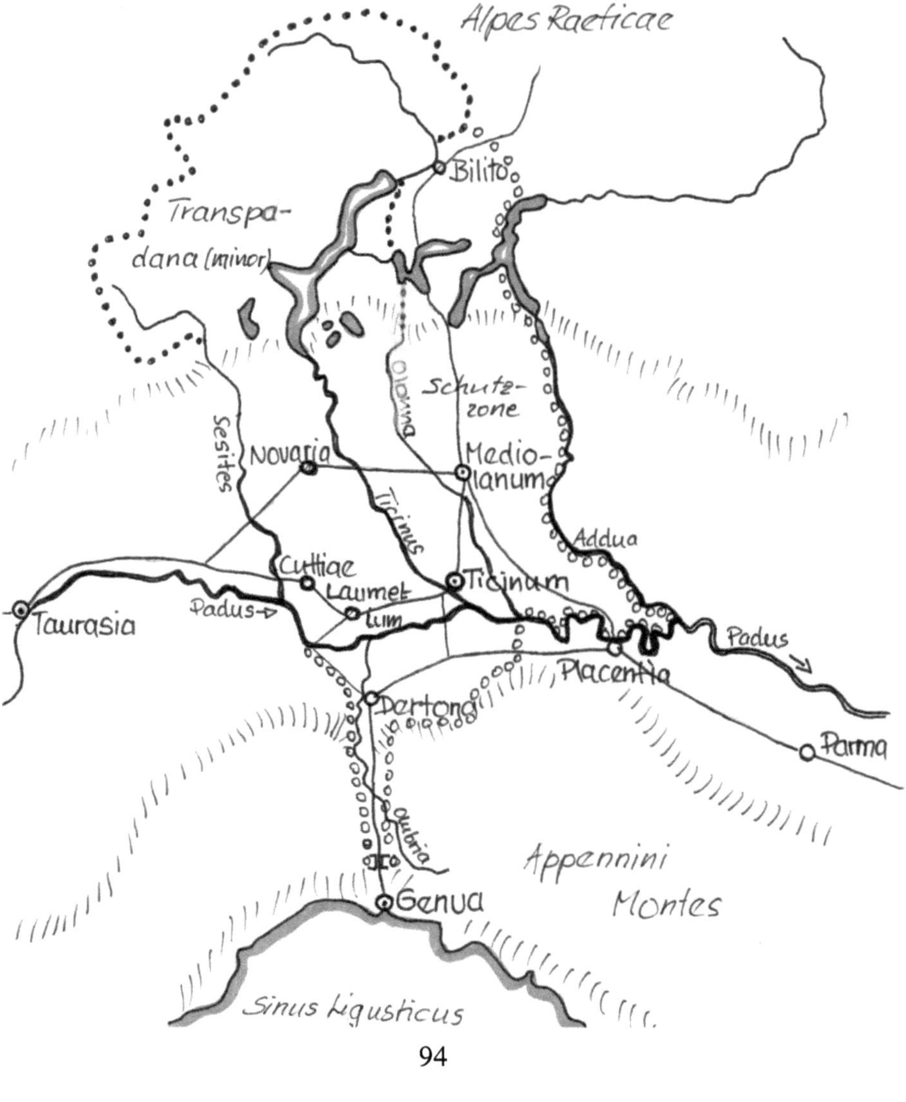

Ein unruhiger Winter

Während sich die Anführer im Palast mit dem Herzog berieten, machten die „Löwen“, und die ihnen zugewiesenen jungen Adeligen eine erste Bestandsaufnahme. 7475 Männer, Frauen und Kinder gehörten zu den Schutzbefohlenen. Die auf 2780 Männer angewachsenen Krieger hatten sich damit fast verdreifacht und bildeten ein respektables, wenngleich für einen größeren Feldzug nicht ausreichendes Heer. Aber sie erwarteten ja noch den Zuzug weiterer Goten aus dem mittleren und nordöstlichen Teil Italiens. Unter dem Eindruck der Niederlage am Sarnus unterstellten sich vielerorts die gotisch besetzten Städte den Byzantinern. Sobald hier jedoch deren Verwaltung wirksam wurde, gab es ein böses Erwachen für die Goten. Auch auf dem flachen Lande lebten noch einige verstreute Goten, auf deren Anschluss der Herzog hoffte, zumeist waren diese jedoch keine Krieger. Allerdings wurde überall im Lande von einem bevorstehenden Heerzug der Franken gemunkelt. Von dieser vagen Hoffnung ließen sich viele Goten beflügeln und träumten erneut von der Herrschaft über Italien. Selbst im kleinen transpadanischen Gotenstaat blieben diese Gerüchte nicht ohne Widerhall. Hinter vorgehaltener Hand flüsterten manche von der neuen Perspektive, stets darauf bedacht, dass der Herzog nichts davon bemerkte. Von ihm wussten sie, dass er ein entschiedener Gegner eines Bündnisses mit den Franken war, was er wiederholt als das Ende der Goten bezeichnet hatte.

Ein erster größerer Trupp Nachzügler von etwa 220 Menschen traf aus Teurnia (heute eine Ruinenstadt bei Villach) in Noricum (Kärnten) ein. Ihm hatten sich unterwegs nur noch wenige Goten angeschlossen. Angeführt wurden diese Nachzügler von Graf Optari. Dicht hinter ihm ritten seine Gemahlin Theudis und ihre Tochter Amalaris, die Verlobte des jungen Grafen Indulf. Ihnen folgten auch die beiden Söhne und ein Neffe des Grafenpaares. Die herzogliche Familie erwartete diesen Zuzug mit gemischten Gefühlen, denn nur der alte Herzog Usdrila kannte die Grafenfamilie. Die Verlobung der Enkelkinder arrangierten die Großväter der Verlobten vor vielen Jahren. Das war zu jener Zeit zwar üblich, löste bei den unmittelbar Betroffenen aber bange Fragen und Ängste aus.

Als dann das junge in ein feines Loden gekleidete Mädchen vom Pferd stieg, da half ihr ein anfänglich skeptischer Indulf. Zuerst nahm er nur die ängstlichen, ja fast verschüchterten Augen in einem anmutigen schmalen Gesicht wahr. Zaghaft fragte sie: „Bist Du der Indulf?“ Eine leise Hoffnung schwang in der Frage bereits mit. „Ja, der bin ich, schöne Amalaris, sei herzlich willkommen bei uns“, antwortete er irgendwie befreit, denn das Mädchen gefiel ihm auf Anhieb. Bei ihr lösten seine freundlichen Worte einen „Sonnenaufgang“ aus, die junge Gräfin strahlte ihn so überrascht wie erfreut an. Die blutjunge Amalaris korrigierte erleichtert das Bild, das sie sich bis dahin vom Äußeren ihres Verlobten gemacht hatte. Sie hatte insgeheim befürchtet, jener unbekannte Indulf sei auch einer von diesen vierschrötigen, durch den Krieg verrohten jungen Recken, von denen sie schon einige erlebt hatte. Bis nach Noricum drang vor, dass der älteste Sohn des Herzogs an der Seite seines Vaters seit fünf Jahren in vorderster Linie gekämpft hatte. Interessiert und mit einem gewissen Stolz erfuhr Amalaris, dass dieser sich wiederholt im Kampf hervorgetan hatte. Doch nun stand vor ihr ein zwar hünenhaft gewachsener, dennoch fein wirkender, gut aussehender Mann. Indulf musste sich weniger korrigieren, denn er hatte gehofft, dass Amalaris wenigstens annähernd so gut aussehen würde wie seine Schwestern. Seine Verlobte mit ihren siebzehn Jahren war tatsächlich ein entzückendes Mädchen. Die beiden jungen Menschen hatten nur noch Augen füreinander, sie achteten nicht auf den Nieselregen, wirkten wie von einander verzaubert und schienen nichts anderes mehr wahrzunehmen. Indulfs Schwestern und Riguntis, die beieinander standen, erfreuten sich an diesem Bild, lediglich sein Bruder Vinsivad machte die freche Bemerkung: „Den hat es aber heftig erwischt, meine lieben Schwestern.“ Keine der Angesprochenen stieg darauf ein, zu fasziniert waren sie vom Anblick der Verlobten, die sich selbstvergessen noch immer an den Händen hielten. Indulf löste sich zuerst aus der Verzauberung und zog seine Braut sanft mit sich. Er strebte die Treppen hinauf, dorthin wo die Eltern und Großeltern gerade das Grafenpaar willkommen hießen. Doch der junge Bräutigam wandte sich nicht den beiden Elternpaaren zu, sondern seinem Großvater. „Großvater, ich danke Dir, das hast Du bestens arrangiert, und einen guten Geschmack hast Du auch.“ Alle Umstehenden hörten diese von Herzen kommende Äußerung und brachen in fröhliches Lachen aus. Dadurch schmolz das Eis und die sich zuvor noch fremden Menschen kamen sich etwas näher.

Freudig wurde das junge Mädchen dem Herzogspaar und der restlichen Familie vorgestellt, und dieses lernte zu seiner Erleichterung nur freundliche und sie willkommen heißende neue Verwandte kennen.

Schlechte Kunde brachten die weitgereisten Verwandten aus Venetien mit, wo sie an mehreren Orten Station gemacht hatten. Sie berichteten, dass sich derzeit in einigen Regionen Venetiens eine starke Front gegen Herzog Indulf herausgebildet habe. Als Graf Optari in der erweiterten Adelsrunde wiedergab, was ihm dort zu Ohren gekommen war, reagierte als erster der getreue Hildebrandt. Heftig fielen seine Worte aus: „Diese verblendeten Narren, sie reden wie die Blinden und die Tauben, nichts haben sie selbst gesehen und nie etwas am Ort des Geschehens direkt gehört. Ausgerechnet unseren Herzog als Feigling, Spalter und gar als Schwarzseher zu schmähen, das ist einfach infam. Wer hat sich denn in Taginae als einziger Anführer besonnen und todesmutig dem Sog der Flucht entgegengestemmt? Wer hat denn dort dafür gesorgt, dass wir nicht noch schlimmere Verluste erlitten? Kein anderer als unser Herzog, der für einen rettenden Augenblick die Feinde aufgehalten hat. In einem erbitterten Zweikampf hat er sogar dem im Streit so gewaltigen Herulerherzog Bulkari so schwere Verletzungen zugefügt, dass dessen Leute zurückschreckten und wir uns so wieder sammeln konnten. Er allein erschlug am Vesuv den grimmen Neraos, den gefürchteten Anführer der Isaurier und eröffnete uns mit dem kühnen Ausfall eine gute Verhandlungsposition bei Narses. Wer außer ihm will denn alle überlebenden Goten hier sammeln und ihnen eine letzte Chance bieten? Wieder gilt für einige Verrückte, wer nicht für uns ist, der ist gegen uns, welch ein Schwachsinn. Wessen Prognosen sind denn bisher eingetroffen? Alles wurde in den Wind geschlagen und das böse Erwachen kennen wir nun zur Genüge. Indulf, wenn wir uns nach Dir gerichtet hätten, dann wären wir immer noch ein großes und mächtiges Volk und kein kleiner, nur noch ums nackte Überleben kämpfender Haufen. Wessen Saat voller Unkräuter soll denn hier aufgehen, wer schürt das Feuer gegen Dich und uns? Unsere ständige Uneinigkeit war doch für unsere Feinde stets so viel wert wie ein ganzes Heer." Der Uralte hatte sich in Rage geredet, stand vor den Seinen wie ein zürnender biblischer Erzvater. Optari, überrascht ob dieser Donnerworte, antwortete ihm: „Edler Waffenmeister, mich müsst Ihr nicht überzeugen. Auch ich leide wie Ihr unter dieser ungerechten Anschuldigung und unter unserer Uneinigkeit. Doch ich hielt es für angebracht Euch alle darüber zu informieren."

Unter dem Eindruck dieser verstörenden Botschaft aus Venetien, drängten Indulfs Getreue auf eine rasche Königswahl, hierin bestärkt von Graf Optari der ein noch längeres Zuwarten für gefährlich hielt. Alle waren der Ansicht, dass ein gewählter König mit größerer Autorität auftreten könne. Er wäre zwar dann auch nicht in der Lage, einer weiteren Zersplitterung der Goten völlig Einhalt zu gebieten, er könne sie aber deutlich abbremsen. „Von alters her sind wir Goten doch immer lieber einem gekrönten König gefolgt", so der Waffenmeister Hildebrandt. Nach einiger Diskussion entschieden sie sich daher – auch wegen der damit verbundenen Symbolkraft – für den Tag der Heiligen drei Könige. Da lediglich das Gebiet um Ticinum freies Gotenland geblieben war, bestimmten sie ihre kleine Hauptstadt zum Ort der Wahl. Der Einladende war erneut der Waffenmeister Hildebrandt, dem es oblag diese Wahl zu leiten.

Graf Optari brachte allerdings nicht nur diese schlechte Botschaft mit, denn in seinem Gefolge befanden sich eine Reihe erfahrener Handwerker und sogar sechs versierte Bergleute. Täglich stießen noch weitere Handwerker zu den Goten. Es hatte sich im Gebiet nördlich des Appennin herumgesprochen, dass in Ticinum gute Handwerker gesucht würden. Unter ihnen befanden sich auch Italier, Gallier, andere Germanen und sogar Dalmatier. Sie entkamen dadurch – so hieß es bald landauf und landab – dem ständigen Hunger. Es hieß ferner, bei den Goten gehe es gerecht zu und jeder würde einigermaßen satt werden. Für diese so willkommenen Fachleute wurden in Ticinum, Novaria (Novara) und Cuttiae (Candia Lombardo) Handwerkerhöfe eingerichtet. Da sich anfänglich nur wenige der jungen Goten bereit erklärten dort zu lernen, halfen die Anführer nach und bestimmten Leute aus ihren Sippen dazu. Auch hier bauten sich erhebliche Widerstände auf, die in Einzelfällen sogar zur Flucht nach Venetien führte. Wenn es allerdings um das Anfertigen von Waffen ging, dann gab es reichlich Nachfrage. Bei Berufen, die nur „Alltägliches" erstellten, wie Küfer, Wagner oder Beinschnitzer, sah es hingegen mager aus. Doch auch diese Lehrstellen wurden allmählich besetzt und erste Erfolge stellten sich ein. Vor allem Graf Wittich, der sich dieser Aufgabe besonders annahm, trieb sein wichtiges Anliegen energisch voran. Er richtete eine Art Schule ein, in der bei jenen Berufen, die schwieriger zu erlernen waren, neben dem erforderlichen Wissen auch die notwendigen Grundfertigkeiten vermittelt wurden.

Die Verteilung des freien Landes an die Sippen und Großfamilien regelten die Anführer so gerecht wie irgend möglich, dennoch ging es nicht ohne Eifersüchtelei und Widerstand ab. Etliche waren der Ansicht, dass die jeweiligen Nachbarn das bessere Land erhalten hätten oder aber die geräumigeren Gebäude, bestimmt aber das gesündere Vieh. Das musste unter den Bauern wohl so sein, denn objektiv konnte keiner dies belegen. Neid und Missgunst zogen – wie in der großen Politik – auch hier ihre Spuren durch die gotische Geschichte. Das gab zwar einigen Ärger, doch die Anführer ließen sich darauf nicht ein. Der Herzog ordnete an, dass, ausgehend von den befestigten Städten, alle neuen Ansiedlungen wie Zwiebelschalen rund um diese gebaut werden sollten. Indulf beabsichtigte im Falle eines Angriffs, die Krieger sofort zu sammeln, deren Angehörige und die wichtigste Habe schnell im Schutz der Mauern zu bergen.

Als der Winter Einzug hielt ruhte in der Landwirtschaft der Feldbau, nur das Vieh musste versorgt und die Vorbereitungen für das kommende Jahr getroffen werden. Dazu gehörte das Ausbessern und Vermehren der Geräte und Behältnisse. Herzog Usdrila und seine Schwiegertochter Rechis hatten im vergangenen Sommer zur Freude des Herrschers dafür gesorgt, dass die Kornhäuser mit Saatgut und Vorrat gefüllt waren. Trotz einer schwachen Ernte gelang es ihnen, wenngleich etliches zugekauft werden musste. Auch die Lagerhäuser für unverderbliches Gut waren gut gefüllt. Graf Totila mit seinen Leuten hatte sich dieser Aufgabe angenommen, denn sie bestimmte das Überleben auf der langen Reise und auch auf der Insel maßgeblich. Nach seiner Vorstellung mussten diese Vorräte für die Reise, und noch für einige weitere magere Monate reichen. Selbst eine mögliche Missernte in der neuen Inselheimat, sollte sich damit notdürftig überbrücken lassen. All diese vielen Vorräte und Gerätschaften mussten mit auf die Schiffe, benötigten Platz und hatten ihr Gewicht. Noch wusste allerdings keiner so genau, wie viele Menschen überhaupt mit ihnen ziehen wollten, denn die dort zu erwartenden Entbehrungen schreckten einige Familienoberhäupter ab.

Erst wenn endgültig feststand wer mit an Bord gehen wollte, konnte der benötigte Schiffsraum für Menschen, Tiere, Vorräte und Geräte ermittelt werden. Die Adelsrunde ging vorläufig von 6000 Menschen, 1000 Großtieren und vielen Geräten aus.

Mit diesen vagen Vorgaben im „Gepäck" zog Anfang Dezember eine kleine aber erlesene Schar von Goten nach Genua. Die Wege waren gut passierbar, denn der Schneefall hatte noch nicht eingesetzt. Ihr gingen wieder einige Schreiben zwischen der herzoglichen Kanzlei in Ticinum und den Stadtoberen von Genua voraus. Diese 24 Reiter, zu denen Vater und Sohn Indulf sowie die Grafen Gesalich, Hildebrandt, Optari und Wittich zählten, trafen somit auf ein wohlvorbereitetes Terrain. Nirgendwo auf der Via Postumia stießen sie auf byzantinische oder andere Krieger. Diese Ecke Italiens schien der Krieg, der noch immer herrschte, auszusparen. In keiner der Städte, die sie bis Ligurien passierten, wurden sie aufgehalten. Des Narses Schutzbrief, wie seine Zusage einer freien Nutzung der Straßen von Ticinum nach Genua, sorgten für eine ungehinderte Reise. In Genua wurden sie freundlich empfangen und zu einem großen Fest geladen. Die Genuesen witterten ein gutes Geschäft und begrüßten die im Notfall zusätzlich verfügbaren Kämpen. Doch welch gute und langanhaltende Beziehung sich aus dieser ersten Begegnung entwickeln sollte, das konnte damals keiner der Verhandelnden ahnen. Der Senat der Stadt überließ ihnen nicht nur ein großes Gebäude im westlichen Hafenbereich und drei kleinere Häuser, sondern auch ein für weitere Bauten geeignetes großes Grundstück und genügend Platz an dessen Kai und Mole. Was mindestens so erfreulich war, er vermittelte den Goten neben einem sehr erfahrenen Schiffsbauer noch etliche junge und ehrgeizige Helfer für den Bau und die Pflege der Schiffe.

Eine freudige Überraschung erwartete sie dann an dem neuen Stützpunkt selbst. Narses, der sich wieder einmal als sehr großzügig erwiesen hatte, überließ ihnen zwölf der größten Schiffe aus der ehemaligen Flotte der Goten. Diese geräumigen, den griechischen Dromonen nachgebauten Kriegsschiffe waren erst vor wenigen Tagen in Genua eingetroffen. Jedes von ihnen konnte neben der Besatzung – bei Nutzung als Frachtschiff – weit mehr als hundert Menschen und zusätzlich neben Vieh auch noch viele Güter und Geräte aufnehmen.

Deren erfahrene Besatzungen, allesamt Goten, die nicht länger in byzantinischen Diensten stehen wollten, warteten gespannt auf ihre neuen Herren. Das ihnen vom Senat zugewiesene Gebäude hatten sie schon teilweise in Besitz genommen und sich hier häuslich eingerichtet. Graf Indulf, dem Sohn des Herzogs und ihr künftiger Anführer, war dies sehr recht. Es verblieb noch ausreichend Platz für die Handwerker, wie für die aus Ticinum hinzustoßenden Familien. Außerdem sollten noch weitere einfache, zumeist hölzerne Gebäude entstehen, um darin Materialien und Vorräte aller Art zu lagern und eine große Werkstatt einzurichten. Sofort wurde damit begonnen, denn Graf Indulf wollte keine Zeit verlieren. Unter den Seeleuten befand sich mit dem dreißigjährigen Graf Beowulf ein weiterer Neffe von Optari, der sich freute seinen hier nie erwarteten Oheim in die Arme schließen zu können. Beowulf ein hochgewachsener und sehr gut aussehender Adeliger, wurde dem Herzog von seinem Oheim als ein kluger und energischer Mann vorgestellt. Herzog Indulf und dessen Sohn waren von dem Grafen sofort angetan und ernannten ihn – der ohnehin als Sprecher der Kapitäne auftrat – spontan zum Vertreter des Herzogsohnes Indulf. Beowulfs Auftrag lautete: Hier im Sinne des künftigen Gemahls seiner Cousine handeln und bis zum Einzug von „Admiral“ und Sohn des Herzogs, Graf Indulf, alles in Gang bringen. Die beiden jungen Herren verstanden sich auf Anhieb und dies erschien allen als ein guter Anfang dieses schwierigen Unterfangens. Zur anberaumten Königswahl würde Graf Beowulf zusammen mit einigen Gefährten nach Ticinum kommen. Der junge Graf, dessen Vater in einer Schlacht gefallen war, war das Oberhaupt einer kleinen Sippe. Beowulf durfte somit nach den alten Regeln bei der Königswahl mitwirken.

Noch eine weitere freudige Überraschung erlebten sie hier. Herzog Indulf lag daran, die neuen Mitstreiter mit seinen Überlegungen vertraut zu machen. So gab er beim abendlichen Mahle seinen Wunsch preis, eventuell noch versprengte Vandalen zu suchen, auch wenn dies ein mühseliges Unterfangen sein würde. Ein älterer Kapitän entgegnete ihm: „Edler Herzog, hier müssen wir nicht lange suchen, wir wissen wo diese zu finden sind. Als wir einige Tage vor dem üblen Verrat von Neapolis (Neapel) im Norden an Sardinia vorbeisegelten, haben wir sie zu Gesicht bekommen. Zwar versteckten sie sich sofort, doch wir konnten sie anhand ihres kleinen Schiffes deutlich als Vandalen ausmachen. Sie sind bestimmt noch dort in der Gegend zu finden, wo sonst sollten sie auch hin." Dies war eine frohe Botschaft für die ganze Runde, die der Herzog mit Freude aufnahm. „Dies ist für mich ein verfrühtes Weihnachtsgeschenk, unsere Vision gewinnt damit plötzlich einen realen Hintergrund. Bei meiner nächsten Inspektion hier in Genua werden wir, Hildebrandt" – dieser nickte zustimmend – „und ich selbst, die Vandalen dort aufsuchen und für unsere Sache gewinnen." Was so selten geworden war, der sonst so ernste Herzog strahlte, ihm fiel ein Stein vom Herzen. Endlich hatte er für die Diskussion mit den Oberhäuptern der Sippen und Familien mehr als nur einen Wunschtraum im Köcher.

Auf dem Heimritt erörterten die Anführer in sichtlich gelöster Stimmung die neue Situation. „Warum ist der Feldherr Narses so großzügig? Was hat er denn davon?" Diese Fragen brachte Graf Optari ein, der bei der damaligen Verhandlung im Zelt des byzantinischen Statthalters nicht zugegen war. Gesalich, fröhlich lästernd: „Der hat an unserem Herzog einen Narren gefressen, oder Du, Indulf, hast ihm goldene Berge versprochen. Ich rücke aber nichts heraus, ich bleibe auf unserem Hunnenschatz so breit hocken wie dereinst der Drache Fafnir auf dem der Nibelungen." Der Schatzmeister schüttelte sich vor Lachen aus, in das die anderen einfielen. Sich den hageren Grafen als einen breit liegenden Drachen vorzustellen, das schaffte keiner. „Du bist mir ein schöner Drache, wenn Du Feuer spucken müsstest, dann würde Dein schöner Bart in Flammen aufgehen, Gesalich", stichelte Wittich. Alle wussten darum, wie sehr Gesalich auf sein Äußeres hielt und vor allem seinen Vollbart ständig kämmte. Bevor die gegenseitige Veralberung in gefährliches Fahrwasser abdriften konnte, griff Indulf ein. „Freunde, Narses, dieser weit vorausdenkende Stratege, will uns entweder auf seine Seite ziehen, oder, was mir noch wahrscheinlicher deucht, er will verhindern, dass wir uns auf die Seite der Franken schlagen. Zumindest hofft er durch uns den Nordwesten abgesichert zu bekommen. Das war ja auch eines der Argumente, das den byzantinischen Feldherrn damals bewogen hat, uns so großzügig zu behandeln."

Die ganze Gruppe war in einer behaglichen Herberge unweit von Dertona (Tortona) abgestiegen, saß gelöst rund um eine große Tafel im Gastraum. Der Herzog bat auch die Leibgarde der achtzehn „Löwen" dazu, diese große Auszeichnung nahmen die jungen Herren voller

Freude an. Nach einigen eher allgemeinen Beiträgen ergriff Graf Wittich das Wort. „Indulf, ich möchte Deine vorherigen Überlegungen nochmals aufgreifen. Ich sehe hierzu noch einen weiteren Gesichtspunkt, den Narses in sein Kalkül einbezieht, der betrifft Dich selbst.“ Diese Aussage erstaunte die Runde. „Du drückst Dich kryptisch aus, mein lieber Freund, was meinst Du damit?“ Nicht nur Indulf, sondern auch die anderen, stellte Wittich vor ein Rätsel. „So wie wir, haben auch die Byzantiner Wind von einer möglichen Invasion der Franken bekommen. Die haben doch ihre Spitzel überall, selbst bei uns in Ticinum. Nichts von dem, was wir hier tun bleibt ihnen verborgen, davon müssen wir nun mal ausgehen. Indulf, wenn Du Dich an die Spitze des zu erwartenden feindlichen Heeres stellen würdest, dann stünde Narses erstmals ein gleichwertiger Stratege gegenüber. Ich habe Deine klugen Vorschläge zu unseren Feldzügen und Schlachtformationen noch gut in Erinnerung. Sie sind damals leider auf taube Ohren gestoßen. Mir ist es heute klar, dass wir damit Erfolg gehabt hätten und kein einziger Byzantiner mehr auf dem Boden Italiens stehen würde.“ Der Herzog wollte abwiegeln, doch Graf Wittich, der sonst eher zu den Schweigern zählte, bat darum zu Ende reden zu dürfen. „Indulf, der schlaue Byzantiner hat Dich doch nicht aus purer Menschenfreundlichkeit wie seinesgleichen behandelt. Dahinter steckt außer seiner Bekanntschaft mit Deinem Vater und Deiner Fähigkeit, Griechisch mit ihm zu sprechen, noch einiges mehr. So wie Du Narses uns gegenüber als genialen Kopf dargestellt hast – der er ohne jeden Zweifel ist – genau so sieht er auch Dich. Dein klug angelegter Ausfall muss Narses gewaltig imponiert haben. Einen derartigen Angriff hatte dem Feldherrn vermutlich noch keiner seiner Gegner geboten, und vor allem noch kein Gote. Dich will er sich gewogen halten und dadurch verhindern, dass wir wortbrüchig werden. So sehe ich es, und dass Du abwehrst, mein Jugendfreund und Herzog, das spricht für Deine Bescheidenheit, doch diesen Schuss berechtigter Eitelkeit, den darfst Du Dir schon gönnen.“ Da die Runde ihm lautstark beipflichtete, musste Indulf diese Analyse gelten lassen, zumal Wittich zwar sein treuer Gefolgsmann und Freund war doch alles andere als ein Schmeichler.

Die gotische Niederlassung in Genua

Die Stadt Genua hatte den Goten das zuvor schon genannte größere Grundstück für zunächst einmal fünf Jahre überlassen. Mit einer Verlängerung dieser Pacht könne jedoch zu gegebener Zeit gerechnet werden, so die Aussage des Senats. Das passte Herzog Indulf bestens in seine Vorstellungen. Er hoffte nämlich, dass hier in den nächsten Jahren versprengte und dem Krieg entkommene Landsleute Zuflucht suchen würden. Jeweils im Herbst würden diese dann in Genua von gotischen Schiffen aufgenommen und in die neue Heimat geholt werden. Nach dieser Zeit, so vermutete der Herzog, würden sich nur noch wenige Flüchtlinge in diesem Stützpunkt einfinden. Da er jedoch eine weitere Entwicklung nur grob abschätzen konnte, behagte ihm die Aussicht, das Areal gegebenenfalls länger nützen zu dürfen. Die geschäftstüchtigen Genuesen waren ihm bisher in jeder Hinsicht entgegen gekommen. Sie rechneten offensichtlich mit verstärkten Handelsbeziehungen, was ja auch dem Herzog vorschwebte. Zunächst einmal würden sie allerdings kräftig von den Käufen der Goten profitieren, denn der Bau von Schiffen erforderte große Mengen an Material, angefangen bei geeignetem Holz bis hin zu den Tuchen für die Segel. Solch eine Situation hatte der Senat von Genua all die Jahre förmlich herbeigesehnt, denn auch die stolze Stadt litt schwer unter dem langen Krieg und den dadurch ausbleibenden Geschäften. Wenn dann die Goten, wovon auszugehen war, in ihrer neuen Heimat Fuß fassen konnten, dann würden sie weiterhin viele Güter aus anderen Ländern kaufen müssen, und da sahen sich die Genuesen in einer guten Position.

Doch zuerst einmal galt alles Sinnen und Trachten der Goten dem Ausbau ihrer Niederlassung. Diese lag im westlichen Bereich des ausgedehnten genuesischen Hafengebiets. Es war ein von den Genuesen seit langem nicht mehr intensiv genutzter Bereich. An seine Nordostseite grenzten einige verfallende Gebäude und Ruinen. Daneben lag eine Werft, die auch schon bessere Zeiten gesehen hatte, denn hier arbeiteten nur noch wenige Menschen. Fertige Spanten, ganze Kiele, Kielschweine und Planken warteten schon lange auf Verwendung. Vielleicht konnten diese abgelagerten Hölzer von den Goten gekauft werden? Das erhoffte sich der alte Werftbesitzer, der den neuen Nachbarn daher auch preislich entgegenkommen wollte. Der Krieg und seine Folgen hatten längst auch die Außenbereiche Genuas heimgesucht und Zerstörungen hinterlassen. Doch nicht nur der Fernhandel war sehr zurückgegangen, selbst bei den Handwerkern und Kleinhändlern herrschte große Not. Aber auch ihre Werften, auf denen hin und wieder Schiffe überholt wurden, kamen derzeit kaum über die Runden. Viele Schiffsbauer hatten keine Arbeit mehr und hofften nun bei den Goten anheuern zu können. Daher lag es im Interesse der Stadt dass die Goten nicht nur als Käufer und spätere Handelspartner auftraten, sondern auch als Arbeitgeber. Schon aus diesem Grunde waren die Senatoren von vornherein zu weitgehenden Zugeständnissen bereit.

Herzog Indulfs gezielte Frage, ob sie denn etliche der angrenzenden, teilweise verfallenden und allesamt unbewohnten Gebäude vorläufig einbeziehen und für sich herrichten dürften, stieß daher auf Zustimmung. Es gäbe hier für die Goten keinerlei Begrenzungen, bekam er zur Antwort. Zumal ja diese Häuser nach der Abreise der Goten vielleicht wieder von Genuesen genützt werden würden. Auch der Wunsch des Herzogs, das noch verwendbare Baumaterial aus den Ruinen für ihre eigenen Bauten verwerten zu dürfen, wurde ihm gerne gewährt. Noch einen Vorteil hatte die etwas abgelegene Lage der Niederlassung. Zum Hafentor der Stadt waren es gute fünfhundert Schritte, dies war weit genug entfernt, um ein relativ ungestörtes Arbeiten und Leben zu versprechen. In dem mitgepachteten großen Haus konnten Seekrieger und Handwerker mit ihren Familien unterkommen, und sogar noch einige Familien zusätzlich. Der ihnen überlassene Platz an der Mole und am Kai mit den beiden breiten Schrägen, die den Stapellauf der neuen Schiffe relativ problemlos machen würde, war nach Aussage des Seegrafen Beowulf für ihre Zwecke gut geeignet. Hier ließen sich die neuen Schiffe bauen und nach ihrer Fertigstellung an der Mole vertäuen. Derzeit hatten sie mit den ihnen von dem Feldherrn Narses überlassenen Schiffen nur die halbe Mole belegt. Sollte ihnen Narses vielleicht noch weitere Schiffe aus der von den Byzantinern eroberten gotischen Flotte überlassen, fänden auch die noch ausreichend Platz. Dank der neuen ledernen Fender hatte sich das Vertäuen von jeweils vier Schiffen bewährt, die beweglich miteinander verbunden waren. Die Besatzungen der eventuell noch hinzukommenden Schiffe würden sich vorerst mit ihren Schlafplätzen an Bord bescheiden müssen.

Um das anspruchsvolle Vorhaben rechtzeitig zum Erfolg führen zu können, musste nun nebeneinander in drei Schlüsselbereichen gearbeitet werden. Die Schiffsbauer sollten sich ab sofort ausschließlich mit dem Bau neuer Schiffe und der Überholung beschädigter Dromonen beschäftigen. Hierzu mussten die Werft und die zwei großen Schuppen für das zum Schiffsbau verwendete Material entweder neu errichtet oder wie der große Schuppen an der westlichen Mauer renoviert werden. Denn das fertige Schiffszubehör, wie Segel, Seile, Rollen, Ruder und Sonstiges, musste gut gelagert werden, was auch für alle anderen Einbauteile der Schiffe galt. Diese Aufgabe war für den Herzog absolut vorrangig, um die geplante große Reise hinaus auf den Ozean überhaupt unternehmen zu können. Daneben musste noch ein großes Magazin erstellt werden, das all jene Güter aufnehmen sollte, die zum Beginnen und Überleben in der neuen Heimat gebraucht würden. Und es musste ein Zeughaus gebaut werden, in dem sie ihre wertvollen Waffen sicher verwahren konnten. Daneben sollten auch noch zwei kleine Werkstätten erstellt werden, in denen die Handwerker arbeiten, und die Schiffsbauer kleinere Reparaturen an den Schiffen vornehmen konnten. Da der Herzog von weiteren hier Zuflucht suchenden Goten ausging, die im Stützpunkt unterkommen wollten, sollten die Bauhandwerker später einige Notquartiere erstellen. Diese Bautätigkeit dürfe dann allerdings nur in jenen Phasen erfolgen, in denen bei den Arbeiten in der Werft und an den Zweckbauten Zeit erübrigt werden konnte.

Damit lasteten auf all den hier Lebenden wahrlich Berge von Arbeit, das galt für die Goten und auch für die mit ihnen arbeitenden genuesischen Schiffbauer und Handwerker. Da diese fleißigen Menschen auch hungrig waren, erwartete die Gastwirte und Händler der Stadt Genua ein gutes Geschäft. Nicht nur die Männer würden hier arbeiten, auch die gotischen Frauen, soweit es deren Kleinkinder zuließen. Schatzmeister Graf Gesalich würde künftig so manchen Solidus herausrücken müssen, um das große Vorhaben schnellstmöglich zum Erfolg zu führen. Vor Ort wusste er des Herzogs Sohn, der ganz im Sinne seines Vaters sorglich mit den knappen Mitteln umgehen würde. Schließlich brauchten sie in der neuen Heimat auch weiterhin Geld, um ihre Händler, Handwerker und alle anderen Dienstleister bezahlen zu können. Von vornherein musste so der Geldumlauf in Gang gesetzt werden, der den erwünschten Kreislauf der Güter und die Entlohnung der Dienste erst möglich machen würde. Und die Steuern würden dort in der ersten Zeit sicher nicht sonderlich sprudeln. Also waren die hohen gotischen Herren froh um jeden nicht ausgegebenen Solidus. Ihre Haltung stärkte auch die Verhandlungsposition gegenüber den geschäftstüchtigen Genuesen.

Das „Abwracken“ der nicht mehr zu rettenden Häuser im „Ruinenviertel“ hatten sich die Frauen zur Aufgabe gemacht. Dabei wurden sie unterstützt von den alten Männern und den jüngeren Heranwachsenden des gotischen „Dorfes“. Alle Goten an diesem Stützpunkt einte das eine Ziel, so bald wie irgend möglich, miteinander zu einer neuen und hoffentlich friedlichen Heimat aufbrechen zu können. So stapelten sich bald die noch brauchbaren Bretter, Balken, Ziegel und Steine auf der hinteren Freifläche. Dieser Platz wurde gleich darauf – obwohl nicht ganz ungefährlich – von den kleineren Kindern zum bevorzugten Spielplatz erkoren. Die etwas größeren Jungen zog es entweder hin zur Werft oder zu den Bauhandwerkern, wo sie Handlangerdienste leisten durften. An allen Orten wurde bis zur Dunkelheit gearbeitet, selbst die genuesischen Handwerker hatte das „Fieber“ ihrer Auftraggeber ergriffen. Etliche von ihnen liebäugelten nach einiger Zeit sogar damit, sich dem Zug der Goten anzuschließen. Sie hofften, dass sich Graf Indulf, der „Admiral“ und Leiter der Niederlassung, für sie einsetzen würde, wenn sie sich hier als fleissige und tüchtige Arbeiter bewährten.

Widemir, ein Seekrieger und Unterführer auf dem großen Schiff Graf Beowulfs, hatte seine Arbeitsgruppe so angewiesen, dass diese in der nächsten Stunde auch ohne ihn gut vorankommen konnte. Daher fand der Mittdreissiger etwas Zeit, ein wenig über das Gelände zu schlendern. Er kam vorbei an angefangenen Baustellen und fleissigen Menschen, die keineswegs missmutig ihrer Arbeit nachgingen. Der Besuch des Herzogs und seine aufmunternden Worte an sie alle, hatten selbst bei den Verzweifelten wieder jenen Funken Hoffnung angefacht, der ein Leben in Freiheit und Geborgenheit wieder wahrscheinlich machte. Als Widemir hinüber zu der hinteren Freifläche kam, stieß er auf eine Horde spielender kleiner Jungen. Diese ungefähr zehn Knaben warfen sich einen aus Stoff gewickelten Ball zu, und übten dessen Fangen. Nicht weit von ihnen spielten sieben kleine Mädchen im Schatten eines

Bretterstapels mit ihren hölzernen Puppen. Der abgegriffene Zustand ihrer Puppenkinder machte deutlich, dass mit ihnen schon viel gespielt worden war. Als der Seekrieger um den hohen Bretterstapel gebogen war, sah er ein kleines Mädchen weinend am Boden kauern. „Kleine, was fehlt Dir denn?“ Mitfühlend bückte sich der Krieger zu dem Mädchen hinunter, wobei ihm bittere Gedanken aufstiegen. Seine Frau und seine drei Kinder waren beim Kampf um Neapolis ums Leben gekommen, umgebracht von den hunnischen Söldnern der Byzantiner. Noch immer quälte ihn die Erinnerung an seine Lieben und seine eigene Ohnmacht. Und so wie ihm und diesem kleinen Mädchen ging es vielen seines unglücklichen Volkes. Auseinandergerissene Familien, trauernde Hinterbliebene und verzweifelt geflohene Menschen, die alle einem ungewissen Schicksal entgegensahen, das war das die Los seines Volkes.

„Die anderen Mädchen lassen mich nicht mitspielen, weil ich keine Puppe habe. Mein Papa hätte mir ganz bestimmt eine Puppe gemacht, aber mein Papa ist ja tot und meine Mama ist jetzt immer so traurig!“ Herzerweichend schluchzte das Kind, was dem Seekrieger ins Herz schnitt. Etwa so alt wie dieses kleine Mädchen wäre heute auch seine eigene Tochter Gunhildis. Er strich der Kleinen übers Haar und erfragte ihren Namen. Gunhildis heiße sie, so wie ihre Mutter, und sie habe auch noch einen Bruder, der gerade mit den anderen Buben fangen spiele. Die Kleine hieß Gunhildis, das war der Name seiner eigenen Tochter, und das empfand Widemir als einen Fingerzeig Gottes. Spontan beschloss er sich dieses kleinen Mädchens anzunehmen. „Gunhildis, ich komme Dich heute Abend besuchen und bringe Dir auch etwas mit!“ Damit hatte er die Kleine ein wenig aufgeheitert und bei ihr einen kleinen Funken Vorfreude aufblitzen lassen. Gunhildis wollte von ihm aber noch wissen, wie er denn heiße und ob er auch Kinder habe? So erfuhr sie, dass dieser nette Seekrieger einst drei Kinder gehabt hatte, die so wie auch ihre Mutter tot seien, und er selbst Widemir gerufen werde. Widemir verabschiedete sich, denn nun müsse er sich wieder um seine Leute und die Arbeit kümmern. Er war sich sicher, dass er am Abend der kleinen Gunhildis etwas Tröstendes mitbringen würde.

Widemir erzählte seinen Arbeitskollegen von der kleinen Episode. Zufällig bekam es auch Graf Beowulf mit, der sich gerade mit einem der Meister unterhielt. Er kannte den Seekrieger gut, der ja auf seinem Schiff diente. „Widemir, so wie der Kleinen geht es leider noch anderen in unserer Gemeinschaft. An die Kinder, die hier mit uns leben, haben wir bisher nicht sonderlich gedacht, dabei haben auch sie schon so viel durchgemacht. Was können wir denn für diese Kleinen tun? Sie ein wenig mitarbeiten zu lassen, um sie abzulenken, das ist sicher nicht ganz falsch, aber Kinder wollen auch spielen und Kind sein dürfen." Seine rauen Seekrieger stellten für einen Moment ihre Arbeit ein und schlugen dem Seegrafen nach kurzer Erörterung eines vor. „Wir werden nach Feierabend für die kleinen Mädchen Puppen schnitzen, die deren Mütter dann mit Stoffresten einkleiden können." Das kam von einem graubärtigen Krieger, und der rannte damit offene Türen ein. Der Seegraf hieß die Idee gut und meinte: „Meine Seekrieger, dazu kann ich einige Stofffahnen beisteuern, die mein Diener in der Stadt holen soll. Und Holzreste aus denen sich Puppen schnitzen lassen, die haben wir ja in Hülle und Fülle. Daraus können wir dann doch für die kleinen Buben Schiffchen schnitzen. Vielleicht ist einer von Euch so geschickt, um sogar Holztiere anzufertigen." Was Widemir angestoßen und der Seegraf aufgenommen hatte, das fand auch bei anderen großen Widerhall. Noch am selben Abend fingen sie trotz ihrer Müdigkeit an, Puppen, Schiffe, Tiere und Fuhrwerke zu basteln. Als besonders geschickt zeigte sich hierbei Widemir, der eine schöne Puppe geschnitzt hatte. Mit dieser machte er sich auf die Suche nach der kleinen Gunhildis, was aber nicht so einfach war, denn sie war bisher nur wenigen Kindern bekannt.

Vergeblich hatte er in der Nähe des Altholzstapels nach der Kleinen gesucht. Als er einem Mädchen den Namen Gunhildis nannte und sagte, dass es jene sei, die keine Puppe habe, da konnte ihm das Kind den Weg weisen. Sie wohne da drüben wo die Häuser kaputt seien, bekam er als Hinweis. Und hier, in einem verfallenen Haus fand Widemir das kleine Mädchen. Eine solch ärmliche Behausung hatte er nicht erwartet und sie rührte an sein Gemüt. Weder die junge verhärmte Frau noch die beiden Kinder hatten eine richtige Schlafstatt, sie schliefen zusammen auf einem Lager aus Blättern und Stroh, über das ein Laken gezogen war. Es zog aus vielen Ritzen, und durch das Dach ließen sich die Sterne sehen. Die Frau war dabei auf einer provisorischen Feuerstelle eine kärgliche Mahlzeit zuzubereiten. Davon konnten die drei nicht satt werden, schoss es Widemir durch den Kopf. Da musste er etwas tun! Doch zuerst schenkte er der kleinen Gunhildis seine Puppe: „Nun musst Du nicht mehr weinen, Gunhildis. Und mitspielen lassen werden Dich die anderen Mädchen jetzt auch.“ Alles Kinderglück dieser Welt strahlte aus ihrem Gesichtchen. Widemir hatte etwas Freude in ihr elendes Dasein gebracht, und er beschloss sich seines Schützlings weiterhin anzunehmen. Er verabschiedete sich von den Dreien, kam aber nach einer halben Stunde wieder und brachte ihnen etwas „Ordentliches“ zu Essen mit, so seine Worte. Nun freute sich auch der bisher stumm gebliebene etwa achtjährige Junge, und die Mutter nahm das Essen dankbar entgegen. Widemir wollte nicht mitessen, aber er blieb noch, um Näheres über deren Lebensumstände zu erfahren.

Die drei unglücklichen Menschen waren seit dem Tod des Mannes und Vaters in Etrurien umhergeirrt, fanden überall nur eine kurze Bleibe. Ihr Mann sei in der Schlacht von Taginae gefallen. Seither seien sie verzweifelt auf der Suche nach einem neuen Zuhause, erfuhr Widemir von Frau Gunhildis. Zuletzt seien sie der Belagerung von Luca durch die Byzantiner entkommen, mussten aber ihre ohnehin spärliche Habe zurücklassen. Zufällig hatten sie unterwegs gehört, die Goten´würden in Genua eine Niederlassung unterhalten. Vor zwei Tagen seien sie angekommen und hofften, mit ihren Landsleuten weiterziehen zu dürfen. „Seid beruhigt Gunhildis, unser gütiger Herzog Indulf wird jeden Goten, sei es Mann, Frau oder Kind mit an Bord nehmen und mit uns allen zu einer neuen Heimat aufbrechen. Ich habe das selbst mitangehört und vertraue unserem Herzog wie auch seinem Sohn, der unseren Stützpunkt leiten wird. Ihr dürft also mitziehen, doch erst einmal braucht ihr eine würdige Behausung und besseres Essen!“ „Warum helft Ihr uns denn? Bisher mussten wir um Hilfe betteln?“ Widemir nahm ihr diese fast überfallartig und misstrauisch vorgebrachte Frage nicht übel. „Ich hatte eine Familie, deren Tod habe ich bis heute nicht verschmerzt. Seitdem plagen mich Schuldgefühle, weil ich sie nicht zu schützen vermochte. Ich kann mir noch so oft klarmachen, dass ich als Seekrieger im Einsatz, nichts für sie hatte tun können. Meine kleine Tochter Gunhildis, ja sie hieß so wie Ihr und Euer Töchterchen, würde, so sie noch lebte, im Alter Eures Kind sein. Ich will wieder etwas gutmachen und Eurer Tochter mit der Puppe ein wenig Licht in ihr Dasein scheinen lassen. Doch nun habe ich auch Euch und Euren Sohn unter elenden Umständen vorgefunden. Wenn ich daran denke, meine Frau und meine Kinder müssten unter ähnlichen Bedingungen vegetieren dann schnürt es mir das Herz ab.

Gunhildis, genügt Euch diese Antwort?" „Widemir, ich wollte Euch nicht kränken, und bin dankbar, dass Ihr uns helfen wollt, die Euch doch nichts dagegen geben können." Der wehrte ab und entgegnete ihr: „An der Freude Eurer Kinder darf ich mich mitfreuen, und das ist für mich tröstlich, also habe ich doch etwas bekommen!"

Wie dieser kleinen Familie, so erging es auch anderen Menschen am Stützpunkt. Widemirs Aktion war ein Anstoß für Graf Beowulf, der auch Graf Indulf dafür gewinnen konnte. Die beiden hohen Herren stellten weitere Handwerker aus Genua ein, die dafür sorgen sollten, dass alle ihre Schutzbefohlenen eine gute Bleibe bekamen. Auf dem Gelände hinter dem großen Wohnhaus wurden nun 35 identische Holzhütten erstellt, dazwischen Aborte eingebaut, die sich je zwei Familien teilen sollten. Jede dieser Hütten wies zwar nur zwei Räume auf, aber es gab wenigstens Schlafstellen mit Strohsäcken und eine Feuerstelle zum Kochen und Wärmen. Für die Seekrieger, die bisher in ihren engen Kojen auf den Schiffen schlafen mussten, wurden 17 Hütten nahe des vorderen Hafens gebaut. Dort hausten die Ledigen und fielen des Abends zumeist todmüde auf ihre Strohsäcke. Außerdem wurden auch noch jene Häuser im „Ruinendorf" instandgesetzt, die sich schnell herrichten ließen. Dort sollten vor allem Familien wohnen können, die viele Kinder zu versorgen hatten. Bis zur Fertigstellung dieser Behausungen wurden die anderen „Unterkünfte" wenigstens notdürftig bewohnbar gemacht. Nach Feierabend packten dabei sogar die Seekrieger kräftig an. Das „Ruinendorf" wurde eingezäunt, um mehr Sicherheit zu haben, und hinter dem großen Wohnhaus ein Durchgang geschaffen. Den bisher überall präsenten fliegenden Händlern war damit der Zugang verwehrt. Wer unbedingt bei ihnen kaufen wollte, der musste sich nun über die staubige Strasse vor dem großen Tor begeben, dort warteten die Händler unter den schattenspendenden Bäumen auf Kundschaft.

Der Hafenbereich war nur noch für die hier Arbeitenden zugänglich, denn es stand einfach zu viel auf dem Spiel. Keiner wollte den Herzog enttäuschen und jeder wollte ihn bei seinem nächsten Besuch positiv überraschen. An ihnen durfte es auf gar keinen Fall liegen falls der Abzug aus Ticinum und der Aufbruch in die neue Heimat doch schneller notwendig würden, durch welche Umstände auch immer ausgelöst. Da die Frauen nunmehr vom „Abwracken" der ruinösen Häuser entbunden waren, nahmen sie sich ganz selbstverständlich andere Aufgaben vor. Sie kümmerten sich gemeinsam um die kleineren Kinder, damit diese nicht sich selbst überlassen blieben. Andere Frauen kochten in der Kantine, wuschen Wäsche im nahen Bach, der das Grundstück im Westen begrenzte und hielten alles sauber. Dieses war auch das beliebte Revier jener Jungen, die noch nicht mitarbeiten durften und dort stromern konnten. Als die kleinen Bäume, Sträucher, Büsche, Setzlinge und Pflanzen aus Ticinum angekommen waren, oblag den Gotinnen deren Pflege und die Betreuung des sich immer mehr füllenden Magazins. Am Feierabend traf man sich bei schönem Wetter auf dem Platz vor der Kantine, redete miteinander, trank ligurischen Wein und malte sich die Zukunft in schönen Farben aus.

Dank der Fürsprache Widemirs durften seine drei Schützlinge schon bald eine Hütte beziehen. In der Kantine der Seekrieger und Handwerker durften sie nun mit anderen Bedürftigen des Stützpunktes essen. Und noch eine dritte und sehr wichtige Neuerung führte Graf Indulf ein. Er bat die Seekrieger, jene Frauen und Kinder in ihre Munt zu nehmen, denen das Schicksal den Ernährer geraubt hatte. Damit folgte er dem Beispiel seines Vaters auf dem Rückzug des Gotenheeres. Widemir nahm seine drei Schützlinge unter seine Munt. Damit hatte er den Dreien eine große Sorge genommen und neue Hoffnung gegeben. Widemir, der einen guten Sold bezog und in seiner Dienstzeit eisern gespart hatte, kümmerte sich nun um deren Kleidung und um das, was sie sonst benötigten. Mit dieser neuen Herausforderung befand er sich auf einmal in der Rolle eines Familienvaters. Frau Gunhildis hatte sich verändert, die zuvor so verhärmte Frau legte auf einmal Wert auf ihr Äußeres. Aus einem Stoffballen, den Widemir ihr beschafft hatte, schneiderte sie Gewänder für ihre Kinder und ein Kleid für sich selbst. Als Widemir ihr ein Kompliment machte errötete sie wie ein junges Mädchen. Sie kümmerte sie sich jetzt um Widemirs Wäsche und sorgte für ihn. Sein „Sohn" Markja nannte ihn nun nicht mehr Oheim sondern Vater, so wie es ihm Gunhildis vorgemacht hatte. Auch die beiden Erwachsenen duzten sich nun. Es ergab sich fast zwangsläufig dass Gunhildis und Widemir sich näher kamen und sich in der nahen Kirche trauen ließen. Da dies die erste Eheschließung am Stützpunkt war, traute sie Graf Indulf. Er übernahm damit eine Aufgabe, die er später einmal als Herr der Arianer zu erfüllen hatte.

Abb. 3 Die gotische Niederlassung in Genua

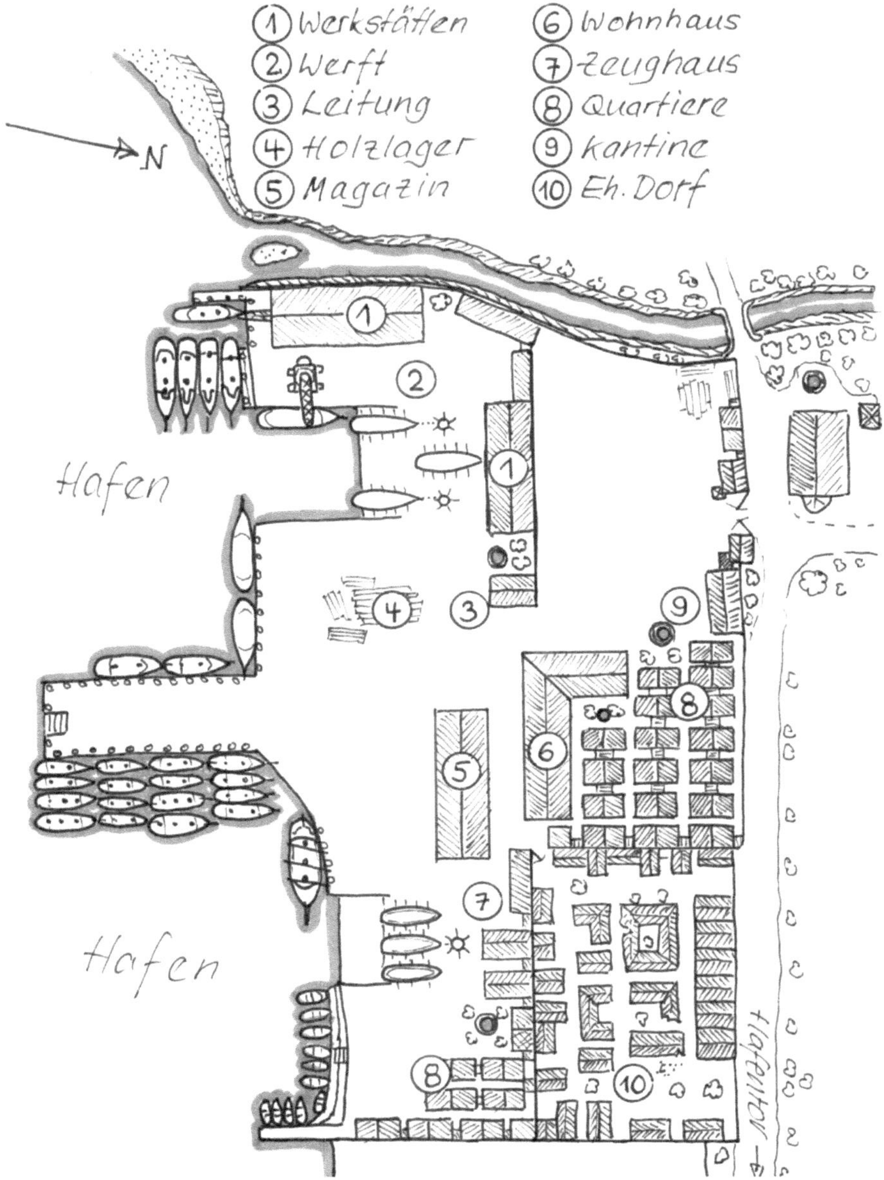

Verdüsterte Aussichten

Was schon der Rückzug vom Sarnus bewirkt hatte, war beim gemeinsamen Ritt nach Genua noch deutlicher hervorgetreten. Das gemeinsame Schicksal hatte die gotischen Anführer immer mehr zusammen geschweißt. Graf Optari und die jungen „Löwen“ fanden dardurch eine noch engere Bindung zu des Herzogs mächtigen Vertrauten. Ihre erste Euphorie bekam allerdings in Ticinum einen herben Dämpfer. Graf Theodemir, der im Auftrag von Hildebrandt die wahlberechtigten gotischen Edlen Venetiens zur Königswahl laden sollte, brachte leider schlechte Botschaft mit. Sein Bruder, Herzog Indulf, hatte ihn gebeten, bei den dortigen Gotenführern die Stimmung auszuloten und, wenn möglich, das wilde Gerücht eines drohenden Frankeneinfalls abzuklären. Nun mussten die in der Aula versammelten Anführer von ihm erfahren, dass der Heerzug der Franken leider kein bloßes Gerücht war, sondern sich in dräuende Realität verwandelt hatte. Im Südosten des Frankenreiches zogen derzeit die beiden Herzöge der Alemannen, die Brüder Butilin und Leuthari, ein riesiges Heer aus Franken und Alemannen zusammen. Theodemirs verschiedene Gesprächspartner hatten voller Enthusiasmus darüber gesprochen. Zwar hatte der Frankenkönig Theudibald nicht vor, selbst den Feldzug anzuführen, doch gab er seine Zustimmung dazu. Vermutlich stammte der Anwerbesold auch aus den königlichen Truhen. Unmittelbar nach der Schneeschmelze sollte sich der Heerwurm in Bewegung setzen, um sich in Verona mit den dortigen Goten und den in Venetien ansässigen Franken zu vereinen.

Die Runde erfasste Unruhe, alle sprachen wild durcheinander, sie konnten nicht fassen, was ihnen Theodemir berichtete. Dieser fuhr nach einer Intervention seines Bruders Indulf wieder fort. „Sie sprachen von mindestens 60 Tausendschaften und wollen selbst noch zehn weitere aufbieten. Fast ausnahmslos werden sich die noch in Venetien und der Aemilia verbliebenen Goten, wie auch die dort siedelnden Franken, dem riesigen Heer anschließen. Auch von uns erwarten diese „Herren“ mindestens vier Tausendschaften, sie gehen ganz selbstverständlich davon aus, dass wir uns ihnen anschließen werden. Unsere Brüder sind wie berauscht von der Aussicht, das Rad der Geschichte zurückdrehen zu können. Sie teilen schon vorab Land und Beute unter sich auf. Als ich meine Bedenken vorbrachte und auf die Genialität von Narses verwies, da lachten sie mich aus. Das machte mir noch nichts aus, doch als mich einer gar einen Feigling schalt, da wanderte meine Hand zum Schwertknauf. Mühsam beherrschte ich mich, denn ich hielt mich an Deinen Befehl, mein Bruder, mich unter keinen Umständen provozieren zu lassen. Am schlimmsten trieb es Wutulf, der mich als den Bruder eines notorischen Bedenkenträgers, Schwarzsehers und Quertreibers schmähte.

Doch das waren leider noch nicht alle schlechten Botschaften. Dieser überhebliche Graf Wutulf hat tatsächlich vor sich selbst zum König der Goten wählen zu lassen. Er werde am Dreikönigstag mit sieben wahlberechtigten Edlen zur Wahl des neuen Königs kommen. Diese Edlen hatten vor, Wutulf bei seiner Kandidatur zu unterstützen.“ Hämisch bemerkte Wutulf zu Theodemir: „Dein Bruder wird es auch diesmal nicht schaffen, unser König zu werden. Dieser Miesmacher und Dauerpessimist sollte endlich begreifen, dass er trotz seiner hohen Abkunft von uns Goten als Herrscher nicht gewollt wird. Und noch eines sage ich Dir in aller Deutlichkeit, sobald ich der neue König sein werde, weht für Euch ein anderer und deutlich rauerer Wind. Als erstes werde ich befehlen, dass sich jeder Eurer wehrfähigen Männer in Verona einzufinden hat. Du und Dein Bruder, Ihr werdet dabei als einfache Krieger in vorderster Linie stehen. Weigert Ihr Euch, dann verschwindet so schnell Ihr könnt aus Italien oder ich lasse Euch am nächsten Ast baumeln. Damit ihr Euch keiner Illussion hingebt, Theodemir: Ich werde darauf dringen, dass nur diejenigen zur Königswahl zugelassen werden, die einst ein amtierender König zu Herzögen oder Grafen ernannt hat. Der Wahlleiter Hildebrandt kann daher nach meinem Verständnis keine Stimme für einen Kandidaten abgeben, sonst verhält er sich nicht neutral.“ Gönnerhaft setzte er noch hinzu: „Nun mein „Lieber“, das sind ziemlich schlechte Aussichten, jetzt steht es bereits unentschieden zwischen Indulf und mir. Da Herzog Aligern Deines Bruders erklärter Feind ist, werden mir auch die Stimmen seiner Anhänger allesamt zufallen.“ Graf Theodemir meinte noch immer das schadenfrohe Lachen des hochmütigen eitlen Grafen zu vernehmen.

Nun brodelte es im Auditorium, die Empörung schlug heftige Wellen. Totila brachte es auf den Punkt: „Ausgerechnet dieser aufgeblasene Wicht will unser König werden, es reizte mich zum Lachen, wenn es nicht so bitter ernst wäre. Wutulfs ganze „Verdienste“ liegen darin, dass er, der Spießgeselle des feigen Theodahad, um diesen herum scharwenzelte und ihn ständig in seinem gierigen Verhalten bestärkte. „König“ Theodahad hat diesen Emporkömmling zum Grafen gemacht, vorher war er nichts als ein untergeordnetes Mitglied der Palastwache. In der Schlacht von Taginae floh dieser große „Held“ mit seinen Reitern als Erster. Das war an sich schon schlimm genug, doch dass er dann in Panik mit seinen Reitern unsere eigenen zu Fuß kämpfenden Krieger niederritt, das löste die Katastrophe erst aus. Wutulf wäre fürwahr kein würdiger König; wie tief sind wir Goten gesunken, dass ein solches Nichts es wagt, sich um den edelsten Rang unter uns Goten zu bewerben. Sollte er es durch seine Rankküne schaffen die Krone an sich zu reißen, dann meine Freunde werde ich ihm beim Krönungsmahl seinen eigenen Kopf vor die Füße legen.“ Alle im Saale wussten, dass dies alles andere als eine leere Drohung war, der entschlossene Totila würde Mittel und Wege finden, um sie in die Tat umzusetzen.

Wieder einmal zeigten sich die Goten zutiefst gespalten. Schon jetzt zeichneten sich zwei ungefähr gleich starke Lager ab, und leider stand noch eine weitere Spaltung zu befürchten. Ein Bote von Herzog Aligern wartete nämlich seit dem vergangenen Abend auf Herzog Indulf und seine edlen Gefolgsleute. Dieser Bote konnte während eines heftigen Gewitters zusammen mit sechs Gefährten auf riskantem Weg aus dem belagerten Cumae entweichen. Dieser kühne Getreue seines Herzogs hatte von ihm den strikten Befehl erhalten, die Botschaft seines Herrn ungeschmälert zu überbringen, und diese vor der versammelten Adelsrunde vorzutragen, um von vornherein allen Missverständnissen vorzubeugen. Was der junge Bote den gespannt lauschenden Adeligen nun darlegte, war dazu angetan, allen die letzten Illusionen zu rauben. Herzog Aligern tat ihnen kund, dass nur ihm alleine die Königswürde zustehen würde. Ausschließlich er sei in jeder Hinsicht der Nachfolger und Erbe seines königlichen Bruders Teja. Die Wahl Indulfs zum Herzog und obersten Anführer der Goten sei ohnehin ein Akt der Anmaßung gewesen, wenn nicht gar einer des Verrats, was von ihm, Aligern, unter keinen Umständen hingenommen werden könne. Er würde jeden, der die

Königswürde anstrebe dann zur Rechenschaft ziehen, wenn er seine Bewegungsfreiheit wieder zurückgewonnen habe. Er, Aligern gehe fest davon aus, dass er sich – bei gewissen Zugeständnissen – mit dem byzantinischen Feldherrn auf einen ehrenvollen Abzug verständigen könne. Danach würde er, Aligern, all die noch in Mittelitalien verbliebenen Goten sammeln und mit diesen sowie seinen kampferprobten Kriegern unverzüglich nach Ticinum aufbrechen.

Im Gegensatz zu Wutulf drohte Aligern nicht, doch zwischen den Zeilen konnte jeder lesen, was er damit meinte und welche Folgen hieraus entstehen würden. Wutulf war schon ein nicht zu unterschätzender Herausforderer, doch Herzog Aligern wurde von der Runde zu recht als der weit gefährlichere Gegner angesehen. Alle fühlten sich wie vor den Kopf gestoßen von diesen Nachrichten. Eine immer wieder aufs Neue aufflammende Uneinigkeit, ja Feindschaft der Goten untereinander arbeitete sowohl den Byzantinern als auch den Franken in die Hände. Betroffenes Schweigen war eingetreten bevor Herzog Indulf die bedrückende Stille durchbrach und den Boten Aligerns auf den folgenden Tag beschied, dann solle er die Antwort der Runde aus dem Munde des Herzogs erhalten. Der junge Bote, ein Adeliger, solle trotz der üblen Botschaft, die er überbracht hatte, zuvorkommend behandelt werden. Er dürfe sich auch seinem Wunsch gemäß frei in Ticinum bewegen. „Er ist ein Gote, und einem Goten wird hier die Freiheit nicht verwehrt", so beschied Herzog Indulf die Bedenken einiger seiner Berater.

Die anschließende Diskussion verlief äußerst emotional, denn die Wut der Männer glich einer Feuerwoge. Selbst der sonst so besonnene Indulf ließ sich anfangs mitreißen, fand jedoch nach einem auf Griechisch erhaltenen „Tadel" seines Vaters wieder zur Besonnenheit zurück. Zwar verbarg sich im drohenden Heerzug der Franken die größte Gefahr, doch die anstehende Wahl des Königs galt als eine der wichtigsten präventiven Maßnahmen. Die Königswürde verschaffte jene Autorität, die in den anstehenden Verhandlungen mit den Franken dringend erforderlich war. Was Indulf dennoch zuversichtlich stimmte war der Zusammenhalt seiner Gefolgsleute, die ohne wenn und aber zu ihm standen, und auch sein Kalkül, dass im zweiten Wahlgang eine Stimme mehr ausreichen würde. Im ersten Wahlgang, so war zu erwarten, wird keiner der drei Bewerber mehr als die Hälfte der Stimmen auf sich vereinen können. Danach hing alles Weitere von den Anhängern Aligerns ab. Die Runde stimmte darin überein, dass sie unter keinen Umständen einem möglichen König Aligern oder gar Wutulf huldigen würden. Die geplante Seereise müsste dann eben früher angetreten werden, selbst wenn sie damit ins Ungewisse ziehen würden und unzureichend darauf vorbereitet wären, das schälte sich als die einhellige Meinung heraus.

Dem Boten des Herzog Aligern sollte folgendes mit auf den Rückweg gegeben werden:

Erstens: Die Wahl Graf Indulfs zum Herzog und zum Führer der Goten sei in allem rechtmäßig. Stets galt es als das Recht und die Pflicht des Heeres, beim Tod des Herrschers in der Schlacht, noch auf dem Schlachtfeld einen geeigneten Nachfolger zu wählen.

Zweitens: Gewählt werden könne nur derjenige, der die entsprechenden Voraussetzungen mitbringe und – dies hatte Hildebrandt herausgefunden – sich auch völlig frei bewegen könne.

Drittens: Die Goten in Transpadanien würden sich keinesfalls den Franken anschließen, sie setzten auch den Kampf gegen die Byzantiner nicht mehr fort. Sie hätten vor, sich nach der notwendigen Vorbereitung eine neue Heimat außerhalb Italiens zu suchen und alle jene Goten mitzunehmen, die dies aus freien Stücken wollten.

Der Herzog gab dem Boten noch eine schriftliche und versiegelte persönliche Botschaft an Herzog Aligern mit. Indulf wollte noch einen letzten Versuch unternehmen, um sich mit seinem Cousin zu versöhnen, oder falls dies nicht möglich war, wenigstens zu einer vernünftigen Basis gelangen. Auch Herzogin Rechis fügte, nach Rücksprache mit ihrem Gemahl, ihrem Cousin ein Schreiben bei.

Danach beschäftigten sich die Edlen mit der Bedrohung aus dem Norden, die sie für das kommende Frühjahr zu erwarten hatten. Sie gingen davon aus, dass ein wieder aufflammender und erneut weite Landstriche Italiens verheerender Krieg mindestens ein Jahr, vermutlich jedoch zwei Jahre andauern würde. Der Herzog meinte, dass sie sich bei geschicktem Verhalten, auf alle Fälle bis nach der Ernte in zwei Jahren durchlavieren könnten. „Beschert uns Gott jedoch eine gute Ernte, dann ziehen wir schon im Herbst nächsten Jahres ab. Wie ich den klugen Narses einschätze, wird er sich anfänglich mit den Franken auf keine offene Feldschlacht einlassen. Für ihn und seine das Klima in Italien gewohnten Krieger wird die Zeit arbeiten. Er muss allerdings versuchen, die festen Städte Mittelitaliens und natürlich Cumae mit allen Mitteln in die Hand zu bekommen. Hinter deren festen Mauern, noch besser allerdings in Rom oder Ravenna, kann er dann in aller Ruhe abwarten, wie sich die eingefallenen Franken in Italien zurechtfinden. Krankheiten und Zwistigkeiten werden für die Byzantiner arbeiten, vermutlich bringt er bei etwas Nachgiebigkeit auch Aligern hinter sich. Wenn ich meinen Cousin richtig einschätze, dann wird der sich eher mit Narses arrangieren, jedoch unter keinen Umständen mit den ihm so verhassten Franken. Wir waren uns zwar im Königsrat in vielem uneinig, doch in der Frage eines Bündnisses mit den Franken hatten wir stets die gleiche Meinung. Er wie ich wissen, dass die Franken in ihrem ungehemmten Streben nach Macht und Erweiterung ihres Reiches, auf uns nicht die mindeste Rücksicht nehmen werden. Ihrem König geht es ausschließlich um die alleinige Herrschaft über Italien. Zuerst wollen sie mit unserer Hilfe die Byzantiner besiegen und vertreiben, danach sind dann wir an der Reihe."

Nach einer intensiven Beratung entwickelte der Herzog folgendes strategisches Szenario:

Erstens: Die Franken werden die Via Claudia Augusta nehmen. Dafür spricht, dass das Frankenheer sich mit den italischen Franken und den venetischen Goten in Verona treffen will. Außerdem eignet sich diese Heerstraße für ein so großes Heer am besten. Da die Straße im Siedlungsgebiet der Alemannen beginnt, spricht viel für diese Annahme.

Zweitens: Ein solch riesiger Heerzug bekommt bald Schwierigkeiten mit der Versorgung. Er ist gezwungen dem Land, welches er durchzieht, alles Benötigte wie Proviant für die Krieger und Futter für die Pferde wegzunehmen. Das bedeutet dann auch, dass ihre Bundesgenossen für sie in Verona ausreichende Vorräte anlegen müssen. Diese werden aber nicht lange vorhalten, und dann beginnen neben den ersten Kampfhandlungen, auch die ersten Beutezüge. Davon wird unser kleiner Gotenstaat sicher nicht verschont bleiben. Zuerst werden die Franken aber versuchen, uns, die transpadanischen Goten, auf ihre Seite zu ziehen. Beim Misslingen dieses Unterfangens werden sich die Franken das, was sie brauchen mit Gewalt nehmen, wie sie das immer getan haben. Dies wird dazu führen, dass unsere frischeingesäten Felder von den nach Beute Suchenden verwüstet werden. Damit ist sowohl unser geplanter Abzug, als auch unsere Ernährung im übernächsten Winter stark gefährdet.

Drittens: Narses muss die Franken unbedingt jenseits des Padus halten und dessen sechs Übergänge absichern. Cremona und Hostilia (Ostiglia) bieten sich als Brückenköpfe für die Byzantiner an und sind von diesen so schnell wie möglich zu besetzen. Narses muss für diese Strategie schleunigst im Süden Truppen freibekommen und in die Aemilia beordern. Das spricht dafür, dass er den Verteidigern der belagerten mittelitalienischen Städte äußerst großzügige Angebote unterbreiten wird. Wenn diese, was zu erwarten ist, darauf eingehen, bekommt Narses mehr Spielraum und kann dadurch vermutlich auch noch seine Truppen verstärken.

Viertens: Der byzantinische Feldherr braucht unter allen Umständen die Absicherung der westlichen Kampflinie. Die dank ihrer Breite und Tiefe gut zu haltende Addua bietet sich dafür an. Um hier den Rücken frei zu haben, wird er uns noch weiter günstig stimmen wollen, und uns vermutlich, neben einigen Versprechungen, auch sonstige Zuwendungen machen. Da der Feldherr nichts von unserem eroberten Hunnenschatz wissen kann, ist davon auszugehen, dass er uns entweder Geld oder noch weitere Schiffe bieten wird. Beides ist uns höchst willkommen, denn die Vorbereitungen der Seereise werden noch viele unserer Solidi verzehren. Wäre ich der byzantinische Feldherr, dann würde ich jenseits des Padus, gegenüber von Brixellum (Brescello), ein stark befestigtes Heerlager errichten, um den Franken den dortigen Padusübergang zu versperren“, bemerkte der Herzog zum Ende seiner Analyse.

Den getroffenen Annahmen schlossen sich Indulfs Berater einhellig an. Einmal mehr beeindruckte sie ihr Herzog mit seinem nüchternen analytischen Verstand und dem strategischen Denken. Dies zu wissen, so drückte es Markja später gegenüber Wittich aus, vermindere die Ängste vor den zukünftigen Entwicklungen erheblich. Allerdings standen die damit verbundenen schwierigen und folgenreichen Entscheidungen noch aus. Es durften weder die Franken noch die Byzantiner unterschätzt werden, beide könnten ihnen bei ihrem Ringen um Italien noch große Schwierigkeiten bereiten. Um hierauf die geeignete Antwort geben zu können, mussten sie noch etliches miteinander planen. Dabei durften sie sich keinen Fehler erlauben, denn diesen würden sie nicht überstehen. Diesen schwierigen Part vertagten sie auf den übernächsten Tag. Es stand nun ein etwas anderes und erfreulicheres Ereignis an. Schon vor Wochen hatte das Herzogspaar die Edlen und deren Gemahlinnen zu einem abendlichen Festmahl geladen.

Ein Hauch von Frieden

An dem großen Fest, das der Herzog für seine engsten Gefolgsleute im herzoglichen Palast von Ticinum gab, durften auch die nächsten Angehörigen teilnehmen. Seit langem war dies das erste große Fest in Ticinum, entsprechend groß war daher die Vorfreude. Für die Hausherrin, deren Töchter und das Gesinde bedeutete dieses besondere Ereignis hingegen seit Tagen viel Aufregung und heftige Anstrengungen. Als große Hilfe erwies sich dabei Riguntis, die stets klaren Kopf behielt und so manches, was schief zu laufen drohte, wieder ins Lot brachte. Das verschaffte ihr einmal mehr die Anerkennung der Cousinen. Die Herzogin sah es mit Wohlgefallen, sparte nicht an Lob und gab ihrer Freude darüber auch bei ihrem Gemahl Ausdruck. Daraus entstand eine besondere Zeremonie, die der Herzog beim großen Fest vor allen Gästen vollziehen wollte.

Schwer in diesem Kreis tüchtiger junger Damen tat sich Amalaris, die künftige Gemahlin des Grafen Indulf. Das junge und so heftig verliebte Mädchen hatte zumeist ihren Kopf nicht bei der Sache und „träumte" stattdessen von ihrem Verlobten. Wann immer sie eine Gelegenheit fand, entwischte sie den anderen und ihren Aufgaben, um sich mit ihrem Liebsten zu treffen. Unter normalen Umständen hätten sich ja alle bestimmt an dieser jungen, so stürmisch aufgeloderten Liebe erfreut, doch nun störte diese gelegentlich den Ablauf der Vorbereitungen. Riguntis brachte dafür noch das größte Verständnis auf und übernahm stillschweigend so manche Aufgabe von Amalaris. Erschwerend kam hinzu, dass dieses junge Mädchen von der Führung eines Haushalts nur sehr wenig Ahnung hatte. Und nun sollte sie eigentlich diese bald auf sie zukommende Aufgabe von ihren künftigen Schwägerinnen erlernen. Von ihrer Mutter Theudis, die sich offensichtlich noch immer eher als Gast fühlte und daher an den Vorbereitungen fast nicht teilnahm, konnte sie hierbei nicht profitieren. Nie zuvor musste sich diese vornehme Dame selbst um den Haushalt kümmern, dafür waren in ihrer jüngst verlassenen Heimat stets andere zuständig gewesen. Gräfin Theudis, ansonsten eine liebenswürdige und charmante Dame, hatte bisher lieber ihren Gemahl bei Repräsentationen unterstützt und teilte dessen Leidenschaften für Jagd und Kultur. Sie entstammte einem sehr alten

Geschlecht, das schon zur frühen Wanderzeit großen Einfluss am Königshof hatte und ein repräsentatives Haus führte.

Zwei Stunden vor dem Fest setzte, zum ersten Mal in diesem Jahr, ein sanfter Schneefall ein und überzog das bis dahin in tristes Braun und Grau getauchte Land mit einem zarten weißen Schleier. Auf dem Platz vor dem Palast tummelten sich jauchzend die Kinder, formten aus dem weißen Gespinst Bälle und bewarfen sich damit. Mitten unter ihnen befand sich des Herzogs ältester Enkel, der die wildesten Buben anführte und mit diesen herumtobte. Allmählich fanden sich auch viele Erwachsene ein, die sich am Spiel der Kinder ergötzten. Die Menschen wollten in dieser eher beunruhigenden Zeit wenigstens für einige Stunden abschalten und ihre Ängste vergessen. Sie wollten vom Glanz des Festes einen kleinen Widerschein mit nach Hause nehmen. Pünktlich trafen die Herrschaften ein, grüßten in die Menge und genossen deren Bewunderung. Doch an diesem Tag erhoffte sich das Volk noch mehr, es harrte solange aus bis das Herzogspaar auf die Stufen des Palastes hinaustrat und den auf dem Platz Versammelten zuwinkte. Da schwoll der Jubel zum Freudensturm an. So prächtig gekleidet erlebten sie zwar ab und an ihre Herzogin, doch nun ihren Herzog in einem weiten roten, mit Tierfiguren bestickten Mantel zu sehen, das war etwas Neues. Da oben stand das Herzogspaar, er der verehrte Held und Herrscher, die große Hoffnung aller und sie, die für ihre Freundlichkeit und Mildtätigkeit geliebt wurde. Erstmals seit undenklichen Jahren erlebten die vom Schicksal so ungnädig behandelten Menschen wieder einen Abglanz der alten Gotenherrlichkeit. Heute trat ihr Herrscher nicht als Kriegsfürst und in Eisen gehüllt vor sie, sondern trug ein vom Frieden kündendes Gewand. Dieses prächtige Bild nahmen sie spät am Abend mit nach Hause. Sie hofften inständig darauf, dass sie bald friedlichere Zeiten erleben durften.

Die festlich geschmückte Aula erfüllte erstmals seit langem wieder buntes Leben und heitere Geräusche. Die Damen trugen ihre festlichsten Kleider und auch die Herren kamen in ihrem besten Gewande. Das Fest verlief nach den Regeln am Hofe Theoderichs, die sich nicht nur in der Sitzordnung manifestierten. Damit alle wussten, wer die jeweiligen Gäste waren, wurden diese dem Herzogpaar laut vorgestellt. Diese Aufgabe übernahm der Waffenmeister Hildebrandt, der die meisten von ihnen von klein auf kannte. Der „Uralte“ wusste zu etlichen Gästen eine kleine, zumeist heitere Geschichte zu erzählen und brach dadurch von vornherein jeder Steifheit die Spitze. Indulf wurde von der Herzlichkeit seiner Gemahlin angesteckt und so begann ein fröhliches Fest der hiesigen Goten.

Am Tisch der Herzoglichen Familie erlebte Riguntis erstmals den Grafen Theodemir mit seiner ganzen Familie. Der Graf kam mit seiner zierlichen und etwas scheuen Frau Flaminia, die aus hohem römischem Adel stammte. Mit ihren üppigen lackschwarzen Haaren und der leicht bräunlichen Haut entsprach sie so gar nicht dem üblichen Bild einer gotischen Gräfin. In diesem Kreis hochgewachsener, blonder Gotinnen schien sich die junge Frau irgendwie unsicher zu fühlen. Ihre drei Kinder im Alter von acht bis zwölf Jahren, saßen mit den anderen Kindern an einem eigenen Tisch und zeigten sich weniger gehemmt. Riguntis und Amalaris, die beiden „Neuen“ im Kreis der Familie wurden von Gräfin Flaminia allerdings mit großer Herzlichkeit begrüßt. Sie schien sich vor allem mit Riguntis auf Anhieb gut zu verstehen. Graf Theodemir und seine Familie lebten sonst in Laumellum und besaßen dort ein großes Landgut. Er kümmerte sich bisher auch um das Gut seines Bruders, was Gräfin Flaminia bei dieser ersten Begegnung zu der Bemerkung veranlasste: „Soweit mein Schwager, der Herzog, ihn nicht wieder für eine besondere Mission braucht.“ Der stand dicht nebenbei, fasste seine Schwägerin brüderlich um die Schultern und sagte: „Liebe Flaminia, meine schöne Schwägerin, ich weiß ja, dass Du Deinen Theodemir keine Minute missen willst.“ „Du Schmeichler“, gab ihm die Gräfin errötend zurück. „Im Ernst, Flaminia, für delikate und schwierige Aufgaben brauche ich jemanden, dem ich blind vertrauen kann und der genau weiß was ich will. Keiner ist hierfür besser geeigneten als mein Bruder. Aufgrund seiner Geltung, Erfahrung, seines besonderen diplomatischen Geschicks, aber auch seiner Persönlichkeit, ist Dein Gemahl für mich durch keinen anderen gleichwertig zu ersetzen.“ „Großer, das ist schön, dass ich das auch mal erfahre. Oft fragst Du mich nach einer Reise derart intensiv aus, dass ich meinen muss, ich hätte es Dir nicht in allem recht gemacht“, flachste der hinzugetretene Theodemir. „Kleiner, wenn ich Dir das so direkt sagen würde, dann würdest Du mir zu übermütig“, gab ihm der Herzog lachend zurück. Riguntis staunte über den lockeren Umgang der beiden Brüder, sichtbares Zeichen der gegenseitigen

Zuneigung. Von deren Mutter, Herzogin Theodegundis, wusste sie, dass es Theodemir schon als kleines Kind sehr zu seinem ältesten Bruder hingezogen hatte. Der viele Jahre ältere Bruder nahm sich seiner aber auch stets fürsorglich an.

Kehren wir zum großen Fest zurück. Der Herzog betonte in seiner Ansprache, dass künftig die gotischen und nicht die byzantinischen Sitten und Gebräuche vorherrschen sollten. Er setzte aber hinzu, dass durchaus einiges von dem, was ihnen bei den Römern gefalle, überleben sollte, jedoch nur insoweit es wirklich zu den Gebräuchen der Goten passe. Der stürmische Beifall, den ihm vor allen die Damen hierfür zollten zeigte, dass er damit einen wunden Punkt angesprochen hatte. Die bei den Goten starke Rolle der Frau war unter dem Einfluss des römischen Rechts und der antiken Traditionen merklich geschwächt worden. Der Herzog sprach dies direkt an und führte aus: „Daraus zogen wir einst Stärke, denn unsere klugen, stolzen und warmherzigen Frauen und Mütter bildeten ein gutes Gegengewicht zu der rauen und von uns Männern bestimmten Welt. Dass es bei uns wieder so wird, das wünsche ich mir von Euch, meine Getreuen, zu den Festtagen. Von unserer Macht bricht dadurch nichts weg, aber es gibt ihr ein wohltuendes Gegengewicht und ein menschlicheres Antlitz.“ Bei diesen Sätzen, die den Beifall ausgelöst hatten, lächelte er sowohl seiner Frau, als auch seiner Mutter zu, die dies mit sichtlicher Freude quittierten.

Nach dem ersten Teil des Mahles erhob sich Herzog Indulf und bat sein sichtlich verwirrtes Mündel zu sich. Mit einer Geste unterbrach er die Gespräche und stellte Riguntis der Runde vor. „Meine Gemahlin und ich freuen uns sehr darüber wie gut sich unsere junge Verwandte in ihre neue Familie eingelebt hat. Ihre umsichtige und freundliche Art öffneten ihr alle Herzen. Wir empfinden Riguntis als eine große Bereicherung unserer Familie und möchten sie nicht mehr missen. Sie versteht sich mit unseren Töchtern prächtig und kommt auch mit unseren Söhnen bestens aus. Daher nehme ich Dich, liebe Riguntis, noch Dein Oheim und Vormund, hiermit, im Beisein all dieser edlen Menschen, als meine Tochter an. Damit stehen Dir die gleichen Rechte und Pflichten zu wie Deinen Schwestern Theodegundis und Rechis.“ Mit großen, ungläubig staunenden Augen schaute die Waise Riguntis ihren Oheim an. Dann füllten sie sich mit Freudentränen, denn sie wusste wie alle im Raume, was diese Adoption für sie bedeutete. Indulf nahm seine neue Tochter herzlich in die Arme, und alle Mitglieder der herzoglichen Familie taten nacheinander desgleichen. Leicht tat sie sich, die Herzogin als Mutter anzusprechen, doch den Herzog Vater zu nennen, das war eine andere Sache. Ihre Hemmungen merkte sie ihm gegenüber nachher an, sie sprach von der Verehrung, die ihm als Führer der Goten und als Person gebühre. „Meine scheue Tochter, verehren kannst Du auch Deinen Vater, der Herzog bin ich doch nur in der Öffentlichkeit. Daheim darfst Du es schon lockerer nehmen, abgemacht?“ „Ja, lieber Vater“, gab sie ihm strahlend zur Antwort und erntete dafür ein herzliches Lachen. Indulf verstand es durch solche Gesten seinem Nimbus als Held und Pater Patriae eine fürsorgliche Seite zu geben. Doch alle spürten, dass dies seinem gütigen Wesenskern entsprang und er es nicht zelebrierte.

Nach dem ungewohnt reichhaltigen Mahl traten Musikanten auf. Sie spielten jedoch nicht, wie es am Königshof zu Ravenna üblich geworden war, die vornehmen, steifen römischen oder byzantinischen Weisen. Stattdessen ertönten die altvertrauten und heiteren gotischen Klänge. Als dann noch die alten Schreittänze folgten und der Herzog mit seiner Frau den Reigen eröffnete, da fühlten sich die Älteren wie damals in Friedenszeiten. Die Stimmung war so unbeschwert wie einst bei den großen Festen in der Sippe. Der Herzog führte nicht nur die Gräfinnen zum Tanze, sondern auch seine alte Mutter, die sich zuerst zierte und es dann doch sehr genoss. Seinen drei Töchtern reichte er ebenfalls den Arm und zeigte damit allen im Saale, wie sehr er sie ehrte. Bis in den frühen Morgen hinein dauerte das Fest, mancher Becher wurde geleert, und der Herzog hielt sich dabei keineswegs zurück. Für einige war dies neu, denn der Herrscher galt als eher asketisch und als jemand, der sich aus solchen Vergnügungen wenig machte. Diesen Abglanz des Friedens nahmen die Geladenen mit nach Hause, erfüllt von diesem schönen und gelungenen Abend.

Leider verwandelte sich der Schnee bald wieder in tristen Dauerregen, der ein nasses Christfest versprach. Dabei sollte doch gerade dieses erste Weihnachten in ihrer neuen Gemeinschaft festlich begangen werden. Aus der ganzen Region strömten sie nach Ticinum, um mit ihren Verwandten und den anderen hier wohnenden Goten zusammen zu kommen. Doch am Nachmittag hörte der unwillkommene

Regen auf und machte strahlendem Sonnenschein Platz. Das war zwar nicht so wie es die Alten aus der schneereichen Heimat in der Pannonischen Steppe kannten, doch weit besser als der aus grauverhangenem Himmel niederfallende Regen. Die Kirche St. Michael konnte die vielen Menschen nicht fassen. All diejenigen, die im Gotteshaus keinen Platz mehr gefunden hatten, sammelten sich auf dem Kirchplatz und erwarteten dort ihren Herrscher und dessen Familie. Geleitet von allen „Löwen“ erschien er, neben ihm die Herzogin und seine Eltern. Danach kam die Familie mit den Kindern. Ihnen schlossen sich die Edlen mit ihren Angehörigen an.

Sowohl im Inneren von St. Michael, als auch vor deren Portal zelebrierte je ein Priester die Messe, damit alle am Christfest teilnehmen konnten. Doch nicht die Messe wurde für sie zum Höhepunkt des Festaktes, vielmehr war es die Predigt des Herzogs, die dieser als Herr der Arianischen Kirche hielt. Diejenigen, welche in der Kirche die Messe verfolgt hatten, strömten danach auch auf den von Fackeln illuminierten Kirchplatz hinaus. Die engsten Gefolgsleute des Herzogs und dessen Familie verharrten hingegen oben auf der Kirchentreppe. Diese säumten zu beiden Seiten achtzehn ganz in weiß gekleidete Mädchen. Sie trugen ihre Zöpfe gelöst und hatten ein goldfarbenes Krönchen auf ihrem Scheitel. In der rechten Hand hielten sie eine Kerze und in der Linken ein Körbchen. Sie sahen aus wie Engel und wirkten allerliebst. Alle diese Mädchen kamen aus bedürftigen Familien, viele von ihnen Halbwaisen. Der Herzog nahm diese Idee seiner Gemahlin gerne auf und erweiterte sie noch um eine Gabe, um die schlimmste Not zu lindern. Geleitet von den beiden arianischen Priestern trat Herzog Indulf als Letzter hinaus auf die Treppe. Die „Löwen“ standen Schulter an Schulter, bildeten hinter dem Herrscher eine menschliche Mauer. Der Schein der Fackeln hüllte den Herzog in warmes Licht und rückte ihn so in den Mittelpunkt. Zum Zeichen seiner Würde trug er die Krone, sie spiegelte dem kleingewordenen Volk den alten Glanz und die gemeinsame Hoffnung. Das Licht verfing sich auf den Schilden und Helmen der „Löwen“, ließ so nicht vergessen, dass sie in ernsten Zeiten lebten und der heutige Tag eine Ausnahme darstellte.

Der katholische Bischof und seine Priester hatten dem Geheiß der Kurie Folge geleistet und diese Stadt der Arianischen „Ketzer“ längst verlassen. Nur die einheimischen Katholiken widersetzten sich und nahmen trotzdem an dem arianischen Gottesdienst teil. Unterschiede zwischen den Riten der beiden Kirchen konnten diese theologisch nicht beschlagenen Menschen ohnehin nicht erkennen. Der einzige, allerdings gravierende Unterschied für sie lag nur darin, dass ein Laie, wenngleich der Herrscher, die Predigt hielt. Und diese interessierte nun alle, denn selbst die Einheimischen sahen in Herzog Indulf ihren legitimen Herrscher. Sie brachten ihm nicht weniger Respekt entgegen als seine Goten. In seiner Predigt kam der Herzog auf die Flucht der heiligen Familie zu sprechen und auf deren kurzes Verweilen in einem friedlichen Stall zu Bethlehem. „Uns meine lieben Brüder und Schwestern, die wir heute der Geburt von Jesus Christus gedenken, ist etwas ähnliches beschieden. Auch uns wird nur noch eine kurze Frist vergönnt, um hier in dieser so gastfreundlichen Stadt zu verweilen. Danach werden wir in ein fernes Land ziehen. Das wird, wenn alles so verläuft wie ich mir dies wünsche, schon im kommenden Spätsommer sein. Uns wird jedoch kein Esel dahin tragen, Schiffe werden uns in die neue, bleibende Heimat bringen. Dies steht nun fest und wir haben endlich auch eine Vorstellung davon, wohin uns unsere Reise bringen wird. Sie führt uns zu einer großen Insel, auf der wir gottgefällig und in Frieden leben wollen.

Beten wir nun zu Gott, dass er uns bis dahin vor einem weiteren Krieg verschonen möge; bitten wir ihn um seinen Segen und um seine Gnade. Beten wir zu unserem göttlichen Herrn, dass er uns eine gute Reise gewährt und vor Unheil bewahrt; bitten wir ihn um seinen Segen und seine Gnade. Beten wir zu dem Ewigen und Allmächtigen, dass er uns eine Heimat schenkt, in der wir durch ihn und sein väterliches Wohlwollen ein gutes Leben führen dürfen. Bitten wir ihn um seinen Segen und um seine Gnade.“ Jedes mal fiel das Volk wie mit einer Stimme in sein Gebet ein. Gemeinsam sprachen sie dann das Vaterunser, welches Ulfilas sie einst gelehrt hatte, und das sich nun zum nächtlichen Himmel erhob. Demütig betete das Volk, von Inbrunst und tiefem Glauben erfüllt.

Als sie geendet hatten, da bat der Herzog die „Engelchen“ zu sich, die verklärt zu ihrem Herrscher aufblickten, so als käme von ihm alles Heil. Dann ließ er sich von einem der Arianischen Priester eine Kerze reichen und entzündete mit ihr die Kerzen der kleinen Mädchen. Währenddessen verteilten kleine Jungen aus ihren Körben Kerzen an die Menschen auf dem Platz. Auf der Kirchentreppe übernahmen dies des Herzogs drei Enkelsöhne. Danach erhielten die kleinen Mädchen und Jungen aus der Hand des Herrschers eine kleine Gabe in ihr Körbchen. Unter den Äpfeln, Nüssen und Honiglebkuchen, versteckte sich jeweils ein ganzer Solidus für die Familien aus der Privatschatulle des Herzogs. Als er sie segnete und ihnen die Hand auf die zarten Kinderköpfchen legte, da strahlten nicht nur die Kleinen vor Glück. „Geht nun zu den Menschen hinunter, bringt ihnen Euer warmes Licht und Euer glückliches Strahlen, entzündet in ihnen jenen hellen Schein der Zuversicht, die uns allen gut ansteht.“ Die Kinder gingen und bald brannten die Kerzen, es leuchtete der Platz so wie noch nie zuvor. Der Herrscher breitete die Arme weit aus, und die Menschen knieten nieder, denn nun folgte eine für sie wichtige Zeremonie, der Segen des Herzogs. „Meine Brüder und Schwestern, meine lieben Kinder geht nun alle heim und begeht das Christfest besinnlich im Kreise Eurer Lieben. Tragt Gott im Herzen, sein Glanz und sein Frieden sei mit Euch.“ Unter Glockengeläut, gestärkt durch Messe und Predigt, zog es die Menschen heim an den warmen Herd. Dort würden sie ein festliches Mahl einnehmen und einander kleine Gaben schenken. Das große Geschenk hatte ihnen ihr Herrscher zuvor mit seiner Zuversicht verbreitenden Predigt gegeben und damit ihre Hoffnung auf eine gute Zukunft gestärkt. Erstmals weilte er an diesem Abend nicht nur als ihr hoher Herrscher unter ihnen, sondern auch als oberster Priester und gütiger Vater.

Absicherung und Vorbereitung

Nach dem großen Fest holte der Ernst der Lage den Herzog und seine Vertrauten schnell wieder ein. Im Kreis der Berater wurden nun die für das Überleben in Transpadanien wichtigen Entscheidungen getroffen. Noch einmal ging man das militärische Szenario durch, kam jedoch zu keiner anderen Einschätzung. Daraus entstanden einige präventive Maßnahmen und Anordnungen, die der Herzog zum Schluss so zusammenfasste:

Erstens: Obwohl anzunehmen ist, dass die Franken das Tal des Atesis (Etsch) herabziehen werden, sind auch die von Curia (Chur) ausgehenden Strassen zu beobachten. In Curia werden daher einige verlässliche Rätier als Beobachter und Kuriere angeworben, die uns darüber rechtzeitig informieren sollen. Gegenüber von Bilito (Bellinzona) errichten wir einen Beobachtungsposten. Im Ernstfall sind die möglichen Wege, die am Ufer des Lacus Verbanus (Lago Maggiore) entlang führen, so zu versperren, dass ein Durchkommen dort so gut wie unmöglich wird. Alle Schiffe am Nordufer des langen Sees sind vor dem Erscheinen der Franken von dort wegzuschaffen.

Zweitens: Die Franken erhalten von uns, den transpadanischen Goten, weder Waffenhilfe noch Proviant. Ihre Delegation wird entsprechend beschieden. Kleinere, nach Beute suchende Frankentrupps, werden von unseren Reitereinheiten mit Pfeilen angegriffen und abgedrängt. Größere Scharen sollen hingegen vor Ticinum gelockt werden und dort an den Mauern der Stadt scheitern. Es empfiehlt sich daher zwingend im Gebiet zwischen Olonna und Ticinus ausschließlich Viehzucht zu betreiben, denn die Viehherden lassen sich ohne weiteres in den Schutz der festen Städte treiben. Der Ackerbau wird dagegen besser auf die Region um Laumellum und Cuttiae konzentriert.

Drittens: An den Brücken, die über die Olonna führen, errichten wir gut besetzte Kastelle. Die wenigen Furten im Fluss, werden durch Uferverhaue verbaut, um so deren Überschreiten zu erschweren. Zusätzlich wachen dort Krieger und sorgen dafür, dass keine Überraschungen auftreten. Wenn die Byzantiner nicht in der Lage sind, die Addualinie zu besetzen und zu halten, dann ziehen wir uns notfalls von der Olonna zurück und sichern den lediglich über Brücken zu querenden Ticinus. Die Ticinusbrücke an der Strasse von Mediolanum nach Novaria schützen wir mit einem Brückenkastell. Eine Feldschlacht wird unter allen Umständen vermieden, im Ernstfall ziehen sich unsere Krieger hinter die Mauern von Ticinum zurück.

Viertens: Alle Krieger werden mit Pfeilen und Bogen ausgerüstet und vertraut gemacht. Die Anfertigung dieser Waffen hat Vorrang vor allen anderen Waffen, deren Produktion müssen wir erhöhen. Neben den aktiven Kriegern unterweisen wir die Heranwachsenden im Gebrauch von Pfeil und Bogen, sie sichern im Falle einer Belagerung mit uns die Mauern. Damit aktivieren wir weitere 400 Verteidiger, deren sich erfahrene ältere Krieger annehmen, um unbedachtes Handeln auszuschließen. Frauen, die das Bogenschießen erlernen wollen, wird dies nicht verwehrt. Auf dem Padus setzen wir große mit Bogenschützen bewaffnete Boote ein, um auch diese, allerdings wenig wahrscheinliche Angriffsvariante zu verhindern.

Eindringlich, ja beschwörend, sprach der Herzog zu seinen Beratern: „Meine Getreuen, trotz aller Bedrohung und deren präventiver Abwehr muss unser Augenmerk nach wie vor auf einem anderen Feld liegen. Die Vorbereitungen für unsere Seereise und das Überleben in der neuen Heimat haben den absoluten Vorrang. Die einzige Ausnahme davon ist, wie ich zuvor ausgeführt habe, das Anfertigen von Bogen und Pfeilen. Doch sehe ich dies auch als Teil der Vorbereitungen an, denn unterwegs und in der neuen Heimat wird uns diese Waffe gute Dienste tun. Mit der Konzentration auf eine Fernwaffe vollziehen wir einen völligen Wechsel in unserer Art des Kämpfens. Wir meiden künftig – wenn immer möglich – den gewohnten Zweikampf und versuchen die Feinde aus einer uns nicht gefährdenden Distanz in Schach zu halten. Das ist nicht feige, sondern klug und ein dringendes Gebot aufgrund unserer so geschrumpften Heeresstärke. Wir wollen und müssen überleben. Wir brauchen künftig jeden Mann und jede Frau. Sollten wir, wovon ich voller Optimismus ausgehe, auf der einst von den Vandalen entdeckten Insel siedeln können, dann müssen wir alle kräftig anpacken, um dort gut leben zu können. Wer also unbedingt den Helden spielen will und den unsinnigen Zweikampf sucht, der legt sich mit mir an und verliert seinen Rang. Ich bewerte einen solchen Ungehorsam als groben Verstoß gegen mein Wollen. Sagt das Euren Unterführern und bläut dies allen unseren Recken ein. Unser Ziel kann es nicht sein, den Franken standzuhalten und dabei unterzugehen. Das hätten wir schon am Vesuv haben können. Wir wollen für uns eine neue Heimat finden, dort in Frieden leben und wieder zu einem großen Volk werden. Für uns gilt daher im nächsten Jahr uns möglichst nicht in den Krieg zwischen den Franken und Byzantinern hineinziehen zu lassen. Wird deren Kampf dann wie auch immer entschieden, müssen wir längst auf hoher See und in Sicherheit sein, denn sonst sind wir als Nächste dran.“ Der Herzog wurde ungewohnt deutlich. Heute erlebten sie ihn so, wie sonst nur vor und in der Schlacht, als ihren entschlossenen Herrscher und Anführer. Neben seinen Worten wirkte gerade diese eindeutige Position überzeugend und auch beruhigend.

Anschließend wurde noch das Anliegen einiger einheimischer Bürger erörtert. Auf dem Tisch lag die Anfrage, ob auch sie mit den Goten fortziehen durften. Dabei spielte sicher das gute Einvernehmen mit den Goten und deren Toleranz eine größere Rolle, als die Angst vor einer harten Herrschaft der Byzantiner. Hierzu trafen die Anführer nach intensiver Diskussion eine Entscheidung, die sie am nächsten Tag öffentlich machen wollten. Alle für die Goten arbeitenden Handwerker durften sich mit ihren Familien den Goten anschließen. Das galt auch für die bei den Goten beschäftigten Unfreien und deren Angehörige, soweit sie dies wünschten. Sie würden sich als Freie ihren Herren anschließen. Ferner konnten all jene mitziehen, die schon früher in Diensten der Goten gestanden hatten und nun in den Höfen und Häusern ihrer Herren das Alter verbrachten. Alle anderen Bittsteller mussten eine zu begründende Eingabe an die herzogliche Kanzlei richten. Der Herzog ordnete allerdings an, dass hierbei recht großzügig zu verfahren sei. Insgesamt umfasste der Kreis derjenigen, die zusätzlich mitreisen wollten, ungefähr 2000 Menschen.

Der folgende Rundgang führte die Herren in die Werkstätten. Größtes Interesse fand der Saal, in dem Bogen und Pfeile verfertigt wurden. Als der Herzog sah, dass jeder der etwa fünfzig Beschäftigten alle Arbeitsgänge nacheinander machte, da runzelte er unwillig die Stirn. Seine Miene wurde auch nicht freundlicher, als er anschließend die geringe Zahl der bisher angefertigten Bogen und Pfeile erblickte. Zu

Hildebrandt gewandt bemerkte er, dass seine Erwartungen bei weitem nicht erreicht würden und hier unbedingt etwas geändert werden müsse. Des Herzogs Sohn Vinsivad hatte darüber schon einige Zeit nachgedacht und konnte nun seinen Vorschlag unterbreiten: „Wenn jeder Arbeiter jeweils nur einen Arbeitsgang macht, bekommt er Routine und kann ihn schneller erledigen. Danach übergibt er sein halb fertiges Produkt an den nächsten Werker, der dann beim nachfolgenden Arbeitschritt genauso routiniert wird. Bei fünfzig auf diese Weise ausgeführten Arbeitsgängen wird in der gleichen Zeit mehr gefertigt werden."

Vinsivads Vorschlag gefiel den Herren. Sie gingen mit Hildebrandt, der als einziger Hunnisch sprechen konnte, zu den beiden hunnischen Tutoren und zogen den Aufsichtführenden hinzu. Er trug ihnen die Idee Graf Vinsivads vor und konnte sie überzeugen. Die beiden alten Bogenmacher hatten sich gut eingelebt, ihre Unterwürfigkeit war einer respektvollen doch offeneren Haltung gewichen. Sie schilderten den drei Herren eine weitere sehr zeitraubende Schwierigkeit. Die Herstellung der langen und weittragenden Bogen beanspruchte viel mehr Zeit, als die der kürzeren, die nur halb so weit flogen. Spontan traf der Herzog die Entscheidung, dass ab sofort vorwiegend die kürzeren Bogen hergestellt werden sollten und nur noch wenige der hochwertigen Langbogen. Letztere wurden reserviert für die „Löwen" und für eine noch aufzustellende Truppe von Meisterschützen. „Hildebrandt, diese sollen sich, wenn wir angegriffen oder belagert werden, die gegnerischen Anführer vornehmen. Das ist oft weit wirksamer als ein anhaltender Kampf." Der greise Held nickte zustimmend: „Indulf, Du denkst dabei an unsere Konfusion in Taginae, als König Totila fiel?" „So ist es, mein Waffenmeister, danach waren wir kein Heer mehr, sondern nur noch ein kopfloser Haufen. Warum sollen wir aus einem unglücklichen Zufall nicht eine Methode machen?"

Noch eine Idee entsprang diesem Rundgang. Gesalich schlug vor, eine regelmäßige Schulung aller Anführer durch den Herzog einzuführen. Diesen Vorschlag begrüßten seine Kollegen und der Herzog nahm ihn auf. So gab es künftig jede Woche eine Schulung in Strategie und Taktik, in welche die „Löwen" einbezogen wurden. Außerdem wurden ständige Übungen und Wettbewerbe der Bogenschützen angesetzt. Ab sofort sollte jeden Monat eine Meisterschaft ausgetragen werden, um aus den Siegern eine Elitetruppe von Meisterschützen zu bilden. Zusätzlich sollte eine monatliche Übung der Hundertschaften das Heer mit der neuen Kampfesweise und verschiedenen taktischen Manövern vertraut machen. Dadurch fühlten sie sich militärisch gut auf den Ernstfall vorbereitet und gewannen zudem noch großen Spaß an diesen gemeinsamen Übungen. Dem Wunsch von Graf Indulf folgend, bauten die Handwerker zwei Lastschiffe zu Galeeren um. Auf diesen Schiffen sollten die Krieger zum einen den Strom beobachten und zum anderen von der festen Mannschaft das gemeinsame Rudern erlernen. Dadurch konnten die jungen Leute auf die Seereise vorbereitet und sinnvoll beschäftigt werden. Dass diese Übung einen so großen Zuspruch der jungen Goten erfahren würde, hatte der Initiator nicht vorausgesehen. Hieraus entwickelte sich eine neue Form des Wettkampfs. Verschiedene Mannschaften traten gegeneinander an und maßen sich im Vierkampf. Dieser bestand aus einem Wettlauf mit Rüstung und Waffen, Lanzenstechen auf Zielscheiben vom galoppierenden Pferd aus, aus Wettschießen auf feste und variable Ziele und aus Wettrudern über zwei Meilen. Später kam noch der Speerwurf hinzu, wobei es darauf ankam nicht nur weit, sondern auch zielgenau zu werfen. Daneben stand nach wie vor das Wettreiten als Lieblingssport der Goten auf dem Programm. Alles was der körperlichen Ertüchtigung diente, stand unter der Obhut des Waffenmeisters, auch die kleineren Übungen einzelner Heeresbereiche. Sein besonderes Augenmerk legte Hildebrandt auf die militärische Ausbildung der Heranwachsenden und fand in diesen begierig lernende Schüler. Sehr zur Freude des Herzogs zog der Waffenmeister den Sohn des Herrschers, Graf Vinsivad, zu seiner Unterstützung heran, der sich als ein geschickter Kämpfer und Ausbilder zeigte. Die seltener stattfindenden großen Übungen und taktischen Manöver leitete der Herzog selbst, dem dabei vor allem ein gut abgestimmtes Vorgehen am Herzen lag. Verlassen wir nun diesen Bereich der kriegerischen Rüstung und wenden uns den anderen Vorbereitungen zu.

Auf allen Gebieten des täglichen Lebens wurden Listen angelegt und ständig durch die Erfahrungen im Alltag ergänzt. Diese Listen sollten alles erfassen, was verzehrt und sonst gebraucht wurde. Sie wurden regelmäßig von einem Schreiber auf ihre Aktualität hin überprüft und lagen in der herzoglichen Kanzlei aus. Dort konnten sie von jedem eingesehen werden, was rege wahrgenommen wurde, denn es bot die willkommene Gelegenheit, einmal in den schönen Palast zu gelangen. Die Rohstoffe aller Gerichte und Getränke wurden dort notiert und gewichtet. In deren Folge entstanden Listen von Bäumen, Sträuchern, Kräutern und Blumen. Sie teilten diese ein in nützliche und diejenigen, die nur indirekt dazu zählten. Am Beispiel der Bäume sei es aufgezeigt. Aufgelistet fanden sich: Öl-, Nuss-, Mandel-, Birnen-, Apfel-, Kirsch- und Pflaumenbäume. Deren Früchte konnten jährlich geerntet werden und trugen zu abwechslungsreicher Ernährung wesentlich bei. Daneben erfasst wurden Bäume, aus deren Holz Häuser, Möbel, Geräte und Schiffe gebaut werden konnten. Als sie den Honig auf die Liste nahmen, den sie zum Süßen der Lebkuchen, aber auch für den Met benötigten, da fielen ihnen jene Bäume, Sträucher und Blumen ein, die den Bienen als Wirte dienten. Auch Bäume, Sträucher und Blumen wurden aufgelistet, die lediglich dem Auge ein schmuckes Bild boten oder gut rochen.

Herzog Indulf unternahm täglich Kontrollgänge in die Werkstätten, für die er viel Sorgfalt und Zeit aufwendete. In den Augen seiner Getreuen hielt er sich dabei zu sehr bei Kleinigkeiten auf, sie sprachen zu Recht von Pedanterie und besser nutzbarer Zeit. Anfangs ließen die Betroffenen sich das gefallen, doch der Unwillen brach sich allmählich Bahn. Graf Wittich machte sich zu ihrem Sprecher und er versprach, ihr Anliegen seinem Herzog und Freund nahe zu bringen. Wittich, der als einer der Wenigen über eine Bibel verfügte und häufig darin las, empfahl dem Herzog das 2. Buch Mose zur Hand zu nehmen und dort im Kapitel 18, die Verse 13 – 26 zu lesen. Warum er das denn solle, wollte der Herzog von Wittich wissen. „Wenn Du diese Zeilen liest, dann wirst Du mein damit verbundenes Anliegen verstehen; wenn nicht, dann müssen wir uns weiter darüber unterhalten.“ Wittich kannte seinen Freund seit Kindertagen, wusste, dass ihn dessen ausgeprägte Neugierde noch an diesem Abend die Bibel aufschlagen ließ. So war es dann auch; Indulf brütete über den Zeilen, in seinem Kopf überschlugen sich die Gedanken. Er besprach diese zuletzt mit seiner Frau Rechis.

Indulf erwartete von ihr Unterstützung zu finden, doch dies entpuppte sich als Irrtum, denn seine Rechis übernahm Wittichs Partei. „Mein lieber Gemahl, selbst in unserem Haushalt mischst Du Dich überall ein, stellst ständig Fragen zu Kleinigkeiten. Wozu hast Du denn fähige Leute eingeteilt, die Dein Vertrauen genießen, wenn Du es doch am liebsten selbst machst? Dein unentwegtes „sich um alles Kümmern“ kann leicht als mangelndes Zutrauen, oder – was noch schlimmer wäre – als Misstrauen ausgelegt werden.“ Sie verdeutlichte es ihrem Gemahl anhand von Beispielen und erreichte so wenigstens eine gewisse Einsicht. Rechis wagte es auch ihm einen Vorschlag zu machen. „Wie wäre es denn, wenn Du Deine Kontrollgänge nur noch sporadisch vornehmen und in erster Linie dazu nutzen würdest, um Lob auszusprechen? Damit bestätigst Du den Einsatz und das Können unserer Leute, machst ihnen Mut und spornst sie an. Wenn ich an Deiner Stelle wäre, dann würde ich einmal in der Woche einen Erfahrungsaustausch suchen. Ihr hohen Herren sitzt ohnehin jeden Freitag zusammen, um Euch zu besprechen, würde dieser nicht dorthin passen? Wenn es allerdings Dinge sind, die nur einen Einzelnen betreffen, dann genügt vielleicht ein kurzes Gespräch.“ Ihren Gemahl gut kennend, sah sie die Unmutsfalten über der Nasenwurzel und „lenkte“ etwas ein. „Ich weiß, mir als Frau steht es nicht zu, Dir, unserem Herrscher, solche Vorschläge zu machen, doch als Deine liebende Ehefrau will ich Dir gut. Manches sehe ich aus einem anderen Blickwinkel und vielleicht nicht ganz falsch.“ So konnte es der stolze Herzog Indulf annehmen und hielt sich tatsächlich an den Rat seiner Frau. Es fiel ihm sehr schwer, denn er handelte damit gegen seine Natur, doch zu seinem Erstaunen lief weder etwas aus dem Ruder, noch wurde er hintergangen. Ihm blieb auch nicht verborgen, dass seine Getreuen eher noch selbstbewusster, erfolgreicher und eifriger ihren Aufgaben nachkamen.

Der Löwe von Cumae

Näherte man sich von Neapolis kommend in jenem Dezember des Jahres 552 der alten Stadt Cumae, dann bot sich den Reisenden, zumeist Händlern und Lieferanten, ein ungewohntes Bild. Zu Füßen des schroff aufragenden, lavadunklen Felsens, der die schwer zu bezwingende Festung trug, standen viele farbenfrohe Zelte, und es herrschte dort ein buntes Treiben. Wer es nicht besser wusste, hätte das Ganze für ein Fest halten können, denn über dem Lager hing der Geruch von Gebratenem, von Bier und Wein. Krüge kreisten, Gesänge ertönten, Frauenstimmen kreischten und grobes Männerlachen drang aus der Zeltstadt. Die aus vielen Völkern gemischte byzantinische Armee schien in trügerischer Untätigkeit versunken zu sein. Droben über ihren Köpfen erhob sich düster und trutzig die aus behauenen Lavasteinen grob gefügte Zyklopenmauer der ältesten Ansiedlung der Griechen in Italien. Das uralte Kyme, wie die Stadt zu jenen Zeiten hieß, hatte schon bessere Tage erlebt. Erstmals seit dem Krieg mit den einheimischen Samniten vor fast 1000 Jahren, musste es wieder eine würgende Belagerung über sich ergehen lassen. Doch dieses Mal verteidigten keine dunkelhaarigen, kleingewachsenen Griechen die Festungsstadt, es waren zumeist blonde und hochgewachsene Goten, die dort den Hort ihres dem Untergang geweihten Volkes hüteten. Diejenigen, die sich selbst als die Nachkommen der Hellenen und der Römer betrachteten, rannten seit Monaten zusammen mit ihren Söldnern unverdrossen gegen Fels und Mauer an. Stets holten sich die Belagerer dabei blutige Nasen, griffen vergeblich an, fielen den Speeren, Pfeilen und Schwertern der Goten zum Opfer oder wurden mit ihren Leitern in die Tiefe gestürzt. Die Cumae verteidigenden Goten wehrten sich erbittert und voller Ingrimm gegen die Usurpatoren, die ihnen all das, was sie so viele Jahre besaßen, zu entreißen suchten. Die Byzantiner wollten sie, die Goten, nicht mehr auf dem Boden Italiens dulden und griffen nun auch noch nach ihrem Königsschatz. Weder ihre Stadt noch den Schatz wollten die Goten preisgeben, sie kämpften hier nur noch um ihre Ehre und um den Nachruhm.

Selbst dann, als die am Vesuv erfolgreiche Hauptstreitmacht der Byzantiner siegestrunken zu den Belagerern stieß, blieben die Goten noch ruhig. Sie wussten um ihre Stärke und Wachsamkeit, vertrauten auf den steilen Fels und die mächtigen Mauern. Vor allem aber bauten sie auf das Können ihres Anführers. Herzog Aligern, des toten Königs Teja Bruder, hatte ihnen in den Kämpfen zuvor schon viele Erfolge beschert, sie vertrauten auf dessen Schläue und Übersicht. Seit Neuestem nannten sie ihn den „Löwen von Cumae“, dies weniger wegen seines dazu verleitenden Aussehens, als aufgrund seiner Kampfesweise. Der dritte Grund für diesen Ehrennamem – der allerdings nur hinter vorgehaltener Hand genannt wurde – lag in seinen gelegentlich wütenden und lautstarken Ausbrüchen. Doch die nahmen seine Getreuen gelassen hin, sie wussten ja, dass sich ihr Herzog wie ein eingesperrter Löwe im Käfig fühlte. Und so ging es ihnen ja allen, sie konnten nur noch reagieren, mussten höllisch wachsam bleiben und stets darauf gefasst sein, dass dem Feind wieder eine neue tückische Taktik des Eroberns einfallen könnte. Den Goten entging nichts im feindlichen Lager, sie erkannten rechtzeitig alle verdächtigen Bewegungen und Konzentrationen der Byzantiner.

Ruhelos schritt der Herzog in seinem Amtszimmer auf und ab, zermarterte wieder einmal seinen Kopf, suchte verbissen nach einer tragfähigen Lösung. In diesem Raum wurde er weniger abgelenkt, fand mehr Ruhe zum Nachdenken als draußen bei einem Rundgang. Der dunkelblonde, mähnenhaarige Herzog Aligern stand in der Mitte der Vierziger, über ein Drittel seines Lebens hatte er im Felde zugebracht. Narben zeichneten seinen Körper und einige auch sein Gesicht, wo sie der mächtige Bart nicht bedeckte. Sie bewiesen dem Kundigen, dass der hünenhafte Gote den Nahkampf nicht scheute. Seine grünen Augen blickten misstrauisch unter den leicht hängenden Lidern hervor. Aligern hatte eine kräftige Adlernase und buschige Augenbrauen. Sein verkniffener Mund, kündete von Bitternis, die ihn erfasst hatte. Der lange Krieg hatte nicht nur in seinem Äußeren Spuren hinterlassen, auch seine Stimmung schwankte seit vielen Wochen zwischen ohnmächtiger Wut und gut verborgener Verzweiflung. Seit der blutigen Schlacht von Taginae hinkte er, sein Pferd hatte ihn im Chaos abgeworfen, das die panisch Fliehenden verursacht hatten. Seinem Stiefsohn Totila, der nun als Bote zu den transpadanischen Goten unterwegs war, verdankte er sein Überleben, denn der hatte sich todesmutig vor ihn gestellt und mehrere Feinde abgewehrt, bis seine Knechte den verletzten Herzog ergreifen und forttragen konnten. Doch das hätte ihm alles nichts genützt, wenn nicht der Strom der Fliehenden einen rettenden Augenblick lang zum Stehen gekommen wäre. Das verdankte er und viele andere dem geordneten Rückzug des Heeres. Diesen hatte sein Cousin Indulf mit harter Hand, großem Mut und einem erbitterten Zweikampf mit dem Anführer der Heruler, dem bis dahin unbezwingbaren Bulkari, zustande gebracht. Aligern und Indulf waren vor vielen Jahren wegen ihrer Cousine Rechis in Streit geraten, die sich jedoch für Indulf und gegen ihn entschieden hatte. Die beiden Cousins sprachen seitdem nur noch das Nötigste miteinander und gingen sich tunlichst aus dem Weg.

Seit über einem Jahr schon hielten er und seine inzwischen von 1100 auf 900 Krieger zusammengeschmolzene Truppe dem Druck des Byzantinischen Heeres stand. Die große Hoffnung auf einen Entsatz zerbrach vorerst mit der bitteren Niederlage des gotischen Heeres am Sarnus. Teja, sein geliebter Bruder und König, musste dort sein Leben lassen. Das hatte Aligern hart getroffen, denn von Kindesbeinen an verband ihn mit seinem etwas älteren Bruder ein sehr gutes Einvernehmen. Leider kannte er weder Genaueres zu den Umständen seines Todes, noch wie es überhaupt zu dieser vernichtenden Niederlage kommen konnte. Dies führte ihn zu der ihn seitdem immer stärker bedrängenden Frage zurück, auf die er bis dato keine Antwort fand: Warum harrten er und die Seinen noch hinter diesen Mauern aus? Gab es überhaupt noch eine realistische Aussicht auf Änderung ihrer misslichen Lage? Die Byzantiner hatten einen dichten Belagerungsring um Cumae gelegt, sie beschäftigten seitdem die Verteidiger Tag und Nacht. Da sie oft an mehreren Stellen zugleich angriffen oder zumindest Anstalten dazu machten, fanden seine Männer immer weniger Ruhe und Schlaf. Narses, der byzantinische Feldherr wollte so die Goten mürbe machen und ihren Widerstand allmählich brechen. Gestern versuchten die Angreifer zu seinem Schrecken sogar, durch die Grotten der Sybille von Cumae in die Stadt vorzudringen. Zum Glück für die Goten übersahen die Isaurier den verborgenen Einstieg in einen Seitengang. Von dort aus eröffnete sich nämlich tatsächlich ein Zugang zur Stadt. Diesen geheimen Weg nahmen bis dahin ab und an die Kundschafter und Boten des Herzogs, doch nun hatte der kluge Narses am Eingang zur Grotte Wachen aufgestellt. Der gegnerische Feldherr ahnte wohl, dass dies ein Schlupfloch der Verteidiger sein könnte. Diese neue Maßnahme bereitete

Aligern Sorge, denn für seine beiden Boten, die er mit einer kleinen Mannschaft unlängst nach Verona und Ticinum gesandt hatte, gab es keinen anderen Zugang hinauf nach Cumae.

Einer seiner Leibwächter machte den Herzog aufmerksam für ein Spiegelsignal am fernen Horizont, das mit den Boten vereinbart war. Welcher seiner beiden Boten mochte es sein, der sich so anmeldete? Jener, den er nach Verona entsandt hatte, um die dort lebenden Goten aufzufordern in seinem Namen ein Entsatzheer aufzustellen? Oder meldete sich sein Stiefsohn, der kühne Totila zurück? Darauf hoffte er, denn der junge Mann, ein typischer Gote, mutig und waffengewandt, war ihm sehr ans Herz gewachsen. Mit seinen erst 22 Jahren verkörperte er bereits einige jener Tugenden, die Aligern so sehr schätzte. Keiner verhielt sich so geschickt und loyal wie Totila und keiner verstand es so gut, sich in ihn, den Herzog, hineinzuversetzen. Den jungen Grafen hatte er daher in heikler Mission nach Ticinum gesandt, hinein in die Höhle des „Löwen". Dort regierte derzeit sein alter Oheim Herzog Usdrila, zumindest nach Außen. Denn sein Sohn Indulf war ja als einer der Heerführer mit dem Aufgebot Tejas gen Süden gezogen. Ob Indulf die vernichtende Niederlage am Sarnus überhaupt überlebt hatte? Wenn ja, hatte er es dann tatsächlich geschafft sich nach Ticinum durchzuschlagen, so wie er es letzte Nacht geträumt hatte? Sein Cousin Indulf hatte dort in Transpadanien das Heft des Handelns fest in der Hand gehabt und die Geschicke der hier siedelnden Goten bestimmt.

Wie schon so oft verloren sich seine Gedanken in der Jugendzeit, bissen sich fest an dem bitteren Erlebnis, das ihm damals seine Rechis bereitet hatte, seine angeschwärmte und verehrte Cousine. Die schöne Tochter der Schwester seiner Mutter verliebte sich Hals über Kopf in seinen um einige Jahre älteren Cousin Indulf, der zu Besuch gekommen war. Dieser Cousin war der älteste Sohn von Theodegundis, der Schwester seines Vaters. Das verstand er bis heute nicht, denn Rechis kannte Indulf bis dahin doch gar nicht, sah ihn damals zum ersten Mal. Und er, Aligern, hatte sich stets eingebildet, dass es für die kluge und fröhliche Rechis nur ihn geben konnte, der sich so sehr um sie bemühte. Diese Zurückweisung seines Werbens empfand er noch immer als eine schmerzliche Niederlage, als eine Kränkung, die seinen ausgeprägten Stolz zutiefst verletzt hatte. Ausgerechnet den ewigen Schwarzseher und

Zauderer Indulf, diesen „Gelehrten“ und Feingeist, den zog sie ihm, dem gestandenen Mann, vor. Was war denn an dem Neffen seines Vaters so besonderes, was hatte er ihm, Aligern, voraus? Er prophezeite damals seiner geliebten Cousine ein böses Erwachen aus dieser Verliebtheit. Doch seine Voraussage traf nicht ein, Rechis schien noch immer mit ihrem Los zufrieden zu sein, zumindest was er vom Hörensagen wusste. Nun hierin hatte er sich geirrt, doch wie verhielt es sich mit Indulf? Schätzte er wenigstens diesen Cousin richtig ein? Bald hoffte er Näheres über ihn zu erfahren, Botschaft und Bericht aus Ticinum zu erhalten. Gespannt wartete er auf den Stiefsohn und auf die Informationen, die ihm Totila aus Ticinum überbringen würde. Wie reagierten Indulf – falls er sich dorthin durchschlagen konnte – und seine Anhänger auf seine fordernde aber auch harsche Botschaft? Würden sie zu Kreuze kriechen und seine, des Aligern, begründeten Ansprüche akzeptieren? Oder würde ihm Totila eine heftige Antwort mitbringen? Nun bald wusste er es, denn er war sich sicher, Totila würde unbemerkt durch die Reihen der Belagerer schleichen und dann über die Grotte der Sybille die vielen Stufen hinauf in die Stadt gehen und ihm Kunde bringen.

Bei seinem anschließenden Rundgang durch die unter dem Würgegriff der Byzantiner leidende Festungsstadt fand Herzog Aligern wenigstens eine gewisse Ablenkung von seinen beunruhigenden Fragen. Seine eingeteilten Mannen waren wie befohlen auf der Hut, ließen die Feinde nicht aus den Augen. So gefiel es dem gestrengen Herzog, der Disziplinlosigkeit hart ahndete und auch sonst mit Tadel nicht eben sparte. Dennoch standen seine Leute hinter ihm, sie respektierten sein hohes Herkommen und seine in langen Kriegsjahren oft bewiesene Tapferkeit. Heute jedoch durfte er sogar loben und locker mit seinen Kämpen reden. Zwei Dinge wurden allmählich knapp in der Festung, zum einen die Pfeile – längst verwendeten sie die feindlichen Pfeile wieder – und die Vorräte an Wein. Letzteren ließ er bereits rationieren, größere Mengen gab er nur noch an besonderen Tagen frei. Wegen der knapp werdenden Pfeile wendete er sich an die beiden Schreiner von Cumae und forderte diese auf, aus einigermaßen geeignetem Holz neue anzufertigen. Die drei Schmiede hatten für die Pfeilspitzen zu sorgen. Wasser gab es zum Glück ausreichend, es stammte sowohl aus den unergründlichen Zisternen als auch aus den tiefen Becken, in denen der Regen gesammelt wurde. Sorgen machte er sich jedoch um die

Futtervorräte für Pferde und Rinder. Es fehlte in Cumae auch an frischem Gemüse. In den kleinen Hausgärten wuchs längst nicht genügend an Salaten, Erbsen und Bohnen, auch das im Herbst gepflückte Obst würde bald aufgezehrt sein. Über Öl und Getreide konnten sie hingegen noch für einige Monate verfügen, auch an Trockenfleisch herrschte kein Mangel. Cumae, der Hort des Gotenschatzes war stets auf eine längere Belagerung vorbereitet. In den tiefen Kellern verwahrten sie daher nicht nur edle Steine, Gold und Silber, auch reichlich Schinken und Käse wurde hier gelagert. Das Kornhaus war erst halb geleert und in den Ställen stand noch genügend Vieh. Wenn es denn sein musste, dann konnten sie hier oben noch lange aushalten. Beruhigt konnte sich der Herzog erneut den ihn am heftigsten bedrängenden Fragen stellen.

Warum harrten sie überhaupt noch hier aus? Glaubte er denn allen Ernstes daran, dass die Goten noch einmal die Kraft finden würden ein schlagkräftiges Heer auf die Beine zu stellen? Wenn er ehrlich zu sich war, dann musste er sich eingestehen, dass er einem Wunschdenken nachhing. Oder wollte er etwa auf die Hilfe von Außen warten? Auf eine Unterstützung durch die westgotischen Brüder? Diese hatten doch selbst mit den Franken ihre liebe Not. Am Ende gar auf die Franken hoffen? Doch das hieße für ihn nichts anderes, als den Teufel mit Beelzebub auszutreiben. Es bedeutete im besten Falle, dass sie, die Goten – falls sie diese „Unterstützung“ überlebten – allenfalls mit Brosamen Vorlieb nehmen müssten. Ein schrecklicher Gedanke. Außerdem mochte er die rohen, machtgierigen Franken nicht, zu schlecht waren seine Erfahrungen mit diesen Barbaren. Verwarf er diese eher vagen Aussichten, dann blieben lediglich zwei Alternativen übrig. Einerseits eine Allianz mit den Langobarden und andererseits eine Verständigung mit den Byzantinern. Gab es etwas, das für die Langobarden sprach? Sie wären derzeit, wollten sie Italien gewinnen, auf die Hilfe anderer Völker angewiesen. Die „Langbärte“ verfügten jedoch, verglichen mit der einstigen Anzahl der Goten, nur über ein kleines Volk. Von daher mussten sie dankbar sein für jeden Krieger, der ihnen bei der Eroberung half und danach den eroberten Besitz mit absicherte. Für sie sprach, dass sie wie die Goten dem Arianischen Glauben anhingen, damit gäbe es in religiöser Hinsicht nicht die Schwierigkeiten, die mit den katholischen Franken zu erwarten wären. Dagegen sprach, dass die Langobarden inzwischen die große Feldherrnkunst des Narses kannten und auch fürchteten. Außerdem konnten die Langobarden sich Zeit lassen, sie saßen derzeit auf gutem Land und erfreuten sich dort eines auskömmlichen Daseins. Diese Alternative, so sehr Aligern auch damit liebäugelte, schied für ihn daher vorläufig aus. Doch was blieb dann überhaupt noch? Wie stets, gelangte er wieder am selben Punkt an, erneut begann sich alles im Kreis zu drehen.

Gerade als er sich – wieder einmal – der noch verbliebenen Alternative, dem Pakt mit den Byzantinern widmen wollte, da meldete ihm ein Wächter seine Beobachtung. Die Isaurier trafen an der Meerseite Vorbereitungen für einen großen Angriff. Aligern wurde unruhig, das konnte nur eine Finte sein, denn ausgerechnet am bestgesicherten Punkt anzugreifen, das war aus seiner Sicht so töricht wie aussichtslos. Daher verstärkte er dort seine Mannschaft nicht, wies aber alle anderen an besonders auf der Hut zu sein, denn er erwarte eine „Teufelei" der Byzantiner. Aligern blieb an der Südseite stehen und beobachtete das Lager der Byzantiner. Er sah wie ein großer Teil der Belagerer Richtung Meerseite zog, doch davon ließ er sich nicht blenden. Sein Instinkt und seine langjährige Erfahrung signalisierten ihm große Gefahr. Einzelne byzantinische Krieger bewegten sich so, als ob sie ziellos schlendern würden, auf die südliche Felsseite zu. Sonst hätte er diese Beobachtung als belanglos abgetan, doch jetzt witterte er eine Bedrohung. Eisern blieb er auf seinem Posten, selbst als an der Meerseite die feindlichen Tuben schmetterten, die Pauken dröhnten und das wilde Angriffsgeschrei immer lauter wurde. Er behielt recht, denn auf einmal eilten immer mehr feindliche Krieger zur Südseite, um sich dort „unauffällig" zu sammeln. Aligern hieß alle freien Mannen sich auf die Bastionen der Südmauer zu verteilen. An den anderen Abschnitten der Stadtmauer sollten aber vorsichtshalber noch einige Beobachter bleiben.

Was heckten die Byzantiner wieder aus? Die Verteidiger konnten nicht so richtig erkennen was dort unten geschah, ansonsten hätte sie dies sehr beunruhigt. Denn am Fuße des Felsens lagen mit Schwefelbrocken gespickte Strohballen bereit. Die nahen Phlegräischen Felder mit ihren Schwefelblüten hatten Narses auf diesen Gedanken gebracht. Heimlich hatten die Byzantiner in der letzten Nacht Sturmleitern und Strickleitern herbeigeschafft und geschickt unter einem leicht überhängenden Felsen verborgen. Des Narses wilde Elitekrieger, die Isaurier, verstärkt durch

Perser, bekamen den Auftrag, die Strohballen in Brand zu stecken, wenn der Wind stark aufgefrischt hatte. Dann sollten sie, geschützt durch den nach oben ziehenden Rauch und durch feuchte Tücher die Leitern anlegen und nach oben klettern. Damit die Goten dieses Manöver nicht richtig einordnen konnten, sollte zur gleichen Zeit auch an anderen Stellen Feuer gelegt werden. Narses wollte dadurch bei den Verteidigern Verwirrung stiften und diese ausnützend dann an der einen Stelle gezielt angreifen. Eine zeitlang vernahmen die Goten nur vom Meerbereich her das Lärmen vorgetäuschter Angriffsversuche. An allen anderen Abschnitten herrschte solange eine trügerische Ruhe bis eine starke Brise die Angreifer begünstigte und den beißenden Rauch am Fels nach oben kriechen ließ.

Kaum quollen die ersten Rauchschwaden über die Mauer nach oben, da reagierte der Herzog, doch nicht so wie es sich der Byzantinische Feldherr zuvor erhofft hatte. Aligern orderte Gefäße mit Wasser und Tücher und ließ noch weitere Krieger von der Meerseite abrücken. Gespannt warteten die Goten mit tränenden Augen, notdürftig geschützt durch die immer wieder angefeuchteten Lappen. Nur noch eine Hundertschaft verblieb an den anderen Abschnitten der Stadtmauer. Alle restlichen Krieger erwarteten gespannt die aus dem Rauch auftauchenden Byzantiner. Aligern hatte ihnen befohlen die Angreifer bis zu den Mauerkronen hochkommen zu lassen und dann erst anzugreifen. Lange Stangen mit Gabeln am oberen Ende lagen bereit, mit ihnen würden sie die Leitern umstoßen. Das war die Aufgabe von eigens dafür eingeteilten kräftigen Männern. Die anderen Kämpfer standen mit Lanzen und Pfeilen, mit Schwertern und Streitäxten bereit, um den Angreifern Paroli zu bieten.

Wie die Katzen kletterten die Isaurier herauf, die Leitern und Strickleitern machten sie am Fels fest, zogen mit Seilen weitere Leitern nach. Dann erst griffen sie an, denn der Rauch wurde dünner und weniger lästig. Sie gingen davon aus, dass ihnen nur wenige, durch die Überzahl der Angreifer überraschte Verteidiger gegenüber stehen würden, doch weit gefehlt. Was sie oben erwartete, das war ein Inferno. Leiter um Leiter wurde umgestoßen und riss die Byzantiner mit in den Tod. Pfeilschüsse besorgten den Rest, nur einigen wenigen gelang es, auf die Mauerumgänge zu steigen und diese wurden dort zu Opfern der

Goten. Gefangene machten die Goten aus Prinzip nicht, denn diese würden ihre Situation verschlechtern. Jeder Gefangene müsste versorgt und bewacht werden, und das wollte Herzog Aligern auf keinen Fall.

Der abgeschlagene Angriff kostete die Goten lediglich einen Toten und vier Verletzte. Die Angreifer hingegen verloren nicht weniger als vierhundert Isaurier und Perser. Für den enttäuschten Feldherrn Narses war dies ein bitterer Misserfolg seines vielversprechenden Planes. Nun verblieb Narses nur noch das zeitfressende Aushungern der Goten, vielleicht kam ihm aber doch noch eine gute Idee, mit der er die Goten überraschen konnte. Aligern nagelte ihn hier fest, dabei wollte Narses doch längst Mittelitalien besetzen und über den Appennin vorstoßen. Diese Verzögerung würde seinem ungeduldigen Kaiser bestimmt nicht gefallen, denn dieser erwartete seit langem die erlösende Meldung über die endgültige Niederwerfung der zäh kämpfenden Goten. Der Triumphzug, den sich Narses so sehr wünschte, entschwand damit in weite Ferne.

Droben in der eingeschlossenen Stadt folgte auf das Husten und die tränenden Augen ausgelassene Freude. Herzog Aligern gab eine Extraration Wein, Fleisch und Brot aus, um seinen Mannen auf diesem Weg zu danken. Endlich konnte wieder einmal nach Gotenart gezecht und dem Braten zugesprochen werden. Es war zwar nicht der Sieg, doch ein deutliches Signal an das Heer des Narses. Nur noch wenige Wächter hielten auf den Mauern aus, sie würden ihren Anteil später erhalten. Doch selbst jetzt wäre ein erneuter Angriff der Byzantiner nicht von Erfolg gekrönt gewesen, denn der Herzog schärfte den Wachen größte Vorsicht ein. Die Grotten der Sybille hieß er besonders im Auge zu behalten und die dortige Wache sofort zu verstärken. Kaum hatte diese zusätzliche Wache ihre Position in der ewigen Dunkelheit bezogen, da wurden sie auch schon alarmiert.

Leise tapsende Schritte waren zu vernehmen, dann ein Ruckeln an der im letzten Teil des Seitengangs ausgelegten Leine. Dreimal zog jemand daran, kurz hintereinander. Das war ihr vereinbartes Zeichen und konnte nur von einem der erwarteten Boten stammen. Graf Totila, des Herzogs Stiefsohn, taumelte aus der Finsternis heraus auf die Wachen zu, die er mit letzter Kraft erreicht hatte, er sah böse mitgenommen aus. Über das

Gesicht tropfte Blut und an seiner rechten Seite färbte Blut seinen zerfetzten Umhang. Mühsam schafften ihn zwei Männer hoch zum versteckten Ausstieg hinter der Kirche. Der junge Graf befahl den beiden Wächtern ihn unverzüglich zum Herzog zu bringen, doch entkräftet und verletzt wie er war, sank er auf dem Platz vor der Residenz zusammen. Jäh brach dort das fröhliche Treiben ab, den Männern blieb das Gelächter in der Kehle stecken, das Kreischen der leichten „Damen", das zuvor die rauen Gesänge der Krieger übertönt hatte, erstarb. Was war geschehen, was kündete der Bote? Sein ramponiertes Aussehen ließ auf nichts Gutes schließen. Wo waren denn seine sechs Begleiter geblieben? Doch derjenige, der alle diese Fragen hätte beantworten können, wurde auf Geheiß des Herzogs in den kleinen Palast getragen, wo sich ein Medicus seiner annehmen sollte. Der alte Arzt versorgte die klaffende Wunde am Oberschenkel, verklebte den Schnitt an der Stirn und verabreichte dem Verletzten einen stärkenden Trank. Der Medicus, einer der wenigen hier gebliebenen Einheimischen, bestand darauf, dass der erschöpfte und verwundete Stiefsohn des Herzogs zuerst eine Ruhezeit bekam. Zuvor konnte Totila dem Stiefvater noch zuflüstern: „Vater, ich bringe Euch drei Briefe aus Ticinum, doch meine Gefährten liegen tot oder schwerer verwundet hinter dem Eingang zur Grotte." Dann versagte ihm die Stimme, vor purer Erschöpfung sank er in einen tiefen Schlaf.

Eilig stiegen danach drei gut bewaffnete Zehnerschaften hinunter in die dunkle Grotte. Fackeln erhellten ihnen den Weg. In einer seitlichen Nische fanden sie die beiden Schwerverletzten und die vier toten Goten. Zuvor hatten sie noch vorsichtig das Gelände vor dem Eingang erkundet. Keine byzantinische Wache war zu sehen. Unweit des Eingangs lagen zerschmetterte Leichen und geborstene Leitern. Trotz der Dunkelheit erkannte der Führer einer der Zehnerschaften, dass fünf der anderen Toten nicht vom Sturz getötet, sondern erdolcht wurden oder im Kampf umgekommen waren. Etwas weiter entfernt fanden sie noch weitere durch das Schwert getötete Isaurier. Es handelte sich offenkundig um die Wächter, die den gotischen Boten zum Opfer gefallen war. Danach warfen die suchenden Goten diese Toten zu den anderen Leichen, zerschlugen ihnen eilig mit Steinen Köpfe und Glieder. Es sollte so aussehen, als wären die heruntergestoßenen Angreifer auf sie gestürzt und hätten die Wachen mit in den Tod mitgerissen. Die Byzantiner durften auf keinen Fall Verdacht schöpfen und die Grotte der Sybille erneut untersuchen, um dann doch noch den geheimen Zugang zu entdecken. Darüber geworfene Teile der Leitern sollten die Täuschung noch verstärken. Kaum hatten sie diese makabre Drapierung beendet und sich wieder in den Schutz der Grotte zurückgezogen, da erschien die Ablösung der Wächter. Mit ihnen kamen auch noch Knechte, um die Leichen zu bergen und zu begraben. Unentdeckt verschwanden die Goten in der Grotte und trugen ihre Verletzten und Toten hinauf in die rettende Stadt.

Am nächsten Morgen war Totila wieder soweit gekräftigt, dass er berichten konnte. Seine Mutter und der Stiefvater umstanden sein Lager. Herzog Aligern hatte der Versuchung widerstanden und die Schreiben aus Ticinum nicht geöffnet. Er wollte zuerst den Bericht seines Stiefsohnes hören und sich danach den Briefen zuwenden. Nicht noch einmal wollte er sich von seinen Affekten fortspülen lassen, wie in der harschen Botschaft an die Edlen in Ticinum, die er Totila vor zwei Wochen mitgegeben hatte. Längst ärgerte ihn seine damalige Reaktion, aber Diplomatie zählte leider nicht zu seinen Stärken. Als „Aligern, der reizbare Löwe", titulierten ihn gelegentlich seine Krieger. Diese wenig schmeichelhafte Bezeichnung ärgerte ihn mächtig, die er rein zufällig mitbekommen hatte. Noch immer leicht geschwächt berichtete ihm der junge Graf: „Vater, wir waren leider einen Augenblick lang unvorsichtig, setzten darauf, dass die Wachen durch den Angriff ihrer Kameraden auf Cumae abgelenkt sein mussten, doch dies war ein böser Irrtum. Diese verfluchten, wilden Isaurier darfst du nie unterschätzen, so wie wir es taten." Aligern nickte nachdenklich und entgegnete ihm: „Das stimmt leider, des schrecklichen Neraos Bluthunde sind unsere gefährlichsten Gegner, mit diesen ist wahrlich nicht zu spaßen." „Vater, Ihr irrt Euch, ein anderer befehligt nun die Isaurier, den Neraos hat die Hölle verschluckt. Am Sarnus büßten die Isaurier zudem mehr als ein Drittel ihrer Horde ein", widersprach ihm Totila. Freudig überrascht wandte sich ihm der Herzog zu. „Stimmt das wirklich? Neraos, der schon so viele unserer besten Recken eigenhändig erschlagen hat, ist tot. Woher hast Du diese gute Kunde, Totila?" „Vom alten Waffenmeister Hildebrandt, denn der erlebte den wilden Zweikampf aus nächster Nähe mit. Er war auch dabei als die Unseren mehr als Tausend der Isaurier erschlugen." „Dies ist fürwahr eine wunderbare Botschaft, mein Sohn", wandte Aligern ein. „Bestimmt hatte keiner außer meinem Bruder Teja den Mut und auch das Waffengeschick dazu, so muss es gewesen sein." Ganz sicher war sich der Herzog, denn etwas anderes war für ihn nicht vorstellbar. „Vater, ich muss Euch schon wieder enttäuschen, es verlief anders. König Teja war zu diesem Zeitpunkt leider bereits gefallen, ein anderer Edler bezwang den Neraos." Interessiert und mit einer leisen Verunsicherung in den Augen blickte Aligern auf, wollte ungeduldig wissen, wer denn dann diese Heldentat vollbracht hatte. Davon ungerührt beschrieb ihm Totila zuerst den Verlauf der Schlacht am Sarnus, so wie er es von den dort kämpfenden Edlen und Kriegern in Ticinum erfahren hatte. Er schilderte den mörderischen Kampf, den heldenhaften Tod König Tejas und den rächenden Ausfall der Goten. Totila spannte seinen Stiefvater ganz bewusst auf die Folter, denn er kannte dessen Feindschaft zu seinem Cousin Indulf, dem neuen Herrscher der transpadanischen Goten, was Aligern ja noch nicht wissen konnte. Daher flocht er nun die Kränkung und Degradierung Indulfs durch König Teja ein und entlockte damit seinem Stiefvater ein kurzes und triumphierendes Lachen. Als dieser jedoch den Anlass dieses Eklats erfuhr, da erlosch dieses Triumphgefühl sogleich wieder, denn innerlich musste er Indulf recht geben.

Totila drehte sich auf seinem Lager, dabei entfuhr ihm ein nicht zu unterdrückender Schmerzenslaut, der seine Mutter Gerlindis auf den Plan rief. „Mein Gemahl, verschone bitte Totila mit weiteren Fragen. Du siehst doch auch wie geschwächt er noch ist." Statt des Angesprochenen antwortete ihr Sohn: „Mutter, es geht schon wieder, ich hatte mich nur falsch bewegt. Meine Verletzung ist zum Glück nicht so schwer. Wir sind doch deswegen jeden Tag bis tief in die Nacht hinein geritten, um Euch, Vater, die erwartete Botschaft so früh wie irgend möglich zu überbringen. Und nun soll ich damit noch länger warten, liebe Mutter?" Diese nickte ergeben, ohnehin hatte die stille Frau gegenüber ihrem dominanten zweiten Mann einen schweren Stand. So fuhr der junge Graf fort und verhehlte auch nicht den großen Anteil, welchen Herzog Indulf an dem ehrenvollen Abzug, und an den Siegen über die Römer und Hunnen hatte. Aligern, davon aufgewühlt, drehte Frau und Sohn den Rücken zu, starrte aus dem kleinen Fenster hinaus in den hellen Morgen. Auf dem spiegelglatten Meer tanzten Tausende von flirrenden Silbersternen als Boten der Sonne. Doch nicht dies nahm der Herzog wahr, er sah in dem am Horizont mit dem Himmel verfließenden Meer nur noch die ihm verschlossene Pforte zu der so schmerzlich vermissten Freiheit. Er, der sich am wohlsten fühlte, wenn er auf dem Rücken eines Pferdes über weite Fluren reiten konnte, war hier in dieser Felsenstadt eingesperrt, gefangen in einer Falle ohne jegliche Hoffnung. Ausgerechnet sein Cousin Indulf hatte es – genauso wie er es geträumt hatte – tatsächlich geschafft, dem Kampf am Sarnus zu entrinnen und sich von Narses seine Freiheit zu erhandeln. Doch zu welchem Preis? Und die überlebenden Kämpen wählten ihn dafür zu ihrem Herzog, was Aligern zwar wurmte, aber andererseits auch akzeptierte. In Aligern tobte ein wilder Kampf zwischen seinem Groll auf den Cousin und dem Respekt, den ihm der Bericht abnötigte. Noch überwog der Groll, aber er loderte bei weitem nicht mehr so heftig. Als er sich wieder gefasst hatte, wandte er sich erneut seinem Stiefsohn Totila zu. Doch bevor dieser seinen Bericht fortsetzen konnte, brachte ein Leibwächter eine schlimme Nachricht.

Feldherr Narses ließ dem Herzog eine Botschaft übermitteln und ein Schreiben beifügen, das erbrochen und blutbefleckt war. Der Byzantiner richtete aus, dass alle sieben Boten, die Aligern nach Verona gesandt hatte, ums Leben gekommen waren. Aligerns Gesandte sollten dort die Absichten der dortigen Goten erkunden, und jetzt hielt er lediglich dieses blutbefleckte Schreiben in Händen. In seinem Schreiben hatte er die Goten Venetiens aufgefordert, ein Entsatzheer zusammenzustellen und mit diesem gen Cumae zu ziehen. Deutlich hatte er darin klar gemacht, dass ausschließlich er, Herzog Aligern, der Bruder des letzten Königs, einen Anspruch auf den Königsthron habe. Und nun musste er auf der Rückseite lesen: „Aligern, Du hast uns nichts zu befehlen. Von uns hast Du nichts zu erwarten, Deine Absichten sind nicht die unseren, kümmer Dich selbst um Deine Freiheit. Im Namen der Edlen von Venetien und Aemilia gez. Wutulf, künftiger König der Goten.“ Ein Wutschrei, der sonst aus seiner Kehle gequollen wäre, unterblieb. Aligern fühlte sich wie vor den Kopf geschlagen, er konnte nicht begreifen was hier stand; mit einer solchen Unverschämtheit hatte er nicht gerechnet. Ohne einen Kommentar entließ der Herzog den Wächter, griff nach einem Hocker und nahm geistesabwesend am Krankenbett Platz.

Totila unterbrach Aligerns verdüsterte Gedanken mit den Worten: „Vater, das Schlimme an dieser üblen Nachricht ist nicht, dass Ihr anscheinend die Absichten der venetischen Goten nicht mehr erfahren werdet, sondern dass unsere Boten tot sind.“ Aligern runzelte die Stirn, er liebte es nicht, wenn er ungefragt angesprochen wurde, er fand den Einwand seines Stiefsohns nicht gut, doch dieser begründete ihn sogleich. „Lieber Vater, des Wutulfs Absichten und jener, die er um sich scharen konnte, die erfuhr ich auch in Ticinum.“ So erhielt der Herzog doch noch die Informationen aus Venetien, obgleich es ihm so gar nicht gefiel, was er aus dem Munde Totilas erfahren musste. Seine schlimmsten Befürchtungen wurden leider bestätigt, der bevorstehende Einfall der Franken verschlimmerte ihre Situation. Wutulf und die im Nordosten lebenden Goten gingen also ein Bündnis mit den Franken ein, was er als eine riesige Dummheit ansah. Aligern war auch mächtig erbost darüber, dass Graf Wutulf nach der Königskrone griff. Ausgerechnet dieser in seinen Augen so wenig Würdige maßte sich an, der König der Goten zu werden; ein Emporkömmling an der Spitze des Gotenvolkes war für ihn so lächerlich wie unvorstellbar. „Wie steht Graf Indulf dazu?“ Beharrlich verweigerte er dem Cousin den Herzogstitel. „Vater, er steht den Franken unversöhnlich gegenüber, erteilte einem möglichen Bündnis eine klare Absage, und dies vor allen Edlen der Goten in Transpadanien.“ „Endlich einmal eine gute Botschaft! Wird Graf Indulf stattdessen wieder gegen die Byzantiner ziehen?“

Totila schilderte ihm den Verlauf der Verhandlung zwischen Narses und Indulf, so wie es ihm Hildebrandt und Graf Wittich wiedergegeben hatten. Aligerns Gesicht wurde zum Spiegelbild seiner inneren Zerrissenheit. Wäre es einem anderen als Indulf gelungen, er hätte diesen bewundert für den unglaublichen Erfolg. Den Preis hierfür fand er eigentlich lächerlich. Der Status als Foederaten der Byzantiner, ohne jede Verpflichtung zur Waffenhilfe außerhalb Transpadaniens, das galt als ein Novum. Noch dazu hatte ihm Narses nicht nur einen Geleitbrief ausgestellt sondern auch noch weitere Freiheiten eingeräumt. Kein Entsatz von Cumae und keinerlei Bündnisse oder gar Kriegshandlungen gegen die Byzantiner, das war zu verschmerzen, auch wenn dieser Vertrag seine eigene Lage noch hoffnungsloser machte. Aber welchen Sinn machte dann der Stützpunkt in Genua? Das konnte sich der Herzog nicht erklären? Wozu brauchte Indulf denn Schiffe? Wollte er mit ihnen Handel treiben oder gar wegziehen? Nun, das wollte er jetzt von Totila erfragen, doch der kam ihm zuvor.

Bewundernd ja fast verehrend erzählte Totila von Indulf, was Herzog Aligern vor einigen Minuten noch zu einem seiner Zornesausbrüche gereizt hätte. Doch jetzt konnte er den jungen Mann verstehen. Er wurde in Ticinum gut aufgenommen, speiste an des Cousins Tafel und durfte sich nicht nur im Palast sondern auch in der Stadt frei bewegen. Totila schien nicht nur die von Indulf so überzeugten und ihn verehrenden Edlen zu verstehen, unverkennbar für Aligern teilte Totila innerlich bereits deren Einstellung. Davon war Aligern noch etwas entfernt, doch als ihm Totila auf Nachfrage endlich den Namen des Helden nannte, der den Isaurierführer Neraos im Zweikampf besiegt hatte, da neigte sich die Waagschale seines inneren Kampfes zugunsten des Cousins. Also stellte sich Indulfs Sieg über Bulkari, den Anführer der Heruler doch nicht als ein Glücksfall dar, wie er es sich bisher in seinem Groll eingeredet hatte. Wer solche Zweikämpfe bestehen kann und als Anführer seine Gefolgsleute so fest an sich zu binden vermag wie Indulf, der war des Königstitels nicht weniger würdig, als er selbst, der Bruder des letzten Königs Teja. Jetzt erst war er bereit, die von Totila mitgebrachten Schreiben zu lesen, doch zuvor wollte er noch erfahren, warum die Byzantiner den transpadanischen Goten, die doch fernab des Meeres siedelten, zwölf Schiffe überlassen hatten? Dies erschloss sich ihm nicht, Totila sollte ihm dazu Näheres berichten.

„Vater, unsere Brüder in Transpadanien beabsichtigen spätestens in zwei Jahren aus Italien abzuziehen und das von ihnen besiedelte Gebiet den Byzantinern zu überlassen.“ „Von wem hast Du das, Totila?“ Den Herzog faszinierte diese Botschaft, denn obwohl die Kraft der noch in Italien verbleibenden Goten dadurch weiter geschwächt würde, dachte er darüber hinaus. Wenn es Indulfs Gefolgsleute gut anstellten, dann kämen sie dadurch frei und könnten überleben. Und er und die Seinen, was war mit ihnen? „Vater, ich erfuhr es sowohl von Graf Gesalich als auch vom Waffenmeister Hildebrandt, der sogar das angestrebte Ziel kennt. Von ihm hörte ich, dass dieses eine Insel weit draußen im Atlantik sein soll.“ Aligern horchte auf und setzte nach: „Wollen unsere Brüder am Ende gar nach Britannien oder Hibernia (Irland), vielleicht sogar nach Isenland (Island) ziehen?“ „Vater, dahin bestimmt nicht, Genaues wussten meine beiden Informanten selbst nicht. Der Waffenmeister sprach von einer Insel Vandalia, die vor Jahren von Seefahrern der Vandalen wiederholt angesteuert wurde. Eine dauerhafte Besiedelung war ihnen von ihrem damaligen König Thrasamund untersagt worden." Aligern erinnerte sich plötzlich an eine lange Unterredung seines Vaters mit den vandalischen Gesandten, der er als junger Mann zugehört hatte. Damals träumte er davon mit Teja, Indulf und den Freunden dorthin zu reisen und zu siedeln. Welch ein spannendes Abenteuer wäre das gewesen. Stattdessen mussten sie dann alle in diesen verfluchten Krieg ziehen. Sie kämpften nun schon seit fast achtzehn langen Jahren ohne jegliche Aussicht auf Freiheit, die sie so sehr ersehnten. Sie würden allesamt auf den Schlachtfeldern verbluten, in den belagerten Städten ausharren und verderben. Die Überlebenden erwartete entweder ein Dasein als Söldner der Byzantiner oder, was noch weit schlimmer wäre, ein „Leben" als Unfreie, irgendwo im Imperium von Byzanz. Immer wieder verfing er sich in diesen Gedanken, kam über jenen hoffnungslosen Punkt nicht hinaus. Und sein Cousin Indulf fand einen Weg und durchschlug dieses Dilemma, wählte eine riskante, jedoch nicht aussichtslose Alternative. Ausgerechnet dieser Cousin, welcher ihm einst Rechis weggenommen hatte, der sollte die Seinen, wie einst Moses, in ein gelobtes Land führen. Kühn und dennoch wohldurchdacht erschien Aligern dieser Plan, und er versprach tatsächlich Erfolg.

Wie, um sich selbst aus den Träumen zu reißen, stellte er Totila die Frage, ob er denn gerne mitziehen würde. Auf dem falschen Fuß erwischt, druckste Totila herum, doch dann gab er es zu, eines Wutausbruchs gewärtig, doch Aligern lächelte und ermutigte ihn weiterzureden. „Vater, wenn ich ungebunden wäre, dann würde ich mich Herzog Indulf anschließen." „Du bist doch ungebunden, mein Sohn, was hindert Dich daran?" Diese Frage brachte Totila völlig aus dem Konzept, denn damit hatte er nicht im Traum gerechnet. „Vater, ich will Euch doch treu bleiben und auch Mutter nicht im Stich lassen." Fast schroff und erneut unerwartet antwortete der Herzog. „Totila, ich liebe Dich so, wie wenn Du mein eigenes Blut wärest. Daher will ich nicht, dass Du fürderhin mein Schicksal teilst. Es ist ein elendes, ja widerliches Dasein: Wir kämpfen, töten andere oder werden selbst verwundet wenn nicht gar getötet. Meine Zukunft – ich sehe sie nüchtern und ohne jede Illusionen – sieht grau, treffender gesagt finster aus. Du sollst sie nicht teilen müssen, und auch Du meine Gerlindis sollst Dich frei entscheiden, ob Du mit Totila in eine bessere Zukunft ziehen, oder mich in den

Untergang oder das dumpfe Los als Krieger begleiten willst." Seine Gemahlin wollte darauf antworten, doch der Herzog sprach weiter: „Denkt darüber nach, lange und ohne jede Beschönigung. Ihr beiden lieben Menschen seid mir nichts schuldig und Ihr lebt auch nur einmal. Ich komme aus dieser Situation in Cumae nicht so gut heraus, wie Indulf aus der seinen. In den unausweichlichen Kampf mit den Franken werde ich wohl oder übel ziehen müssen. Narses wird wenn es gut für uns läuft vielleicht einem Teil unserer Mannschaft den freien Abzug erlauben, doch nicht allen, das könnte der bittere Preis sein. Ich jedoch muss bleiben, denn ich habe mich bei dem unnötigen Hinschlachten der Geiseln meinem König und Bruder angeschlossen, obgleich ich dies weder für gut noch für klug hielt. Damit habe ich Unrecht getan und bin den Byzantinern etwas schuldig. Außerdem gehe ich von einem aus: Narses wird mich an seiner Seite brauchen, wenn er schon Indulf hierfür nicht gewinnen konnte, das ist recht leicht auszurechnen." Er dankte Totila für seinen guten Bericht, strich ihm väterlich über das Haar und verließ das Gemach, in dem er zwei völlig verwirrte Menschen zurückließ.

In seinem Amtszimmer angelangt, öffnete der Herzog die drei Schreiben, nahm zuerst jenes der Cousine zur Hand. Rechis beschwor darin die gemeinsame Kindheit, erinnerte an das gute Verhältnis welches sie verbunden hatte. „Wie Bruder und Schwester standen wir zueinander, das war viel, doch Dir nicht genug. Als dann Indulf in mein Leben trat, da ergriff mich ein anderes Gefühl, ich entbrannte in Liebe zu ihm, dem doch etliche Jahre älteren Mann. Indulf war mir stets ein guter Gemahl, ich liebe und verehre ihn noch heute. Deinen Hass auf ihn konnte ich nie verstehen, denn ich traf eine freie Wahl. Ich habe mich damit nicht gegen Dich entschieden, denn seinen Bruder liebt man, doch anders als den Gemahl, dem ich dann folgte. Mehr will ich dazu nicht sagen, denn ich weiß, dass meine Worte Dich nicht bewegen können, lediglich bitten will ich Dich, noch einmal über diese unglückselige Einstellung nachzudenken." Zum Schluss ersuchte sie den Cousin, sich doch Rechis Schwiegersohns Usigal anzunehmen, der unter ihm diente. Rechis schloss den Brief mit dem Gruß „Deine Dich nach wie vor sehr schätzende Cousine Rechis."

Aligern lachte bitter auf, ausgerechnet des Usigal sollte er sich annehmen, dieses so leichtfertigen und undisziplinierten Menschen. Der gut aussehende Mann trieb es wild mit den Dirnen, betrank sich häufig und galt im Kampf als Drückeberger, um nicht zu sagen, als Feigling. Dieser verweichlichte Nachkömmling einer altangesehenen Sippe, war nicht würdig einer solch hochstehenden Familie wie jener von Indulf anzugehören. Wäre der Kerl tot, dann könnte Rechis Tochter vielleicht noch einen würdigeren Mann finden. Aber diese Sorte von „Mann" wie Usigal war einfach nicht prädestiniert zum Helden, selbst der Schlachtentod verschmähte ihn bisher. Er würde Rechis den Gefallen tun, doch anders als sie sich das vorstellte. Beim nächsten Angriff der Byzantiner würde er den Usigal in die vorderste Linie beordern. Bewährte er sich, dann würde er ihn anschließend ins Gebet nehmen, wenn nicht, blieb er eben entweder als Toter zurück oder er „durfte" beim nächstfolgenden Angriff erneut in vorderster Linie kämpfen. Greifen wir nun etwas vor, schon am übernächsten Tag wagten die Byzantiner einen neuen Angriff. Dieses Mal griffen sie an vielen Stellen zugleich an. Die Heruler unter Bulkari, diese gefürchteten Kämpen, schafften es tatsächlich Aligerns Mannen in Schwierigkeiten zu bringen. Etwa dreißig Herulern gelang es bis auf den Wehrgang vorzudringen. Aligern selbst griff mit seiner Leibwache ein, um diesen Angriff abzuwehren, was schließlich gelang. Doch das kurze Gemetzel hatte auch auf Seiten der Goten mehr als zwanzig Opfer gefordert. Unter den Toten befand sich Rechis Schwiegersohn Usigal, der sich in der Bedrängnis mannhaft gewehrt hatte, aber zuletzt seiner mangelnden Erfahrung Tribut zollen musste. So wurde Rechis, die Jüngere mit gerade zwanzig Jahren zur Witwe. Nach Ansicht von Herzog Aligern erwies er ihr damit einen guten Dienst, denn diese Beziehung wäre auf Dauer keine glückliche geblieben.

Das Schreiben von Indulf öffnete Aligern mit gemischten Gefühlen. Würde ihn der Cousin darin mit Vorwürfen oder gar mit Drohungen angreifen? Nichts von alledem stand in dem Brief. Indulf anerkannte sogar sein Recht zur Königskandidatur, das auch ihm, Indulf, mit dem gleichen Recht zustehen würde. Er untermauerte seinen Anspruch mit einer Skizze zu seinem Herkommen. Daraus wurde ersichtlich, dass Indulfs Mutter Theodegundis – was Aligern natürlich wusste – ebenso eine Tochter des Grafen Teja war, wie Aligerns Vater dessen Sohn.

Jedoch war ihm nur vage bekannt, dass Indulf über seinen Vater Usdrila auch ein Neffe des Königs Ildibad war, so wie König Totila über dessen Mutter Winthala. Damit hatte Indulf ihm in der so wichtigen Ahnenlinie sogar etwas voraus. Doch damit nicht genug, denn Indulf trug – was ihn ziemlich erschreckte – das Blut der Amalerkönige in sich. Seine Urgroßmutter Amalaberga, die berühmte Seherin, war keine geringere als die Schwester von König Theodemir, dem Vater des großen Theoderich. Aligern wusste, dass er hierin nicht mithalten konnte. Er musste davon ausgehen, dass auch den anderen Gotenführern Indulfs edle Abstammung bekannt war. Er jedenfalls hatte nichts davon gewusst. Aligern wollte jetzt aber keinen Rückzieher machen, denn für ihn hätte es einen Gesichtsverlust bedeutet. Er beschloss über seine Strategie zur Königswahl nochmals nachzudenken und darüber eine Nacht zu schlafen. Der Brief des Cousins endete mit der Aussage: „Lieber Aligern, solltest Du Deinem Gefängnis Cumae entrinnen können, was ich Dir ehrlichen Herzens wünsche, dann steht Dir mein Haus allezeit offen. Sollte es uns glücken eine neue Heimat zu gewinnen, dann würde ich mich freuen, wenn auch Du – bei allem Groll auf mich – dorthin mitziehen oder später nachkommen würdest. Wisse, dass wir – so meine Vorstellung – jeden Herbst mehrere Schiffe nach Genua entsenden werden, um dort die Nachzügler unseres unglücklichen Volkes aufzunehmen. Über eine Deinem Rang und Herkommen gemäße Position in der neuen Heimat werden wir uns verständigen. Dein Cousin Indulf, der Dir nach wie vor zugetan ist.“ Jetzt musste Aligern erst einmal mit seiner Rührung fertig werden. Dies war kein generöses, herablassendes Angebot, er empfand es vielmehr als eine brüderliche Geste.

Am Morgen legte Aligern sein Vorgehen bei der Königswahl fest. Er musste damit rechnen, bereits im ersten Wahlgang auszuscheiden. Der Bescheid der transpadanischen Goten, sowohl im Schreiben an ihn, als auch die Absage an seinen Boten Totila, ließ an Deutlichkeit nichts zu wünschen übrig. Danach würde die Wahl nur noch zwischen Wutulf und Indulf ausgetragen werden und da war Indulf – bei allem Groll auf ihn – der weit Würdigere. Zudem würde sich er sich nicht mit den Franken verbünden, was auch Aligerns Wollen entsprach. Daher sollten im zweiten Wahlgang seine drei an der Wahl teilnehmenden Getreuen für Indulf stimmen, das würde er ihnen durch seinen Boten mit auf den Weg geben. Doch einem König Indulf zu huldigen und ihm die Treue zu schwören, dies konnte er derzeit noch nicht über sich bringen. Vorläufig würde er – unterstellt er käme wider Erwarten frei – nicht von Indulfs Angebot Gebrauch machen, mit ihm in die neue Heimat zu reisen. Doch es in einigen Jahren zu tun, das konnte er sich inzwischen vorstellen.

Er würde den dann genesenen Totila zu seinen drei treuen Grafen senden und schweren Herzens an den Hof in Ticinum ziehen lassen. Er hatte schon bei seiner Rückkunft gespürt, wohin es den Stiefsohn zog, und er konnte dies gut nachvollziehen. Der junge Graf wollte mitgehen auf die große Reise, er hatte nicht vor, eines Tages wie so viele seines Alters unsinnig auf einem Schlachtfeld zu verbluten. Aligerns Gemahlin, mit der ihn eine stille Liebe verband, würde – so hatte sie es ihm und Totila bedeutet – nicht mit dem Sohn ziehen. Gerlindis wollte bei ihrem Mann ausharren und sein Schicksal teilen. Aligern würde Totila drei besondere Stücke aus dem Kronschatz mitgeben. So als hätte er erahnt, was Indulf am Herzen lag, sollte Totila ihm drei Dinge aushändigen. Die alte Krone der Gotenkönige, das prächtige Schwert, das König Theoderich einst bei offiziellen Anlässen getragen hatte und das Buch der Weissagungen. In diesem Werk fand sich einiges, was von Indulfs Ahnin und Seherin Amalaberga stammte. Es hatte für die Goten große Bedeutung und durfte nicht in die Hände der Feinde fallen. All diese Schätze besaßen für sie hohen ideellen Wert.

Die anderen Preziosen des Gotenschatzes würde er Narses aushändigen, denn dies war der einzige Trumpf, den er in Händen hielt. Aligern fällte in jener Nacht eine Entscheidung. Sollten die Franken – so wie es sich abzeichnete – in Italien einfallen, würde er mit Narses verhandeln und ihn bei der Abwehr der Franken unterstützen. Lieber herrschten die kultivierten Byzantiner und echten Erben Roms über Italien, als die unzivilisierten und zügellosen Franken. Aligern wollte vorläufig abwarten wie sich die Situation entwickelte und erst dann die notwendigen Schritte unternehmen. Seine Verhandlungsposition würde sich bei Erfolgen der Franken weiter verbessern. Dadurch erleichtert und befreit, machte Aligern seinen Rundgang, wünschte Totila alles Glück der Erde und hoffte auf ein Wiedersehen.

Die Königswahl

Fieberhafte Unruhe erfasste über den Jahreswechsel die im nördlichen Italien verbliebenen Goten. Was als eine Randgeschichte begonnen hatte, wuchs sich nun immer mehr zu einer „Schicksalsfrage“ aus. Wer würde zu ihrem neuen König gewählt werden? Schaffte es Graf Wutulf aus Verona, dem die größten Chancen eingeräumt wurden, oder gelang es vielleicht doch Herzog Aligern, die Edlen hinter sich zu bringen? Für Herzog Indulf war es die dritte Kandidatur um den Rang des Königs. Sollte er endlich die Königskrone erringen? Das Gotenvolk war tief gespalten, teilte sich in diejenigen, die an der Seite der Franken den Sieg suchten und in diejenigen, die Italien den Rücken kehren wollten. Die meisten Goten hielten sich von alters her lieber an die Sieger oder an jene, die Ruhm und Ehre versprachen, so wie der redegewandte Graf Wutulf. Der Kriegsheld Aligern, der noch immer gegen die Byzantiner focht, war sein Konkurrent, doch was hieß das schon. Einst entschied das große Thing, dem alle Freien angehörten, doch seit vielen Jahrzehnten oblag es nun den wahlberechtigten Edlen, einen König zu wählen. Schon Theoderich musste vom großen Thing absehen, denn allein aus organisatorischen Gründen ließ sich eine solch riesige Versammlung nicht mehr handhaben. Einst lebten die Goten über weite Teile Italiens verstreut, doch nun siedelten sie fast nur noch nördlich des Padus. Man erzählte sich, dass der große König neben anderen Gesetzen und Regelungen die Modalitäten der Königswahl aufschreiben ließ, was allerdings niemand so genau wusste.

Aus Venetien und der Aemilia sickerten Pläne durch, nach denen Herzog Aligern mit einem Entsatzheer zum Durchhalten ermutigt werden solle. So wollte Graf Wutulf dessen wahlberechtigte Gefolgsleute im zweiten Wahlgang auf seine Seite ziehen. Indulf wurde von ihm als der Verräter gebrandmarkt, der feige aus Italien fliehen wolle und seine kämpfenden Landsleute im Stich lasse. Die Vorarbeit des eitlen Wutulf hatte in Venetien gut verfangen, die Stimmen der Besonnenen ertranken in den überschäumenden Träumen der Masse. Wieder einmal lockte der Tod mit Schalmeienklängen, er benebelte die Hirne, flüsterte von Sieg, Gold und Rache. Keiner wollte dahinter die dumpfen Trommeln vernehmen, und auch nicht die Totenglocken. Der Tod trug dieses Mal ein Narrengewand, verbarg sich hinter der Fassade des großsprecherischen und protzig auftretenden Grafen aus dem Palastadel.

In Ticinum hingegen stellte sich das Volk wie ein Mann hinter ihre Edlen. Es wollte Herzog Indulf als König sehen, ihn, der für Frieden und Zukunft stand, und den sie als Helden verehrten. Indulf versprach ihnen keine paradiesischen Gefilde. Alle wussten, dass sie schwere Arbeit erwartete, dass sie sich auf Entbehrungen einstellen mussten und mit Gefahren zu rechnen hatten. Tagtäglich erlebten sie jedoch auch, dass es voran ging. Hier herrschte kein Hunger, alle, selbst die vaterlosen Waisen, die Witwen und die Alten wurden satt. Der Herzog übertrug auch den jungen Herren eigene Verantwortung, er gab ihnen Aufgaben und verstand es sie für die große Herausforderung zu gewinnen. Sein ehrliches Vorbild überzeugte die Menschen. Bangen Herzens schauten sie deshalb der Wahl des neuen Königs entgegen, denn nur wenn ihr Herzog zum neuen Oberhaupt gewählt würde, durften sie auf Frieden hoffen. Es hatte sich inzwischen überall herumgesprochen, dass die beiden anderen Kandidaten für eine Fortsetzung des Kriegs standen.

Das Neue Jahr 553 begann wie das Kriegsjahr 552 geendet hatte. Draußen herrschte trübes, mit häufigen Regenschauern durchwachsenes Schmuddelwetter, doch drinnen in den Häusern und Werkstätten wurde fleißig gearbeitet. Wer konnte, ging einer Arbeit nach, es entstanden jene Produkte, die in der neuen Heimat und auf der langen Seereise dorthin gebraucht wurden. Graf Wittich, der „Innenminister" legte Wert darauf, dass den Menschen genau erklärt wurde, woran sie arbeiteten und wofür diese Dinge gedacht waren. Es entstanden Geräte zum Bearbeiten des Bodens, zum Hausbau, für den Bau von Strassen, Brücken und Schiffen. Seile und Schnüre wurden geflochten, Kerzen gezogen, Gläser geblasen und Gefäße getöpfert. Felle wurden gegerbt, Stoffe gewebt, Schuhe und Gürtel gefertigt, Holz gedrechselt und Schnallen gegossen. Gießer, Schmiede, Glasmacher, Drechsler, Beinschnitzer, Weber, Töpfer und die anderen Handwerker beschäftigten inzwischen viele Helfer. Bis tief in die Nächte hinein dauerten die Arbeiten, die von Graf Wittich unermüdlich begleitet wurden. Häufig kam er selbst vorbei, sparte nie mit Lob und ermutigte alle zu vermehrten Anstrengungen. Nicht einmal die Gold- und Silberschmiede wurden arbeitslos, denn die Edelfreien schränkten sich zwar ein, wollten jedoch nicht auf alles verzichten, außerdem kauften auch die Einheimischen bei ihnen ein.

Trotz der großen Aufbruchstimmung, die allgemein in Ticinum herrschte, gab es immer wieder Leute, die eine andere Wahl trafen. Einer von ihnen war Graf Wisand. Er eröffnete im Rat völlig überraschend, dass er und seine Sippe nicht mitreisen würden. Diese fast Tausend Menschen wollten, sobald die Witterung es zuließ gen Norden ziehen und sich in Raetien ansiedeln. Ihr Zug sollte über das Tal des Aenus führen, um nicht mit dem großen Heer der Franken zu kollidieren. Die Frau des Grafen hatte panische Angst vor einer großen Seereise und wollte unter keinen Umständen mitziehen. Das Gerücht, in der Familie des Grafen hätte seine Frau das Sagen, bekam dadurch neue Nahrung. Alle Argumente seiner Standesgenossen prallten an Wisand ab, aber er gestand ihnen am Ende doch eines zu. Jedes Mitglied seiner Sippe durfte frei entscheiden, ob es mit ihm nach Norden oder mit dem Herzog auf eine ferne Insel ziehen wollte. Indulf nahm es recht gelassen hin, denn er hatte ohnehin nicht damit gerechnet, dass alle seine Schutzbefohlenen mit ihm das große Wagnis eingehen würden. Bei der Königswahl wollte Graf Wisand jedoch aus voller Überzeugung Herzog Indulf seine Stimme geben.

Am Tag der Königswahl versammelten sich alle Adeligen in der Mitte der Aula, die aufgrund ihres Ranges und ihres Herkommens über das Recht verfügten, den König zu wählen. Ringsum saßen und standen die anderen Edelfreien, auf der Empore ließen sich die Familien der Wahlberechtigten nieder. In der brechend vollen Aula hatten die „Löwen" alle Hände voll zu tun, um dem Wahlgremium den gebührenden Raum zu verschaffen. Draußen auf dem Platz vor dem Palast harrte das Volk bangend und hoffend auf das Ergebnis dieser Schicksalswahl. In großer Zahl waren die Goten nach Ticinum gekommen, um dieses Erlebnis nicht zu versäumen. In der Aula saß der uralte Waffenmeister am Kopfende der Tafel. Er hatte nun schon die dritte Königswahl innerhalb weniger Jahre zu leiten. Nervöse Stimmung lag über dem schicksalhaften Ereignis. Geschickt über den Saal verteilt sorgten die Garden der Edlen dafür, dass unliebsame Überraschungen im Keim erstickt und das Gefolge Wutulfs so in Schach gehalten wurde. Dieser war tags zuvor mit den Edlen aus Venetien und der Aemilia angereist. Sein großes und auch gut bewaffnetes Gefolge, hatte schon bei der Vergabe der Quartiere einige Probleme bereitet.

Wahlleiter Hildebrandt begrüßte die Edlen offiziell und wartete dann mit einer Überraschung auf. Er hielt ein altes Dokument in Händen, aus dem er die Regeln der Königswahl vorlas. Das vergilbte Pergament war in der Regierungszeit von König Theodemir verfasst worden und trug des Königs Signum. Graf Wutulf, der daraus für sich Unheil witterte, wollte dessen Echtheit prüfen. Der Wahlleiter gewährte ihm zwar Einsicht, behielt jedoch das Dokument fest in mit seinen mächtigen Händen. Sichtlich verstimmt musste Wutulf akzeptieren, dass hier keine Fälschung vorlag. Da er weder des Lesens noch des Schreiben mächtig war, machte er dies am abgegriffenen und ausgebleichten Zustand des Pergaments fest. Hildebrandt, der sich ein hämisches Grinsen nicht versagen konnte, verkündete nun wer nach diesem Papier das Wahlrecht besaß. Danach machte er deutlich, dass seit der Wahl König Vitiges noch andere Üblichkeiten hinzugekommen waren. Nach diesen hinderte den Wahlleiter nichts daran, einem der Kandidaten seine eigene Stimme zu geben. Wählen durfte, wer aufgrund seines Ranges als Herzog, Heerführer oder als Graf von alters her dazu berechtigt war. Dies galt auch für jene Edlen, die nach dem Tode des Königs in der Schlacht von der Volksversammlung zu Herzögen oder Grafen erhoben wurden. Neu war seit König Theoderich auch das Stimmrecht für zusätzlich eingesetzte Grafen mit Sonderaufgaben. Dieser Passus verschaffte dem neuen Palastadel, so auch Graf Wutulf und den meisten seiner Anhänger das Wahlrecht. Üblich geworden war es schließlich, dass die ältesten Söhne der gefallenen Heerführer deren Wahlrecht übernahmen. Dieses gab drei jungen Grafen das Recht zu wählen, unter denen sich zu seiner eigenen Überraschung auch Aligerns Stiefsohn Totila befand. Als Urenkel des legendären Feldherrn Pitza, der im Jahre 504 die Byzantiner besiegt hatte, galt er nun als Oberhaupt einer allerdings stark geschrumpften Sippe.

Zu dem jungen Grafen Totila gilt es noch nachzutragen. Der Graf durfte nicht nur von Aligern aus Cumae verlassen, auch Narses sicherte ihm freies Geleit zu. Dies war das Ergebnis eines ersten Gesprächs zwischen dem byzantinischen Feldherrn und dem gotischen Herzog Aligern. Der Byzantiner Narses suchte um diese Unterredung an, die dann auf halber Strecke zwischen dem Meertor von Cumae und dem Lager der Angreifer stattfand. Auf seiner prunkvollen Sänfte liegend, umgeben von seiner festlich gekleideten Leibgarde, zog er den vier Goten entgegen. Direkt hinter Narses schritten die Germanenführer Bulkari und Ardarich sowie der Grieche Rhodopos. Der Byzantiner wollte höchstpersönlich Herzog Aligern eine Kapitulation zu ehrenvollen Bedingungen nahebringen. Er und seine Goten würden körperlich unbeschadet bleiben und auch nicht als Gefangene abtransportiert werden, wenn der Herzog und seine Mannen sich in den Dienst der Byzantiner stellten. Ferner sollten sie die Stadt und den Gotenschatz ungeschmälert preisgeben. Der Herzog selbst sollte – so wie bisher – seine Goten direkt befehligen, und auch weiteren germanischen Kriegern als Heerführer vorstehen. Aligern, der weder Überraschung noch Zustimmung andeutete, gab sich verschlossen, sagte jedoch, er wolle sich dieses Angebot überlegen. Für Narses, der eigentlich mit einer Ablehnung gerechnet hatte, war dies mehr als er erwartet hatte. In dieser aufgeräumten Stimmung bewilligte er Aligern, dass die ihm anhängenden Goten eine kleine Delegation zur Wahl ihres neuen Königs entsenden konnten. Aligern verabschiedete Totila mit einem weinenden und einem lachenden Auge. Einerseits verlor er den Stiefsohn, doch andererseits wusste er, dass er bei einem Anfangserfolg der Franken noch bessere Bedingungen im Verhandeln erwarten konnte. Er wollte insbesonders darauf drängen, dass sein Dienst bei den Byzantinern mit der Niederlage der Franken endete, und er mit den Seinen danach frei abziehen konnte. Vielleicht liebäugelte Aligern schon damals mit seinem Nachkommen auf jene Insel, die sich sein Cousin Indulf mit seinen Gefolgsleuten als ihre neue Heimat auserkoren hatten. Doch erst einmal hoffte er darauf, dass sein Stiefsohn unbeschadet nach Ticinum durchkommen würde. Wie er bald darauf durch einen Boten erfahren durfte, war Totila wohlbehalten dort angekommen.

So berichtete es sein Stiefsohn über den Boten: Er, Totila und seine Gefährten seien unbehindert durch das Lager der Angreifer geleitet worden. Dank des Geleitbriefs von Narses kamen sie auch schnell und unbehelligt in Ticinum an. Totila habe sich dort als Stiefsohn Herzog Aligerns zu erkennen gegeben und wurde im Hause Herzog Indulfs herzlich aufgenommen. Selbst die von ihm mitgebrachte Nachricht vom Tode des Schwiegersohnes Usigal hätte darauf keinen Einfluss gehabt.

Rechis, dessen junge Witwe, hätte die Botschaft gefasst aufgenommen und mit ihren beiden Kindern den Saal verlassen. Selbst das Herzogpaar hätte wenig Trauer gezeigt, nicht einmal Usigals Kinder hätten wegen des toten Vaters geweint. Sonderlich beliebt schien der Tote in der herzoglichen Familie wohl nicht zu sein. Er, Totila, der den Toten flüchtig gekannt habe und ihn nicht sonderlich geschätzt habe, hätte sich sein Teil dabei gedacht. Soweit der Bericht, den Herzog Aligern und seine Gemahlin mit großer Erleichterung aufgenommen hatten.

Doch wieder zurück in die Aula der gotischen Residenz von Ticinum, in der nun drei junge Grafen neu zu den Wahlberechtigten stießen. Einer galt als Anhänger Indulfs, Totila als jener Aligerns und der dritte der jungen Herren war erst einmal nicht zuzuordnen. Erstaunen löste schon mal aus, dass sich Totila unbekümmert einen freien Stuhl in der linken Reihe nahm, dort wo Indulfs Getreue saßen und nicht am Ende der Tafel, wo Aligerns Anhänger Platz genommen hatten. Hildebrandt beendete das Raunen, indem er die Modalitäten der Wahl bekannt gab. Gewählt sei, wer im ersten Wahlgang mehr als die Hälfte der Stimmen auf sich vereinen könne. Gelänge dies keinem der Kandidaten, dann träten im nächsten Wahlgang jene beiden Bewerber gegeneinander an, die zuvor vorne lagen. Damit sich die Wählenden ein gutes Bild über die Bewerber machen könnten, würden die Kandidaten von einem ihrer zur Wahl berechtigten Anhänger vorgestellt werden. Um ein einheitliches Vorgehen zu gewährleisten gab Hildebrandt ein Raster vor. Erstens sei die Herkunft des Kandidaten zu nennen, wie das seiner Familie und Sippe, zweitens die bisherigen Taten und Erfolge, als drittes die jeweiligen Absichten und Ziele. Als letztem Punkt stünde es jedem der Laudatoren frei, ob er zu den anderen Bewerbern Bedenken anmelden wolle. „Selbst diese Empfehlung steht in dem alten Pergament König Theodemirs“, gab Hildebrandt bekannt. „Dieses Dokument enthält genauso die Regeln für den Umgang mit den unterlegenen Bewerbern. Er und seine Anhänger dürfen unbehindert abziehen und auch später von dem neu gewählten König nicht wegen der Bewerbung behelligt werden. Die Unterlegenen leisten den Treueid und huldigen dem König. Verweigern sie dies, dann schließen sie sich aus der Gemeinschaft der Goten aus und können nur noch auf spätere Gnade des Herrschers hoffen.“

Über die Reihenfolge der Vorstellung entschied das Los. Als erster sprach der Laudator Graf Wutulfs, ein älterer und gehemmt sprechender Graf aus der Aemilia. Er schilderte die – andere wenig beeindruckende – Herkunft aus einer edelfreien Familie, die ehrenvollen Aufgaben im Dienste von König Theodahad und seine Ernennung zum Grafen aufgrund besonderer Verdienste. Graf Wutulf habe sich in der Schlacht von Taginae ausgezeichnet und als Gaugraf in Venetien umsichtig gehandelt. Während der Rede des alten Grafen schüttelten die Anhänger Indulfs und Aligerns fassungslos ihre Köpfe. Ein wütender Zwischenruf aus dem Auditorium, dem Hildebrandt nur halbherzig wehrte, spiegelte das wider, was die Meisten im Saal dachten. „Das ist doch erstunken und erlogen, dieser Feigling ist in Taginae als einer der Ersten geflohen, er hat dabei mich und andere Goten über den Haufen geritten." Mühsam nur ließen sich die erbosten Zuschauer wieder beruhigen. Danach nannte Wutulfs Getreuer dessen Ziel als König: „Wiedergewinnen Italiens für die Goten und Entsatz von Cumae im Bunde mit unseren Freunden, den Franken." Erneut brachte ein Zwischenrufer den Laudator aus dem Konzept. „Mit Mördern und Schändern paktiert man nicht, das ist Verhöhnung unserer hier hinterrücks geschändeten und gemordeten Toten", schrie ein alter Mann in die Runde. Die Aula erdröhnte unter der lautstarken Zustimmung des Auditoriums. Erst als Herzog Indulf sich erhob und Ruhe anmahnte, glätteten sich die Wogen wieder und der alte Graf konnte einen weiteren Punkt anführen. „Ein König Wutulf wird die Byzantiner aus Italien hinauswerfen, die treulosen Römer hart bestrafen und danach das ewige Reich der Goten errichten." Daraufhin hagelte es Zwischenrufe, auch von der Empore herab. Der Einwurf „Träumer" war von den Beschimpfungen noch der gnädigste. Als die Empörung wieder verebbt war, brachte Wutulfs Laudator seine Einwände gegen die anderen Bewerber vor. Bei Herzog Aligern wandte er ein, dieser wäre zwar ein würdiger König, aber derzeit durch seine Lage zur Ausübung des Königsamtes nicht im Stande. „Wir müssen eine weitere Spaltung unseres Volkes verhindern und den Byzantinern geschlossen entgegen treten. Daher muss ein König gewählt werden, der Entscheidungen treffen und frei handeln kann. Nur er vermag es das Gotenvolk hinter sich zu scharen. Keiner außer Graf Wutulf kann dies leisten." Seine letzten Worte gingen im höhnischen Gelächter des Auditoriums unter. Wutulfs Miene verfinsterte sich, die Gesichter seiner Getreuen erstarrten in ohnmächtigem Grimme.

Der alte Graf wagte es trotzdem, seine Bedenken gegen Indulf vorzutragen, er verweigerte ihm auch den Herzogstitel. „Würde Graf Indulf gewählt werden, hätten wir einen Zauderer zum König bestimmt. Ausgerechnet ihn, der im Königsrat stets Bedenken angemeldet und zum Abwarten aufgefordert hatte. Graf Indulf will sich den Byzantinern nicht stellen und sich stattdessen aus Italien davonstehlen. Er trägt dann die Schuld, wenn Tausende von uns zu Schaden kommen, das ist Verrat...“. Weiter kam er nicht, Graf Totila, den sonst so besonnenen Löwenberger, hielt es nicht länger auf seinem Platz, ringsum erhob sich ein Orkan aus Wutgeschrei und Empörung. Indulf zog den ihm vertrauten Totila auf seinen Platz zurück. Hildebrandt erhob seine mächtige Gestalt und konnte sich in diesem Tumult nur schwer Gehör verschaffen. „Falsche Behauptungen und Beleidigungen sind durch die alten Regeln nicht gedeckt. Ich fordere die Partei um Graf Wutulf letztmalig auf, dieses unwürdige und ehrverletzende Verhalten zu unterlassen. In den alten Regeln findet sich nämlich auch eine Bestimmung, die besagt, dass diejenigen, welche wissentlich Lügen verbreiten und Mitbewerber beleidigen, von der Wahl ausgeschlossen werden dürfen. Außerdem steht es danach dem Beleidigten frei, denjenigen, der über ihn die Unwahrheit verbreitet hat, zum Zweikampf herauszufordern. Graf Wutulf, das würde für Euch den sicheren Tod bedeuten, denn Herzog Indulf hat nicht nur Bulkari besiegt, er hat auch Neraos im Zweikampf erschlagen. Das sollte Euch genügend Warnung sein! Und nun fahren wir mit Anstand fort.“ Der alte Held sprach vordergründig ruhig, doch sein Ingrimm drückte sich in der Stimme aus. Die „Venetier“, davon merklich verunsichert, duckten sich unter diesen Worten. Graf Wutulf wechselte die Gesichtsfarbe, die Aussicht auf einen Zweikampf mit Indulf schreckte diesen „Helden“ sichtlich.

Danach stellte Graf Fritiger Herzog Aligerns edle Herkunft heraus und beschrieb seine besonderen Taten und großen Erfolge. Als Bruder und Nachfolger des Heldenkönigs Teja gebühre Aligern der höchste Rang im Gotenreich, betonte er. Als dessen Ziele gab er an: Die Einigung der in Italien verbliebenen Goten, das Erkämpfen eines eigenen souveränen Staates in einem Teil Italiens, das Erreichen eines Ausgleichs mit Byzanz und das Fernhalten jeglicher Invasoren von der italischen Halbinsel. Bei seiner Aussage blieb es im Auditorium ruhig, diese

Position konnten die meisten im Raume zwar akzeptieren, jedoch nicht teilen. Als Fritiger keine Bedenken gegen Herzog Indulf einbrachte, kehrte Freude auf den Rängen ein. Lang wurden dann aber die Gesichter auf der Seite der „Venetier“, denn Fritiger nahm kein Blatt vor den Mund. Er nannte deren vorhergehenden Auftritt als eines künftigen Königs unwürdig und ein schlechtes „Vorbild“ für alle hier im Raume. „Nach Ansicht meines Herzogs ist ein König Wutulf schon wegen seiner geringen Herkunft für uns Goten nicht akzeptabel. Wer außerdem nur als Zechkumpan eines später abgesetzten „Königs“ in den Grafenstand erhoben worden war, ist nicht einmal eines solchen würdig.“ Aufflammender Beifall zeigte, dass der Graf die Meinung des überwiegenden Teils der Zuhörer traf. Wutulf wusste nun, dass er auf die Stimmen der „Cumaeer“ nicht zählen konnte und lediglich auf deren Stimmenthaltung im zweiten Wahlgang hoffen konnte.

Zum Laudator von Herzog Indulf schwang sich Graf Wittich auf. Als er die altedle Herkunft Indulfs herausstellte – die bei den Goten so viel zählte – gab es betroffene Gesichter auf der Gegenseite. Als Wittich dann darauf verwies, dass der Herzog auch das heilige Blut der königlichen Amaler in sich trage, da war das Staunen groß. Doch dann kam Wittich zum Höhepunkt: ihr Herzog sei außerdem ein Neffe König Ildibads, genau wie sein Cousin, der legendäre König Totila. Allen Wahlberechtigten war bekannt, dass aus diesem Grund einst sowohl Herzog Indulf auch als seine Cousins König Teja und Herzog Aligern Ansprüche auf den Königsthron geltend machen konnten. Graf Wittich listete die Taten seines Herzogs auf, darunter neben den schon genannten Zweikämpfen mit Bulkari und Neraos, das Ordnen des geschlagenen Heeres nach der Niederlage von Taginae. Die Siege über die Römer und Hunnen, wie den erfolgreichen Ausfall am Sarnus, stellte er als weitere Erfolge heraus. Was er jedoch als Herzog Indulfs größte Leistung wertete, war dessen Verhandlung unter vier Augen mit dem byzantinischen Feldherrn, und die ihm dabei vom Sieger Narses eingeräumten Zugeständnisse. „Frieden für uns, unsere Frauen und Kinder, das strebt der Herzog an. Er will weder in einen weiteren unsinnigen Krieg mit den Byzantinern ziehen, noch sich von den Franken vor deren Karren spannen lassen. Er wird uns alle in eine neue Heimat führen und dadurch unser Überleben sicherstellen. Das sind seine Ziele und diese teilen wir hier alle“, schob Graf Wittich nach. „Aligern ist sein Cousin, den er schätzt und durchaus für königswürdig hält, Wutulf hingegen hat doch heute zur Genüge bewiesen, wer er ist, und was er nicht sein kann. Mir diesen „Herren“ als König vorzustellen, dazu reicht meine Phantasie nicht aus.“ Dieser letzte Satz drückte die ganze Verachtung aus, die der Graf aus einer altangesehenen Familie für diesen „Prätendenten“ hatte. Dies traf den eitlen Wutulf im Mark, trieb ihm die Zornesröte ins Gesicht. Hier baute sich bereits jene erbitterte Feindschaft auf, die eine spätere Verständigung zwischen den „Transpadaniern“ und den „Venetiern“ als völlig unmöglich erscheinen ließ.

Der erste Wahlgang wurde offen durchgeführt und brachte folgendes Stimmverhältnis. Elf Edle wählten Wutulf, auf Indulf entfielen zehn Stimmen und Aligern konnte lediglich vier Wähler hinter sich bringen. Damit kam es zu einer Stichwahl zwischen Wutulf und Indulf, die mit einem überraschend eindeutigen Votum endete. Nur noch fünf Wähler sprachen sich jetzt für Wutulf aus, der konsterniert mit Tränen der Wut und Enttäuschung kämpfte. Dieser Emporkömmling hatte nach den Sternen gegriffen und landete im Nichts. Er fand sich zu allem Übel auch noch heftiger Ablehnung ausgesetzt. Viele Wähler hielten ihre Schadenfreude nicht zurück. Ein höhnischer Zwischenruf: „Hochmut kommt vor dem Fall“, zog hämisches Lachen nach sich. Auf Herzog Indulf entfielen alle anderen zwanzig Stimmen. Dies bedeutete, dass der Herzog sogar aus dem Lager Wutulfs sechs Wähler von sich überzeugen konnte. Wie eine Springflut begann der Jubel, wurde getragen von einer Mischung aus Freude, Erleichterung und Triumph. Der fähigste und würdigste aller Bewerber hatte obsiegt, der neue König der Goten hieß Indulf.

Wutulf fasste sich wieder, erhob sich mit erstarrtem Gesicht und tappte zum Ausgang, wohin ihm seine „Venetier“ folgten, einige von ihnen sichtlich zögernd. Als der Verlierer die Türe erreicht hatte wandte er sich um und stieß wütende Drohungen aus. „Ihr hochmütigen Narren, wir werden Euch hier, gemeinsam mit den Franken zu Paaren treiben. Diese Schmach werdet Ihr alle bitter büßen.“ Wäre ihm nicht zuvor die Immunität zugesichert worden, hätte er Ticinum nicht lebend verlassen können. Die „Löwen“, die auf Geheiß des Königs, die ungeliebten „Gäste“ bis zur Grenze der Stadt geleiteten, hatten Mühe und Not einen Spießrutenlauf zu verhindern, denn draußen auf dem Platz schmähte das

Volk sie als unwürdige Verlierer. Ihr Abzug glich einer blamablen Flucht, die tiefe Spuren in dem Gemüt einiger der mit ihm „flüchtenden“ Grafen hinterließ. Wutulfs Stern begann schon an diesem denkwürdigen Tag zu sinken.

Betreten wir nun wieder die Aula, in der alle Edlen dem König huldigten, auch die leicht niedergeschlagenen Gesandten Herzog Aligerns. Nur einer von ihnen tanzte aus der Reihe, der junge Graf Totila, der dem neuen König mit strahlendem Gesicht huldigte. Danach winkte er seinen Gefährten, drei von ihnen trugen jeweils ein verhülltes Kissen vor sich her. Totila, der Urenkel von Herzog Pitza, bat seinen König das erste Tuch abzunehmen. Als er der Bitte nachkam, konnte er seinen Augen kaum trauen, vor ihm lag die uralte Krone der Gotischen Könige, jene die einst Indulfs Ahnen getragen hatten. Gerührt dankte er dem jungen Grafen, ergriff – nach Aufforderung durch seine Getreuen – die Krone und setzte sie sich ehrfürchtig aufs Haupt. Unter dem zweiten Tuch verbarg sich das Buch der Weissagungen. Graf Totila verband dessen Übergabe mit dem Spruch: „Majestät, vielleicht findet Ihr darin noch einige Anregungen für eine weise Regierung.“ Der König ergriff das geheimnisvolle Buch, von dem er bisher angenommen hatte, es hätte die Wirren des Krieges nicht überstanden und blätterte fasziniert darin. An einer Stelle stutzte er und las dann eine der Weissagungen laut vor. Es konnte kein Zufall sein, sie passte wie bestellt zu dem heutigen Ereignis. „Unser Volk wird eines Tages am Abgrund stehen. Nur wenige werden der Furie des Krieges entrinnen. Diese Letzten finden in fernen Landen eine neue Heimat. Durch harte Arbeit schaffen sie sich dort ein irdisches Paradies.“ Als der König dies verlas, war die Begeisterung groß. Die verlesene Weissagung bestätigte ihre Hoffnungen und Träume und stärkte ihre Zuversicht ungemein.

Nach altem Brauch hoben die Edlen ihren König danach auf den Schild und zeigten ihn so dem Auditorium. Damit symbolisierten sie, dass der König hoch über allen stehe und sein Volk zu ihm aufblicke. König Indulf wurde in diesem Augenblick von einer Woge der Freude und Zustimmung getragen. Zuletzt überreichte Totila dem König das Schwert Theoderichs und gürtete es ihm um. Als Indulf im Begriff war auf dem Thron Platz zu nehmen, da traten seine Frau Rechis, die nun zur Königin geworden war und ihre drei Töchter – nun Prinzessinnen –

hinzu, überreichten ihrem König, Gemahl und Vater einen Mantel. Gemeinsam mit dem selbsternannten „Kämmerer“ Totila legte Königin Rechis ihrem Gemahl den weiten Mantel um. Als dieser voll entfaltet um die breiten Schultern König Indulfs hing, sahen alle seine Pracht. Die kostbare blaue Seide trug mit Goldfäden kunstvoll aufgestickte Sterne, sie standen für das Firmament und die Allmacht Gottes. Auf König Indulfs Nachfrage kam heraus, dass dieser Sternenmantel einer Idee von Riguntis entsprang, die auch die Seide aus Sizilien mitgebracht hatte. Die Töchter Theodegundis, Rechis und Riguntis hatten den Mantel eigenhändig in mühevoller Arbeit bestickt. Die prächtige goldene Spange, die den Mantel vor der Brust zusammenhielt, war das Geschenk seiner Gemahlin Rechis. Von Freude und Rührung ergriffen, schloss Indulf Frau und Töchter in die Arme. Danach nahm er erstmals als König Indulf auf dem Thron des großen Königs Theoderich Platz, um sich – nach altem Brauch – von allen Edlen die Treue schwören zu lassen.

Im Anschluss an diese Inthronisation formierte sich spontan ein feierlicher Zug. Die Grafen, die soeben noch ihren König gewählt hatten, schlossen sich dem Waffenmeister an. Geleitet von der Leibwache, und gefolgt von der königlichen Familie, trat der König hinaus auf den überfüllten Platz, vor der nun wieder königlichen Residenz. Als König Indulf sich seinem Volke im Königsornat zeigte, jubelten die Menschen laut. Es dauerte so einige Zeit bis wieder Ruhe einkehrte, dann erst konnte der greise Held Hildebrandt seine mächtige und tiefe Stimme erheben. „Edles Volk der Goten, wir haben wieder einen König. Unsere Majestät König Indulf, er lebe hoch, er lebe lang, seine Herrschaft bringe uns Glück und Segen!“ Seine Goten ließen ihren König hochleben, die Hochrufe erfüllten den Platz und die Herzen. Es schien in diesen Stunden alles wieder so zu sein, wie einst unter der glanzvollen Herrschaft des Theoderich. König Indulfs Rede an sein Volk, das gemeinsame Dankgebet und der anschließende Gottesdienst in St. Michael weckten die Erinnerung an die Glanzzeit unter dem großen Theoderich.

Am nächsten Tag gab der erwählte König ein großes Fest, an dem die gesamte Bevölkerung teilnahm. Trotz der wenig einladenden Witterung wurde auf den Strassen und Plätzen Ticinums gefeiert. Auch dieses Fest endete wie fast alle Feiern der Goten zu enden pflegten, mit trunkenen

Männern und mit Frauen, die Mühe hatten, diese danach zu ihrem Lager zu führen. An jenem Abend fand Aligerns Stiefsohn Totila Gefallen an der jungen Rechis, die sich gerne darauf einließ. Der König sah dies mit Freude, denn der junge Graf gefiel ihm ausnehmend gut. Er hatte vor, den jungen Herrn nach Kräften zu fördern.

Zwei Tage darauf gestand Riguntis ihren „neuen“ Eltern ihre Schwangerschaft und erwartete bang deren Reaktion. Der König lächelte wohlwollend: „Meine Tochter, ich habe damit gerechnet und freue mich sehr. Tejas Kind ist uns so willkommen wie Du, an unserem Verhältnis wird sich dadurch nichts ändern.“ Königin Rechis verlor wenig Worte, nahm Riguntis herzlich in die Arme und bemerkte: „Töchterchen, wie schön für uns alle, das meistern wir miteinander.“ Sie beschlossen, sowohl aus der Schwangerschaft von Riguntis, als auch aus dem Namen des Kindesvaters, kein Hehl zu machen. Die ganze Königsfamilie freute sich auf den neuen Erdenbürger. Riguntis war sehr erleichtert. In diesem Januar gab es noch eine große Hochzeit. Kronprinz Indulf und seine Braut Amalaris feierten ihre Vermählung mit großer Anteilnahme der Bevölkerung. Die Neuvermählten zogen anschließend nach Genua, in die ligurische Hafenstadt, wo Prinz Indulf seiner verantwortungsvollen Aufgabe wieder nachkam.

Die Suche nach den Vandalen

Anfang März des Jahres 553 beschloss König Indulf, sich die Fortschritte der Seinen beim Schiffsbau anzusehen. Einer der Antriebe für diese Reise war auch ein erster Besuch bei seinem Ältesten und dessen junger Frau. Dieses Mal begleiteten ihn Hildebrandt, der junge Graf Totila und der jüngste Königssohn Prinz Vinsivad. Vierundzwanzig „Löwen“ boten ihnen Schutz, den sie diesmal auch brauchen sollten. An einer schwer einsehbaren Stelle kurz hinter Iria (Voghera) wurden sie von einer Räuberbande überfallen, die glaubte leichtes Spiel zu haben. Zehn der Räuber erschlugen sie kurzerhand, worauf die anderen eilends die Flucht ergriffen. Der junge Totila entpuppte sich dabei als gewaltiger Kämpfer, indem er alleine drei der Räuber erschlug. Das große Lob seines Königs erfreute den jungen Grafen ungemein. Ein zweiter Überfall überraschte sie am nächsten Tag. Sie waren gerade dabei das Tal der Olubria (Scrivia) zu verlassen, um hinauf zum Giovi-Pass zu reiten. Ihr Reitertrupp hatte sich auf der durch den Regen schlüpfrig gewordenen Via Postumia etwas auseinandergezogen, und dies versuchte eine Bande marodierender Strauchritter auszunützen. Zum Glück für die beiden jungen Herren Totila und Vinsivad, welche die Nachhut bildeten, hatte ein Löwe das Klirren der Schwerter gehört und konnte gerade noch rechtzeitig mit seinen Kameraden die beiden jungen Herren aus einer brenzligen Lage befreien. Vinsivad trug eine Verletzung am Arm davon, Totila blutete leicht an der Stirn. Es ging damit noch glimpflich ab. Die Räuber, vermutlich entlaufene Sklaven, büßten den Überfall hingegen mit drei Toten und zwei Schwerverletzten. Alle Fünf warfen sie in ihrem Zorn, und mit Billigung des Königs, roh und herzlos in eine tiefe Schlucht hinab.

Als sie den Pass überquert hatten, empfing sie strahlendes Frühlingswetter. Das Meer lag in seiner azurnen Bläue vor ihnen, ringsum blühten Mandelbäume und Azaleen, umfächelte sie linde Luft. „So schön müsste auch unsere neue Heimat aussehen“, das wünschte sich Vinsivad, „mit viel Sonne und solch herrlichen Gefilden.“ Dieser Anblick ließ sie das vorhergegangene Scharmützel vergessen, selbst Vinsivads Schmerzen wurden für ihn so erträglich. Erneut erfuhren sie einen großartigen Empfang durch den Senat der Stadt Genua, der ihnen schon vor den Toren ein herzliches Willkommen entbot. Diese ehrende

Geste war sicher nicht ganz uneigennützig, denn schon bisher profitierte die Stadt von den Aufträgen der Goten und erhoffte sich auch weiterhin gute Geschäfte. Königliche Besuche waren selbst für diese Hafenstadt nichts alltägliches, entsprechend groß war deren Freude über die Gäste, die sie für den nächsten Abend zu einem Festmahl luden.

Prinz Indulf, Graf Beowulf und ihre Mitstreiter hatten gute Arbeit geleistet. Diese fleißigen Männer hatten nicht nur die „alten" Schiffe bestens instandgesetzt, sondern auch sieben neue Schiffe in Angriff genommen. Mehr Platz bot die Werft bisher nicht, doch der Anblick dieser unterschiedlich fertigen Schiffe erfreute den König und seine Begleiter. Das große Magazin war schon gebaut und die neue Werkstatt wurde derzeit in Betrieb genommen. Graf Beowulf, der sich vorrangig um den Schiffsbau kümmerte, wollte die sieben spätestens in zwei Monaten zu Wasser lassen. Die neuen Schiffsbaumeister verwirklichten einige ihrer Ideen und erwiesen sich als Glücksfälle. Prinz und Seegraf rechneten damit, dass sie – bedingt durch die neue Werkstatt und die noch abzuschließende Erweiterung der Werft – bis Ende August über insgesamt einundzwanzig neue Schiffe verfügen würden. Um ihre Arbeit noch zu beschleunigen, schlug einer der Baumeister vor, die derzeit brachliegenden Kapazitäten der Genueser zu nutzen. Von Prinz Indulf kam der Vorschlag, dass sie, falls sie schon in diesem Herbst die große Reise antreten konnten, noch einige Schiffe dazu erwerben sollten. Daraus entwickelte sich eine Diskussion über das Fassungsvermögen der alten, wie auch der neuen Schiffe und über die insgesamt benötigte Transportkapazität. Dreiunddreißig Schiffe sollten es nach ihrer Berechnung sein, die neben den Mannschaften etwa fünftausend Menschen und viele Güter transportieren könnten. Es fehlten ihnen also noch mindestens zehn Schiffe, die sich der König insgeheim von den Byzantinern erhoffte. Außerdem stand immer noch nicht fest, wie viele Menschen sich letztlich mit auf den Weg zur neuen Heimat machen würden. Der König nahm an, dass deren Anzahl frühestens nach dem Einfall der Franken genauer ermittelt werden konnte. Danach könnten sie immer noch bei den Genuesen die zehn Schiffe in Auftrag geben oder aber von ihnen kaufen. Dies wurde so akzeptiert, wenngleich allen Beteiligten dieser Schwebezustand nicht behagte.

An diesem Abend folgten sie einer Einladung von Prinz Indulf und seiner Gemahlin Amalaris. Das junge Paar bewohnte in der Nähe einen kleinen Palast, dessen winziger Innenhof sich als Kleinod erwies. Mit viel Liebe hatten die beiden ihr Nest eingerichtet. Ihre drei Bediensteten, die aus Noricum stammten, wurden an diesem Abend verstärkt durch die Belegschaft eines nahegelegenen Gasthofes, in dem die „Löwen" untergekommen waren. Der König nahm bei seinem Sohn Quartier, wie auch Vinsivad und Totila, die sich ein Zimmer teilten. Hildebrandt als Ehrengast fand bei Graf Beowulf eine bequeme Bleibe. An diesem geselligen Abend beschlossen die Herrschaften das vorhergesagte gute Wetter auszunützen und eine zweitägige Reise mit dem Schiff zu unternehmen. Der König wollte sich mit einer der großen Dromonen vertraut machen und hoffte, daraus vielleicht noch Anregungen für die große Reise zu gewinnen.

Ein opulentes Festmahl beim Senat ging der geplanten Seereise voraus. Mit noch schweren Köpfen stiegen des Königs Begleiter mit Prinz Indulf und Graf Beowulf an Deck des schnellsten der „alten" Schiffe. Sie wurden voller Respekt von der Mannschaft begrüßt. Alle 200 Mann, in ihrer vollen Stärke nur gedacht für kriegerische Einsätze, hüteten die Reise ihres Königs. Rasch kamen sie bei dem bereits abflauenden Nordföhn voran und die Edlen lüfteten in der frischen Brise ihre Köpfe. Da der Wind auffrischte, weiteten sie die kleine Reise aus und nahmen Kurs auf Corsica. Mit Ausnahme von König Indulf, der die rollenden Wogen unbehaglich fand, genossen alle diese Seefahrt. Doch ausgerechnet der König schlug dann aber vor noch weiter zu segeln und Corsica zu umrunden. Das ließen sich die Seeleute, die ansonsten in der Werft und beim Bau des Magazins kräftig zupacken mussten, nicht zweimal sagen. Endlich durften sie sich wieder einmal dem Meer anvertrauen, ihrem eigentlichen Element. Es war eine mondhelle Nacht und schiebender Wind, beides galt es zu nutzen. Am frühen Morgen glitten sie in die Meerenge zwischen den Inseln Sardinia und Corsica hinein.

König Indulf, der wenig Schlaf fand, stand in aller Frühe mit Hildebrandt am Bug des Schiffes, die beiden schienen gespannt das nahe Ufer zu beobachten. Sie besprachen sich kurz und ordneten an, dass die gotische Fahne gehisst und die Fahrt verlangsamt wurde. Nun wussten die meisten an Bord, was ihr Herrscher wollte; er hielt Ausschau nach den Vandalen. Keiner aus der Mannschaft war daher überrascht als ihnen der König dies eröffnete, viele Augen suchten jetzt die Ufer ab. Graf Beowulf änderte den Kurs, steuerte weiter südöstlich hinein in ein Gewirr kleiner Inseln, ließ die Segel reffen und die Ruder zu besetzen. Vorsichtig ruderte das mächtige Schiff in diese labyrinthische, sonst wenig befahrene Meeresgegend hinein. Hildebrandt meinte, diese felsigen Inseln und versteckten Buchten seien ein geradezu ideales Versteck für Seeräuber und Flüchtige. Alles Suchen schien jedoch vergebens zu sein, nirgendwo gab es Anzeichen von der Existenz der Vandalen. Sollten diese inzwischen ihren Rückzugsbereich verlassen haben? Der enttäuschte König besprach sich mit seinen Edlen und wollte gerade den Befehl geben, wieder Kurs nach Genua aufzunehmen, als sich der Krieger im Mastkorb meldete. Er nahm ein verdächtiges Blinken hinter einer flachen Insel wahr. Nun waren alle hellwach, was hatte dies zu bedeuten? Waren sie doch den Vandalen auf der Spur? Graf Beowulf ließ das Schiff wenden und die kleine Insel vorsichtig umrunden. Nichts deutete daraufhin, hier irgendwo die Gesuchten zu finden, doch Graf Beowulf gab nicht auf. Behutsam steuerte er auf einen flachen Strand zu und ließ seine Männer beidrehen. Hier entdeckten sie verräterische Spuren im Sand. Menschen hatten ein größeres Boot auf den Strand gezogen. Doch wo war dieses jetzt? Sie setzten ein Boot zu Wasser, in ihm nahmen auch einige der „Löwen“ Platz. Drei von ihnen verfolgten am Ufer die rätselhafte Spur, welche sich jedoch bald im Gestrüpp verlor. Nichts sprach dafür, dass es hier eine Ansiedlung gab; ohne weitere Erkenntnisse ruderten sie zum Schiff zurück. Etwas später meldete der Auslug das Blinken wieder und stellte fest, dieses würde dann auf zwei entfernten Inselchen aufgenommen und von dort weiter geleitet. Der König ordnete einen letzten Versuch an, die Vandalen zu finden. Sie steuerten in Richtung jener Insel, auf der das Signal zuletzt aufblinkte, verfolgten von dort die möglichen Richtungen des Spiegelsignals. Aufgrund der topographischen Gegebenheiten konnte dieses nur in einem eingegrenzten Bereich einer größeren Insel wahrgenommen werden.

Wachsam manövrierten sie in diese Richtung, immer darauf gefasst plötzlich angegriffen zu werden, doch nichts dergleichen geschah. Hildebrandt schlug vor, auf der Insel zu landen und dort zu Fuß weiterzusuchen. Sie suchten zwischen diesen gefährlichen Klippen nach einem geeigneten Anlegeplatz, manövrierten ihr Schiff behutsam an eine mit einem Baum bewachsene, ansonsten kahle Felsplatte. Sie konnten hier mit einem Sprung ans Ufer übersetzen. Diesmal folgte Hildebrandt seinem König als nächster, von den „Löwen“ und der Mannschaft mit gespannten Bögen vom Schiff aus gesichert. Indulf und Vinsivad, in Sorge um den Vater, sprangen auch ans Ufer, und ihr neuer Freund Totila setzte den vieren nach. König Indulf trug seinen Königsschild und der Waffenmeister schützte sich durch seinen riesigen, mit einem roten Eberkopf gezierten und von vielen Kämpfen gezeichneten Schild. Ihr ganzes Verhalten zeigte jedoch, dass sie in friedlicher Absicht kamen. Nichts regte sich, doch die beiden erfahrenen Recken spürten, dass sie beobachtet wurden. Aus dem verkrüppelten und schütteren Ufergehölz trat ein alter Mann heraus. Der Weißbart kam unerschrocken auf sie zu, so als schien er zu wissen, um wen es sich bei den Fremden handelte. Seine Kleidung hatte schon bessere Zeiten gesehen, sie wirkte abgetragen und zerschlissen. Das zerklüftete Gesicht mit den müden Augen zeugte von harten Tagen und von Sorge und Leid. Wer war dieser Alte? Hatten sie in ihm einen der gesuchten Vandalen vor sich?

Gleich würden sie es wissen. Der alte Mann blieb vor Hildebrandt stehen und sprach ihn in gutem Gotisch an. „Legendärer Waffenmeister Hildebrandt, an Eurem Eberschild habe ich Euch erkannt. Längst wähnte ich Euch unter den Toten, denn als ich Euch damals kennen gelernt habe, lange ist es her, da ward Ihr schon kein junger Mann mehr. Doch Ihr lebt noch.“ Jetzt erkannte auch Hildebrandt in seinem Gegenüber jenen Grafen Stilicho, der ihm vor vielen Jahren von der Insel Vandalia berichtet hatte und reichte ihm erfreut die Hand. „Unter solch ungewöhnlichen Umständen treffen wir wieder aufeinander, Graf Stilicho“, eröffnete der Waffenmeister das Gespräch. Der alte Graf nickte müde: „Held der Goten und getreuer Gefährte der Könige, es sind nicht nur ungewöhnliche, sondern bittere, ja unwürdige Umstände, unter denen wir uns hier begegnen“, bekam er zur Antwort. „Sagt, edler Hildebrandt, was führt Euch in diesen von Gott vergessenen Winkel?“ Dieser antwortete ihm darauf noch nicht, er stellte zuerst dem Vandalen seinen König und dessen Begleiter vor. Seinen König nannte er einen Helden, der die Goten aus der Hölle des Krieges befreit habe und nun die letzten von ihnen einigen wolle. Danach übergab er das weitere

Gespräch an König Indulf. Diesen beäugte der alte Graf einerseits staunend und andererseits mit einer Spur von Misstrauen. Was wollte denn ein so bedeutender Herr in dieser armseligen Gegend? Das verwunderte den Vandalen dann doch.

„Verehrter Graf Stilicho, wir suchen Euch und die letzten der Vandalen. Vorrangig gilt unsere Suche sogar Euch selbst, der uns weiterhelfen soll." Der alte Herr schüttelte verwundert den Kopf. „Majestät, was könnte ich, ein zerlumpter Heimatloser, von den Byzantinern gejagte Vandale Euch denn bieten? Wir, die versprengten Vandalen, waren bisher Fremde, wohin wir auch immer kamen. Nirgendwo waren wir willkommen, als Feinde betrachteten uns alle, die wir darum baten uns als Gäste aufzunehmen. Selbst jenen Menschen, die unter dem Joch harter Herren standen, waren wir als Bundesgenossen suspekt, sie ließen sich lieber von den eigenen Unterdückern auspressen und knechten, als von uns Fremden helfen. Nicht einmal in abgelegenen Gegenden können wir uns nun verstecken, irgendwann stöbern uns die Einheimischen auf. Unsere gelben Haare und blauen Augen verraten uns, auch der höhere Wuchs hebt uns hervor und unsere Sprache, all dies lässt uns leicht als unerwünschte Fremde ausmachen."

König Indulf unterbrach die bitteren Wortschwall des Grafen, wandte ein, dass ja nun sie, die Goten, als Fremde zu ihm kamen und um ein Gespräch baten. „Ihr lebt doch hier und habt auf diesen Inseln eine Heimat gefunden, oder gebe ich mich einem Irrtum hin?" „Majestät, Ihr irrt Euch tatsächlich. Wir Vandalen sind erst seit einem Jahr hier, mussten zuvor erneut vor den Byzantinern aus Mauretania fliehen. Hier suchen sie uns nun auch, die Einheimischen sehen uns als schwache Eindringlinge an, bekämpfen und berauben uns, verrieten uns zuletzt an den Statthalter. Die Sarden und Corsen halten es lieber mit den Starken und bekämpfen alle anderen. Sie vertrieben uns vom Festland und drängten uns ab in diese unwirtliche Inselwelt. Doch selbst hier ist unseres Bleibens keine Dauer beschieden, wir sind gerade wieder dabei aufzubrechen und uns eine neue Zuflucht zu suchen." Jetzt lächelte der König, denn nun konnte er das Gespräch in die von ihm gewünschte Richtung lenken.

„Wir können Euch zwar derzeit nur eine Zwischenheimat bieten, denn auch wir müssen unsere langjährige Heimat wieder verlassen. Doch wir haben eine klare Vorstellung wo wir eine neue und endgültige Heimat finden können. Sagt Euch die Insel Vandalia etwas?“ Der alte Herr zuckte zusammen, sein Gesicht bekam einen verschlossenen Ausdruck. Der König war sich sicher, dass der Vandale davon wusste und nun von Misstrauen überspült wurde. Warum verhielt er sich so? Hatten ihn die bitteren Erfahrungen der letzten Jahre so vorsichtig werden lassen? Vermutete er, dass ihn die Goten, die Feinde von einst, lediglich benützen und dann fallen lassen wollten? Vorerst schien das Misstrauen zu überwiegen. Der alte Graf würde vorläufig nichts preisgeben, das spürte der König. Hildebrandt, dem diese Wendung nicht entging, griff ein und sprach Stilicho direkt darauf an. „Graf Stilicho, Ihr traut uns nicht, hegt Ihr den Verdacht, dass wir Euch nur ausfragen wollen, um Euch danach Eurem Schicksal zu überlassen? Eines vorab zur Klarstellung! Wir machen Euch nicht für die Verbrechen Eures Königs Hilderich verantwortlich, das ist nun viele Jahre her. Uns plagen längst andere Sorgen. Mein König und ich halten Vereinbarungen ein, selbst jene mit unseren gemeinsamen Feinden, den Byzantinern. Wenn Ihr hier weg wollt, dann, Stilicho, solltet Ihr uns vertrauen und davon ausgehen, dass sich unsere gemeinsamen Interessen zu beider Nutzen verbinden werden.“ Sein König ergriff wieder das Wort: „Graf Stilicho. führt uns fünf Goten zu den Euren, damit begeben wir uns in Eure Hand. Nehmt dies als Zeichen dafür, dass wir Euch vertrauen.“ Der alte Graf wiegte den mit wirren dünnen Haaren bedeckten Kopf, er kämpfte kurz mit sich. Die Oberhand gewannen in ihm letzlich die Argumente der beiden Goten und die Erkenntnis, dass er nicht leichtfertig eine solche Chance ausschlagen durfte.

Er bat die Goten ihm zu folgen, ging ihnen im Gebüsch voran, wandte sich nach etwa hundert Schritten scharf nach rechts. Der fast nicht zu erkennende Pfad, der sich um viele Felsblöcke und dichtes Gestrüpp schlängelte, endete nach etwa einer halben Stunde an einem schmalen Meeresarm. Unter einem Gebüsch verborgen lag ein Nachen, der die Gruppe gerade noch aufnehmen konnte. Die jungen Herren ruderten nach des alten Vandalen Anweisung. Es dauerte nicht lange bis sich dieser kanalartige Meereseinschnitt weitete und dann in einer kleinen Bucht endete. Als sie dort um eine Felsbarriere bogen, bot sich ihnen ein überraschendes Bild. Vor ihnen dümpelten elf Seeschiffe und mehrere kleinere Ruderboote, dahinter zeigten sich graue, grob aus Granitsteinen und -platten gebaute Häuser. Die schmucklosen, eher tristen Gebäude, die sich an eine sie überwölbende Felswand anlehnten, konnten nur wenigen Bewohnern ein Obdach bieten. Doch es zeigte sich keine Menschenseele, wo steckten die Einwohner dieses fast mit dem Fels verwobenen Dorfes? Der Graf stieß einen eigenartigen Ruf aus, und plötzlich tauchten über dem Felshang und auf der Felsenbarriere Menschen auf, die alle zum Strand hinab eilten, an dem das Boot soeben festgemacht hatte.

Vor den Häusern versammelten sich etwa dreihundert ärmlich gekleidete, verhärmt aussehende Menschen, überwiegend Frauen, Kinder und Alte. Neugierig beäugten sie die mit ihrem Grafen gekommenen und vornehm gekleideten Fremden. Dass es sich bei diesen weder um Einheimische noch um Byzantiner handelte, konnten sie leicht erkennen. So wie sie selbst hatten die Fremden blonde Haare und einen hohen Wuchs, sie trugen keine Rüstung und außer ihren Schwertern auch keine Waffen, kamen also in friedlicher Absicht zu ihnen. Einer der Alten erkannte das gotische Staatssymbol, den goldenen Löwen und flüsterte den Umstehenden zu: „Es sind Goten!“ Bevor Graf Stilicho noch etwas zu den Seinen sagen konnte, machte sich unter den Vandalen Erleichterung breit. Was führten diese fremden Herren im Schilde?

Von ihrem Grafen erfuhren sie, dass diese vornehmen Herren nicht zufällig auf sie gestoßen waren, sondern sie gesucht hatten. „Wer sie sind, was sie uns zu sagen haben und was ihr Begehren ist, das sollen sie uns selbst erzählen. Lasst uns jetzt hoch zum Thingplatz gehen und dort unsere Gäste anhören.“ Die Felswand ließ einen vom Hafen her nicht sichtbaren Einschnitt erkennen, in dem eine grob gefugte Treppe verlief. Diese führte im Halbdunkel steil hinauf zu einem halbmondförmig von Fels umrahmten, mit schütterem Grün bewachsenen Plateau. Von dort oben eröffnete sich ihnen ein weiter Blick auf das Meer und die Inseln, wie Tupfer im weiten Smaragdgrün der See. Ein kleines Rinnsal verbarg sich nach kurzem Lauf in einer Kluft. Unweit davon lagen einige Häuser, eines davon war etwas größer als die anderen. Davor weideten einige Rinder, rechts schützten Zäune einige mühsam dem kargen Boden abgerungene Felder. Hinter diesen zeugten etliche Bienenkörbe davon, dass die Vandalen die Gabe der fleißigen Immen zu schätzen wussten. Die Gäste folgten dem Zug bis zum Thingplatz, den die Vandalen rund um eine mächtige Korkeiche angelegt hatten. Neben dem Sitz des Grafen, dem Oberhaupt dieser Menschen, nahmen die Gäste Platz.

König Indulf stellte sich und seine Begleiter vor, schilderte ihr bisheriges Schicksal und ihre derzeitige Lage. Er nannte ihnen die in Transpadanien verbliebene Anzahl der Goten. So erfuhren die staunenden Vandalen erstmals davon, dass selbst die mächtigen Goten nach langem Kampf den Byzantinern erlegen waren. Sie, die vom Schlachtfeld abziehen durften, suchten nun nach einer neuen und friedlichen Heimat. Ohne Umschweife nannte ihnen der Gotenkönig den Grund ihres Besuchs. „Von meinem Vater, Herzog Usdrila, habe ich als Junge von der sagenhaften Insel Vandalia gehört. Er und unser Waffenmeister Hildebrandt haben vor vielen Jahren am Hofe Eures edlen König Thrasamund davon erfahren und sich wieder daran erinnert. Wir brauchen Euch zwar als Lotsen dorthin, bieten Euch aber als Gegenleistung an, mit uns zu ziehen, mit uns dort zu siedeln und künftig zu uns zu gehören. Noch zählen wir einige Tausende, sind wohl gerüstet und können Euch nicht nur ein gutes Auskommen, sondern auch einen noch immer starken Schutz gegen unsere Feinde bieten. Wir verfügen im Spätsommer über genügend Schiffe und ausreichend Vorräte. Dies ermöglicht uns in der neuen Heimat die Aussaat im nächsten Frühjahr und sogar das Überstehen einer Missernte. Wenn Ihr Euch uns anschließen wollt, dann nicht als geduldete Gäste, sondern als Teil von uns, ausgestattet mit denselben Rechten und Pflichten wie die Goten und die mit uns ziehenden Italier.“ Ungläubige Blicke saugten sich an dem König der Goten fest, versuchten diesen zu erforschen, der dann ja ihr höchster Herr sein würde. Indulf hatte bei diesen so oft gehetzten Menschen auf Anhieb Vertrauen erweckt, er schien sie überzeugt zu haben, was an ihren von Freude und aufkeimender Zuversicht bewegten Gesichtern abzulesen war. Mit diesem gotischen König kam vielleicht im letzten Augenblick doch noch ein Hoffnungsstrahl zu ihnen. Ihr alter Anführer ließ erst einmal den fremden König und seine Worte auf die Seinen wirken. Graf Stilicho stellte ihnen dann die Schicksalsfrage. Sollten sie lieber hier in dieser Region eine neue Zuflucht suchen oder aber sich den Goten anschließen? Nachdem die Vandalen sich noch einmal beraten hatten, fiel ihr Entscheid eindeutig aus. Alle wollten sich den Goten anschließen und zusammen mit ihnen die Mühen eines Neuanfangs auf sich nehmen.

Drei der Vandalen kannten die Insel Vandalia. Der leitende Kapitän der kleinen Flotte von damals war Stilicho. Sie beschrieben diese große Insel als ein Paradies und freuten sich darauf, mit den Ihren und den neuen Herren dorthin zu ziehen. Zweimal hatten sie zuvor schon versucht von ihrer Zwischenheimat Mauretania aus Vandalia zu erreichen. Beide Male verhinderte eine byzantinische Flotte dieses Vorhaben. König Indulf schlug seinen neuen Untertanen vor ihre Habe zu sammeln und am nächsten Tag mit ihm nach Norden zu ziehen. Dagegen gab es keine Vorbehalte, die Vandalen waren augenblicklich in Aufbruchstimmung und sichtlich froh, diesen ständig bedrohten Ort verlassen zu können. Drei Vandalen ruderten mit Vinsivad und Totila zum Königsschiff hinüber und überbrachten den Goten die freudige Botschaft. Vorsichtig manövrierte die Mannschaft ihr großes Schiff zu der versteckten Siedlung der Vandalen. Es kostete sie einige Mühe die große Dromone durch den engen Kanal zu steuern.

In der kleinen Bucht herrschte schon geschäftiges Treiben. Es lagerte bereits einige Habe vor den Häusern. Viel war es ohnehin nicht, was die Vandalen mit nach Genua nehmen konnten. Die Goten packten kräftig mit an und schafften dadurch ein offenes und freundschaftliches Klima zwischen sich und den Vandalen. Am Abend kehrten auch ihre letzten sechs bis dahin auf den vorgelagerten Inseln wachenden Beobachter ins Lager zurück. Lediglich die beiden Wächter hoch über dem Dorf hielten noch Ausschau nach möglichen Feinden. Auch sie freuten sich über diese so erfreuliche wie unerwartete Wendung.

Die elf alten, jedoch gut gepflegten hochseetüchtigen Schiffe der Vandalen waren den Goten sehr willkommen. Alles Gepäck der Vandalen wurde in ihnen gut verstaut. Einige Mühe bereitete es die schweren Fischerkähne auf die Schiffe zu hieven, doch diese sollten unbedingt mitgenommen werden. Die Mannschaft der Goten verteilte sich auf alle Schiffe, damit auch die der Vandalen gut manövriert werden konnten. Am nächsten Morgen wurden noch die wenigen Kühe, Ziegen, Schweine und das Geflügel an Bord genommen, was nicht lange aufhielt.

Nachdem sie die Schiffe behutsam durch den schmalen Zufahrtskanal gesteuert hatten, zogen sie die Segel auf. So, als wollte der Himmel ihre Abreise unterstützen, erwartete sie auf dem offenen Meer ein strammer Südwestwind, der die kleine Flotte auf ihrem Kurs nach Norden kräftig antrieb. Auf den Schiffen vermischten sich Vandalen und Goten, die sich von Anfang an gut verstanden. Vor allem die vielen Kinder fassten Zutrauen zu den neuen Freunden. Graf Stilicho und seine Frau, deren Sohn und die drei verwitweten Töchter, sowie zwölf Kinder fuhren auf dem Königsschiff mit. Die kleineren vandalischen Schiffe konnten mit der großen Dromone mithalten und erwiesen sich als seetüchtige und wendige Schiffe. Trotz des größeren Risikos, hier auf byzantinische Schiffe zu treffen wählten sie die etwas kürzere Route ostwärts von Corsica.

An Bord der Schiffe ergaben sich viele Gespräche, die sich vorwiegend um zwei Themen drehten. Die Vandalen wollten natürlich wissen, was sie in nächster Zukunft erwarten würde, und die Goten interessierten sich für das bisherige Schicksal ihrer Mitreisenden. Was diese darüber berichteten, war eine wenig erfreuliche Geschichte, die mit jener der Goten vieles gemein hatte. Diese kleine Gruppe der Vandalen hatte sich vor Jahren Graf Stutza angeschlossen, dem letzten Anführer gegen die Byzantiner. Nach dessen Niederlage und Tod bei Tacea (ein Ort in Numidien, dem heutigen Tunesien) im Jahre 546 flohen diese Vandalen mit ihren Schiffen nach Mauretania. Dort fanden sie nach langem Suchen eine stille Bucht, die ihnen für einige Jahre als Zuflucht dienen sollte. Doch die Mauren betrachteten sie als Eindringlinge und überfielen sie immer wieder. Mehr als fünfzig Männer fanden so den Tod. Auch ihre wiederholten Versuche, im Reich der Westgoten eine neue Heimat zu finden, scheiterten kläglich. Auch dort waren sie nicht willkommen. Stilicho erläuterte es: „Sie sahen in uns Störenfriede, wenn nicht sogar potentielle Feinde.“ Die Vandalen wechselten der Not gehorchend immer wieder den Zufluchtsort, doch nirgendwo konnten sie länger bleiben. Zuletzt verschlug es sie nach Corsica. Als sie da mit ihren Schiffen ankamen, verfügten sie noch über hundertneunzig waffenfähige Männer. In den vielen Kämpfen gegen die Corsen hatten sie sich aufgerieben, selbst wenn sie diese gewannen. Gegen feige Hinterhalte und nächtliche Angriffe nützte ihnen alle Tapferkeit nichts. Die Corsen wollten die Eindringlinge berauben und vertreiben. So blieb den

Vandalen nichts anderes übrig, als sich vor einem knappen Jahr in diesem unwirtlichen Insellabyrinth zu verbergen und wieder einmal von vorne anzufangen. „Doch auch hier wollen uns die Einheimischen nicht haben. Bei uns, wie bei Euch, ist das Ende nur eine Frage der Zeit und nicht eine Frage der Waffenehre und des Mannesmutes. Neubeginn geht nur hinter dem Pflug, beim Hausbau und bei der Aussaat. Dazu braucht es Frieden und nicht ständiges Blutvergießen. Schweiß auf der Ackerkrume ist allemal besser als Blut auf der Wahlstatt. Was wir an Beute gewannen, als Schätze raubten, es bleibt Tand wenn es liegt und lockt nur andere an, die es sich holen wollen. Zuerst galt das für die Byzantiner und zuletzt für jene kleinen Völker, die nahe an unserem gewählten Zufluchtsort leben. Wir sind vermutlich die letzten Vandalen, die es als Gemeinschaft gibt, alle anderen sind entweder tot oder schmachten in der Sklaverei. Wir eroberten uns ein Reich für etwas mehr als hundert Jahre. Doch was haben wir für uns wirklich gewonnen? Unser Volk ist vernichtet worden, unsere Zukunft liegt in den Gräbern. Haben wir dafür gekämpft und die Meere befahren, um dann wie ein in der Sonne zerschmelzender Rest von Schnee dem völligen Untergang entgegen zu gehen? Nein, das kann es nicht gewesen sein. Darin erkenne ich weder Sinn noch Auftrag." Immer leiser und bitterer sprach der alte Graf in Gedanken an die schlimme Vergangenheit. Seine Frau holte ihn wieder in die Gegenwart mit den Worten: „Mein Gemahl, im vielleicht letzten Augenblick haben wir hoffentlich, doch noch eine gute Zukunft gewonnen." Der freundliche Empfang, den ihnen die genuesischen Goten am nächsten Tag bereiteten, bestätigte die Worte der alten Frau. Die vom Schicksal so gebeutelten Menschen fassten wieder Zutrauen, sie dankten Gott und ihrem neuen Herrn.

Ein unerwarteter Gast

Der Winter war zum Glück mild verlaufen, daher konnten die Goten früh mit der Aussaat beginnen und ihre Felder bestellen. Doch über diesem friedlichen Bild dräute nach wie vor die Geisel des Krieges, verkörpert durch die Franken und Alemannen, die sich in Brigantium (Bregenz) und Augusta Vindelicorum (Augsburg) gesammelt hatten. Wie vorhergesagt zogen die beiden Heersäulen unmittelbar nach der Schneeschmelze gen Süden. Das eine Heer nahm die Via Claudia Augusta, zog über das Tal des Atesis (Etsch), während das andere die Orte Veldidena (bei Innsbruck) und Bauzanum (Bozen) passierte. Beide Heere trafen fast gleichzeitig in Verona ein und machten den dortigen Goten unmissverständlich klar, dass ab sofort nicht mehr Graf Wutulf, sondern nur noch die beiden Herzöge der Alemannen, die Brüder Butilin und Leuthari, das Sagen hatten. Butilin blieb zwar bei seinem Versprechen, den Goten wieder zu ihrer Herrschaft über Italien zu verhelfen, doch so recht glauben wollte ihm das niemand mehr. Bei den frustrierten Anhängern Wutulfs machte sich Ernüchterung breit, denn so führten sich keine Bundesgenossen auf. Sahen sich die Franken bereits als die neuen Herren Italiens? Jedenfalls verhielten sie sich so. Einer jener gotischen Grafen, der im zweiten Wahlgang für Indulf gestimmt hatte, zog es daher vor mit seiner in der Umgebung von Parma siedelnden Sippe nach Ticinum zu fliehen. Dort wurden diese achthundert Leute erst einmal reserviert empfangen. Erst als ihr Anführer, Graf Pissa, König Indulf den Treueid leistete, fanden er und seine Sippe Aufnahme in das Volk der transpadanischen Goten.

Die Reisevorbereitungen waren während des Winters gut vorangekommen, viele neue Waffen, Schilde und Rüstungen lagerten im Zeughaus. Die Krieger bereiteten sich durch tägliche Übungen auf einen möglichen Waffengang vor und hofften dabei doch sehr, dass weitere Kämpfe ausbleiben würden. Die Franken schienen es mit der Eroberung Italiens nicht sonderlich eilig zu haben. Sie plünderten vorläufig lieber Venetien aus und machten zwischen Verbündeten und Feinden keine großen Unterschiede. Den Byzantinern kam ihr Zögern gerade recht, denn so konnten einige ihrer Einheiten in Eilmärschen über den Appennin ziehen und die Grenze am Padus sichern. Als Heerführer bekam der Heruler Herzog Bulkari diesen Auftrag übertragen. Die

Festung Cumae, die noch immer von Herzog Aligern gehalten wurde, schloss jetzt nur noch eine kleine Heereseinheit ein. Sie war gerade noch stark genug, um den Ausbruch der gotischen Besatzung zu verhindern, nicht aber eigene Sturmangriffe zu unternehmen. Die Belagerer bauten einmal mehr auf den Hunger und die Zermürbung der Eingeschlossenen. Feldherr Narses selbst zog weiter nach Mittelitalien, um die dort noch unbezwungenen Städte zur Aufgabe zu bewegen. Durch milde Bedingungen gelang ihm dies bei den Städten Florentia, Luna, Pisae und Volaterrae. Lediglich Luca bot Narses die Stirn und hielt ihn und sein Heer drei lange Monate vor ihren Mauern fest.

Der Byzantiner Narses wollte an der Westgrenze unbedingt Ruhe haben. Die Goten unter König Indulf durften ihm auf keinen Fall zu den Franken überlaufen. Narses vertraute zwar auf das Wort des Königs, doch durch bittere Erfahrung gewitzt, wollte er sich der Vertragstreue Indulfs noch einmal versichern. Bulkari, der herulische Fürst, bekam daher den Auftrag die Grüße des Feldherrn, „begleitet“ von einer ansehnlichen Summe an Solidi dem Gotenkönig zu überbringen. Narses wollte ihnen, den Foederaten des Kaisers, ihren gerechten Lohn nicht vorenthalten. Mit gemischten Gefühlen ritt der Herulerfürst von Parma aus nach Ticinum zu jenem Mann, der ihn in der Schlacht von Taginae fast auf den Tod verwundet hatte. Wie würde er ihm gegenüber treten, er, der nun König der Goten war? Gab er sich als sein Bezwinger und als überlegen? Das würde ihn, den stolzen Anführer der gefürchteten Heruler, zutiefst kränken. Herzog Bulkari wurde von einer Hundertschaft aus seiner eigenen Sippe begleitet, die ihm treu ergeben war. Diese zumeist nicht mehr jungen Krieger hatten schon so manchen Strauss mit den Goten ausgefochten. Die Heruler respektierten die Goten als ebenbürtige an manchen Tagen sogar überlegene Gegner. Dem neuen König waren sie zuletzt in Taginae begegnet, an der Schlacht am Vesuv hatten sie nicht teilgenommen. Der Großteil der Heruler hatte zu dieser Zeit das feste Cumae gelagert. Von den anderen Herulern kannten sie den heldenhaften Kampf der Goten unter ihrem König Teja und den brillanten Ausfall der Belagerten, den ihr neuer Heerführer Indulf unternommen hatte. Wie alle Germanen bewunderten sie Helden und unerschrockene Recken. In wenigen Stunden würden sie solchen mit Indulf, Hildebrandt und einigen anderen Goten gegenüber treten. Längst hatte es sich im byzantinischen Feldlager herumgesprochen, dass Herzog

Indulf zum neuen König der Goten gekürt worden war. Die Heruler kannten sogar dessen Absicht, mit den Seinen eine neue Heimat zu finden. Sie hingegen, die letzten ihres ruhelosen Volkes, würden dann noch immer an der Seite der Byzantiner kämpfen, denn sie sahen für sich keine andere Alternative mehr.

Die Goten bereiteten ihren einstigen Feinden einen unerwartet freundlichen Empfang. Sie beließen ihnen die Waffen und ehrten sie damit als vertrauenswürdige Gäste. König Indulf und einige seiner Vertrauten, unter anderen Graf Optari und der junge Graf Totila, begrüßten die Heruler bereits vor dem Placentinischen Tor. Vom Waffenmeister Hildebrandt wurden sie zu ihrer Herberge nahe der Residenz geführt und später wieder zu einem Festmahl abgeholt, das den Gästen zu Ehren ausgerichtet wurde. Dort wollte König Indulf zu allererst in Erfahrung bringen, ob ihm Bulkari noch grollte wegen der bösen Verwundung, die er ihm in Taginae zugefügt hatte. Bulkari, ohnehin ein launiger Geselle, verneinte dies lachend. „Nachdem Ihr sogar den bis dahin unbezwungenen Neraos besiegt habt, stehe ich vor den Meinen doch viel besser da. Ich habe den Zweikampf mit Euch überlebt und darf stolz darauf sein“, entgegnete der Heruler. Der Bann war gebrochen, die beiden Fürsten tranken sich zu und verbrachten einen vergnüglichen Abend zusammen.

Am nächsten Morgen trafen sich König Indulf und die Anführer der Goten mit den Herulern Bulkari und dessen Stellvertretern Aruth und Sindual. Herzog Bulkari trug seines Feldherrn Anliegen vor, insgeheim befürchtete er Ausflüchte der Goten. Stattdessen erhielt er einen eindeutig positiven Bescheid des Gotenkönigs. „Euer genialer Feldherr kann auf unser Wort vertrauen! Wir versichern ihm, wir werden uns weder mit den Franken verbünden, noch ihnen gestatten durch unser Gebiet zu ziehen. Wir sehen in ihnen unsere Feinde und werden ihnen weder Nahrung noch Waffen oder Pferde abtreten.“ Daraufhin ließ der erleichterte Herzog Bulkari zwei seiner Leibwächter die schwere Geldtruhe heranschaffen und erbrach die Siegel vor den Augen der Goten. Sein Feldherr hatte ihm empfohlen dem Gotenkönig gegenüber diese Solidi als die übliche Bezahlung für die Foederaten zu bezeichnen. Indulf schaute seinen gestrigen Zechkumpan lächelnd an und meinte: „Lieber Bulkari, üblich ist dies sicherlich nicht, doch wir wissen diese noble Geste Eures Feldherrn sehr zu schätzen. Wir versichern ihm erneut, dass wir die westliche Flanke nördlich des Padus absichern werden. Doch aktiv auf Eurer Seite in den Kampf eingreifen, das können wir nicht. Wir wollen unter keinen Umständen zwischen zwei Mahlsteinen zerrieben werden. Unser Abzug aus Italien darf nicht gefährdet werden.“ Zustimmend nickten des Königs Getreue, das war auch ihr Standpunkt, sie hatten in ihrem Leben schon genug gekämpft und sehnten sich endlich nach Frieden.

Bulkari, den diese Aussage sichtlich erfreute, entgegnete: „Dies erwartet mein Feldherr keineswegs. Eure Zusage, für uns die obere westliche Flanke abzusichern, ist mehr als wir erwarten durften. Ich werde mich gerne bei meinem stets großzügigen Herrn dafür verwenden, dass er Euch noch weitere zehn Schiffe überlässt. Unsere große Flotte liegt derzeit untätig im Hafen von Misenium (bei Bacoli) und kostet uns viele, viel zu viele Solidi, denn die Besatzungen wollen verköstigt und die Schiffe gepflegt werden. Ich gehe davon aus, dass Eurem Ansuchen gerne entsprochen wird, denn das käme meinem Feldherrn vermutlich gerade recht.“ Einige der Goten horchten auf, die Hoffnung ihres Königs schien also aufzugehen. Verschmitzt setzte dieser nach: „Herzog Bulkari, nur als lebender Fürst könnt Ihr Euch für uns verwenden, was aber, wenn Ihr auf dem Schlachtfeld bleibt? Nicht dass ich Euch dies wünsche, ganz im Gegenteil, denn unter anderen Vorzeichen würden wir uns sicher noch des Öfteren freundschaftlich begegnen.“ Der Heruler lachte laut und anerkennend: „Nun König Indulf, wenn ich schreiben könnte, so wie Ihr Goten, dann brächte ich meinen Wunsch zu Papier und würde ihn per Boten zu Narses senden.“ Prompt entgegnete ihm der König: „Verehrter Herzog, wenn es nur daran liegt, dann lasst uns das Schreiben gemeinsam aufsetzen und durch einen unserer Schreiber festhalten.“ Schmunzelnd stimmte Bulkari diesem Vorschlag zu. Noch am selben Tag – das Siegel war kaum getrocknet – eilten die Boten mit der Vereinbarung zum Feldherrn der Byzantiner, der derzeit noch die Stadt Luca belagerte. Narses freute sich über die getroffene Abmachung und verschloss sich daher dem Wunsch der Goten nicht. Sechzehn Schiffe und ihre gotischen Mannschaften durften ihrem König Indulf in die Ferne folgen.

An jenem Vormittag in Ticinum tauschten sich die Goten und die drei Heruler noch über ihr weiteres Vorgehen aus. Bulkari hatte den Auftrag, den Übergang der Franken über den Padus so weit irgend möglich, zu verhindern. Hildebrandt sprach die Herulerfürsten auf die Addualinie und die von König Indulf als immens wichtig angesehene Brückenköpfe der Byzantiner jenseits des Padus an. Deren Antwort ernüchterte und beunruhigte die Goten. Die derzeitige für Narses so ärgerliche Dreiteilung des Byzantinischen Heeres zog es nach sich, dass Bulkari und die anderen Heerführer in Oberitalien über viel zu wenige Krieger verfügten. Mit diesen konnten sie weder die Addualinie sichern, noch Brückenköpfe besetzen. Bulkari sah sich noch nicht einmal imstande alle Padusübergänge zu versperren. Der Heruler legte dies ganz offen dar, weil er den Goten vertraute und auf ihre passive Unterstützung baute. Bulkari befürchtete sogar, dass selbst die Padusgrenze von den Byzantinern nicht gehalten werden könnte. In diesem Fall müssten die Byzantiner bei Ariminium (Rimini) eine Front aufbauen und auch die Pässe über den Appennin sichern. Dem riesigen Frankenheer mit über 70.000 Mann könnte derzeit nicht einmal sein Feldherr Narses mit seinem vereinigten Heer in einer offenen Feldschlacht standhalten. Sie wären erst dann wieder in der Lage, den Franken offensiv gegenüber zu treten, wenn der Feldherr „die Hände wieder frei hätte." Dies setzte jedoch voraus, dass sich die noch verteidigten Städte ergaben, allen voran Cumae. Eine zeitlang drehte sich die Diskussion um eventuell noch verbleibende Alternativen, doch so richtig überzeugend wirkte keine davon. Der byzantinische Heerführer räumte den Goten ein, dass sie zur Beobachtung und Abwehr der Franken das Gebiet bis zur Addua durchstreifen durften. Dies gelte auch für die zu Liguria gehörenden Zonen um die Städte Camillomagus (Stradella) und Clastidium (Casteggio). Dort könnten sie ebenso frei agieren, um den Franken den Durchzug nach Genua zu verwehren. Diese Abmachung ließ der Heruler in den wöchentlichen Lagebericht an seinen Feldherrn aufnehmen, um von vornherein Verstimmungen zwischen den Byzantinern und den Goten zu verhindern. Bulkari fügte allerdings noch hinzu, dass damit keinerlei Hoheitsbefugnisse verbunden seien. Leben und Eigentum der römischen Bürger dürften von den Goten nicht angetastet werden.

Am nächsten Morgen setzten die Goten und Heruler bei verdünntem Wein ihre Gespräche fort. Der nachdenkliche Indulf wollte von dem

Herulerfürsten noch wissen, wie dieser die langfristige Entwicklung einschätzte. Bulkari ging von mindestens zwei weiteren Kriegsjahren aus und hoffte auf eine allmähliche Erschöpfung der Franken. Wie König Indulf vermutet hatte, zogen die Byzantiner eine Strategie vor, die sie von festen Städten aus gestalten konnten. Sie wollten bei günstiger Gelegenheit einzelne Heeresteile der Franken angreifen und deren Nachschub blockieren. Des Weiteren rechneten sie mit Seuchen, Hunger und Erschöpfung, was ein schnelleres Ende möglich machen könnte. Bitter fügte der Heruler hinzu: „König Indulf, bis dahin wird noch viel Blut fließen und so mancher meiner tapferen Mannen sein Leben lassen; leider ist dies nicht zu ändern. Vielleicht befinde ich mich selbst unter diesen Toten, irgendwann frisst dieser elende Krieg einen jeden.“ Indulf antwortete ihm: „Herzog Bulkari, das würde ich aufrichtig bedauern, ich schätze Euch als einen redlichen und ehrlichen Recken. Sollten Euch die Furien dieses Krieges verschonen, dann könntet Ihr Euch doch danach von Eurem Dasein als Söldner verabschieden.“ Bulkari schüttelte den Kopf und antwortete, es klang resigniert: „Wir Heruler scheinen dazu verdammt zu sein, weder Ruhe noch Frieden zu finden. Und das nun schon seit Jahrzehnten. Wer würde uns, denen der Ruf der ewigen Streitsucht anhängt, denn überhaupt aufnehmen wollen?“ Der König blickte zu den Seinen, registrierte deren Zustimmung und entgegnete: „Wir!“ Ungläubig blickte ihn der Herzog an: „Ihr, deren Feinde wir seit vielen Jahren sind, würdet uns aufnehmen, die wir Euren strahlenden Helden Totila fällten?“ Ruhig kam die Antwort des Gotenkönigs: „Ja, Herzog Bulkari, das würden wir tun. Wir wissen nur zu genau was es bedeutet, keine Heimat zu haben. Auch wir meinten viel zu lange, nur der Kampf forme die Männer und nur ihre Heldentaten ehre sie. Doch was hat uns das gebracht? Wir waren einst ein großes Volk, zählten drei mal Hunderttausend Menschen. Und nun? Von unserem Volk sind, wenn wir alle noch Lebenden erfassen vielleicht dreißigtausend übrig geblieben. Alle anderen bedeckt längst die fremde Erde. Sinnlos sind sie gestorben. Wir, die letzten Goten, suchen uns ein Land, in dem wir in Frieden leben können und haben dieses draußen im weiten Ozean auch gefunden. Wir werden – wenn alles so verläuft wie wir uns dies vorstellen – noch in diesem Jahr dort siedeln. Danach werden, zumindest für drei weitere Jahre spätsommers im Hafen von Genua einige Schiffe auf diejenigen warten, die noch zu uns stoßen wollen. Denkt daran Herzog, dies könnte für Euch und die Euren einen Ausweg aus Eurer jetzigen, scheinbar aussichtslosen Lage bedeuten. An Arbeit, Aufgaben und Positionen mangelt es in der neuen Heimat bestimmt nicht und jeder Tüchtige findet bei uns sein Auskommen."

Nicht lange darauf erfuhren die Goten, dass der Herulerfürst Bulkari bei Parma in einem Hinterhalt der Franken sein Leben verloren hatte. Er wehrte sich tapfer, ergab sich nicht und fiel ehrenvoll als Held, so wie seine treuen Lanzenträger. Sie, welche die Flucht verschmähten, erlagen nach erbittertem Kampf einer großen Übermacht. Sindual, einer seiner Stellvertreter, entkam dank deren Opfertod mit anderen Herulern dem Gemetzel. Dieser verschlossene und ehrgeizige Adelige führte daraufhin die Heruler. Er sollte jedoch das Ende des folgenden Jahres nicht mehr erleben. Sein Leben endete nicht ehrenvoll auf dem Schlachtfeld, sondern als Verräter und Rebell an einem byzantinischen Galgen; doch das ist eine eigene Geschichte. Schon vor dem Tod des Herzog Bulkari erfuhren die Goten in Ticinum, dass die Franken plötzlich aus ihrer scheinbaren Lethargie erwacht waren und an mehreren Stellen zugleich über den Padus vorstießen. Den Widerstand der Byzantiner brachen sie mit ihrer Übermacht und zwangen des Kaisers Krieger zum Rückzug auf die Linie Faventia (Faenza) und Ravenna.

Zusammenstoß mit den Franken

Der die östliche Padusebene überziehende Krieg schien wider Erwarten an dem kleinen gotischen Staat vorüberzuziehen. Kein nach Beute suchender Haufen drang bisher über die Addua vor, lediglich jenseits des Padus, unweit der Kleinstadt Clastidium (Casteggio), stießen die von der Suche nach Straßenräubern zurückkehrenden Goten auf einen kleinen Trupp von Alemannen. Nach einem kurzen Wortwechsel drehte diese Horde jedoch wieder um, vermied den aussichtslosen Kampf mit den Goten. Angeführt wurden die gotischen Reiter erstmals von dem jungen Grafen Totila. Ihm erteilte sein König den Auftrag, in der Umgebung der Via Postumia zwischen den Städten Dertona (Tortona) und Genua nach Räubern Ausschau zu halten. Graf Totila zeigte sich dieses Vertrauens würdig und erwarb hierdurch große Autorität. Dank seiner Ortskenntnis und seines taktischen Geschicks führte diese Aktion zum vollen Erfolg. Einige aus der gotischen Mannschaft simulierten eine kleine Gruppe von Reisenden. Wie erhofft, wurde dieser Trupp prompt von Straßenräubern überfallen. Die harmlosen Reisenden verwandelten sich im Nu in schwer bewaffnete Krieger und wurden dann noch von den hinzueilenden Kämpen unterstützt. Durch „Befragen" der Räuber fanden sie auch deren Hintermänner, Hehler und ihr Basislager. Dieses hoben sie umgehend aus und machten mit allen Verbrechern kurzen Prozess. Die beiden Hundertschaften, allesamt junge Krieger, hoben danach aufgrund von Hinweisen aus der Bevölkerung noch ein zweites Räubernest aus. Durch ihr entschlossenes Vorgehen verschreckten sie solche Anwohner und versprengte Krieger, die vielleicht damit liebäugelten sich künftig als Räuber zu versuchen. König Indulf lag daran, dass die in Bälde einsetzenden Transporte nach Genua ungefährdet blieben und nicht auf aufwendigen Begleitschutz angewiesen waren. Seine Krieger sollten die strategischen Grenzen absichern und jederzeit selbst einem größeren Heeresverband der Franken die Stirn bieten können.

Unerwartet lange blieb es an der östlichen Grenze ruhig. Waffenmeister Hildebrandt, dem der Grenzschutz oblag, bemängelte immer wieder die Nachlässigkeit die Krieger bei ihren Erkundigungen. Sie gingen fahrlässig davon aus, dass ihre Anführer die Lage zu schwarz sahen und sich das große fränkische Heer im Osten der Padusebene in die Byzantiner verbissen hatte. Was alle Appelle nicht vermochten, das schaffte dann das von vielen nicht mehr erwartete Auftauchen der Franken. Ein verletzter gotischer Reiter fegte heran und meldete einen fränkischen Heeresverband, der sich nähere. Von seiner Zehnerschaft hätte er alleine überlebt. Bei ihrem Erkundigungsritt waren sie von einem überlegenen fränkischen Reitertrupp überrascht und sofort angegriffen worden. Nach erbittertem Kampf fielen seine Kameraden. Ihm gelang es, eine Unaufmerksamkeit der Franken zur Flucht zu nützen. Von diesem jungen Reiter erfuhren die aufgebrachten und erregt nach Vergeltung rufenden Goten, dass die Franken mit einem Heer von mindestens zehn Hundertschaften anrückten. Wie es diesen gelang, unbehelligt die Olonna zu überqueren war auch ihm ein Rätsel. Allem Anschein nach wollten die Franken in das Kerngebiet der Goten vorstoßen. Später stellte sich heraus, sie hatten einen Scheinübergang über die Olonna inszeniert und die Wächter von der Furt dorthin gelockt. Mit dieser plumpen Finte gelang es den Franken, die gotischen Grenzwächter zu täuschen und den Fluss ohne große Verzögerung zu durchqueren. Die düpierten Wächter konnten Ticinum nur noch über weite Umwege warnen und kamen mit ihrer Warnung viel zu spät.

Wütend forderten einige der Edlen, dass sich sofort ein gleichstarkes gotisches Heer aufmachen solle, um diesen frechen Überfall zu rächen. Ihr König, von dem sie dies forderten, entgegnete ihnen jedoch mit barschen Worten. „Ihr Narren, genau das ist es doch, was die Franken von uns erwarten. Diesen Gefallen werden wir ihnen auf keinen Fall tun. Wir senden den Feinden stattdessen vier berittene Hundertschaften entgegen mit dem klaren Auftrag, jedem Kampf aus dem Weg zu gehen. Sie haben nichts anderes zu tun, als die Feinde vor unsere Mauern zu locken. Hier vor unseren Toren geben wir ihnen die gebührende Antwort, und sie wird so heftig ausfallen, dass sie diese nie mehr vergessen.“ Als der König die immer noch nicht ganz beruhigten Gemüter bemerkte, befahl er ihnen harsch: „Sammelt Eure Leute auf dem Platz vor dem Palast und wartet meine Befehle ab.“ Vier Hundertschaften, unter Führung des besonnenen Grafen Wittich, verließen danach alsbald Ticinum.

Noch bevor diese berittenen Hundertschaften wieder zurück waren, flüchteten sich die Bauern jenseits des Ticinus (Ticino/Tessin) mit ihren

Viehherden in den Schutz der Stadt. Dieses Warnsystem hatte wenigstens funktioniert, für das die „Löwen“ verantwortlich zeichneten. Dicke schwarze Rauchsäulen am Horizont kündeten vom langsamen Anmarsch der Franken. Sie setzten dem fliehenden Reiter nicht nach und bestätigten so den Verdacht des Gotenkönigs, der vermutete, dass die Franken dem nach Rache lechzenden Heer der Goten eine Falle stellen wollten. Doch Graf Wittich ließ sich nicht provozieren. Der erfahrene Heerführer ahnte, was die Franken planten und ging ihnen nicht auf den Leim. Durch einen Scheinangriff lockte er seinerseits die Feinde heraus und mit seiner vorgetäuschten Flucht hinter sich her. Währenddessen erteilte König Indulf seine Weisungen und beorderte die Bogenschützen auf die Mauern. Dort warteten Mann an Mann, harrten der Befehle ihres Herrschers. Weitere vier Hundertschaften sammelten sich hinter dem Placentinischen Tor, um von dort aus eingesetzt zu werden. Zusätzlich hielten sich noch zwei berittene Hundertschaften bereit. Damit besänftigte der König all jene, die nach einer harten Vergeltung riefen. Doch selbst diese wurden stumm vor Schreck darüber, als sie mitbekamen, wie ihr König die Rache vollziehen wollte. Seine düstere Miene versprach schon zuvor nichts Gutes für die Franken, doch so unbarmherzig und rachedürstend hatten sie ihren König noch nie erlebt. War dies noch der besonnene Herrscher oder trat er heute das düstere Erbe seines unbarmherigen Cousins König Teja an?

Zuerst fegten die Hundertschaften, die den Franken eine Flucht vorgaukelten, in die rasch geöffneten Tore herein, kurz darauf erschienen auch schon die Franken. Als sich deren Horde der Stadt näherte, erkannten die Goten im Heeresverband der Franken auch Angehörige ihres eigenen Volkes. Die Anführer der Goten sprachen ihren König darauf an, wollten von ihm wissen, ob seine Befehle dennoch unverändert galten. Indulf antwortete ihnen mit einem lauten „trotzdem“. Manchen fröstelte nun, denn so kalt und wie aus Erz geschmiedet kannten sie ihren Herrscher nicht, doch sein Wille galt. Aus der fränkischen Menschenmauer, die sich, wohl um besonders beeindruckend zu wirken, vor den Mauern breit aufbaute, ritt ein einzelner Mann hervor. Dieser etwa fünfzigjährige Reiter mit einem eisgrauen Bart unter seinem beflügelten Helm wirkte bedrohlich, von ihm ging eine Welle ungezügelter Brutalität aus. Dabei war er von eher untersetzter Statur, allerdings sehr breit in den Schultern. Seine Kleidung und Bewaffnung ließen auf einen Franken schließen. Im Gegensatz zu diesem hatten die meisten Männer des feindlichen Heeres ihre langen Haare zu einem Suebenknoten gebunden und waren dadurch als Alemannen zu erkennen. Außerdem trugen sie eine Art Decke über ihren nackten Oberkörpern. Die vermutlich genau zehn Hundertschaften des feindlichen Heeres bestanden zu dreivierteln aus Alemannen, die restlichen Krieger – Goten aus Venetien und Franken – hielten sich in etwa die Waage.

Auf seinem Pferd sitzend rammte der bullige Reiter seine Lanze in den Boden, dann erhob er seine mächtige das Kommandieren gewohnte Stimme. „Verräterische und feige Goten, wir die neuen Herren Italiens, sind gekommen, um von Euch den uns zustehenden Tribut einzufordern." König Indulf zeigte sich über dem Tor und gab dem Franken böse Worte zurück. „Elender Anführer dieser verbrecherischen Horde, Ihr seid einer von denen, der hier schon einmal eingefallenen Verbrecher, die hinterhältig gemordet haben. Ihr habt unsere Kinder geschlachtet und geopfert, unsere Frauen geschändet und umgebracht. Die Euch ahnungslos willkommen heißenden Männer habt Ihr hinterrücks gemordet. Alle die an diesem Tag mit Euch ziehen, die betrachten wir als ein übles Pack von Schändern, Räubern und Mördern. Ihr bekommt jetzt den „Tribut" für Eure Schandtaten, der Euch gebührt." Der König hob die Hand, die Königsflagge stieg in die Höhe und augenblicklich entlud sich über dem feindlichen Heer die Hölle.

Die erste Reihe der Bogenschützen mähten zuerst die feindlichen Anführer von ihren Pferden. Der König selbst erschoss den Anführer der Franken, jenen, der die anmaßenden Worte gesprochen hatte. Pfeilwelle auf Pfeilwelle folgte aufeinander, die Bogenschützen hatten gut geübt. Sie holten jene Franken von den Pferden, die hinten oder an den Rändern angehalten hatten, hinderten so alle anderen an der Flucht. Es herrschte ein chaotisches Gewirr sich aufbäumender Pferde, zu Boden sinkender Krieger und jener Unverletzten oder wenig zu Schaden gekommenen, die sich erheben wollten. Verschreckt wiehernde Pferde, Todesschreie und stöhnende Verletzte untermalten das Grauen. Nur wenige entkamen dem Inferno, doch auf ihrer verzweifelten Flucht wurden sie von den nun eingreifenden Reitern niedergemacht. Dieses schreckliche Wüten erschien den gotischen Kriegern so unwirklich und grausam wie ein himmlisches Strafgericht. Jeglicher Jubel erstickte in den Kehlen. Nie zuvor kämpften die Goten derart brutal, und noch nie wurde der Verhandelnde ohne jegliche Vorwarnung niedergemacht. Sie waren es gewohnt, sich den Feinden mannhaft zu stellen und diese im direkten Kampf zu besiegen. Deshalb hinterließ dieser „Sieg“ nichts als einen schalen Beigeschmack, der sich anfühlte wie jener beim Erwachen nach einem Rausch. Doch die Grausamkeit endete noch immer nicht.

König Indulf ordnete an, die Überlebenden in ihre Herkunftsstämme aufzuteilen. Insgesamt kamen vom ganzen Heer nur etwa Achtzig mit leichteren Verwundungen davon. Diese Gefangenen mussten Massengräber ausheben und die alemannischen und die mitgezogenen gotischen Toten begraben. Die toten Franken ließ der König nackt in den Ticinus schleudern, den zaghaften Protest einzelner Edler erstickte er mit harschen Worten. „Dies ist ein Exempel, es soll die Franken ein für allemal davon abhalten sich mit uns anzulegen. Wenn sie diese Leichen im Padus treiben sehen, werden sie sich an ihre erbärmliche Schurkentat erinnern, die wir nun gerächt haben. Glaubt Ihr denn, ich opfere wegen diesem Gesindel auch nur einen der Unseren. Jene neun jungen Krieger, die sie uns hinterhältig ermordeten, waren ohnehin viel zu viele!“ Innerlich murrend fügten sie sich, doch sie fragten sich, was denn in ihren König gefahren sei. Das war selbst für diese harten Krieger, die schon so viel Schlimmes erlebt hatten, ein Albtraum. Danach mussten die Gefangenen aus den Umhängen der Toten und ihrer Spitze beraubten Lanzen Bahren anfertigen, auf die sie ihre Schwerverletzten zum Abzug legen konnten. Die Franken ließ der König halbnackt vorangehen, ihnen folgten die Alemannen, die ihre spärliche Kleidung behalten durften. Was geschah mit den 29 überlebenden „venetischen“ Goten? Unter ihnen befanden sich vierzehn Krieger mit erheblichen Verletzungen, deren sich die Ärzte annahmen. Jeder wurde einzeln vernommen und gefragt, warum mit den Franken kämpfte. Jedem der aus Gefolgschaftstreue oder gezwungen mitgemacht hatte, stand es frei zum hiesigen Gotenvolk überzuwechseln. Die anderen durften ihren Gefährten zu Fuß folgen.

Nach dem Gemetzel gab es keine Siegesfeier und keinen Triumph, wie betäubt nahmen die Krieger ihre zuvor unterbrochenen Aufgaben auf. In der königlichen Residenz stellte Herzog Usdrila seinen Sohn zur

Rede. Der alte Herr wirkte bedrückt und traurig. „Mein Sohn, Du bist mein König, den ich ehre und der auf meine Treue bauen darf. Doch Du bist auch mein Sohn, den ich erzogen habe. Es war mir ein Anliegen Dich im Geiste der griechischen Toleranz zu einem edlen und die Menschen achtenden Aristokraten zu erziehen. Bis zum heutigen Tage schien mir dies geglückt zu sein, doch nun plagen mich bittere Zweifel. Du hast Dich heute verhalten wie jene Barbaren, als welche uns die Römer betrachten. Du, unser König, frönst grausam Deiner persönlichen Rache, schießt den Verhandelnden vom Pferd und heißt die Krieger ein grauenhaftes Abschlachten zu veranstalten. Doch damit noch nicht genug, Du hast die Toten entehrt – auch wenn es Franken waren – ihnen gebührt im Tode eine respektvolle Behandlung. Du überlässt die Geschlagenen einem ungewissen Schicksal. Sie werden auf dem langen Marsch nach Verona von Hunger gequält, von Bauern malträtiert oder gar erschlagen werden, Sie können, falls sie überleben sollten, diese Schmach und die ihnen zugefügten Leiden nie wieder vergessen. Sie tragen ihren Hass ins fränkische Lager hinein und beschwören für uns Unheil herauf." Des Königs alter Vater hielt einen Augenblick inne, sah, dass seine Worte an seinem Sohn nicht abprallten und fuhr etwas versöhnlicher fort. „Indulf, einst begann auch der große Theoderich sein italisches Regnum mit dem hinterhältigen Mord an Odoaker. Danach musste er viele Jahre lang durch seine weise Herrschaft beweisen, dass er der Königskrone würdig war. Auch Du, mein königlicher Sohn, hast nun Deine Herrschaft mit einem aus Rache begangenen Totschlag befleckt. Sorge dafür, dass dies der einzige Fleck bleibt, der je Deinen Ruf schmälerte. Mein Sohn, mir ist dies ein Herzensanliegen, denn Du bist mein Vermächtnis. Kein anderer Sohn hat solche Gaben mitbekommen wie Du, und keinen liebe ich so wie Dich. Daher schmerzt mich diese Enttäuschung so sehr. Ich hoffe und bete, dass dies ein einmaliger Vorgang bleibt und Du Dich künftig durch eine maßvolle, gerechte und weise Herrschaft auszeichnest."

Gesenkten Hauptes ließ König Indulf diese Philippika seines Vaters über sich ergehen. Er spürte die große Sorge und Liebe seines Vaters und erinnerte sich seiner Lehren und seines eigenen Auftrags. Der Herrscher, zuvor von Rachegefühlen übermannt, fand wieder zu seiner königlichen Haltung zurück. Er gab seinem verehrten Vater recht und schämte sich seines Rückfalls in barbarisches Handeln. Nach dieser väterlichen

Ermahnung sandte er den gedemütigten Franken eine Hundertschaft hinterher. Diese sollte ihnen Geleitschutz bis zur Adduabrücke geben. Die gotischen Reiter führten die Kleider der Franken und Nahrung für sie mit sich. Der Reitertrupp traf im letzten Augenblick ein, ein Haufen italischer Bauern war dabei sie zu erschlagen. In ihrer Not hatten die Geschlagenen Äste und Steine ergriffen um sich zu wehren, doch es wäre trotzdem schlimm für sie ausgegangen. Was ihnen dann jenseits der Addua blühte entzog sich dem Zugriff der Hundertschaft. Die Überlebenden des Gemetzels konnten lediglich darauf hoffen, dass sie bald auf die Ihren stießen.

Einen Effekt hatte das Gemetzel allerdings, keiner seiner Leute kam je wieder auf den Gedanken den König als weich und nachgiebig einzuschätzen. Die unvorstellbare Härte, die er zuvor gezeigt hatte, erschien allen als gute Voraussetzung für den beschwerlichen Zug, der ihnen bald bevorstand. Wider Erwarten zeitigte diese schmähliche Niederlage keine rächende Aktion der Franken. Diese sparten sich die Abrechnung mit den transpadanischen Goten wohl für die Zeit nach ihrem Sieg über die Byzantiner auf. Einige Vertraute der fränkisch/alemannischen Heerführer, unter ihnen auch Graf Wutulf drangen in die allemannischen Herzöge und forderten von ihnen einen sofortigen Rachezug. Doch dazu kam es aus zwei Gründen nicht mehr.

Das anfangs so gewaltige Heer der Franken verwüstete nahezu zwei Jahre lang die italische Halbinsel. Aufgeteilt in zwei Heere überzogen sie das unglückliche Land mit der Furie des Krieges. Die Franken erlitten bei Ariminium eine erste Niederlage gegen Narses, der danach mit dem Hauptheer den Winter in Rom verbrachte. Wie von den Goten richtig eingeschätzt ließen sich die Byzantiner vorläufig auf keinen weiteren Kampf ein. Die Zeit arbeitete für sie, Krankheiten und Seuchen lichteten die Reihen der Eindringlinge. Im nächsten Sommer kamen fast alle Franken um. Bitter büßten die Unbelehrbaren dafür, dass sie die Byzantiner unterschätzt und alle Warnungen in den Wind geschlagen hatten. Die transpadanischen Goten erfuhren weder dies, noch dass Herzog Aligern inzwischen an der Seite der Byzantiner kämpfte. Längst hatten die Goten Ticinum verlassen und den Einheimischen übergeben.

Letzte Vorbereitungen

Woche für Woche verließen nun schwerbepackte Wagen Ticinum und rollten gut bewacht nach Genua. In der gotischen Enklave füllte sich das große Magazin mit Geräten und unverderblichen Gütern aller Art. Es roch kräftig nach Käse, geräucherten Würsten, getrocknetem Fisch und Trockenfleisch. Felle, Leder, Stoffe, Wolle und Gewürze mischten ihren Duft hinein. All jenes Werkzeug, das die Handwerker, Bauern und Bauleute später benötigen würden, lagerte in großer Zahl in eigenen Regalen. Die Anführer gingen davon aus, dass sie vielleicht jahrelang den Verschleiß an Geräten in der neuen Heimat nicht ersetzen konnten und sorgten vor. In einem großen Raum stapelten sich die Waffen, lagen Bogen, Pfeile, Speere und Lanzen. Schwerter und Schilde hingen an den Wänden. Bei all dem was aus Eisen gefertigt wurde, sorgten sie für große Vorräte, denn sie konnten ja nicht wissen, ob in der neuen Heimat Eisenerze in der Erde lagerten. König Indulf wollte in der ersten Zeit auf der Insel möglichst unabhängig von Käufen in fremden Ländern sein und sich mit dem bescheiden, was sie aus Transpadanien mitnehmen konnten.

Auf jenem Teil der großen Freifläche, den sie nicht für den Bau der Schiffe benötigten, boten Pflanzen, Büsche und Bäume einen ungewohnten Anblick. Die Frauen und Kinder der dort arbeitenden Goten kümmerten sich um die in Trögen und Töpfen wachsenden Setzlinge. Zusammen mit den hinzugestoßenen Vandalen umfasste die gotische „Gemeinde“ von Genua nun neunhundert Menschen. Ein Teil der Schiffsbesatzungen logierte daher wieder auf ihren Schiffen, an denen sie ohnehin bis tief in die Nacht arbeiteten oder sie halfen beim Bau der Werft und des Magazins. Abgesehen von gelegentlichen Problemen mit der Disziplin nahmen die Vorbereitungen in der gotischen Enklave einen reibungslosen Verlauf. Kronprinz Indulf hatte sich schnell Respekt verschafft, seine Mischung aus Härte, Klugheit und Umgänglichkeit kamen ihm zugute. Außerdem half ihm, dass er der älteste Sohn ihres so bewunderten Königs war. Auch die Freundschaft des Prinzen mit dem geachteten Seegrafen Beowulf stützte seine Autorität. Durch die Großzügigkeit des byzantinischen Feldherrn Narses und dank der von den Vandalen eingebrachten Schiffe vergrößerte sich die Flotte der Goten erfreulich. Zusammen mit den Schiffsneubauten übertraf sie die königliche Vorgabe nun sogar um drei Schiffe. Dies kam dem König sehr zupass, denn er hatte in den letzten Tagen noch einige ihm wichtige Dinge in Gang gebracht.

Schon Ende Juni waren die Vorbereitungen beendet. Der Aufbruch zur großen Reise hing lediglich noch von der ausstehenden Ernte ab. Die für das Überleben so wichtige Hirse samt dem anderen Getreide musste noch eingebracht und gedroschen werden. Da das Wetter den Bauern hold blieb, stand auf den Feldern die Frucht prächtig und auf den Fluren gedieh das Vieh. Der König hatte entschieden, dass die Abreise unmittelbar nach der Ernte erfolgen sollte. Alle verfügbaren Hände hatten bei der Ernte mitzuwirken. Außerdem sollte in der Umgebung des Gotenstaates so viel Getreide wie möglich gekauft werden. Als die ersten Wagenzüge rollten erfasste die Goten in Ticinum freudige Aufbruchsstimmung. Endlich hatte das Warten ein Ende und die latente Bedrohung durch die Franken war ausgestanden.

Bei einigen Herren löste die bevorstehende Reise auch hektisches Handeln aus, sie mussten einige noch anstehende Aufträge unter Dach und Fach bringen. Erfreulich war, dass entgegen ursprünglicher Befürchtungen weder die Handwerker noch die Schiffsbauer in Verzug kamen. Die Handwerker gewannen im Frühjahr plötzlich einen großen Zulauf, und auch die ihnen einst mit Nachdruck zugewiesenen Goten arbeiteten inzwischen fleißig mit. Selbst die lange gesuchten Steinmetze, Glasbläser und Mosaikschneider fanden sich, wie auch die beiden Baumeister mit Erfahrung im Bau von Aquädukten. Sogar ein römischer Ingenieur bot ihnen seine Dienste an. Der alte Mann beherrschte noch viele der fast in Vergessenheit geratenen Techniken der Griechen und Römer. Dieser Grübler war König Indulf hochwillkommen und erwies sich später als eine große Bereicherung. Es ließ sich nicht vermeiden, dass unter den Arbeit suchenden Handwerkern etliche Unfähige und Scharlatane waren, doch diese wurden alsbald entlarvt. Noch immer war kein fähiger Architekt gefunden, der den Goten in der neuen Heimat beim Planen der Städte und beim Bau von repräsentativen Gebäuden wie den Kirchen, Palästen und Rathäusern helfen konnte. Als sie die Hoffnung schon fast aufgegeben hatten einen geeigneten Mann zu finden, wandte sich Prinz Indulf hilfesuchend an den Senat der Stadt Genua, der ihm den Architekten Alexandros nannte. Dieser kam aus

Byzanz und stammte von einer gepidischen Mutter ab. Ihn reizte die Herausforderung in einem neuen Land bei der Anlage von Städten und Gebäuden mitzuwirken. Das erwies sich als weiterer Glücksfall, denn aufgrund des langen Gotenkrieges war die Bautätigkeit in Italien praktisch zum Erliegen gekommen. Als letzter Herrscher ließ König Theoderich in seiner Regierungszeit neue Paläste und Kirchen bauen und veranlasste die Renovierung vieler der vom Verfall bedrohten baulichen Hinterlassenschaften der Römer. Die einst damit betrauten Bauhandwerker lebten zumeist nicht mehr oder hatten sich anderen Tätigkeiten zugewandt.

Graf Optari hatte sich einem besonderen Auftrag verschrieben. Der König hatte mit ihm vereinbart, das kulturelle und technische Erbe der Griechen und Römer, soweit irgend möglich in die neue Heimat zu retten, um es dort zu nutzen und zu pflegen. Leidenschaftlich ordnete er die Bücher im Palast, sammelte und kaufte Schriften und Pergamente, wo immer sie angeboten wurden. Von Boethius, der aus Ticinum stammte, gab es alle Schriften direkt in der hiesigen Residenz. Das galt auch für die Schriften von Capella, Cassiodorus und Isidor von Sevilla. In deren Werken fand sich der Schatz der antiken Bildung in verdichteter Form. Von Vitruvius, dem bedeutenden Architekten, fand der König ein Werk und auch eine Kopie von Aufzeichnungen des genialen Archimedes; letzteres allerdings nicht vollständig und sehr zerlesen. Auch die technischen Anregungen und Werke von Heron und Philon konnte Optari von einem griechischen Händler erwerben. Einen hohen Stellenwert in der Bibliothek nahm die „Chronik der Goten“ ein, die Cassiodorus im Jahre 519 verfasst hatte. Aber noch bedeutender war dessen „Geschichte der Goten“, die der Graf wie seinen Augapfel hütete. Das Buch der Weissagungen betrachtete er und sein König als der Goten drittes Kleinod. König Indulf vertiefte sich gelegentlich in diesen Text, aus dem er sich Hinweise für die Zukunft seines Volkes und für sein Geschlecht erhoffte. An einer rätselhaften Weissagung blieb er immer wieder hängen, weil er sie nicht völlig deuten konnte:

„Gott schenkt den Goten zum Lohn nach langen harten Jahren ihren größten Sohn.

Er wird an Kriegs- und Friedenstaten seine vielen Vorgänger weit überragen.

Dieser mächtige König wird herrschen über ein großes Volk in fernem Land.
Er einigt die zerstrittenen Goten, schenkt ihnen den größten Sieg ohne einen Toten.
Ein edler Engel als Gemahlin an seiner Seiten wird ihn durch das Leben geleiten.
Er bringt seinem Volk den Frieden und das Glück, wird von diesem in den Himmel gerückt.
Dieser Friedensreiche stammt aus fremdem Geschlecht und doch ist es jedem so recht.
Er trägt das Blut aller Könige vor ihm in sich, ist als Herrscher und Held unvergleichlich.“

Wie oft hatte Indulf über diesen eigenartigen und holprigen Zeilen gegrübelt, und bezog die Weissagung zuerst auf Theoderich. Doch je mehr er darüber nachdachte, desto größer wurden seine Zweifel. Sein Vater Usdrila und Hildebrandt waren mit ihm einig, dass darin ferne Zeiten berührt wurden und jener König von seinem Gotenvolk in den Himmel gehoben wurde. Wie aber durften sie die Aussage „Stammt aus fremdem Geschlecht“ interpretieren? Hieß dies, dass er kein Gote war und ihm die Goten dennoch als ihrem Herrscher treu anhingen? Hildebrandt fand wenigstens zu dem letzten Satz eine Deutung. „Dieser große Herrscher ist nicht nur ein gewaltiger Held, er ist auch mit allen Geschlechtern, die vor ihm waren, verbunden. Vermutlich heiratete er, oder einer seiner Ahnen, die Tochter eines Gotenkönigs. Auf den Halbsatz „schenkt ihnen den größten Sieg ohne einen Toten“, konnten sie sich allerdings keinen Reim machen. Wie kann man denn siegen ohne jemanden zu töten? Das ging nicht in ihre Kriegerköpfe hinein. Sie entnahmen der Weissagung jedoch zwei für sie sehr erfreuliche Aspekte. Als erstes galt dies für den Halbsatz „Nach langen Jahren“, was sie folgendermaßen interpretierten, die Goten würden nicht nur die lange Reise überstehen, sondern auch im fernen Land überleben. Der zweite Punkt, der sie hoffen ließ, lautete: „Wird herrschen über ein großes Volk“, daraus folgerten sie, dass ihr Volk wachsen würde. Was ihnen allerdings weit weniger gefiel war, dass dieser König ein zerstrittenes Volk zu einigen und viele Kriege zu bestehen hatte, ehe er dann den Frieden schaffen konnte. Dagegen fiel die Aussage „Nach langen harten

Jahren“ nicht mehr sonderlich ins Gewicht, denn solches hatten sie erwartet und kannten es bisher nicht anders.

Um das Abenteuer „Vandalia“ zum Erfolg zu führen, musste von Anfang an Klarheit herrschen. Von den Errungenschaften der Regierungszeit König Theoderichs sollte vor allem das Steuersystem und das Rechtsverständnis übernommen werden. Von vielen Elementen, die jetzt lediglich dem Schutz der italischen Menschen dienten, wollten sie sich zu späterer Zeit trennen und das Recht wieder an den Bedürfnissen ihrer Leute ausrichten. Die Stellung des Königtums sollte von vorneherein eine sehr starke sein, so wurde es vereinbart. „Unsere bitteren Erfahrungen mit schwachen Königen und machtgierigen Edlen, welche die Kraft der Goten schwächten, dürfen sich nicht wiederholen. Unsere Könige sollen nicht nur die Feldherren sein, sie sollen die gesetzgebende Gewalt und die Finanzhoheit genauso unbeschränkt ausüben wie einst der große Theoderich. Nur dadurch waren die Goten mächtig und stark. Widerstreitende Kräfte bekamen damals keine Chance, alles hatte der Herrscher im Griff, und es war die beste Zeit, die wir Goten jemals erlebten. Uns Edlen, die dem Herrscher am nächsten stehen, wird immer noch genügend Einfluss bleiben, um uns ein besonderes Leben möglich zu machen. Unserem König gebührt alle Macht, er soll uns die Wege weisen und die Taten abverlangen, die unser Volk in eine gute Zukunft führen.“ Hildebrandts eindringliche, ja beschwörende Worte blieben nicht ohne Wiederhall. So musste es sein, so sollte der Weg zur Freiheit und zum Frieden beschritten werden.

Weiter wurde entschieden, dass alles Land in der neuen Heimat ausschließlich dem König gehörte. Er würde es dann weiter an seine Getreuen verleihen und diese wiederum konnten Teile davon an ihre Schützlinge verleihen. Dafür sollte das königliche Schatzamt Zins in Form einer Grundsteuer erhalten. Befreiung davon dürfe es nicht geben, nicht einmal für die Kirchen. Auch die weiteren Steuern würden beibehalten. Das Siliquatium („Umsatzsteuer“) soll in der neuen Heimat, so wie bisher, bei jedem Verkauf erhoben werden. Die Auraria („Gewerbesteuer“) und das Monopolium (Gebühr der Händler) sollen weiter bestehen bleiben. Und auch ihr vertrautes Geld, die Goldmünzen Solidus und Denarius wie die Silber- und Kupfermünzen, welche im Umlauf waren, würden beibehalten und bei Bedarf neu geprägt werden.

Dabei beließen sie es für das Erste, fanden, dass sich alles weitere aus der Situation ergeben würde, die sie auf der Insel vorfänden. Sie hofften natürlich sehr, dort nicht nur Weiden, Wälder und Wasser vorzufinden, sondern auch Ton, Salz und Metalle. Denn sie strebten an, künftig möglichst wenig mit der Außenwelt in Berührung zu kommen. Die Edlen fürchteten weniger die fremden Einflüsse, als vielmehr die Raubzüge denen ihr kleines Volk damit ausgesetzt wäre.

In jener Tagung des Kronrats, der sich jüngst um den Vandalen Graf Stilicho erweitert hatte, beschlossen die Edlen, in „Vandalia“ den Arianismus zur Staatsreligion zu machen. Doch die ihnen seit Theoderich gebotene religiöse Toleranz sollte ungeschmälert erhalten bleiben. Dies bedeutete, dass dort neben den Arianern die Katholiken und die Donatisten, zu denen Graf Stilicho zählte, ihre Religion ungehindert leben durften. Als grundsätzliche Bedingung sollte gelten, dass der oberste Kirchenherr aller in der neuen Heimat ausgeübten Religionen der König sein müsse. Für die Arianer galt dies ohnehin von jeher, den wenigen Donatisten war dies recht, doch der einzige Pfarrer der Katholiken, der sich dem Gotenzug anschließen wollte, hatte damit große Schwierigkeiten. Letztlich beugte er sich dem Argument, seine Schäfchen andernfalls ohne geistlichen Beistand die große Reise antreten zu lassen. Nahezu alle Nicht-Goten, bekannten sich zur katholischen Kirche. Aus Angst vor den grausamen Franken und der harten Regierung der Byzantiner schlossen sich auch etliche der Einheimischen den Goten an.

Graf Stilicho fand sich – nach anfänglicher Vorsicht und latentem Misstrauen – gut in die Gemeinschaft der Goten ein. Der alte Herr führte derzeit ein unruhiges Leben, denn ein Teil der Seinen lebte in Genua und half dort mit beim Schiffsbau oder beim Fischfang für Trockenfisch. Was der Graf über „Vandalia“ wusste, das gab er nun preis und erleichterte dadurch die Planung ungemein: Die Vandalen hatten in der römischen Provinz Africa Hinweise der Karthager auf eine große Insel weit draußen vor der Westküste Hispaniens entdeckt und sogar die Schiffsroute dorthin aufgezeichnet. Sie fanden bei ihren drei Reisen zur Insel Vandalia heraus, dass es sich als vorteilhaft erwies bis an das Kap Nerium (Cabo Fisterra) an der nordwestlichen Ecke Hispaniens hinaufzufahren. Von dort aus ging es dann in westlicher Richtung hinaus auf den offenen Ozean, wobei eine kleine Abweichung gen Süden hin erforderlich war. In Phasen starken Westwinds verlängerte sich allerdings die Reise durch das ständige Kreuzen gegen den Wind beträchtlich. Selbst bei häufigem Rudern wurde dann die Seefahrt sehr beschwerlich. Erfahrungsgemäß herrschten von Ende Juli bis Mitte September die besten Bedingungen für die Hinreise, während die Rückreise mit dem Wind im Rücken fast immer gut vonstatten ging. Zur Reisedauer konnte Graf Stilicho nur ungefähre Angaben machen. Die römischen Schnellsegler veranschlagten von Ostia nach Gades (Cadiz) im günstigen Falle neun Tage. Von dort bis zum Kap Nerium benötige man dann weitere drei bis vier Tage. Unterstellt, bei der letzten Reisestrecke seien gute Bedingungen gegeben, brauche es noch mindestens neun Tage bis zur Insel Vandalia. „Wenn wir deshalb einen Monat für die Reise ansetzen, liegen wir auf der sicheren Seite. Schaffen wir es in kürzerer Zeit, weil uns Stürme und Flauten verschonen, ist das umso besser für uns“, meinte der vandalische Graf. Insgesamt strahlte er bei seinem Bericht eine beruhigende Zuversicht aus, die sich auf seine Kollegen übertrug.

Stilicho erzählte von seiner kleinen Flotte, die damals auf den Osten einer großen Insel stieß. Einen ganzen Tag lang fuhren sie an ihrer Ostküste entlang, die an einigen Stellen von kleineren Inseln gesäumt war, beschrieb jene beiden Regionen der Hauptinsel, an die er sich erinnerte. Den zuerst in Sicht gekommenen Landstrich erlebte er als karg und abweisend, zumeist sogar als Wüste. Im Hintergrund verwehrten jedoch hohe düstere Berge den weiteren Ausblick. Die andere Gegend gefiel ihm allerdings sehr, er beschrieb sie als ein kleines Paradies. Dort erkannten sie mächtige Wälder, Weidegründe und gutes Wasser. Dieser Landstrich schien fruchtbar zu sein, denn sie entdeckten eine üppige Flora. Die Vandalen sahen dort auch viel Wild, fingen wohlschmeckende Fische und fanden ein mildes Klima vor. Auf Spuren von Menschen traf die Flotte der Vandalen an keiner Stelle, doch Stilicho schloss nicht aus, dass es dort Bewohner geben könnte. Er leitete dies her aus den Erfahrungen der Vandalen auf den Inseln vor der Küste von Mauretanien. Deren Bewohner lebten gut versteckt im Inneren des Landes. Die ersten Versuche der Vandalen dort zu siedeln, hätten diese mit ihren einfachen Waffen massiv gestört und die Eindringlinge schließlich vertrieben. Stilicho wollte von daher die Möglichkeit, dass auf der Insel „Vandalia“ auch Menschen lebten, nicht ausschließen.

König Indulf brach der aufkommenden Besorgnis sofort die Spitze. „Meine Getreuen, wir werden – falls dort tatsächlich Menschen leben sollten – uns mit diesen möglichst friedlich einigen. Geht dies nicht, dann werden wir die Insel erobern müssen. Das wäre zwar bedauerlich, trübt unsere Hoffnung auf ein friedliches Dasein ein wenig, doch wir dürfen diese Herausforderung nicht scheuen. Erinnert Euch daran, dass überall dort wo unsere Väter einstmals hinkamen, schon andere Völker lebten, und nicht immer verlief die Landnahme friedlich. Wir Goten wissen uns zu wehren, und wir besitzen gute Waffen, das sollte uns Mut machen.“ Graf Stilicho riet ihnen zwar einen großen Vorrat an Wasser für die Seereise mitzunehmen, nicht aber allzu viel Fleisch. Das galt auch für das Holz zum Hausbau, für die Geräte, Möbel und zum Befeuern der Herde und Öfen. Sie sollten, falls sich nicht auch eine andere Stelle der Insel zur Landnahme eignete, gezielt nach jener schönen Gegend suchen, die der vandalische Graf damals entdeckt hatte und sich dort niederzulassen. Doch noch war es nicht so weit, es musste noch vieles bedacht und getan werden.

Der Aufbruch

Im Königshaus ergaben sich einige erfreuliche Veränderungen. Die beiden jungen Witwen Theodegundis und Rechis hatten sich erneut verheiratet. Beide Schwiegersöhne waren dem Königspaar hochwillkommen und wurden als Bereicherung der Familie erlebt. Die älteste Tochter Theodegundis ehelichte den Seegrafen Beowulf. Dieser energische Adelige bereitete in Genua zusammen mit seinem neuen Schwager Kronprinz Indulf die große Reise trefflich vor und erwarb sich dadurch das volle Vertrauen des Königs. Diese Verbindung kam einigermaßen überraschend, denn das neue Paar hatte sich zuvor nur zweimal gesehen, doch es schien Liebe auf den ersten Blick zu sein. Die beiden verstanden sich auf Anhieb und auch die Kinder akzeptierten den neuen Vater sofort. Die zweite Verbindung hingegen war eher zu erwarten, denn Prinzessin Rechis und Graf Totila begegneten sich häufig und fanden immer mehr Gefallen aneinander. Der kühne Stiefsohn von Herzog Aligern warb mit Erfolg um die jüngst verwitwete Prinzessin. Bei der Doppelhochzeit der beiden Prinzessinnen gab Königin Rechis zum Besten, dass auf diese Weise sei nun doch noch eine Rechis in die Familie Herzog Aligerns gekommen. Nun verblieb nur noch Riguntis, die angenommene und hochschwangere Tochter in des Königs Munt. Zwar warb der älteste Bruder von Amalaris um sie, doch ohne den gewünschten Erfolg. Daher wandte er sich einer der Töchter des Grafen Gesalich zu und wurde so zu dessen Schwiegersohn.

Ende Mai gebar Riguntis eine gesunde und kräftige Tochter, das posthume Kind König Tejas. Die junge Mutter taufte es zu Ehren ihres toten Geliebten auf den ungewöhnlichen Namen Tejaris. Kaum hatte Riguntis das Wochenbett verlassen, übernahm sie auch schon wieder ihre Aufgaben. Völlig selbstverständlich kümmerte sie sich um den königlichen Haushalt. Die schöne junge Frau mit ihrem praktischen Sinn und ihrer unbekümmerten Art erfreute die ganze Familie. Im nächsten Monat stellte sich auch in vielen anderen Familien Nachwuchs ein und verjüngte das Gotenvolk. Zwar würden ihnen allen hieraus vielleicht einige Schwierigkeiten auf der beschwerlichen Reise erwachsen, doch die Freude über den reichen Kindersegen überwog alle Bedenken. Prinzessin Rechis verblieb vorläufig noch mit ihrem Gemahl Totila im Palast, erst in der neuen Heimat wollten die beiden einen eigenen

Hausstand gründen. Hingegen zog Theodegundis unmittelbar nach der Hochzeit mit ihren Kindern nach Genua zu ihrem Mann.

Das anhaltend warme Sommerwetter brachte den Goten eine frühe und ungewöhnlich üppige Ernte. Die vielen fleißigen Hände schafften es, in wenigen Wochen den Segen der Natur einzubringen und das Korn zu dreschen. Alle, die es irgendwie möglich machen konnten, halfen mit, angetrieben von der Vorfreude auf die große Reise. Auf dem königlichen Gut bei Laumellum packten sogar die Prinzessinnen persönlich mit an, es schien ihnen allen nicht schnell genug zu gehen. Kaum war die eigene Ernte eingebracht, zogen Karren ins Umland, um noch weiteres Getreide und Hirse zu kaufen. Und sie brachten von den Früchten des Feldes reichlich mit, denn sie bezahlten gut und sofort, außerdem fiel es den Bauern leicht, auf ihre Überschüsse zu verzichten. Die zusätzlichen Einnahmen konnten sie wegen der schlechten Ernte des Vorjahres sehr gut gebrauchen.

Auf die Weinlese konnte und wollte der König nicht warten, er wollte nun so schnell es ging sein Volk auf die große Reise führen. Und er tat gut daran, denn die Kriegsfurie loderte noch immer blutfarben über Italien und drohte täglich auch auf Transpadanien überzugreifen. Graf Stilicho fand, damit alle „tröstend", dass sie doch – zu den wenigen noch mit Wein gefüllten Amphoren des Vorjahres – noch weiteren Wein im hispanischen Gades dazu kaufen konnten. Insgeheim hofften sie auch darauf, dass die mitgenommenen Bienenvölker viel Honig erzeugten und sie daraus – so wie früher – ihren Met bereiten konnten.

Alle Gehöfte und Fluren, selbst die Häuser im festen Ticinum, gingen schnell auf neue Besitzer über. Den königlichen Palast übernahm die Stadt Ticinum. Zumeist erzielten die Goten für ihre Liegenschaften einen guten Preis, denn dieser vom Krieg verschonte Winkel Italiens mit seinen stark befestigten Städten bot vielen neu hinzuziehenden Italiern doch eine gewisse Sicherheit.

Die Abreise der Goten stand an; von den nun schutzlosen Italiern mit Bangen erwartet. Eine fiebrige Spannung lag in der Luft, so mancher fand in dieser letzten Nacht nur wenig Schlaf, doch was bedeutete dies schon gegen die Aussicht auf eine neue und friedliche Zukunft. Am

Vorabend wuchteten die Handwerker ihre letzten Geräte und Werkzeuge auf die großen Wagen. Da sie nun über ausreichend Kapazität auf den Schiffen verfügten, musste nichts abgelehnt werden, nicht einmal die schweren Ambosse und sperrigen Blasebälge der Schmiede. Für die Bettlägerigen und Kranken hatten die Männer Tragen und Liegen angefertigt, und für diese auch kleine Wagen entsprechend umgebaut. Kaum durchbrach der erste Lichtstrahl das nächtliche Dunkel, da erfüllte Geschäftigkeit den Sammelplatz jenseits des Ticinus. Dort lagerten seit dem Vorabend schon all jene, die aus der Region nach Ticinum gekommen waren, um unter Führung ihres Königs mit ihm nach Genua zu ziehen. Das Brüllen, Wiehern, Gackern und Bellen der Tiere, das Klappern und Scheppern der Geräte vermischte sich mit den Rufen der Menschen und dem gelegentlichen Weinen der kleinen Kinder. Erstmals hatten die „Löwen" den Auftrag den Zug zu ordnen. Voraus ritt der König auf weißem Ross, ihn geleitete der erste Heeresteil und danach folgten die Wagen, darunter auch jene der königlichen Familien und der Staatsschatz. Dahinter ritt der nächste schützende Reitertrupp dem sich weitere Fuhrwerke und Viehherden anschlossen. Danach folgten erneut berittene Krieger und jene, die zu Fuß marschierten. Mit dieser Gliederung sollte ein ausreichender Schutz für die schwerfälligen Wagen und die Herden sichergestellt werden. Soweit es die jeweiligen Verhältnisse zuließen, flankierten Lanzenreiter den Wagenzug. Die Nachhut sicherten die erfahrenen Grafen Gesalich, Totila und Wittich mit einer Truppe altgedienter Kämpen.

Endlos und unüberblickbar schien dieser Zug zu sein, der sich nun über die Via Julia Augusta voranwälzte. Anfangs kroch er im Schneckentempo über die Strasse. Immer wieder versuchten einzelne Rinder, Schafe und Ziegen in das verlockende Grünland neben der Strasse auszubrechen. Mühsam mussten sie wieder eingefangen und erneut in den Strom der Wagen, Menschen und Tiere eingegliedert werden. Nicht nur die „Löwen" und die Grafen kümmerten sich um die Ordnung, auch der König und der Waffenmeister ritten immer wieder am Zug entlang, um die Menschen aufzumuntern. Eigentlich war dies unnötig, denn trotz des sich verdüsternden Wetters herrschte überall gute Laune. Kaum war der Zug vorüber, machten sich die Menschen daran, den zurückgelassenen Dung auf der Strasse einzusammeln. In den Orten standen die Bewohner am Wegesrand, staunten über diesen mächtigen

Strom, und grüßten wehmütig ihre langjährigen Herren. Was erwartete sie wohl nach den milden Goten? Pressten dann die Byzantiner erneut das Land aus, behandelten es deren Beamte wieder wie Feindesland? Oder obsiegten am Ende die kriegerischen und barbarischen Franken? Keine dieser beiden Alternativen behagte den Italiern. Ihre Zukunft war ungewiss und beunruhigte sie.

Nachdem sich der Zug allmählich in eingespielter Ordnung bewegte, schafften sie eine gute Strecke des Weges und konnten in Sichtweite von Dertona ihr erstes Lager aufschlagen. Mit ihren Wagen bildeten sie zuerst einen weiten Kreis, in diesen hinein wurde das Vieh getrieben. Vor den Wagen ließen sich die erschöpften Menschen zum Nachtlager nieder, machten Feuer und verzehrten ihre Abendmahlzeit. Nicht lange waren die altvertrauten Gesänge zu hören, die allgemeine Müdigkeit ließ diese bald verstummen und Stille legte sich über das weite Lager. Zum ersten Mal erlebten sich diese bisher verstreut wohnenden Menschen wieder als eine geschlossene Gemeinschaft und empfanden dies zumeist als eine aufregende und schöne Erfahrung. Die sich abwechselnden Wachen hüteten treulich den Schlaf der ihnen anvertrauten Menschen. Doch wer wollte es wagen, dieses Volk zu überfallen, dessen Krieger sich schon in so vielen Kämpfen bewährt hatten? Einzig die Heere der Byzantiner und Franken bedeuteten Gefahr für sie, doch diese standen sich zum Glück an weit entfernten Fronten gegenüber.

Am nächsten Morgen klappte der Aufbruch schon besser, der Zug setzte sich erstaunlich früh in Bewegung. Denn an diesem Tag ging es weite Strecken bergauf, was sehr viel Zeit kosten würde. Ganz allmählich schlängelte sich die Strasse nach oben und wurde an einigen Stellen von den Bergen des Appennin richtiggehend eingezwängt. Die Trasse wurde so schmal, dass keine Begleitreiter die Wagen sichern konnten. Manchmal zog sich daher der Zug meilenweit auseinander. Ein Überfall an dieser Strecke wäre nicht ohne Opfer geblieben. Daher war die Erleichterung des Königs groß, als er am späten Nachmittag das letzte Lager vor Genua aufschlagen ließ. Dieses Mal mussten sie sich auf den umliegenden Bergwiesen verteilen und eng zusammen rücken. Nur mühsam fanden alle Platz in diesem Hochtal am Giovi-Pass. Der König ließ die umliegenden Hügel und die beiden Zugänge bewachen, nichts durfte auf diesem letzten Abschnitt der Landreise noch schief gehen. Am

Abend überraschte sie ein hochwillkommener Besuch. Das junge Kronprinzenpaar Indulf und Amalaris sowie der Seegraf Beowulf mit Gemahlin Theodegundis ließen es sich nicht nehmen, ihre Angehörigen schon vor dem Hafen von Genua zu begrüßen. Daraus entwickelte sich ein kleines Fest, spontaner Ausdruck der Erleichterung über den geglückten Abzug aus Transpadanien.

Der nächste Morgen brachte Nieselwetter. Mühsam quälte sich der lange Zug über den Pass. Die schwer beladenen Wagen mussten von vielen Männern geschoben und dann beim langen Abstieg zum Meer hinunter mit all ihrer Kraft gehalten werden. Weder Wagen noch Tiere sollten zu Schaden kommen. Kein Fernblick entschädigte sie für ihre Anstrengungen, alles blieb von tiefhängenden Wolken verhüllt, die ihren sanften Regen über die Fluren entließen. Am frühen Nachmittag erreichte der Zug sein erstes Ziel. Vor den Mauern der Hafenstadt hieß der genuesische Senat das Gotenvolk mit großem Pomp willkommen. Gegensätzlicher hätte die Begegnung schwerlich ausfallen können, hier die Senatoren in ihrem prunkvollen Ornat und auf der anderen Seite die gotischen Edlen in ihrem schlichten Umhang über dem Kettenhemd. Abgesehen vom goldenen Kronreif um den Helm und dem herrlichen Schimmelhengst unterschied sich selbst König Indulf wenig von seinen edlen Herren. In der Stadt ging es nur noch stockend voran, die engen Gassen rissen den Zug auseinander. Als er endlich am Hafen ankam, musste Wagen für Wagen und das störrische Vieh auf die am Kai vertäuten Schiffe verladen werden. So manches der Tiere weigerte sich an Bord zu gehen und musste mit Nachdruck gezogen und geschoben werden, bevor es sich in sein Schicksal ergab. Die Fuhrwerke wurden zerlegt, um an Bord möglichst wenig Platz zu benötigen. Kronprinz Indulf und der Seegraf hatten mit ihren Leuten gute Vorarbeit geleistet. Das Magazin war schon leergeräumt, sein Inhalt befand sich auf den Schiffen. Die Wasserfässer lagen unter Deck, die Lebensmittelvorräte waren seit dem Morgen auf den Schiffen verstaut. Die Menschen der gotischen Enklave Genuas hatten bereits ihre Plätze auf den Schiffen eingenommen. Die kleine Familie des Seekriegers Widemir, durfte vorerst auf dem Königsschiff mitreisen. Zu den „Genuesen“ zählten auch „echte“ Einheimische: zwölf ledigen Handwerkern und sieben Familien genehmigte Prinz Indulf die Mitreise. Da die vielen Neuankömmlinge im gotischen Hafenbereich nicht alle Platz gefunden hätten, hielten es die

Verantwortlichen für das Beste, ihr Volk ohne Zwischenhalt an Bord gehen zu lassen. Es galt die Menschen und ihre Habe nach einem festgelegten Schlüssel auf die Schiffe zu verteilen. An diesem feilten die verantwortlichen Herren zuvor so lange, bis auch der König zustimmte. Da es eine durch Feinde gefährdete Reise werden konnte, bestiegen die Krieger ihre für den Kampf gerüsteten Schiffe, das normale Volk teilte sich den Raum an Bord mit den Tieren, Gütern und Vorräten.

Während dieses langwierigen Unterfangens, das Kronprinz und Seegraf umsichtig leiteten, weilten der König, sein Bruder Theodemir und der Waffenmeister zu Verhandlungen beim Senat. Dort unterzeichneten sie einen vorbereiteten Vertrag mit der Stadt Genua. Dieser umfasste ein für beide Seiten günstiges Handelsabkommen, in diesem waren die jeweiligen Ein- und Ausfuhrzölle geregelt und auch eine Meistbegünstigungsklausel eingebaut. Die Senatoren rechneten damit, dass die Goten in ihrer neuen Heimat zu Wohlstand gelangen und Handel mit ihnen treiben würden. Als besonderen Erfolg verbuchte es König Indulf, dass sie ihre Niederlassung in Genua für zunächst zwanzig Jahre pachten konnten. Dazu hatte der Senat die Zustimmung des byzantinischen Statthalters eingeholt. Wieder einmal erwies sich des Königs Gönner Feldherr Narses als ein großzügiger und weitblickender Herr. Doch damit hatte es noch nicht sein Bewenden. Im Auftrag des byzantinischen Feldherrn überreichte der Patrizius dem Gotenkönig ein vergoldetes und mit Almandinen besetztes Kästchen. Überrascht öffnete König Indulf das edle Behältnis und blickte auf die silberne Totenmaske seines großen Vorgängers Theoderich. Diesen Wunsch hatte er damals bei der Verhandlung am Sarnus geäußert, nun wurde er ihm vom greisen Feldherr doch noch erfüllt. Damit hatte der Gotenkönig nach all den Geschenken und Vergünstigungen nicht mehr gerechnet. Indulf schloss daraus, dass sich sein Cousin Aligern mit den Byzantinern verständigt hatte und an deren Seite gegen die Franken kämpfte. Tief bewegt nahm er die Maske in die Hände und blickte auf das edle Antlitz jenes Helden, der für ihn und alle anderen Könige der Goten stets das unerreichbare Vorbild bleiben würde. Der große Theoderich führte einst sein dreihunderttausend Menschen zählendes Volk in das „gelobte Land" Italien. Und ihm, Indulf, oblag es nun, den kläglichen Rest des in einem langen Krieg vernichteten Volkes aus diesem Land zu führen und ihm eine neue Zukunft zu ermöglichen. Einen Augenblick lang empfand

König Indulf diesen Auftrag wieder als eine schwere, ja niederdrückende Bürde. Doch ihm war dies nun einmal beschieden, auf ihm allein ruhte die Hoffnung seines Volkes, und er hatte ihr gerecht zu werden. Diese innere Mahnung half ihm sich wieder zu fassen.

Im Kästchen befanden sich ein Schreiben seines greisen Gönners und ein Geleitbrief für das westliche Gebiet des Byzantinischen Reiches. Im Brief dankte der byzantinische Fürst dem gotischen König für die getreue Einhaltung der Abmachungen. Er wünschte dem Zug der Goten wie ihrem Neuanfang in fremdem Land alles Gute und den Segen Gottes. Das Schreiben enthielt eine Warnung, die der König ernst nahm. Narses gab zu erkennen, dass er vom Kaiser zwar zum Exarchen der westlichen Hälfte des Reiches ernannt worden war, was jedoch in Hispanien auf Widerstand stoße. Der dortige Statthalter würde ein dem Kaiser und ihm nicht genehmes Eigenleben führen. Sein Geleitbrief entfalte somit eher eine symbolische Wirkung, doch stelle er die Goten gegenüber dem widerspenstigen und eigenmächtigen „Statthalter" von Gades in eine rechtlich unangreifbare Position. Narses gab den Goten freie Hand, sollte es zum Kampf mit den „Byzantinern" in Hispanien kommen, weil diese den Geleitbrief nicht respektierten. Ihm sei daran gelegen, dass der dortige „Statthalter" bei einer kriegerischen Handlung besiegt würde. Der Wille seines Kaisers solle auch in diesem wiedergewonnenen Teil Hispaniens ungeschmälert gelten. Indulf verstand die Botschaft gut, er beschloss auf der Hut zu sein, jedoch einer möglichen Konfrontation nicht auszuweichen. Die Rückendeckung durch Narses war ihm willkommen, denn er wollte sich dessen Wohlwollen nicht verscherzen. Seine Goten sollten auch künftig die Säulen des Herkules ungehindert passieren und mit den Byzantinern Handel treiben können.

Nach der Verabschiedung durch den Senat und herzlichem Adieu von Graf Theodemir, dem neuen Herrn des gotischen Stützpunktes in Genua, betraten der König und sein Waffenmeister das königliche Schiff. Dieses legte als erstes Schiff der stattlichen Flotte ab und setzte sich vor dem Hafen an die Spitze des Zuges. Getragen von frischem Wind verließ das Volk der Goten Italien, das ihm für so viele Jahre Heimat geboten hatte und segelte hinaus auf das weite Meer. Dieser Tag der Abreise im Juli 553 wurde künftig zu einem besonderen Datum in der Geschichte des Gotenvolkes.

3.Teil Die Reise nach Thule

Von Genua nach Gades

Zwölf lange Tage und Nächte segelten oder ruderten die Goten schon über das Mare Internum, wie die Römer das heutige Mittelmeer bezeichneten. Einige unruhige Tage und sogar einen leichten Sturm hatten sie gut gemeistert und danach ihre zerstreute Flotte rasch wieder zusammengeführt. Überhaupt gewöhnten sich Menschen und Tiere allmählich an dieses völlig andere und so einengende Dasein an Bord. Nun geleitete sie die Küste des hispanischen Baetica (Andalusien), die wie diejenige des etwas weiter entfernten Mauretanien, wieder dem fernen Kaiser Justinian untertan war. König Indulf ließ die Warnflaggen setzen und forderte damit seine Krieger zu höchster Wachsamkeit auf. Die Angehörigen wurden auf die Frachtschiffe zurückgebracht, um diese bei einem möglichen Kampf nicht zu gefährden. Die Krieger warfen sich ihre Kettenhemden über, stellten die Schilde bereit und hielten Bogen und Pfeile in Reichweite. Andere Männer setzten sich an die Ruderbänke, um bei einem Angriff jederzeit reagieren zu können. Doch kein fremdes Segel zeigte sich, alles blieb so friedlich wie seit drei Tagen das Meer, aber weder der König noch sein Schwiegersohn, der umsichtige Seegraf, ließen sich davon täuschen.

Ein kurzer Landgang in der Nähe des hispanischen Tarraco (Taragona) sorgte für eine angenehme Abwechslung. Sie nahmen frisches Wasser an Bord und beschafften auch frisches Futter für die vielen Tiere. Kurz bevor sie ablegen wollten, erschien ein großer Reitertrupp. An der Kleidung erkannten sie ihre westgotischen Stammesbrüder und freuten sich auf das Zusammentreffen. Doch sie wurden bitter enttäuscht, denn die Männer verhielten sich schroff und abweisend. Barsch befragte sie ihr Anführer, was sie hier zu suchen hätten? Ruhig antwortete ihnen Graf Wittich, er hoffe, dass sie als Goten hier auf Freunde, wenn nicht gar auf Brüder treffen. Doch als Entgegnung bekam der Graf deutlich zu verstehen, dass sie, die Greutungen hier im Reiche der Westgoten keineswegs willkommen seien. Hochmütig äußerte der Visigote, ein Graf aus dem Umfeld von

König Agila: „Ich spreche im Namen meines Königs, der längst darüber informiert ist, dass Ihr, die in Italien gescheiterten Greutungen, in unserem Land Fuß fassen wollt. Doch daraus wird nichts! Wir sind nicht darauf erpicht durch Euch in noch größere Schwierigkeiten mit den Franken und den Byzantinern zu kommen. Schert Euch von hier weg und sucht Euch eine andere Bleibe.“ König Indulf, der sich mittlerweile zurück ans Ufer rudern ließ, ergriff nun das Wort: „Sagt Eurem Herrn König Agila, dass wir dieses ungastliche Verhalten nicht vergessen werden. Wir hatten zwar nie die Absicht, in Hispanien zu siedeln, dennoch zählten wir auf Eure Gastfreundschaft. Schade, dass sich dies nun als böser Irrtum erweist. Unter anderen Vorzeichen hättet Ihr von uns die einzig gebührende Antwort erhalten, jene mit dem Schwert.“ Die Visigoten, wütend ob dieser Antwort, zogen ihre Schwerter, doch König Indulf wies grimmig lächelnd hinüber zu den Bogenschützen. Das wirkte „beruhigend“ auf die ruppigen Gesellen, denn auf einen solch aussichtslosen Kampf wollten sie sich nicht einlassen. Indulf, dem nicht daran lag, grobem Verhalten gleiches entgegenzusetzen, hieß seine Mannen wieder an Bord zu gehen und verließ als letzter dieses ungastliche Gestade. Günstige Schiebewinde ließen sie danach gut vorankommen und den Zeitverlust durch Sturm und widrige Winde wieder wett machen.

Ihre Flotte hatte mittlerweile das westliche Ende des Mare Internum erreicht und noch immer blieben sie unbehelligt. Zwar wurden sie aus der Ferne von einem schnellen Schiff mit roten Segeln beobachtet, was die Goten aber nicht weiter beunruhigte. Als einige schon dabei waren Narses Warnung in den Wind zu schlagen, wurden sie eines Besseren belehrt. Nicht nur die Säulen des Herkules traten in ihr Blickfeld, sondern auch ein Band von Segeln am Horizont. Wollten ihnen die vielen fremden Schiffe etwa die Durchfahrt durch die Meerenge verwehren? Aus der Kette löste sich eine große Dromone und nahm Kurs auf die gotische Flotte. Offenkundig steuerte sie das Schiff des Königs an, das die Flotte anführte und selbst aus der Entfernung als größtes Schiff auszumachen war. Mit gerefften Segeln ruderten sie auf die Höhe des königlichen Schiffes. Wenige Menschen zeigten sich an Bord, doch König Indulf ließ sich davon nicht täuschen. Und er tat gut daran, denn die wenigen, die sie sehen konnten, trugen schwere Rüstungen und wirkten sehr bedrohlich. Was ging hier vor, hatten sie es mit der Flotte des abtrünnigen iberischen Statthalters Kaiser Justinians zu tun? Weil alle Anzeichen dafür sprachen sendete das Königsschiff Warnsignale an seine Schiffe.

Daraufhin teilte sich die gotische Flotte. Die Schiffe mit den Alten, Frauen und Kindern blieben zurück. Die Kriegsschiffe begannen sich aufzufächern und vor den Wind zu setzen. Die fremde Flotte, ihrer Überlegenheit bewusst, reagierte nicht darauf, behielt unbeirrt und ungeteilt ihren Kurs bei und schloss zu der vorausfahrenden Dromone auf. Seegraf Beowulf erkannte mit scharfem Auge auch jenes eigenartige Schiff wieder, das ihnen seit Tagen aus der Ferne gefolgt war und offenkundig die Ankunft der Goten gemeldet hatte. Nun gab es keinen Zweifel mehr, bei den fremden Schiffen handelte es sich um einen Teil der byzantinischen Flotte. Graf Beowulf dirigierte inzwischen die gotischen Kriegsschiffe – mit Ausnahme des Königsschiffes – in eine gute Position, sodass sie nicht gegen den Wind kreuzen mussten und besser manövrieren konnten; diesen Vorteil gedachte er im Ernstfall zu nutzen.

Von der vornehmen Dromone herüber forderte ein prächtig gekleideter Offizier – offenbar der Anführer – die Goten auf, den Hafen von Gades anzulaufen. Dort würden ihre Schiffe durchsucht und der hierfür übliche Ausfuhrzoll erhoben. Das lag zwar im Bereich des üblichen, aber gewiss nicht im Interesse König Indulfs, doch es beunruhigte ihn immer noch nicht sonderlich. Aber wozu boten dann die Byzantiner mehr als zwanzig ihrer Schiffe auf? Wollten sie ihnen nur den Weg verlegen oder führten sie doch mehr im Schilde? Zuerst versuchte es der König mit Verhandeln und verwies auf den Geleitbrief des kaiserlichen Statthalters. Dafür erntete er von der Gegenseite lediglich raues Gelächter. „Dieser Kretin hat uns nichts zu sagen, seine Anweisungen und Schreiben sind ohne jede Bedeutung. Seinen Geleitbrief könnt Ihr den Fischen opfern. Entweder Ihr seid bereit, für jede Ware und für jeden Menschen an Bord nach unseren Regeln zu bezahlen oder Ihr lernt die Macht unserer Waffen kennen!“ Das ließ er laut und wild gestikulierend den König wissen.

König Indulf unternahm noch einen gütlichen Verhandlungsversuch, er bot den Byzantinern für eine unbehinderte Durchfahrt die hohe

Summe von 1000 Solidi an. Außerdem sei er bereit für Wein, den sie in Gades zu erstehen gedachten, den im römischen Reich regulären Ausfuhrzoll zu bezahlen. Doch auch dieses Angebot wurde grob abgewiesen: „Wollt Ihr uns verhöhnen und für dumm verkaufen? Mein Herr besteht auf seiner Forderung und weicht davon kein Jota ab." Nun war König Indulfs eisige Stimme mit einer kurzen Frage zu hören: „Und wenn wir uns weigern?" Der aufgeblasene Anführer der Byzantiner entgegnete ihm mit schnarrendem „Bellen": „Dann verliert Ihr Eure Schiffe, alle Waren und endet als Rojer auf den Ruderbänken oder als Sklaven auf unseren Latifundien." Um seine Worte zu bekräftigen, hob er den Arm und nun zeigten sich viele Krieger in voller Rüstung. Das war ungewöhnlich, denn an Deck kämpften die Byzantiner sonst nur leicht bewaffnet. Sie hatten sich wohl von vorneherein auf einen Kampf eingestellt, oder aber sie versuchten, die Goten durch ihre militärische Präsenz einzuschüchtern und zum Beidrehen zu zwingen. Offensichtlich hatten sie an einer Verständigung keinerlei Interesse. Den Kampf sollten sie haben, die Goten waren darauf eingestellt. Hatten die Byzantiner allerdings geglaubt sie hätten es lediglich mit Frachtschiffen zu tun und deshalb leichtes Spiel, so gaben sie sich einem gefährlichen Irrtum hin.

Nach dem klar vernehmbaren Ruf des Gotenherrschers: „Wir werden Eurer unverschämten Forderung nicht nachkommen!" erfolgte keine Antwort mehr. Stattdessen ertönte der Angriffsbefehl des byzantinischen Nauarchus, und dann peitschten ihre Riemen die See. Die Byzantiner wollten die gotischen Schiffe rammen und dann entern. Dies konnte ihnen nur misslingen, denn die Bogenschützen der Goten waren schon in Aktion getreten und bestrichen die gegnerischen Decks mit ihren Pfeilen. Und sie hatten gut geübt und selbst diese Variante des Schiffskampfs einbezogen. Damit hatten die völlig überraschten Angreifer nicht gerechnet. Bevor sie reagieren konnten, hatte sich das Blatt völlig gewendet. Die „harmlosen" Frachtschiffe verwandelten sich im Nu zu kampfstarken Kriegsschiffen. Erneut fegten die wild entschlossenen Goten mit ihren Pfeilen die gegnerischen Decks frei. Inzwischen waren die gotischen Schiffe längsseits, zertrümmerten bei etlichen Schiffen der Byzantiner die Reihen der Riemen und entfachten dadurch in den Ruderdecks ein schreckliches Chaos. Beflügelt von der Aussicht auf einen Kampf setzten die Goten auf die byzantinischen Schiffe über und zerschlugen mit ihren Schwertern und Kampfäxten den letzten schwachen Widerstand der Besatzungen. Wie üblich schwang sich der Gotenkönig als Erster auf das gegnerische Flaggschiff, dicht dahinter folgte der getreue Hildebrandt, der nicht von seiner Seite wich. Diese beiden kampferfahrenen Helden wüteten grimmig, sie schienen vor Lust am Kampf zu glühen und, wer weiß, vielleicht hatten sie wirklich ihre Freude daran. Die anderen gotischen Edlen, darunter des Königs Söhne und Schwiegersöhne, taten es ihnen nach und enterten alle anderen feindlichen Schiffe. Als das Gemetzel geendet hatte, reichten sich der Herrscher und sein Waffenmeister strahlend und zufrieden die Hände. „Mein getreuer und ewig junger Hildebrandt wirst Du denn gar nie müde?“ Dieser antwortete fröhlich lachend seinem König: „Indulf, an Deiner Seite zu kämpfen, das macht mich wieder jung. Mir erschien es vorhin einen Augenblick lang so, als würde ich neben dem großen Theoderich kämpfen. Doch Du stehst dem Heldenkönig nicht nach. Mein König, Du bist längst selbst ein großer Held. Unter Deiner Führung werden wir alle Schwierigkeiten meistern und uns eine gute Zukunft schaffen.“

Unter den vielen byzantinischen Toten befanden sich auch der anmaßende Nauarchus und viele seiner Offiziere. Die Goten eroberten sämtliche feindlichen Schiffe und zahlten dabei selbst einen nur geringen Blutzoll. Dank ihres vorherigen „Scheibenschießens“ hatten sie nur vier Tote zu beklagen und etwa doppelt so viele Verwundete zu behandeln. Erstmals, wenn auch nur aus relativer Nähe, erlebten ihre Angehörigen wieder einen heftigen Kampf mit und waren danach sehr erleichtert über den raschen Sieg. Als das Königsschiff später am Schiff der königlichen Familie andockte, gab es viele glückliche Umarmungen von vier Generationen. Die Durchfahrt hinaus in den weiten Ozean hatten sich die Goten nach bewährter Art frei gekämpft und einen weiteren Sieg an ihre Feldzeichen geheftet. Auf den eroberten Schiffen fesselten sie die überlebenden feindlichen Krieger mit Stricken und durchsuchten die unteren Decks. Voller Angst erwarteten die unbewaffneten Ruderer die Angreifer und ihr weiteres Schicksal. Die zertrümmerten Riemen hatten viele der halbnackten und ungeschützten Ruderer förmlich von den Bänken gefegt. Viele waren verletzt und etliche ums Leben gekommen. Zur Überraschung der Goten befanden sich unter den Ruderern aber keine Byzantiner, sondern nur Rudersklaven. Neben Berbern und Iberern entdeckten sie Sueben und Westgoten sowie einige wenige gotische und vandalische Landsleute. Etliche dieser bedauernswerten Männer waren schon älter, gut zu erkennen an den grauen Haaren und Bärten. Ob alte oder junge Ruderer, ihre ausgemergelten Körper und eingefallenen Wangen spiegelten ein deutliches Bild ihres Schicksals. Sie hatten wohl schon viele Jahre das traurige Los als Rudersklaven zu ertragen. Deshalb war der Jubel groß, als sie erfuhren, dass sie alle frei kämen, wenn sie bei der Eroberung von Gades die Goten unterstützten. Nur allzu gerne fanden sie sich hierzu bereit, denn der Hass auf ihre Unterdrücker war übermächtig.

Soweit sich die byzantinischen Schiffe noch manövrieren ließen, fuhr die Flotte mit gemischter Besatzung aus Goten und ehemaligen Rudersklaven aus eigener Kraft. Alle anderen Schiffe wurden im Schlepptau nach Gades (Cadiz) gebracht. Die Rudersklaven der eroberten Schiffe übernahmen die Gewänder und Rüstungen der toten Byzantiner. Vorsichtig wie der gotische Herrscher war, durften sich die Freigelassenen nur leicht bewaffnen, seine Goten hingegen trugen ihre volle Rüstung. König Indulf hatte von den Gefangenen erfahren, nahezu alle waffenfähigen Männer von Gades waren am Kampf mit ihnen beteiligt. Die Inselstadt könne sich jetzt nur noch mit schwachen Kräften wehren und einem Überraschungsangriff nichts mehr entgegensetzen. Ein gefangener ranghoher Offizier bedeutete dem König, dass er und seine Mannschaft nicht auf der Seite des Statthalters stünden. Dieser aus Italien stammende Römer hatte Indulfs Vertrauen gewonnen und durfte sich frei bewegen. Er sollte in Gades dafür sorgen, dass die Landung der Goten kampflos verlief. Die Mannschaften beseitigten auf den byzantinischen Schiffen die gröberen Spuren des Kampfes. Auf dem Königsschiff fanden sich die gotischen Edlen ein und erörterten mit ihrem Herrscher das weitere Vorgehen. Der König ließ sich von dem byzantinischen Offizier die Lage der Insel genau beschreiben, wobei ihn vorrangig die Fluchtmöglichkeiten interessierten. Der Statthalter von Baetica durfte ihnen nicht entkommen, denn diesen wollte König Indulf unbedingt seinem Gönner Narses als Gefangenen präsentieren.

Als Gades in Sicht kam, kannten die Krieger ihres Königs Vorstellungen. Die weniger gut bewaffneten Schiffe hatten die Insel gegen die Landseite abzuschirmen, sie sollten fliehende Schiffe und Boote abfangen. Umringt von der „byzantinischen“ Flotte gelangten die gotischen Kriegsschiffe unverdächtig in den Hafen hinein und vermochten so die Besatzung zu täuschen. Am Kai angekommen schwangen sich Gotenkrieger in byzantinischem Umhang von Bord, besetzten den Hafen wie das geöffnete Hafentor und stürmten zum nahen Palast des Statthalters. Die so überraschten wie konsternierten Wächter leisteten angesichts der Überzahl keine Gegenwehr, so blieb die den Hafen schützende starke Kette schlaff im Hafenwasser hängen. Die Palastgarde des Statthalters musste sich nach aussichtslosem Kampf ergeben. Ihr Herr, ein feister kahlköpfiger Mann, zitterte vor Angst und entpuppte sich als ein hilfloser, jämmerlicher Wicht. Er wusste nur zu gut, was ihm jetzt blühte. König Indulf bedeutete ihm, dass sich des Kaisers Feldherr und Statthalter Narses an seinem Anblick bestimmt erfreuen werde. Währenddessen schafften die Besatzungen der eroberten Schiffe die Gefangenen, Verwundeten und Toten an Land, was bei den wenigen Betrachtern zwar Erstaunen jedoch kein Entsetzen hervorrief. Der gotische Teil der „Byzantiner" entledigte sich ihrer Camouflage und schlüpfte wieder in die eigenen Gewänder. Erst als sie die Stadt völlig in Händen hatten, liefen ihre anderen Schiffe in den Hafen ein.

Die verängstigten Einwohner der befestigten Hafenstadt trauten sich wieder auf die Strassen, als der mit den Goten kooperierende Schiffsoffizier und seine Leuten ihnen ein Zeichen gaben. Die erst seit kurzem wieder in Baetica (Andalusien) eingedrungenen Byzantiner waren harte Herren, deshalb nahmen sie den Wechsel der Besatzer mit leiser Hoffnung auf bessere Zeiten hin. Die Goten sammelten sich auf dem großen Platz am Hafen, um die Befehle ihres Herrschers entgegenzunehmen. Der König verbot den Kriegern bei Strafe die düsteren Spelunken oder gar Bordelle aufzusuchen. Er befahl seinen Leuten sich friedlich gegen die Bevölkerung zu verhalten und Waren nur gegen Bezahlung zu erwerben. Goten, Vandalen und Italier schwärmten danach gemeinsam aus. Graf Gesalich kümmerte sich mit seinen Mannen um den Kauf von Wein und erwarb große Mengen davon. Die Händler, erleichtert über das friedliche Verhalten der Goten, verlangten zu deren Freude angemessene Preise. Zum festgelegten Termin fanden sich alle wieder am Hafenkai ein. Die Frauen hatten frische Früchte und Gemüse erstanden und auch sonst ihre Vorräte aufgestockt. Unvermeidlich war es wohl, dass sie sich auch mit Stoffen, Tand und Kosmetika eindeckten. Die Männer zog es eher in „ordentliche" Kneipen, wo sie dem Wein zusprachen. Kameradschaftlich wechselten sie sich zu den Streifengängen ab, damit jeder in den Genuss der Hafenstadt kam.

Während sich seine Leute am Landgang erfreuten, durchsuchten der König und seine Getreuen den Palast des Statthalters. Dort requirierten sie kostbaren Papyrus und üppig gefüllte Schatztruhen. Sie widerstanden der Versuchung und übergaben die Truhen an jenen Seeoffizier, der das Regiment übernommen hatte. Dieser wurde beauftragt jedem der ehemaligen Rudersklaven einen gerechten Sold für die Zeit seiner Sklavendienste und eine Entschädigung auszuhändigen. Er kam dieser Aufforderung ohne Zögern nach und unterschrieb gemeinsam mit König Indulf, auch die Botschaft an Narses, in welcher der Offizier ihm seine Treue versicherte. Der König fügte auf Griechisch noch seinen Dank für die hilfreiche Warnung und einen herzlichen Gruß hinzu. Der Statthalter und dessen enge Gefolgsleute wurden auf ein im Hafen wartendes Botenschiff des Kaisers verbracht. Vertrauenswürdige Krieger des neuen Kommandanten gingen mit an Bord. Dieses Schiff nahm auch die befreiten Berber auf, die sie auf ihrem Weg nach Ostia in Mauretanien an Land setzen würden.

Und was geschah mit den anderen Befreiten? Die Iberer blieben in Gades zurück und die Westgoten beabsichtigten, sich von dort aus zu den Ihren durchzuschlagen. Die neunzehn Sueben, darunter der Sohn eines Fürsten, wollten die Goten bis hinauf zum Kap Nerium begleiten und ihnen dort einen Ort zeigen, an dem sie ein letztes Mal an Land gehen konnten. Diese jungen Männer waren erst seit wenigen Wochen von den Byzantinern zum Rudern verurteilt worden. Die befreiten Goten und Vandalen erhielten von König Indulf das Angebot, mit ihren Landsleuten in eine neue Heimat zu ziehen. Glücklich nahmen sie das Angebot an und schon am Abend des folgenden Tages stachen die Goten wieder in See. Ihr König wollte einem möglichen Konflikt mit den Truppen der Byzantiner ausweichen, die nahebei vor Hispalis (Sevilla) standen. Außerdem galt es, keine Zeit in einer für die Moral und Disziplin gefährlichen Hafenstadt zu vertrödeln und lieber auf See voranzukommen. Hinter dem letzten Schiff ihrer auslaufenden Flotte, das der Kronprinz befehligte, wurde die Hafenkette hochgezogen. Gades blieb wieder sich selbst und den Byzantinern überlassen.

Am Ende der alten Welt

Als die gotische Flotte den Hafen von Gades verlassen hatte und sich etwa eine Stunde auf See befand, zogen von Westen her tiefschwarze, gelbgeflammte regenschwere Wolken auf. Aus ihnen ergoss sich ein heftiger Gewitterregen über die Schiffe und Sturm wühlte das Meer auf. Die ungebändigten Elemente der Natur forderten die Menschen und Schiffe heraus. Stundenlang wütete der Sturm, sodass weder die roten Flaggen noch die Positionslampen zu erkennen waren. Jedes Schiff kämpfte für sich alleine gegen das Toben des Ozeans an und viele der Menschen taten das gegen ihre körperliche Not. Auch den König erfasste heftige Übelkeit und musste sich, wie viele der Seinen übergeben. Das war fürwahr kein königlicher Anblick, doch in diesem Inferno hatte jeder mit sich selbst zu tun. Graf Beowulf drehte das Flaggschiff gegen die hohen Wellen und konnte es so vor Schaden bewahren. Mit einigen Ausnahmen kamen auch die anderen Schiffe der Flotte glimpflich davon. Auf zwei Dromonen brach ein Mast, eine andere übernahm viel Wasser und drohte zu sinken. Zum Glück für diese endete der Sturm so plötzlich wie er am Abend zuvor aufgekommen war mit dem Morgengrauen. Es bewahrte das Schiff vor dem Sinken, eine nahebei schwimmende Dromone kam ihm zu Hilfe. Ungeachtet des noch immer hohen Wellengangs konnten sie das Leck grob beheben und das eingedrungene Wasser abpumpen. Unterdessen suchte der Seegraf mit dem wendigen und schnellen Königsschiff die See nach versprengten Schiffen ab. Fünf hatte der Sturm abgetrieben, zwei davon fanden sie bald wieder. Eines entdeckten sie in gefährlicher Nähe zu den Untiefen nördlich der Mündung des Baetis (Guadalquivir), es musste zurückgelotst werden. Auch die noch fehlenden Schiffe wurden allmählich wieder in die Flotte eingereiht. Sie waren zwar noch einmal davongekommen, doch die Zahl jener an Bord denen es vor dem letzten Abschnitt der Reise über den weiten Ozean graute, hatte dadurch zugenommen.

Die Flotte segelte an der noch von den Westgoten beherrschten Küste von Lusitanien (Portugal) entlang. Die vielen byzantinischen Truppen in Baetica ließen jedoch befürchten, dass deren Herrschaft dort bald enden könnte. Der energische Kaiser Justinian hatte sich zum Ziel gesetzt, das römische Reich wieder in den einstigen Grenzen aufzurichten, so auch in Hispanien. Diese Entwicklung kümmerte allerdings unsere Goten nicht, sie strebten nach Norden, wollten dort den Menschen und ihren Tieren eine längere Ruhepause verschaffen. Außerdem hatten sie vor, in dem suebischen Gallaeci (Galicien) ein für die weitere Reise günstiges Wetter mit aus Osten oder Norden wehenden Winden abzuwarten. Der Schwiegersohn des Königs, Graf Beowulf, brachte in kleiner Runde sein Misstrauen gegenüber den jungen Sueben ein. Er machte es an deren widersprüchlichen Aussagen fest, die sie zur Ursache ihrer schlimmen Lage gegeben hatten. Für ihn, Beowulf, waren diese Sueben mit einem Raubzug gescheitert und als Überlebende dann zu Ruderern versklavt worden. „Nun kommen sie mit leeren Händen zurück, eine für sie sehr blamable Heimkehr. Das können sie am besten dadurch abmildern und in einen Vorteil verwandeln, wenn sie uns bei den Ihren als mögliche fette Beute anbieten." Die Einwände von grobem Undank und Spekulation, fegte Hildebrandt von Deck. „Ich habe in meinem langen Leben schon soviel groben Undank und schlimme Tücke erlebt, dass ich unseres Seegrafen Sicht nicht verwerfen möchte. Seien wir auf der Hut, die Sueben wissen zwar nichts von unseren reichen Schätzen, doch unsere Tiere, Gerätschaften und die sonstige Habe sind für sie eine zu verlockende Beute. Gier ist stärker als das Gefühl von Dankbarkeit, so ist nun mal die nicht immer edle Natur des Menschen." Ein weiteres Indiz für gebotene Vorsicht lag in einer Beobachtung. Nachts lockten helle Feuer an der Küste. Wie Graf Stilicho wusste, sollten diese Feuer Schiffe in Untiefen oder Klippen locken, um dann deren gestrandete Reste zu erbeuten. Als übles Räuberpack bezeichnete er die dortigen Küstenbewohner, die unter der Herrschaft der Westgoten kärglich lebenden Einheimischen.

Nach weiteren fünf Tagen hatte die Flotte Gallaeci erreicht. Sie fuhr an einer stark zerklüfteten Küste entlang. Der suebische Adelige lotste die Schiffe in eine idyllische Bucht unmittelbar hinter dem Kap Nerium (Cabo Fisterra) hinein. Dieser windgeschützte Landeplatz erschloss ein sattgrünes Tal mit lichten Wäldern und Fluren. Auf den ersten Blick schien dieses Tal ein für sie geradezu idealer Lagerplatz zu sein. Er lag unweit der Stelle, von der aus sie über den Ozean segeln wollten, bot den Tieren ausreichend satte Weide und auch reichlich frisches Wasser. Seegraf Beowulf blieb dennoch auf der Hut. Er steckte mit seinem Misstrauen nicht nur den Waffenmeister an, sondern auch seinen von Natur aus vorsichtigen Schwiegervater. Die wenigen Gehöfte, die man sehen konnte, schienen verlassen zu sein, was die Goten nicht weiter beunruhigte, denn das Nahen einer solch großen Flotte konnte nicht verborgen bleiben und musste die Bewohner zuerst einmal ängstigen. Die neunzehn Sueben verabschiedeten sich reich beschenkt in ihre zwei Tage entfernte Heimat. Sie wünschten ihren Befreiern Lebewohl und eine gute Reise in ihre neue Heimat. Doch für Graf Beowulf stand fest, dass sie in einigen Tagen – allerdings unter völlig anderen Vorzeichen – wieder auf diese jungen Männer treffen würden. Aber erst einmal durften sich die Goten sicher fühlen, denn sowohl die Heimreise der Sueben, als auch das Aufbieten eines kleinen Heeres würde einige Zeit benötigen.

Die Goten nutzten diese Zeit. Drei kleine Waldstücke mit einer freien Fläche dazwischen umzäunten sie mit Stangen, Gestrüpp und Steinen. Erst danach durften die unruhigen Tiere von Bord und drängten ungestüm ins Freie. Gierig tranken sie aus dem Flüsschen das sich in die Bucht ergoss und weideten innerhalb der Einzäunung. Die Jungtiere tobten befreit umher und genossen den Auslauf. Der König und seine Vertrauten ritten in die Umgebung, um diese zu erkunden und gewappnet zu sein. Die Seeleute säuberten die Schiffe von den letzten Hinterlassenschaften der Tiere, während andere Männer und Frauen Zelte aufschlugen und Feuerstellen entzündeten. So manch einer meinte, dass man hier doch bleiben und auf die weitere Reise verzichten könnte. Mit dieser Meinung stießen sie jedoch auf wenig Resonanz, denn der Waffenmeister machte allen klar, dass sie hier auf der Hut sein müssten, weil mit den Sueben nicht zu spaßen sei. Die Höhen wurden mit Wachen besetzt, die Zelte auf einer kleinen Erhöhung errichtet und diese mit einem Palisadenzaun umfriedet. Ständig sicherten kleine Reitertrupps die Umgebung gegen nahende Feinde. Die Heranwachsenden und Kinder sammelten derweilen in den umliegenden Hainen Reisig, Gestrüpp und dürres Gras. Sie häuften es etwa fünfzig Schritte entfernt rings um das Zeltdorf auf und ließen dabei nur einen einzigen Zugang frei. Obenauf legten sie die beim Bau der Palisaden angefallenen harzigen Äste und Zweige. Nun konnten die Sueben kommen, sie trafen auf einen gut vorbereiteten Gegner.

Am Abend des erwarteten Überfalls trieben sie ihre Herden in eine gut zu sichernde Schlucht, die nur vom Strand aus erreicht werden konnte und von bewaffneten Hirten gehütet wurde. König Indulf teilte seine Krieger auf. Die Seekrieger bewachten die unersetzlichen Schiffe, zehn Hundertschaften der Reiter unter Führung von Graf Wittich verbargen sich in einem Wald. Aus diesem Hinterhalt heraus sollten sie den angreifenden Sueben in den Rücken fallen. Alle anderen verschanzten sich hinter den Palisaden, denn hier rechneten sie mit dem eigentlichen Angriff. Tatsächlich entdeckten die gotischen Kundschafter am späten Nachmittag verdächtige Reiter und viel bewaffnetes Fußvolk das als Sueben ausgemacht werden konnte. Nach ihrer Schätzung zählten die Angreifer Tausende, allerdings trugen nur wenige Rüstungen. Von ihrem Versteck aus würden die Sueben bei vorsichtigem Anschleichen etwa um Mitternacht das Lager der Goten erreichen. Deren Zurüstungen schienen die Sueben nicht zu kennen, denn in den letzten Tagen ließ sich kein Kundschafter sehen. Umso besser für die Goten, dass ihre Gegner mit arglosen Opfern und reicher Beute rechneten. Die gotischen Recken wollten ihnen die Suppe gründlich versalzen und sich selbst im Kampfe beweisen.

Mit Einbruch der Dunkelheit kam ein nordöstlicher Wind auf, fegte den Nachthimmel frei und erschwerte dem Gegner, der mit dem Wind kam, das Anschleichen. Das Lager lag still da, Hundegebell und schwache Feuer waren die einzigen Anzeichen der Goten. Schabende Geräusche, leises Kratzen und Flüstern kündete die Sueben an. Trotz der Finsternis konnten die auf sie Lauernden erkennen, wie die Sueben an einigen Stellen das Reisig nach innen schoben. In dichten Haufen näherten sie sich vorsichtig dem Lager, in dem alles zu schlafen schien, nicht einmal die Hunde schlugen an. Sie konnten nicht wissen dass die Goten nun ihren Hunden die Schnauzen zuhielten und selbst in großer Anspannung warteten. König Indulf ließ die Anschleichenden in Speerwurfweite herankommen, erst dann reckte er sein mattblinkendes Schwert in die Höhe. Daraufhin flogen Brandpfeile in die Reisighaufen, die hell aufloderten und den gotischen Bogenschützen und Speerwerfern ein vorzügliches Schussfeld boten. Die überraschten Sueben hoben sich vor dem Hintergrund des Feuers gut ab, während die Goten vom Dunkel profitierten.

Jetzt brach über die Sueben die Hölle herein als dichter Pfeilhagel und wuchtige Speerwürfe. Da sie sich noch nicht mit ihren Schilden deckten, starben viele von ihnen in diesem Inferno. Doch die Sueben zogen sich nicht zurück, hoben stattdessen ihre Schilde und drängten gegen die Palisaden. Diesmal fanden nicht alle Pfeile ein Opfer, die Schilde fingen viele von ihnen ab. Die gotischen Speere und Lanzen durchdrangen jedoch auf diese kurze Entfernung den schwachen Schutz. Dennoch rückten die Sueben weiter gegen das Lager vor, versuchten das Tor und die niedrigen Palisaden zu überwinden. Dort hub ein erbitterter Kampf Mann gegen Mann an, in dem die kampferfahrenen und auch besser geschützten Goten eindeutig im Vorteil waren. Hinzu kam, dass sie bedingungslos den Befehlen des Herrschers gehorchten und in strikter Disziplin kämpften. Erst als der Angriff der Sueben unter den gotischen Schwerthieben und Lanzenstößen zusammenbrach, gab der Suebenfürst das Zeichen zum Rückzug. Durch seinen lauten Ruf wurde er allerdings zum begehrten Ziel der Meisterschützen und fiel kurz bevor er das rettende Dunkel erreichen konnte. Daraufhin flohen die Sueben in wilder Hast, boten den Scharfschützen den Rücken, und viele zahlten noch mit dem Leben. Aus dem Dunkel tauchten die gotischen Lanzenreiter auf und vergrößerten das Blutbad. Die Recken um den König drängten nach außen und hieben auf die sich tapfer wehrenden Sueben ein. Da die lichtspendenden Äste allmählich erloschen waren, gelang es einigen hundert Sueben, dem Gemetzel zu entkommen. Sie flüchteten durch den Wald zu ihren Heimstätten. Mit fetter Beute hatten sie gerechnet, doch als Gedemütigte und Geschlagene flohen sie davon.

Leider hatten die Goten, wie bei solch hartem Streit nicht anders zu erwarten, etliche Tote und noch mehr Verletzte zu beklagen. Mit Fackeln suchten sie nach den Ihren, zogen manchen unter gefallenen Sueben hervor und konnten so des Sieges nicht recht froh werden. Die Sueben, ob tot oder verwundet, ließen sie ungerührt liegen. Die Goten verließen sich darauf, dass nach ihrem Abzug die Sueben von ihren Angehörigen geborgen würden. Noch manch einer hauchte in dieser Nacht auf dem Schlachtfeld sein Leben aus, darunter auch der verräterische, von der Ruderbank befreite Fürstensohn. In jenen rauen Zeiten, die wir später als Völkerwanderung bezeichneten, herrschte bei den Germanen wenig Barmherzigkeit. Trotz des übernommenen Christentums dominierte die althergebrachte Grausamkeit. Im Kampf fielen sowohl die Lehren der Kirche, als auch die von den Römern erworbene Kultur wie Blätter im Herbst von ihnen ab. Nicht einmal ihr sonst so kultivierter König machte da eine Ausnahme, und auch die Frauen, die zuvor ihre Männer frenetisch angefeuert hatten, zeigten keinerlei Mitleid mit den verwundeten Feinden.

Nach einem kurzen Schlaf ließ der König die Seinen im Morgengrauen wecken und gab das Zeichen zum Aufbruch. Er wollte dem dringenden Rat von Graf Stilicho folgen und den günstigen Wind nützen, um so schnell wie möglich wieder in See zu stechen. Draußen vor ihrem Lager bot sich den Goten ein Bild des Grauens, doch dies schreckte sie nicht. Achtlos schoben sie die feindlichen Toten beiseite, um Raum für ihren Abzug zu schaffen. Nachdem sie ihre Zelte abgebrochen und ihre Habe ergriffen hatten, drängten sie zu den Schiffen. Doch zuvor galt es noch, ihre Toten unweit der Schiffe in den eilig ausgehobenen Gräbern zu bestatten. Der Segen des Königs und die Gebete seines Volkes geleiteten die toten Krieger in die Ewigkeit. Neunundzwanzig Tote senkten sie in die fremde Erde, ein bitterer Preis für die Abwehr des tückischen Überfalls. Anschließend trieben sie ihr Vieh auf die Schiffe und gingen mit ihrer Habe an Bord. Sie verließen mit angestiegener Flut das Gestade, das sich für sie als trügerisches „Paradies“ erwiesen hatte. Lediglich die Gräber und die Palisaden zeugten von ihrer Landung, traurige Erinnerungen verbanden sich mit diesem Ort, die sie mit den Sueben teilten. Diese kamen unmittelbar nach dem Abzug der Goten, bargen ihre Toten und Verwundeten, verwünschten die vergangene Nacht und die siegreichen Goten.

Abb. 4 Die Reise der Goten

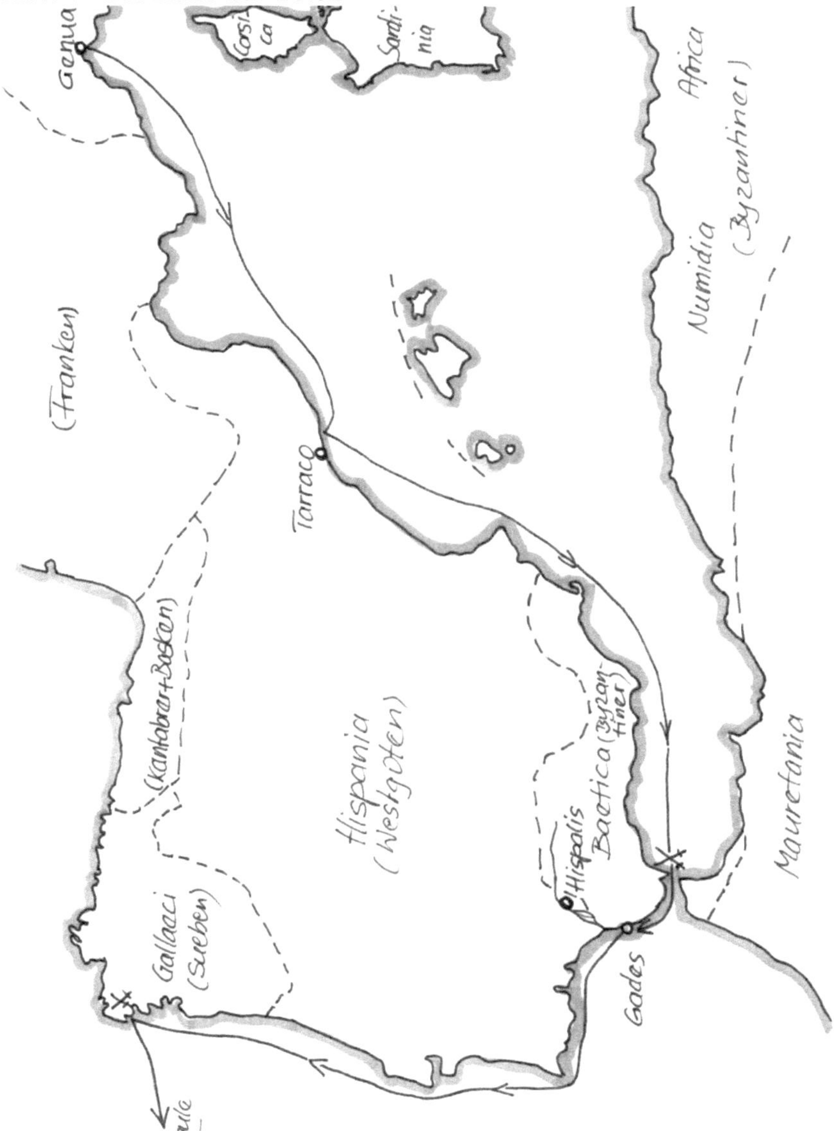

Hinaus aufs weite Meer

Allen Verwünschungen der Sueben zum Trotz blieb den Goten das Wetter hold. Kräftige Nordostwinde trieben die Schiffe flott voran, und auch der Ozean zeigte sich von seiner freundlichen Seite. Dennoch erfasste viele Goten ein mulmiges Gefühl, nirgendwo zeigte sich eine Küste, ringsum dräute nur der unendliche, leicht gekräuselte Spiegel des Ozeans und über ihnen blinkten nachts unverhüllt die Gestirne. Der wolkenarme Himmel half dem Lotsen Graf Stilicho beim Navigieren, und er nützte dazu ein den Goten bis dahin unbekanntes Gerät. Den Gnomon, der sowohl die Tageszeit als auch die geographische Breite des Standorts anzeigte, kannten die gotischen Seeleute längst genauso wie die von den Römern übernommenen Weltkarten von Ptolemaios und Agrippa. Doch das Astrolabium der Vandalen hatte noch kein Gote zu Gesicht bekommen. Lediglich vage Gerüchte gab es darüber, dass die Kapitäne der Vandalen Wundergeräte besaßen, um den richtigen Kurs zu finden. Der alte Graf hatte sein Gerät so lange versteckt gehalten, bis die letzten Zweifel an der Redlichkeit seiner gotischen Mitreisenden verflogen waren. Erst dann rückte er damit heraus, wobei sicher die Freundschaft zu den etwas älteren Hildebrandt und Usdrila eine Rolle spielte. Die Bewunderung, die er inzwischen seinem König zollte, und der lockere Umgang der Goten mit den Vandalen, stärkten sein Vertrauen. Es hatte sich so eingespielt, dass er zusammen mit seinem Sohn und dem Seegrafen den Kurs bestimmte und erst anschließend den König darüber informierte. Von seinen Getreuen mit Erstaunen und Genugtuung vermerkt, mischte sich der Herrscher nicht in die Anordnungen der erfahrenen Seeleute an Bord ein. Die beiden jüngst miterlebten Siege über die Byzantiner und Sueben sowie der Handstreich, mit dem sie Gades erobert hatten, verschafften ihm einmal mehr den Nimbus eines klugen Feldherrn. Dabei blieb er für alle stets der zugewandte Herrscher, verhielt sich nicht wie eine entrückte Majestät, sondern eher wie ein Vater.

In einem Gespräch mit Graf Stilicho und einigen seiner Angehörigen brachte der König etwas zur Sprache, was ihn schon lange beschäftigte, und was ihm von seinen engen Vertrauten wiederholt ans Herz gelegt wurde. Für die stolzen Goten erschien es undenkbar, dass ihre neue Heimat künftig Vandalia heißen sollte. Der alte Graf schmunzelte und entgegnete dem König, dass ihm diese „Kröte", welche die Goten nicht zu schlucken vermochten, sehr wohl bewusst sei. „Majestät, wir können damit leben, wenn Ihr unsere gemeinsame Heimat Gotenland oder Gotia nennen wollt. Ihr hattet die glückliche Idee, dorthin zu ziehen und uns damit vor dem endgültigen Untergang bewahrt. Dafür sind wir dankbar und respektieren einen anderen Namen. Freimütig gebe ich zu, dass wir, die sich nun zu Eurem edlen Volk zählen dürfen, lieber einen uns alle verbindenden Namen sehen würden." Zu der Runde gesellten sich noch einige andere Goten. Zur Überraschung der Vandalen stimmte der König dem Grafen zu und forderte die Umsitzenden auf, gemeinsam mit ihm nach diesem verbindenden Namen zu suchen. Am Ende einer lebhaften Erörterung schälte sich ein Name heraus, der auf volle Zustimmung stieß. Thule nova, so sollte die neue Heimat heißen und sie alle würden sich dann, unabhängig von der bisherigen Volkszugehörigkeit, Thulaner nennen. Bald jedoch war der Zusatz „nova" vergessen und alle sprachen nur noch von Thule. Als der König vorschlug, jenem einladenden Landstrich, den Graf Stilicho damals entdeckt hatte, den Namen Vandalia zu belassen, war die Begeisterung der Vandalen groß. Wie ein Lauffeuer lief der Name Thule durch das Königsschiff, sprang über zu den anderen Schiffen, und allen gefiel der Name der neuen, noch unbekannten Heimat. Bald sprachen sie weder von Vandalia noch von der neuen Heimat, Thule suchten sie und hier würden sie nun für immer bleiben. Dort erwartete sie Frieden aber auch ein riesiger Berg von Arbeit, doch das schreckte sie nicht. Noch trennten sie zwar einige Tage vom verheißenen Land, doch ihre Zuversicht wuchs und ihre Ängste verloren sich immer mehr.

Die Seereise verlief noch immer ohne besondere Beeinträchtigungen. Es gab genug zu essen und trinken, auch konnten die Menschen ihre Mahlzeiten des Öfteren mit frischem Fisch ergänzen. Abgesehen von kleineren Streitereien blieb es friedlich und entspannt an Bord. Die überall herrschende Enge dämpfte zwar das Wohlgefühl, doch die Aussicht auf ein baldiges Ende der Reise beflügelten Phantasie und Seele. Überall auf den Schiffen bandelten unverheiratete Männer mit Mädchen und jungen Witwen an. Oft ging dies von den Frauen selbst aus, die nicht länger enthaltsam und unversorgt leben wollten. Hier spiegelte sich ein überaus dringliches Problem wieder, denn die Frauen befanden sich weit in der Überzahl. Grob geschätzt kamen fast auf jeden

Mann mehr als zwei Frauen. Schon im Tal des Überfalls drang eine Abordnung der Frauen in die Königin und bat sie sich dieses brennenden Themas anzunehmen. Unüberlegt schnell versprach ihnen Königin Rechis bei ihrem Gemahl auf eine Lösung zu drängen. Nach vielem Kopfzerbrechen und eingehenden Gesprächen mit ihrer Schwiegermutter und den beiden an Bord weilenden Töchtern, verblieben drei Lösungen. Keine von diesen konnte zwar voll überzeugen, doch wollten sie ihre Überlegungen gemeinsam dem König vortragen. Leicht würde das nicht werden, denn Rechis kannte ihren sittenstrengen Gemahl nur zu gut.

König Indulf reagierte zuerst unwirsch, wollte die vier Damen vertrösten, denn er betrachtete dieses Problem als ein unbedeutendes Nebenthema. Vorrangig würde ihn der glückliche Abschluss ihrer Reise und der Neuanfang in Thule weit mehr beschäftigen, was auch für die zu erwartenden Schwierigkeiten gelte. Doch so leicht ließen sich die Damen nicht auf spätere Zeit vertrösten, hartnäckig verwendeten sie sich für die Bittstellerinnen. Auch seine Töchter Theodegundis und Riguntis fanden, dies sei ein sehr wichtiges Thema, das noch vor der Ankunft in Thule beschieden sein sollte. Der König gab nach und ließ sich die von den Damen favorisierten Lösungen vortragen. Die erste bestand darin, den bisherigen Zustand zu belassen und stillschweigend zu tolerieren. Dafür sprach, dass keine offizielle Äußerung notwendig wurde. Dagegen stand des Königs Auffassung, dass dadurch einem allgemeinen Verfall der Sitten Vorschub geleistet würde. Diese Lösung wollte er unter keinen Umständen tolerieren. Auch der zweite Vorschlag stieß bei ihm auf wenig Gegenliebe. „Wir stehen vor riesigen Herausforderungen, wir wollen uns in Thule auf Dauer einrichten, da braucht es jede Hand. Nonnenklöster werde ich allenfalls wenigen Frauen genehmigen, und dies auch nur dann, wenn dort nicht nur gebetet wird sondern auch fest gearbeitet. Für die Mehrzahl der Frauen ist dies keine Lösung und findet daher meine Zustimmung nicht." Nun hatten sie ihren König da, wo sie ihn haben wollten, war doch das Wachstum seines Volkes ein erklärtes Ziel seiner Herrschaft. Dies hatte König Indulf in den Gesprächen immer wieder in den Vordergrund gerückt, und dass ihm die Sicherung der Landnahme und die Fähigkeit zu deren Verteidigung von allergrößter Wichtigkeit sei. Mittlerweile gesellten sich auch Hildebrandt und Herzog Usdrila zu der Runde. Die beiden Alten überraschte weder das Thema noch dessen Brisanz, sie kannten das Leben und die Natur des

Menschen. Erfreut über die unerwartete Unterstützung trug die Königin die dritte, von den Damen als beste Lösung angesehene Alternative vor.

Doch dieser Vorschlag rüttelte an den inneren Prinzipien des weltlichen und kirchlichen Gotenherrschers. Und dies aus zwei Gründen. Treue und speziell die eheliche Treue war ihm ein hohes Gut. Beides sah er dadurch gefährdet. Ungläubig fragte er nach: „Meine Rechis, habe ich Dich wirklich richtig verstanden; Du empfiehlst, dass sich jeder Mann noch eine zweite Frau nehmen soll?“ Er konnte es nicht fassen, schüttelte zweifelnd den Kopf und schaute hilflos seine Eltern an. Auch von dieser Seite bekam er keine Hilfe, seine alte Mutter sah darin das Geringste aller Übel. Sein Vater fand, dass nicht nur die Männer in diesem Krieg, der sie so fürchterlich dezimiert hatte, einen hohen Preis bezahlt hätten. Auch die Witwen würden um ihr Lebensglück als Ehefrau betrogen und die Mädchen um ihre Zukunft als Frau und Mutter. „Steht denn nicht geschrieben, es ist nicht gut, dass der Mensch alleine sei. Mein Sohn und König, Dein ehrliches Sträuben ehrt Dich als Mensch, doch Du bist unser Herrscher und hast als dieser zu handeln.“ Den Einwand des Königs, dass dadurch den Ehefrauen Leid angetan würde, wischte seine Gemahlin Rechis von Deck. „Wir erfreuen uns eines Ehemannes und tragen damit als Frauen weniger Leid als jene, denen der Mann geraubt wurde, oder deren künftige Gebieter auf dem Schlachtfeld verbluteten. Jede Ehefrau muss in sich gehen und sich in die Lage der weniger glücklichen Frauen hineinversetzen. Wir müssen neu anfangen und dazu gehört auch dieser für uns schwere Weg, der nicht ohne Eifersucht gegangen werden kann.“ Ausgerechnet die Königin sprach diese Gedanken aus und erntete Zustimmung – außer von ihrem Gemahl. Indulf gab zwar nach, aber sein Gesicht zeugte von dem inneren Kampf, den er auszufechten hatte. Er versprach eine Volksversammlung einzuberufen. An dieser dürften dann alle Männer und Frauen ab achtzehn Jahren teilnehmen, und sie sollte schon bald nach ihrer Ankunft stattfinden. Hier werde er seinem Volk – neben anderen Entscheidungen – den dritten Vorschlag modifiziert darlegen und als seinen Willen ausgeben. Die Damen drangen nicht weiter in ihn, sie hatten mehr erreicht als sie erwarten durften, und gaben sich damit vorerst zufrieden.

Wenden wir uns wieder anderen, weniger schwierigen Sachverhalten zu. In fünf Reihen aufgefächert folgte die Flotte dem Königsschiff. Sie hielten sich so nahe beieinander wie möglich, ohne sich gegenseitig den Wind zu rauben oder sich zu behindern. Mit Flaggensignalen, Laternen und Rufen verständigten sie sich und hielten Kurs. Während die Seeleute ihr Schiff manövrierten und pflegten, ruhten die Passagiere zumeist unter schützenden Sonnensegeln. Dieses friedliche Bild wurde noch verstärkt durch neugierige Delphine, die die Flotte umspielten und mit ihren eleganten Sprüngen nicht nur die Kinder entzückten. Auch mächtige, von allen bestaunte Wale, die ihre Fontänen in die Lüfte bliesen, begleiteten die Flotte. Der vorher eher karge Ozean belebte sich, vermehrt zeigten sich Seevögel, gelegentlich trieben Holzstücke im Meer. Suchend schweifte der Blick des erfahrenen Lotsen Graf Stilicho über das Wasser. Was beunruhigte den alten Seefahrer? Acht Tage und Nächte segelten sie schon auf dem Ozean, doch nun ließ der Wind auf einmal nach, der sie bisher von Osten kommend vor sich hergeschoben hatte. Drohte ihnen eine Flaute, mussten sie etwa noch länger auf Thule warten und bei glatter See dahintreiben?

Wieder und wieder einmal ließ ihr Lotse die Geschwindigkeit des Schiffes messen und schüttelte danach zweifelnd den Kopf. Hier stimmte etwas nicht, seinen Berechnungen nach mussten sie bereits die Höhe von Thule erreicht haben. Graf Stilicho hieß seinen Urenkel Geiserich auf den großen Mast des Schiffes klettern und Ausschau nach Land halten. Angestrengt blickte der Junge gen Westen, fand jedoch dort keine Anzeichen von Land, auch nicht in Richtung Süden. Doch dann kam der alle erlösende Schrei: „Opapa, dort sehe ich einen dunklen Streifen und darüber glitzert etwas hell“, der Junge deutete aufgeregt nach Nordosten. Außer sich vor Freude rief der alte Graf nach oben: „Geiserich, Du Glücksbringer, komm wieder herunter!“ Er herzte seinen Nachkommen und vom König bekam dieser einen Solidus. Nun entlud sich die Freude in einem jubelnden Aufschrei auf dem Königsschiff und löste gleich darauf Jubelstürme auf den anderen Schiffen aus. Alles blickte nun nach Nordosten wohin ihr König gedeutet hatte. Endlich war es so weit, es zeitigte bei allen eine fast fiebrige Erwartung. Nur um weniges hatte der alte Graf das Ziel verfehlt und fühlte sich unendlich erleichtert. Sie waren in der Nacht beinahe an der Insel vorbeigesegelt, korrigierten nun den Kurs in Richtung nach Nordosten.

Die Männer setzten sich auf die Ruderbänke und glichen so den schwachen Wind aus. Nach langen zwei Stunden war endlich das verheißene Land auszumachen. Zuerst tauchte ein dunkler Streif am Horizont auf, dann zeichnete sich das Land immer deutlicher in der Ferne ab. Ein flacher Landstreifen zeigte sich und weit dahinter wuchs ein mächtiger Berg empor. Als sie näher kamen, entdeckten sie dichte Wälder, die dieses Bergmassiv bekränzten. Nahe seines in der Sonne glühenden Gipfels erkannten sie in einem der Einschnitte des Berges ein schmales Schneefeld. Damit erklärte sich das helle Glitzern, welches der junge Vandale gesehen hatte. Graf Stilicho wollte jedoch an der nahen Steilküste nicht landen, denn sie erschien ihm dafür zu gefährlich zu sein. Der alte Fahrensmann suchte nun eine stille, vor Wind und Wetter schützende Bucht. Vorsichtig fuhren sie an der dunklen Steilküste entlang nach Norden, Bäume und vereinzelte freie Grasflecken zeigten sich hinter dem abweisenden Gestade, verhießen ihnen ein gutes Land zum Siedeln. Nach einiger Zeit steuerten sie in eine Meeresenge hinein, wobei der erfahrene Lotse Farbe und Strömung des Meeres unverwandt im Blick hatte. Endlich schien er zufrieden zu sein, schöpfte ein wenig Meerwasser und roch daran, probierte einige Tropfen davon. Zufrieden wandte er sich an den König: „Majestät, das Salzwasser mischt sich hier mit süßem Wasser, ein großer Fluss ergießt sich unweit von hier ins Meer. Dessen Mündung müssen wir jetzt suchen und eine zum Landen geeignete Bucht finden."

Helle Aufregung hatte alle ergriffen, die neue Heimat lag zum Greifen nahe vor ihnen, bald würden sie dort landen und ihr Thule in Besitz nehmen. Zur Linken durchbrachen zwar zwei kleine Flüsse das hohe Gestade, doch auch hier konnten die Schiffe nicht gut anlanden. Doch schon bald zeigte sich auch zur Rechten das Ufer, sie drangen offenkundig in eine weite Bucht ein. Aber auch hier verwehrten die hohen Ufer und vor allem die schroffen Klippen eine Annäherung der Schiffe. Die Bucht krümmte sich kurze Zeit später nach links, das Wasser veränderte zusehens seine Farbe und schmeckte nun brackig. Ein Inselchen tauchte auf und dahinter ein weiteres kleines Eiland. Zur Rechten türmte sich das Ufer nun noch höher und abweisender auf. Es schien angeraten zu sein, sich nach links zu wenden und dort zur Mündung des Flusses vorzustoßen. Erneut kletterte der Junge am Mast empor, kaum war er oben, da schrie er aufgeregt: „Opapa, wir sind gerade an einem Einlass vorbei gefahren, dahinter habe ich eine große Bucht gesehen." Graf Stilicho ließ die Segel reffen und wenden, steuerte auf den schmalen Einschnitt im Ufer zu. Behutsam fuhr das Königsschiff voraus, die Seeleute loteten ständig die Tiefe aus, fanden jedoch keinen Grund. Zwischen drohenden Felswänden ging es hindurch, König Indulf stand am Bug und blickte hinein in eine paradiesisch anmutende Bucht. Er war unendlich erleichtert und kämpfte mit seiner Fassung. Sie hatten es geschafft, in dieser Bucht konnten sie landen, hier konnten sie sich auch vor möglichen Feinden schützen. Ihm wurde so wohl ums Herz, er hatte sein Volk dahin geführt, wo es – so hoffte er inständig – von nun an siedeln und wachsen konnte.

Sie scheuchten viele Seevögel auf und vertrieben einige dort äsende Tiere. Das Land betrat nicht der König als Erster, sondern auf dessen ehrende Aufforderung hin, der greise, gerührte Waffenmeister; dann erst folgte ihm sein König. Die beiden Helden umarmten sich stumm, selbst überwältigt von der Bedeutung dieses Augenblicks. Dann knieten die beiden Männer nieder, alle anderen die noch an Bord weilten, taten es ihnen nach. Machtvoll ertönte das Vaterunser das sie Ulfilas gelehrt, vielstimmig erklang ihr Dank an Gott, der ihnen dieses Glück beschert hatte. Wie auf einer Perlenkette aufgereiht, schoben sich die Schiffe dann auf den schmalen Kiesstrand. Einen geeigneteren Platz hätten sie schwerlich finden können und einen schöneren auch kaum. Willkommensbucht nannten sie diesen besonderen Ort und willkommen schienen sie in diesen arkadischen Gefilden zu sein. Anzeichen von Menschen entdeckten sie weder hier noch zuvor entlang der Küste, lediglich Tiere, die an Hirsche und Rehe erinnerten, nahmen sie wahr, zahllose Schmetterlinge belebten dieses schöne Bild. Für sie, die letzten ihres einst so großen Volkes wurde ein Traum wahr.

Abb. 5 Die Willkommensbucht bei der Ankunft der Thulaner

Der Neuanfang

Fast andächtig stiegen die vielen Menschen nacheinander von den Schiffen, fühlten endlich wieder festen Boden unter den Füßen. Sie hatten eine neue Heimat gefunden, eine, wie es den Anschein hatte, friedliche Insel. Linde Luft umfächelte sie, der Atem ihres freien Thule, und sie kamen sich vor wie im irdischen Paradies. Sie, die aus Italien abgezogenen Goten, Vandalen und Italier waren an diesem denkwürdigen Tag, dem 23. September 553 hier an Land gegangen. Sie waren sich eines wohl bewusst, dieser Freudentag würde in die Annalen Thules eingehen. Ringsum blickten sie auf sattgrüne Wiesen, in denen die eingelagerten kleinen Haine wie Inseln wirkten. Dem hohen Gebirge im Hintergrund zu wurden aus diesen vereinzelten Hainen zunehmend geschlossene Wälder. Wie eine schöne Schale mit leicht gewölbten Rändern, die allerdings an drei Stellen breite Risse hatte, kam ihnen die Willkommensbucht vor. In ihrer Mitte wollten sie sich fürs erste niederlassen. Das war fürwahr ein herrliches Fleckchen Erde, eines das sie nun mit all ihren Sinnen aufnehmen konnten. Dieser Eindruck verflüchtigte sich selbst dann nicht, als es daran ging, die ihnen zugewiesenen Arbeiten aufzunehmen. Ihren Rastplatz empfanden die Menschen als eine Insel, was allerdings nur bei großzügiger Auslegung so gesehen werden konnte. Im Süden begrenzte sie die Meeresbucht, die auf der westlichen Seite noch als Zunge gen Norden leckte. Diese ging aber über in einen trennenden Streifen, den unsicherer und teilweise schwankender Boden kennzeichnete. Das trügerische flache Gelände war dicht mit Schilf, Seggen und Kriechgehölzen bewachsen. Drei dunkle Altwasserteiche, in denen viele Binsen wuchsen, warnten eindrücklich davor, ihnen zu nahe zu kommen, denn dies war eindeutig ein tückischer Sumpf. Hier floss einst ein Arm jenes Flusses, der die „Insel" jetzt nur noch im Norden und Osten umfasst hielt.

Die Anführer teilten die Arbeit so zu, wie sie es zuvor ein ums andere Mal besprochen hatten. Ein Teil des Rastplatzes, ein kleiner Hügel im Norden und die Senke davor wurden als Weiden für das Vieh abgeteilt. Nicht nur den Menschen war das feste Land willkommen sondern auch ihren Tieren, die wie befreit in der weiten Flur herumtobten und immer wieder zum Trinken ans Ufer des Flusses drängten. Für die Menschen galt es jetzt erst einmal die Zelte aufzuschlagen und sie auf die Sippen zu verteilen. Die jeweiligen Anführer hatten für eine gerechte Verteilung an die Familien zu sorgen. So lange es noch keine festen Gebäude gab, blieb alles Gut noch sicher an Bord der Schiffe mit Ausnahme dessen, was zur Zubereitung des Essens benötigt wurde. Die unverheirateten Seeleute wohnten vorläufig noch an Bord, während die Verheirateten mit ihrer Familie ein Zelt beziehen durften. Darunter befanden sich auch Widemir und seine kleine Familie. Sein Stiefsohn Markja war riesig stolz auf seinen „neuen“ Vater, der sogar auf dem großen Schiff des Königs einer der Unterführer war und sich beim Kampf mit den Byzantinern hervorgetan hatte. Und die kleine Gunhildis schmuste fürs Leben gern mit dem neuen Papa, der ihr so schöne Geschichten erzählen konnte. Oben auf dem zur Bucht hin spitz zulaufenden kleinen Hügel standen schon bald die Zelte der königlichen Familie und der anderen Anführer. Ein Zaun schützte dort die kleinen Kinder der hohen Herrschaften. König Indulf hatte nach einem Rundgang um den Rastplatz beschlossen, auf eine Umfriedung zu verzichten und stattdessen Wachgänge machen zu lassen. Nach seiner Einschätzung drohte ihnen hier keinerlei Gefahr seitens anderer Menschen, allenfalls vor wilden Tieren. Doch davor würden sie ihre Hunde bestimmt rechtzeitig warnen.

Der König, seine Grafen und der Architekt Alexandros erkundeten während des Aufbaus der Zelte einen sicheren Weg durch das Sumpfband und setzten dabei auf einen Wildwechsel. Sie wollten sich einen Eindruck vom Gelände auf der anderen Seite verschaffen, auf dem die vorläufigen Holzhäuser gebaut werden sollten. Mit Stöcken tasteten sie sich vorsichtig hinüber auf die westliche Seite, wo eine große flache Scholle lag, aus der sich ein kantiges Felsplateau erhob. Von dieser Anhöhe aus hatten die Männer einen Überblick über die Bucht und ihre Umgebung. Am östlichen Rand dieses niederen, gen Westen zu leicht abfallenden Tafelberges wölbte sich dieser noch einmal ein wenig auf und fiel zur Bucht wie zum Vik fast lotrecht ab, ein geradezu idealer Schutz für eine hier zu bauende Stadt. Dort sollten später die ersten Steinbauten erstehen. Und auf jenem breiten Hügelrand, den sie noch erklimmen wollten, da sollten noch einige Zeit später eine Burg, eine Kirche und ein Amtsgebäude errichtet werden.

Alexandros hatte sich beim Hinaufsteigen das gelbliche Gestein näher angesehen und erklärte, dass dieses als Baumaterial bestens geeignet wäre. Dank der waagrechten Schichtung des Gesteins, so fand er, müsste es sich leicht abbauen lassen. „Wir sollten dabei die Abbruchkante des Plateaus so bearbeiten, dass wir nach dem Abbau der Steine eine nach Norden und Westen hin lotrechte aufsteigende Wand erhalten, die nicht zu überwinden ist. Außerdem gewinnen wir noch weiteres Baumaterial durch die Anlage einer auf das Plateau hinaufführenden Strasse. Hier wo wir gerade stehen, also direkt am Fuße dieser Aufwölbung, lässt sich die Strasse gut anlegen. Sie würde uns wenig Baugrund wegnehmen und direkt in einen repräsentativen Platz der neuen Stadt einmünden, was ich mir gut vorstellen könnte.“ Begeistert tat Alexandros seine Vorstellungen kund: „Ich gehe außerdem zuversichtlich davon aus, dass wir aus dem Baugrund für unsere Gebäude, den Gräben für die Wasserleitungen, die für das Pflastern des Platzes wie der Strassen benötigten Steine direkt vor Ort ausbrechen können. Mit den kleineren und nicht verwendbaren Bruchsteinen verfüllen wir die Tümpel in der flachen Senke. Danach nutzen wir diesen Platz zum Bereitstellen für das Bauen. Wenn uns daran gelegen ist, die Anlegestelle zu einem festen Kai auszubauen, an dem unsere Schiffe auch bei Ebbe noch anlegen können, dann müssen wir dort Kies und Sand abbauen. Das wäre eigentlich ein gutes Material, um daraus Mörtel zu gewinnen, aber das darin enthaltene Salz muss erst langwierig herausgewaschen werden. Ich hoffe daher, dass in der westlichen Senke, die aussieht wie ein ehemaliger Flussarm, Kies und Sand zu finden ist. Dort könnten wir es leichter abbauen. Sollten wir hier vor Ort auf kein Kalkvorkommen stoßen, das wir ja zur Herstellung des Cementitum brauchen, dann lassen wir eben die Kinder in den Buchten die Muschelschalen einsammeln und brennen daraus Kalk. Und Vulkanasche müsste es in der Umgebung auch geben, damit hätten wir die Voraussetzungen für diesen Grundstoff. Wenn nicht, dann behelfen wir uns eben mit der Asche aus den Öfen und Herden.“ Die Einschätzung ihres Architekten gefiel den Herren, denn das würde viel Arbeit und Bauzeit einsparen und dem Schatzmeister Graf Gesalich viele Solidi. Doch der König setzte noch einmal nach. Er wollte auf mittlere Sicht wenigstens einen Teil der Anlegestelle zu einem Kai ausbauen, der bei jedem Wasserstand angelaufen werden konnte.

Die Herren bestiegen dann die sanfte Aufwölbung am östlichen Rand des Plateaus und begaben sich hinüber zu dessen höchster Erhebung. Von dort bot sich ihnen ein wahrlich überwältigendes Panorama dar. Die Willkommensbucht lag ihnen zu Füßen, auf ihrer „Insel" zeigten sich geschäftige Menschen und ringsum schien das Land bestens geeignet zu sein für die Nutzung durch ihre Bauern. Im Norden lag eine hohe Bergkette, vor der sich einzelne bewaldete Hügel wie aufgeworfene Blasen aus der Ebene erhoben. Dieser dunkle steinerne Riegel verwehrte ihnen leider den weiteren Blick in das Innere der Insel. Die Bergkette zog sich zwar offenkundig nach Nordwesten zurück, schien sich aber auch dort noch fortzusetzen. Im Osten endete sie vermutlich direkt am von hier aus gut auszumachenden Ozean. Das ganze Vik konnten sie nun übersehen, der Blick verlor sich im Osten auf dem Spiegel des Ozeans. Im Südwesten jenseits des Viks lag ein ausgedehntes Grasland, dunkle Galeriewälder säumten hier Flüsse und Bäche. Dort würde es also auch genügend Wasser geben. Im Hintergrund dieser Ebene erhob sich in der Ferne jenes Bergmassiv, dessen Schneefleck ihnen zuvor den Weg zu ihrem Thule gewiesen hatte. Vermutlich entsprangen hier die von Bäumen gesäumten Wasserläufe. Auf dieser weiten Ebene würden die Bauern sicherlich ideale Bedingungen für ihre Weiden und Äcker vorfinden. Mit einem großen Boot konnte diese Region zudem leicht an die Willkommensbucht angebunden werden. Wegen einer Brücke über den in das Vik einmündenden großen Fluss wollten sie sich erst dann Gedanken machen, wenn sie sich die dortigen Gegebenheiten näher angesehen hatten.

Die Herren wandten sich alsbald wieder dem Naheliegenden zu. Gegenüber, auf der Ostseite der Bucht lag ein schmaler, flacher Küstenstreifen. Zwei Erhebungen durchbrachen ihn, dahinter lag eine sichelförmige, an einer Stelle eingedellte niedere Hügelkette. Der Kiesstrand lud förmlich dazu ein, hier eine Werft und einen Hafen anzulegen. Dort drüben müssten sie in absehbarer Zeit darangehen, Werkstätten, Speicher und Nutzbauten zu errichten. Dafür würde es allerdings einer Brücke über den noch namenlosen Fluss bedürfen, die vorläufig noch nicht gebaut werden konnte, um die Kräfte nicht zu zersplittern. Zuerst einmal galt es eine Verbindung über den Sumpf anzulegen, damit sie ihre Wagen und Geräte problemlos hinüber befördern konnten. Bäume gab es jenseits des für das feste Lager vorgesehenen Platzes ohnehin zuhauf. Dort auf der Westseite der flachen Mulde sollten sie gefällt werden. König Indulf legte jedoch präventiv fest, dass nicht mehr Bäume gefällt werden dürfen, als sie Stämme zum Bau der Behausungen benötigten. Die kleinen Haine auf den beiden „Inseln“ wollte der König vorerst jedoch nicht antasten. Erst nachdem der Architekt Alexandros seinen Bebauungsplan angefertigt habe, sollten dann in der künftigen „Bergstadt“ jene Bäume markiert werden, die den dort entstehenden Bauten, Plätze, Strassen und Gärten weichen mussten. Alle anderen Bäume sollten allerdings unangetastet bleiben, um das künftige „Stadtbild“ zu bereichern.

Drei bewaffnete Erkundungstrupps hatten den Auftrag, die nähere Umgebung der Willkommensbucht nach Anzeichen von Menschen abzusuchen. Drei Boote, jeweils besetzt mit vandalischen Fischern und vier „Löwen“, ruderten den in die Bucht einmündenden Fluss hinauf. An dessen Ufern, so vermutete Graf Wittich, würden sie, wenn überhaupt, am ehesten Spuren von Menschen wie von gefährlichen Tieren entdecken. Die beiden anderen Erkundungstrupps suchten die Ebenen zu beiden Seiten der Bucht ab. Da sie sich auffächern mussten, um die Gegend möglichst gut zu erkunden, machten sich jeweils vierzig Männer auf, um ihres Königs Auftrag zu erfüllen. Des Königs Söhne und Schwiegersöhne waren mit von der Partie. Wie ihnen geboten, kehrten sie schon am Abend wieder zurück. Keiner der Erkundungstrupps war auf Spuren von Menschen gestoßen, hingegen wimmelte es überall von Wild. Einer der Trupps hatte sogar einen Bären gesehen, der sich aber nach einem warnenden Gebrüll wieder getrollt habe. Im Osten, so die Kundschafter endete die Ebene direkt am Steilufer und, zumindest so wie es von Weitem den Anschein hatte, auch das hohe dunkle Gebirge. Vor diesem und einem Waldgürtel zu dessen Füßen zeigte sich überwiegend Grasland. Darin lagen kleinere Waldinseln und flossen einige seichte Bäche, die dem Meer zustrebten. Im Westen dominierte ein schwer durchdringlicher Wald, dessen dichtes Unterholz den Suchenden große Mühe bereitet hatte.

Schon am nächsten Tag wurde damit begonnen einen festen Weg durch das Sumpfband anzulegen, es sollte keine Brücke werden, sondern vorläufig nur ein breiter Erddamm. Um das Füllmaterial dafür zu gewinnen, ebneten sie einige kleine Erhebungen auf der „Insel“ ein.

Wider Erwarten erwies sich der Sumpf an der gewählten Stelle als seicht, sodass sie bereits nach vier Tagen daran gehen konnten, den Damm zu verfestigen. Längst hatten die Bauleute auf der anderen Seite ihre Arbeit aufgenommen, nämlich die „genehmigten“ Bäume zu fällen und abzulängen. Die strikte Arbeitsteilung, die sie in Ticinum beim Erstellen der Langbogen erprobt hatten, wurde auch hier fortgeführt. Den Holzfällern folgten die Säger, die entweder Balken für die Seitenwände oder Bretter für Dächer, Decken, Treppen und Böden anfertigten. Die Baumrinden sollten zu Schindeln verarbeitet und als Wetterschutz auf die Dachbretter genagelt werden. Die Äste der Laubbäume wurden entweder zu Pfosten und Stangen für Einfriedungen verwendet oder als Geflecht verarbeitet, das mit Lehm verstrichen als Innenwände der Häuser vorgesehen war. Das zum Beheizen der Herde und Öfen geeignete Restholz wurde an einem allgemein zugänglichen Platz gelagert. Parallel dazu fertigten die Ofensetzer ihre Herde und Öfen an, deren eiserne und kupferne Teile noch auf den Lastschiffen lagerten. Auf diesem Bereitstellungsplatz standen schon bald einfache Unterstände, dort konnten die Handwerker ihrer Arbeit nachgehen. Auch wurde das Essen für die vielen Fleissigen ausgegeben.

Keiner der Ankommenden sah sich imstande, abzuschätzen wie das hiesige Klima in den Herbst- und Wintermonaten sein würde. Niemand sollte doch frieren oder hungern müssen, aber es ließ sich bald absehen, dass der Bau der vielen Holzhäuser sich in wenigen Wochen nicht verwirklichen ließ. Zum Leidwesen des Königs mussten daher viele Menschen den ersten Winter in Zelten oder notdürftig in schilfgedeckten „Häusern“ mit Wänden aus Grassoden verbringen. Eine weitere Entscheidung war, dass Rinder und Pferde lediglich halboffene Schutzhütten aber noch keinen Stall bekamen. Aus Sorge, dass Bären ihre kostbaren Tiere reissen könnten wurden die Umfriedungen verstärkt und erhöht. Als weitere Vorsorge mähten die Bauern viel Gras und trockneten es zu Heu. Die hohen runden Heuhaufen lagerten sie in Holzgestellen, die mit Schilf oder Rindenstücken abgedeckt wurden, um vor Regen oder Schnee zu schützen. Die Verantwortlichen hofften allerdings inständig darauf, dass der Winter hier ähnlich mild wie in Italien ausfallen würde.

Südlich der Verlängerung der Dammstrasse sollten die ersten Holzhäuser gebaut werden. Unterhalb der Wand des Plateaus wurde ein Streifen freigelassen, damit hier die überstehenden Steine ausgebrochen und abtransportiert werden konnten. Drei Haustypen waren vorgesehen. Einmal sehr geräumige Holzhäuser mit mehreren Zimmern für die Edlen und für Großfamilien, dann große Hütten für kinderreiche Familien und Häuser mit drei Räumen für die kleineren Familien. Für jedes Haus war soviel Grund vorgesehen, dass nachträglich angebaut werden konnte. Vorläufig würden die Fensteröffnungen mit den vorsorglich aus Ticinum mitgebrachten transparenten Tierhäuten verschlossen werden. Komfort konnte es erst später in den Steinhäusern geben, was allen bewusst war. Diese Aussicht milderte den Ärger über die allfälligen Unzulänglichkeiten, mit denen die Menschen erst einmal zu kämpfen hatten. Der Andrang auf die ersten Holzhäuser war natürlich riesig, doch die Anführer vergaben sie nach feststehenden Prioritäten und versuchten dabei, so gerecht wie möglich vorzugehen. In Fällen mit gleichen Voraussetzungen, entschied dann eben das Los. Und zu diesen Glücklichen zählten auch Widemir und seine kleine Familie, die in einigen Monaten noch Zuwachs bekommen würde. Familien ohne Kinder mussten sich länger gedulden, was dem König zwar nicht gefiel, aber so hingenommen werden musste. Zügig wurde mit dem Bau der Holzhäuser begonnen. Um von vornherein den Überblick nicht zu verlieren, wurden vier Wohnbereiche angelegt, die sich jeweils um einen Anger herum gruppierten. Nach den ersten sechs Wochen schafften sie immerhin zweiundsechzig Häuser und damit Wohnraum für etwa sechshundert Menschen. Doch das war angesichts von etwa zehntausend „Thulanern“ einfach viel zu wenig, was die Verantwortlichen veranlasste noch weitere Männer dazu einzuteilen. Dafür mussten eben andere Vorhaben zurückstehen, auch das Anlegen einer Werft. Vorläufig dienten daher die Schiffe weiterhin als Wohnstätten und blieben auch „Vorratshäuser“.

Wie schon in Ticinum und Genua packten auch die Frauen kräftig mit an, ihnen oblag es primär, Zäune und Umfriedungen zu erstellen, und die mitgebrachten Pflanzen zu hegen, aber sie übernahmen auch Tätigkeiten, die eigentlich Männersache waren. Auch die Jugendlichen wurden zum Arbeiten eingeteilt und sie fügten sich gut ein. Wie der König seinen Goten schon vor einem Jahr deutlich gemacht hatte, mussten diese das

Arbeiten wieder von Grund auf erlernen. Den fleissigen Vandalen hatte es ihr ungnädiges Schicksal längst „beigebracht“. Deren Fischer versorgten die Hungrigen mit Fisch, von dem es sowohl im Vik als auch in der Willkommensbucht reichlich gab. Auch in ihrem Fluss, den der König inzwischen Ticina benannt hatte, fanden sie große Fischbestände vor. Ein Teil der Fische wurde auf Felsen getrocknet, um so für den Winter vorzusorgen. Graf Stilicho, der ja in Nordafrika geboren wurde, fand dies sei nicht notwendig, denn hier in Thule würden – so wie auch in seiner alten Heimat – bestimmt weder die Flüsse zufrieren noch anhaltende Stürme das Fischen im Vik unmöglich machen, aber man hatte ja hier noch keinen Winter erlebt. Das von den Edlen erlegte Wildbret wurde verteilt und bedeutete eine willkommene Ergänzung zu der mitgebrachten Nahrung. Dennoch mussten sie sich bei einigen Nahrungsmitteln bescheiden, denn Getreide, Reis und die Samen anderer Feldfrüchte, die im Frühjahr zur Aussaat gebraucht würden, durften unter keinen Umständen angetastet werden. Ergänzend dazu gab es, das allerdings streng rationiert, Milch, Käse und Eier von ihren mitgebrachten Tieren. Das Trinkwasser entnahmen sie bisher an einer gut zugänglichen Stelle aus der Ticina etwas oberhalb der Viehweide. Auf reines Quellwasser mussten die Thulaner noch warten. Das sollte ihnen später einmal über ein Aquädukt und davon abzweigenden Leitungen direkt in die Häuser fließen. Die Bienen, die auf der Reise nur notdürftig gefüttert werden konnten, schwärmten seit der Ankunft aus ihren Körben aus, um noch vor dem Winter aus den hier üppigen Blüten Honig zu sammeln. Honig hatten sich die Thulaner auch in Krügen mitgebracht, der bis weit ins nächste Jahr hinein reichen sollte.

Verweilen wir noch einen Moment bei Widemir und seiner Familie. Da saßen sie am Abend auf einer Bank vor ihrer Holzhütte. Widemir schnitzte Puppen und Holzpferdchen und seine schwangere Frau Gunhild nähte aus Stoffresten Kleidchen für die Puppen. Die kleine Tochter hatte sich dazugesetzt und durfte bestimmen, wer von den kleinen Mädchen, die eine Puppe kaufen wollten, die nächste erhielt. Nun hatte sie auf einmal Freundinnen zum Spielen und war glücklich, wie auch ihr Bruder Markja, der zusammen mit zwei Freunden vor ihnen spielte. Und ihre Mutter, wie ging es ihr? Diese einst noch so verhärmte Frau wirkte nun fröhlich und glücklich. Sie hatte in Widemir nicht nur einen lieben Mann gefunden, sondern auch einen, der angesehen war, und dies sogar bei den hohen Herrschaften. Seine Schnitzereien waren sogar in die Hände der Enkel des Königs gelangt, und auch die kleinen Kinder der anderen hohen Herrschaften wollten solch schönes Spielzeug haben. Widemirs Anführer, Seegraf Beowulf, hatte ihn zuerst um Puppen und Pferdchen für seine Kinder gebeten und bemerkte: „Widemir, Deine kunstfertigen Schnitzereien möchte ich bezahlen, selbst wenn Du sie nach der eigentlichen Arbeit anfertigst sind sie nichts Selbstverständliches. Du musst auch Geld dafür nehmen." Lachend setzte der hohe Herr noch hinzu: „Selbständig machen solltest Du Dich damit aber nicht, denn ich will nicht auf Dich verzichten!" So hatte Widemir einen willkommenen Nebenverdienst, mit dem er sein Erspartes vermehrte und später zum Kauf eines Steinhauses in der künftigen Bergstadt gut gebrauchen konnte. Aus dem über dem Eingang der Hütte angebrachten und bewunderten Relief des Königsschiffs hatte sich neuerdings noch eine weitere Erwerbsquelle entwickelt. Etliche Nachbarn wollten etwas Ähnliches haben, damit ihre Hütte leichter gefunden werden konnte. Seitdem trug der Seemann nun den Beinamen, Widemir der Schnitzer.

Alexandros hatte inzwischen einen Bebauungsplan entworfen, der dem Herzog und seinen Getreuen sehr gefiel. Als erste Bauphase hatte er den Bau der Bergstadt vorgesehen. Um damit anfangen zu können, musste erst einmal die dort hinaufführende Strasse angelegt und oben ein weiterer Platz für das Baumaterial geschaffen werden. Soweit möglich hatte er das Plateau mit einem Gitternetz überzogen, das von zwei breiten Strassen erschlossen wurde und mit Quergassen unterteilt war. Für jeden Häuserblock waren zwei große Innenhöfe vorgesehen, die Helligkeit in jede Wohnung bringen würden. Sie sollten außerdem so bepflanzt werden, dass viel Grün zu sehen war. An der Abbruchkante zum Vik fanden bei dieser Aufteilung nur noch vier Gebäude mit Innenhof Platz. Die restlichen Bauten wurden in einer Reihe gebaut und dafür mit großen Wohnungen ausgestattet, von deren Terassen und Balkonen aus es eine schöne Sicht auf das Vik und dessen Hinterland gab. Den östlichen Teil des Plateaus nahmen die später geplanten Vorhaben, Burg, Kirche, Amtsgebäude und das kleine Forum ein. Zwischen diesen hatte der Architekt einen schönen Platz vorgesehen, der den Herren besonders gut gefiel. Als letztes Gebäude der Bergstadt hatte er einen mächtigen Wasserturm eingezeichnet, von dem aus das Wasser des geplanten Aquädukts verteilt werden soll. Die beiden anderen für

Bauten vorgesehenen Gebiete, sowohl die Hafeninsel als auch der Bereich bis zum Aquädukt sollten erst später bebaut werden. Die späteren Bauherren sollten sich dann, so wie auf dem Plan vorgesehen, an das großzügige Gitternetz halten. Lediglich den Hafenbereich und das angrenzende künftige Handelsareal hatte Alexandros schon detaillierter skizziert. Die Hafeninsel sollte durch drei Brücken mit den anderen Bereichen verbunden werden und das Herz der größer werdenden Stadt bilden. Selbst einen Friedhof hatte der Architekt vorgesehen. Sein kühner Plan wurde von allen Herren für so gut befunden, dass er so und und ohne Abstriche umgesetzt werden sollte. Der König forderte von Alexandros noch eine Ergänzung, er sollte jetzt schon den künftigen Werftbereich skizzieren. Der Architekt plante für eine ferne Zukunft der Stadt, für die alle eine vielversprechende Entwicklung voraussahen.

König Indulf berief für den dritten Sonntag nach der Landung das Volksthing ein. Nach dem von ihm gehaltenen Gottesdienst sollte dieses auf der „Insel" stattfinden. In dessen Rahmen wollte er den Seinen den Plan der neuen Stadt vorstellen, die anstehenden Schwierigkeiten ansprechen, und auch – so wie ihnen zugesagt – den Antrag der Damen einbringen, allen Männern die Heirat mit einer zweiten Frau zu genehmigen. Diese Entscheidung wollte er bewusst der Mehrheit des Things überlassen. Ihm ging es darum, was er sich sogar eingestand, von künftigen Herrschern nicht als der Verursacher dieser ihm zutiefst widerstrebenden „Unmoral" an den Pranger gestellt zu werden. Er würde diese Ausnahme allerdings mit seinem Machtwort auf höchstens zwei Generationen begrenzen. Bleiben wir bei diesem Thema. Der Antrag wurde dank der „Vorarbeit" von Königin Rechis mit überwiegender Zustimmung angenommen und stieß bei vielen der alleinlebenden Frauen sogar auf große Erleichterung. Damit wurde nämlich etwas legalisiert, was sich zum Leidwesen des Königs längst eingeschlichen hatte. Der anschließend allen vorgestellte und erläuterte Bebauungsplan mit den damit verbundenen weiteren Baumaßnahmen löste bei den Thulanern überwiegend Begeisterung aus. Selbst König Indulfs Warnung vor der vielen sich daraus ergebenden Arbeit vermochte sie nicht zu dämpfen. Sie durften hier künftig in einer schönen Stadt leben, komfortabel wohnen und bescheidenem Wohlstand entgegensehen.

Abb. 6 Die erste Siedlung an der Willkommensbucht

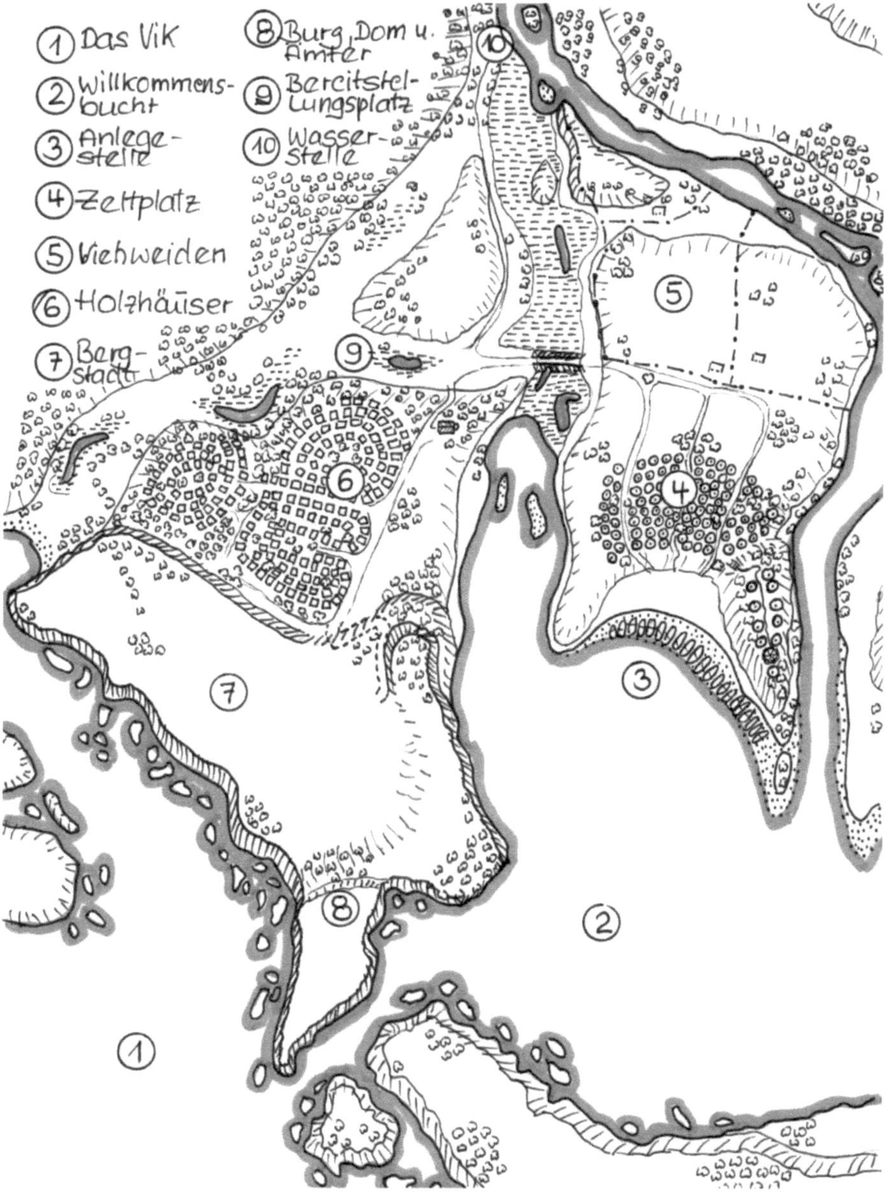

Ein Rückblick

An einem sonnigen Herbsttag des Jahres 555 bestieg König Indulf den soeben fertiggestellten Turm der Burg, die noch immer keinen Namen hatte. Wie jedes mal wenn er sich dafür Zeit nahm, erfreute ihn der Rundblick, den die höchste Erhebung der kleinen Stadt Willkommensbucht bot. Als er zum erstmals hier oben stand, da gab es für all das, was von hieraus zu sehen war noch keine Bezeichnungen. Lediglich die Meereszunge hatten sie als das Vik bezeichnet, und die sie aufnehmende Seitenbucht nannten sie spontan Willkommensbucht. In Erinnerung an jenes Gebirge, das sie in Italien so häufig überquert hatten, gaben sie dem dunklen Gebirgszug im Norden die Bezeichnung Appennin. Überhaupt, die Benennung der Gewässer, Berge und Gebiete, die sie brauchten, um sich orientieren zu können, fiel ihnen nicht immer leicht. Vorrangig benannten sie die Orte nach den Helden ihrer Geschichte und den edlen Geschlechtern. Der Name der gerade entstehenden Hauptstadt Theodericia ehrte den großen König Theoderich, und König Totila wurde zum Namensgeber der im Bau befindlichen Stadt Totilaberg. Die herrliche Gegend um Theodericia hieß nun Amelungia und der sie erschließende Strom führte den Namen Amelunga. So wurde das edelste Geschlecht der Goten gleich zweimal verewigt. Die Balthen, ihr zweites berühmtes Königsgeschlecht, fand sich wieder in dem Fluss Baltha, der nahebei in das Vik mündete, nachdem er weiter im Landesinneren den Balthasee durchflossen hatte. Indulfs gen Westen schweifender Blick blieb am Sonnberg hängen und erinnerte ihn daran, dass sie bei der Namensgebung auch noch andere Kriterien gewählt hatten. Wie bei diesem imposanten Bergmassiv und dem weißen Fluss, der Albia, die sie vor fast zwei Jahren zum Zentrum der Insel geführt hatte.

Er blickte hinunter auf die weite Bucht in der einige Fischer ihrer Arbeit nachgingen, schaute auf die allmählich Konturen annehmende Hafenstadt. Dem genialen Architekten Alexandros hatte er freie Hand gelassen und hielt sich nach der gemeinsamen Planung weitgehend aus dem eigentlichen Baugeschehen heraus. Der Architekt richtete sich streng nach den limitierenden Zwängen, die ihm sowohl die Zeit, als auch die begrenzten finanziellen und sachlichen Mittel auferlegten. Die reine Zweckmäßigkeit bestimmte alles Handeln, für Spielereien hatten sie weder die Zeit noch das Geld, und noch nicht einmal das richtige Baumaterial. Die Menschen brauchten erst einmal ein Dach über dem Kopf, die Handwerker und Händler benötigten Räume, in denen sie ihre Aufgabe erledigen konnten. Dazu kamen noch die Gebäude in denen der kleine Staat seine Funktion erbringen konnte. Vorrangig zählten dazu das Hafenamt, die Werft, Lager- und Vorratshäuser, die Burg, das Rathaus und der Dom, wie die Thulaner hochtrabend ihre kleine Kirche nannten. In der Mitte des Marktes planten der König und sein Architekt später eine große Markthalle, denn sie gingen davon aus, dass sich Willkommensbucht bald zu einem lebhaften Handelsplatz entwickeln würde. Darüber hinaus brauchten sie auch Straßen, Brücken, Kaianlagen und Krane zum Entladen der Schiffe. Von vorneherin hatten sie sich dazu entschlossen, die hygienischen Standards der Römer zu übernehmen, wie deren Errungenschaft von ständig verfügbarem fließendem Wasser. Es würde zwar noch viele Jahre, wenn nicht Jahrzehnte dauern, bis die geplanten Bauwerke fertiggestellt waren. Mehr als einmal musste König Indulf seinen Thulanern gut zureden, denn die riesige Aufgabenlast erdrückte die Seinen fast. Auch er musste oft genug über den eigenen Schatten springen und sich selbst ermutigen. Doch es zahlte sich aus, denn die hier entstehende Stadt entsprach seinen Vorstellungen. Willkommensbucht würde eine schöne – und worauf er Wert legte – repräsentative Stadt werden. Natürlich hatten bei den Gebäuden, Strassen und Plätzen die Weltstädte Rom und Byzanz Pate gestanden, wie auch das den Goten vertraute Ravenna.

Überall zeigten sich geschäftige Menschen, sie bewegten Material, hievten Steine, Gerätschaften und Mörtel nach oben, setzten Stein auf Stein. Zimmerleute sägten Balken und Bretter aus den nun abgelagerten Baumstämmem. Daraus entstanden Zwischendecken und Böden der jeweiligen Stockwerke sowie die Dachstühle. An anderen Orten wurden Ziegel für Dächer und Innenwände gebrannt und die Häuser wetterfest gemacht. Die Zeit des Herbstregens stand bevor, der die Menschen oft genug in den Schutz der Häuser trieb. Der König dachte nicht gerne an den vergangenen Winter zurück. Damals konnten noch nicht alle Menschen in den provisorischen Blockhäusern unterkommen und in so mancher Hütte regnete es auch noch durch die Rinden- oder Schilfbedachung. Doch diejenigen, die in Zelten hausen mussten, hatten es noch schlechter getroffen. Es war ein Glück, dass sich das thulanische

Klima als mild erwies. Der Winter mit Frost und Schnee setzte hier erst spät ein, und dann überwiegend oben in den Bergen. Im Frühjahr half gelegentlicher Regen beim Wachstum der Pflanzen, und der warme Sommer förderte ein frühes Reifen. Das bescherte ihnen mancherorts sogar zwei Ernten im Jahr.

Wandte der König sich um, dann sah er zu seinen Füßen die weitgehend fertiggestellte feste Bergstadt liegen. Längst wohnten hier Menschen, vor allem Handwerker hatten sich dort niedergelassen und übten ihren Beruf aus bis spät in die Nacht hinein. Die Bergstadt machte zwar von außen den Eindruck fertig zu sein, doch hinter den neuen Türen fand sich nur das Allernotwendigste. Die Schreiner schafften es gerademal die geforderten Fensterrahmen und Türen zu erstellen, doch bei Fensterläden und Mobiliar konnten sie die Aufträge nicht voll erfüllen. Grund dafür war die ungebrochene Bautätigkeit in der wachsenden Hafenstadt. Noch schlimmer sah es bei den Glasmachern aus, Glas war und blieb ein rares Gut. Sie hatten zwar endlich alle Rohstoffe dafür gefunden, dennoch kam der Ausstoß der provisorischen Glashütte der Nachfrage nicht hinterher. Hier oben waren es die vier größten Bauwerke: Burg, Dom, kleines Forum und Rathaus, die neben wenigen privaten Gebäuden noch ihrer Fertigstellung harrten. Von dem Gebäude, das künftig den großen Platz abschließen und in dem neben der Verwaltung der Stadt auch die Ärzte ihre Bleibe finden sollten, wuchs erst der Keller aus dem Fels. Nur die Burg, der Dom und das Forum waren schon weiter gediehen. Die Bergstadt füllte inzwischen das Felsplateau aus, an dessen Rändern die bisher benötigten Steine gebrochen werden konnten. Doch damit hatte es ein Ende, das Plateau fiel nun lotrecht ab zu der noch unbebauten Flur unter ihm. Auf den Seiten zum Vik und zur Bucht hin sorgte die Natur selbst für einen schroff abfallenden Abhang. Bis vor wenigen Tagen konnten die Bauleute noch aus den für die Kanalisation ausgehobenen Gräben Steine entnehmen. Zum Glück fanden sie in der unmittelbaren Umgebung der Bucht das zum Bauen benötigte Material und konnten es so rasch zu den jeweiligen Baustellen schaffen. Derzeit arbeiteten sie noch an der Einleitung der Cloaca in das Vik, denn das Abwasser der Bergstadt hatte zu einem Ärgernis geführt. Bei Ebbe verblieb es am Strand, was viele Seevögel anlockte und die Bewohner durch entsprechenden Geruch belästigte. Heute sollte nun bei Tiefstand der Ebbe eine in das Vik hinausgebaute Pfahlwand geschlossen und anschließend mit dem Abpumpen des verbliebenen Wassers begonnen werden. Danach sollte die schon bestehende große und begehbare Röhre ins Vik hinaus verlängert werden. So würden laut dem Architekten Alexandros der Ebbstrom und die im Vik herrschende Strömung das Abwasser mitreissen. Den Bauleuten, die diese unangenehme Arbeit zu verrichten hatten, wurde ein erhöhter Lohn in Aussicht gestellt. Der König wollte sie auch heute noch aufsuchen, um ihnen zu zeigen, dass ihm ihr Tun am Herzen lag.

König Indulf wurde in seinem Rückblick durch Rauch gestört, der jenseits der Bucht aufstieg, dort wo die Schiffe auf dem feinkiesigen Strand lagen. Diesen wertete er als ein gutes Zeichen, denn wieder wurde ein Schiff von den Spuren der Bohrmuscheln befreit und zum Schutz kalfatert. Drüben zählte er weit weniger Schiffe als sie im Vorjahr nach Thule mitgebracht hatten. Zwölf Schiffe zogen vor fast zwei Monaten nach Genua, neun davon sollten eigentlich längst wieder zurück sein. Drei von ihnen sollten in Genua verbleiben, dort auf weitere Nachzügler warten und mit diesen im Frühjahr wieder nach Thule zurückkommen. Weitere fünf Schiffe der thulanischen Flotte lagen seit kurzem in Hildebrandtsvik. Außerdem, das schürte düstere Gedanken, büßten sie bis jetzt schon drei Schiffe in den Gewässern um Thule ein, eines von ihnen ging sogar mit Mann und Maus unter, ein herber Verlust. Der König verdrängte diese Gedanken wieder und wandte sich erneut seiner werdenden Hafenstadt zu.

Die Stadtentwürfe des aus Byzanz stammenden Architekten reichten weit in die Zukunft hinein, ein stetes Wachstum der Stadt setzte Alexandros optimistisch voraus. Hierin wusste er sich mit seinem König einig. Dem Entwurf konnten alle Interessierten entnehmen, dass neben der Halbinsel, auf der zur Zeit die meisten Gebäude entstanden, später auch noch weitere Bereiche überbaut würden. Das störende schmale Sumpfband zwischen Hafenhalbinsel und dem Dreieck, das diese mit der Bergstadt bildete, war immer noch nicht völlig beseitigt. Der Architekt hatte vorgeschlagen, den Sumpf zu einem Kanal zu vertiefen, um so aus dem Hafenbereich eine Insel zu machen. Die aufgeschüttete Dammstrasse sollte durch zwei Brücken ersetzt und die Hafeninsel mit Tortürmen gegen Überfälle gesichert werden. Eine weitere Brücke über die Ticina verschaffte seit kurzem den Bauern aus dem Hinterland einen besseren Zugang zum florierenden Markt der Stadt. Dem König imponierte, dass Alexandros, der Stadtplaner, die topographischen Gegebenheiten vor Ort so gekonnt einbezogen hatte. Mit diesem Architekten hatten sie fürwahr einen guten „Fang“ gemacht. Durch seinen Einsatz und seine Kreativität kamen sie besser voran, als es sich der König in seiner Ungeduld je vorstellen konnte. Die Baumeister und die Bauleute unterstützten ihn nach Kräften und trieben so das gemeinsame Vorhaben zügig voran.

Wenden wir uns dem König selbst zu, der viel gelöster wirkte, seit sie die Insel Thule gefunden hatten. Hier waren sie weder auf Menschen noch auf andere unüberwindliche Schwierigkeiten gestoßen. Es schien eine riesige Last von ihm abgefallen zu sein. Dies nahmen nicht nur seine Nächsten freudig wahr, sondern auch sein ganzes Volk. Er scherzte mit den Bauleuten und Handwerkern, lobte die fleißigen Bauern und ermutigte alle seine Schutzbefohlenen. Immer öfter trug er nun ein Lächeln auf den Lippen. Dabei brachte sich der Herrscher selbst in einem Maße ein, das auch seine Gemahlin Rechis verwunderte. Überall tauchte er auf, ritt ständig hin und her zwischen den Neugründungen Theodericia, Hildebrandtsvik und Willkommensbucht. Doch die Menschen freuten sich, wenn sich ihr König zeigte, sein Anblick belebte ihre Kräfte und seine Anerkennung machte sie stolz. Im verehrten König sahen sie die Inkarnation ihres neuen Staates und den Garanten guter Zeiten. Seit er die Goten führte, schien sich ihr Geschick nur noch zum Positiven hin zu entwickeln. Von soviel Glück wagten sie zuvor nicht einmal zu träumen und dankten Gott und im selben Atemzug ihrem König dafür. Der fruchtbare Boden bescherte ihnen eine gute Ernte, das Vieh auf den angelegten Weiden gedieh, viel Wild bevölkerte die Wälder und Wiesen, und gutes Wasser fand sich fast überall auf der Insel. Thule bestand aus einer großen Hauptinsel und einem Schwarm von Eilanden, die das Kernland zu allen Seiten säumten und vielerorts vor den anbrandenden Wogen des Ozeans schützten. Platz gab es in Hülle und Fülle, trotz der vielen und zumeist schroff aufragenden Gebirge. Abertausende konnten hier siedeln, dabei hatten sie längst noch nicht alles erforscht. Dies leitet über zu den ersten Erkundungen des Landes, bei der die Thulaner bisher auf keine Menschenseele gestoßen waren.

Die ersten beiden großen Expeditionen liefen zur gleichen Zeit an. Eine kleine Flotte tastete sich an der Ostküste entlang, sie wurde von den beiden Grafen Beowulf und Stilicho geführt. An Bord befanden sich auch Kronprinz Indulf und der Waffenmeister Hildebrandt. Weite Teile der Ostküste zeigten sich wüstenartig abweisend, sandige Ebenen wechselten sich ab mit Dünen, hinter denen gelegentlich Lagunen hervorblinkten, kein Fluss erreichte hier das Meer. Ein sehr kalter kräftiger, nach Nordosten driftender Meerestrom schob die Flotte vor sich her. Der schwächte sich erst ab, als die Schiffe zwischen zwei Düneninseln hindurch in eine weite Bucht hinein fuhren. Fischschwärme lockten Delphine, Barakudas und andere Raubfische an. Selbst Haie zeigten sich und ab und an auch mächtige Wale. Die Bucht versperrte ihnen am nördlichen Ende die Weiterreise. Sie kehrten um, umschifften eine langgestreckte Nehrung, die sie Elefantenrüssel nannten. Erst als sie, dem Verlauf der Küste folgend, in westlicher Richtung weitersegelten, veränderte sich die Landschaft und wurde allmählich freundlicher. Eine karge Steppe löste die Wüste ab, je näher sie den Bergen kamen, desto grüner zeigte sich das Land. Die vier Schiffe wagten sich vorsichtig in einen schmalen Meeresarm hinein und wurden dafür belohnt. Abertausende von Seevögeln nisteten an einer hohen und schroff abbrechenden Gebirgswand und begrüßten sie mit grellem Gekreische. Nach diesem lauten Präludium erwartete sie ein kleines Paradies.

Graf Stilicho hatte tatsächlich das gesuchte Vandalia wiedergefunden. An diesem Gestade gingen vor vielen Jahren die Vandalen an Land. Das Delta eines Flusses mit einem ansehnlichen Bestand an Pinien gab ihm Gewissheit. Dennoch gingen die Thulaner hier nicht von Bord, zu groß blieb ihre Neugier. Der Meeresarm wollte nicht enden, diesen windarmen Seeweg säumten viele Inseln, durch deren schmale Öffnungen sich das offene Meer erreichen ließ. Das Gebirge begleitete die Schiffe auf dem weiteren Weg nach Norden, auch zeigten sich immer wieder breite Täler mit fließenden Gewässern. Als sich der Meeresarm endgültig nach Westen wandte und an der Steuerbordseite eine breite Passage auftauchte, nahm das Wasser eine andere Farbe an. Auf der Backbordseite entließ ein mächtiger Fluss seine dunklen Fluten durch fünf Arme ins Meer. Die Thulaner folgten einem breiten Arm des

Stroms, legten an einer Insel an und gingen dort an Land, dabei scheuchten sie große dunkelglänzende, hier nistende Raben auf. Der Strom umfloss an dieser Stelle eine erhöhte und vor Hochwasser sichere Insel, die sie Rabenholm tauften, und die sich zur Gründung einer geschützten Hafenstadt bestens eignen würde. Doch dafür war die Zeit noch lange nicht reif und den nachfolgenden Generationen vorbehalten. Das Diktum des Königs, sich vorläufig nur auf einen engen Lebensraum zu begrenzen, schloss es ohnehin aus. An diesem einladenden Ort machten sie Rast, hier wollten sie die Nacht verbringen.

Der mächtige Strom lockte sie am nächsten Tag einige Meilen ins Land hinein. Er durchfloss eine an drei Seiten von hohen etwas entfernten Bergen eingeschlossene weite Ebene, die sehr fruchtbar zu sein schien. Lichte Wälder, sattgrüne Wiesen und träge fließende Flüsse lösten sich ab, diese Ebene lud zum Besiedeln förmlich ein. Es gab verschiedenste Arten von Wild, sie bekamen sogar eine Bärin mit zwei Jungen zu Gesicht, doch sie unterdrückten ihr Jagdfieber. Wo die Arme des Deltas wieder zusammenfanden, entstand ein breiter Strom, der träge zum Meer hin floss. Hildebrandt fühlte sich erinnert an die mächtigen Ströme Pannoniens (Ungarn), und so wurde aus dem breiten Fluss die Ister. Er meinte, ein Strom, der so viel Wasser führe, müsse ein großes Gebiet entwässern. Die sich schlängelnde Ister führte sie in ein anmutiges Tal hinein, das von steilen Berghängen begrenzt wurde. Diesem folgten sie noch einige Biegungen weit durch die sie so ansprechenden Gefilde. Da ihr Auftrag jedoch lautete, die Ostküste der Hauptinsel Thules zu erkunden, brachen sie an dieser Stelle ab und ließen sich von der schwachen Strömung wieder zurück ins Delta tragen.

Auf ihrem weiteren Kurs nach Westen begleitete sie im Hintergrund wie bisher auf der linken Seite das Gebirge, davor lag das grüne Band der Küstenebene. An Steuerbord tauchte eine bergige Insel auf, die sich immer mehr der Hauptinsel näherte. Als sich die schmale Strasse dazwischen wieder weitete, bog die Küstenlinie genau nach Süden ab. Bald darauf passierten sie erneut eine Meerenge und glitten unmittelbar an einer hoch aufsteigenden, gelbgeflammten Gebirgswand entlang. Wieder zwang sie der Verlauf der Küste nach Westen und ihre Reise schien vorläufig in einer schroffen Bucht zu enden. Das Gebirge schob ein gelbes Horn hinaus in die Fluten, dessen gezackter Kamm wirkte auf sie wie ein ruhender Drache, der den Eindringlingen wehrte. „Hier müssen wir unbedingt eine Burg bauen“ bemerkte Beowulf, sein Schwager Indulf, der ihn hänselte, taufte sie Drachenburg und zog die Lacher auf seine Seite. Der Seegraf durfte jedoch als Letzter lachen, denn direkt hinter dem „Drachenkopf“ eröffnete sich eine kleine Bucht. In dieser konnten gut und gerne mehrere Schiffe festmachen. Ein ansteigendes Felsband zog sich von der Bucht hinauf bis zum Kopf des „Drachens“. Dort oben eine Sperrburg zu errichten, das bot sich tatsächlich an. In der entstehenden Karte – übrigens der dringende Wunsch des Königs, der sein Thule exakt abgebildet haben wollte – vermerkte Graf Beowulf den Ort denn auch als Drachenburg. Sie sahen von einer Landung ab und erkundeten stattdessen die im Süden vermutete Bucht weiter. Als sie das Vorgebirge umschifft hatten und im Licht der versinkenden Sonne um eine Insel bogen, da zeigte sich die vermeintliche „Bucht“ als ein sich tief nach Süden erstreckender breiter Sund. Zu beiden Seiten traten die Gebirge zurück und machten weiten Ebenen Platz. In der einsetzenden Dämmerung entdeckten sie auf der Backbordseite eine kleine Bucht, in die sich ein Flüsschen ergoss. Hier schlugen sie ihr Nachtlager auf. Diesen Ort trugen sie als Bärenbucht in die Karte ein, die zahlreichen Tatzenabdrücke des Raubtiers animierten sie dazu. In dieser Nacht löschten sie aus Vorsicht die Feuer nicht und stellten Wachen auf, denn mit Bären war nun mal nicht zu spaßen.

Sie blieben zwar in der Nacht ungestört, doch am frühen Morgen weckte sie wütendes Gebrüll. Zwei Bären, denen das Lager den gewohnten Weg zur Wasserstelle verstellte, verwahrten sich lautstark gegen die Eindringlinge. Dies bezahlte einer der Bären mit dem Leben, von mehreren Speeren getroffen sank er tot ins Gras, sein Gefährte floh erschreckt von dannen. So lernte der Bär das schlimmste „Raubtier“ der Erde kennen, als einen neuen und gefährlichen Eindringling. Der Bär wurde aus der Decke geschlagen und sein Fleisch über dem Feuer gebraten. Seine Tatzen standen den vier Adeligen zu, so war es von alters her Brauch. Nach diesem kräftigen Mahl warf die gut bewaffnete Gruppe einen kurzen Blick ins Land hinein, in dem sich viel Wild tummelte. Den kleinen Fluss säumte ein schmaler Galeriewald, der in der Ferne mit dem Bergwald verschmolz. Als sie aus dem Wald heraustraten, scheuchten sie etliche Hirsche und Rehe auf. Vor ihnen tat sich nach Süden hin eine endlos erscheinende Ebene auf. Diese war mit hüfthohem Gras bewachsen und ließ Hildebrandt ausrufen: „Ist das nicht ein Paradies für unser Volk, aber auch für unsere Pferde und Rinder. Unser König hat uns in ein gesegnetes Land geführt. Ich bin am Ende meines langen Lebens wieder versöhnt mit Gott, der uns diesen Garten Eden anvertraut hat.“

Die Grasebene erbreiterte sich immer mehr, sie rahmte an der Küste ein nahezu weißer Sand- und Dünenstrand, den lediglich an zwei Stellen Flüsse durchbrachen. Auf der Steuerbordseite waren nun wieder Inseln zu sehen. Stießen sie hier auf das Ende des Sunds? Fast schien es so, denn ein bewaldeter Hügelzug begrenzte ihren Blick nach Süden. Bevor sich diese Frage klären ließ, lenkte sie ein schmaler Einlass an Backbord ab. Hier türmte sich der Strand zu hohen und mit niederen Kiefern schütter bewachsenen Dünen auf. Hinter dieser Meerespforte gab es eine linsenförmige Bucht, die ein Fluss in Brackwasser verwandelte. Hier tummelten sich Robben, Albatrosse und im Uferbereich Kraniche und viele andere Vögel. Sie alle lebten wohl üppig von dem Fischreichtum der kleinen Bucht. In der entstehenden Karte gab ihr Seegraf Beowulf den Namen Vogelbucht, und das traf ganz sicher zu. Nun galt es das Ende des Sundes zu erkunden, doch erneut stellte sich dies als Trugschluss heraus. Denn der hügelige Riegel entpuppte sich als ein Inselpaar, das zwischen den beiden Eilanden und der am Strand abbrechenden Hügelkette bequeme Durchfahrten zuließ. Nach dieser Durchfahrt glaubten die Männer einem Wunder zu begegnen: Im Süden krönte eine weiße Kappe einen mächtigen, über den Wolken aufragenden Berg. „Der Ätna“ flüsterte Beowulf, doch Kronprinz Indulf korrigierte ihn zu „Heldenthron“. Bevor sich daraus ein Disput der beiden Freunde und Schwager entwickeln konnte, griff Hildebrandt ein. „Keiner von uns darf diesen herrlichen Riesen benennen, dies steht ausschließlich unserem König zu.“ Graf Stilicho unterstützte seinen Freund und ergänzte: „Falls ich mich bei den Berechnungen nicht geirrt hatte, dann haben wir bis zur Höhe der Willkommensbucht nicht einmal mehr ein Drittel Wegs vor uns. Vermutlich beschließt dieser wunderschöne Berg nicht nur den langen Sund, er liegt auch in der Mitte unseres Thule.“ Wie gut der alte Seefahrer die Lage und die Bedeutung des Berges eingeschätzt hatte zeigte sich, als die Karte des ganzen thulanischen Archipels vorlag.

Während sich die Schiffsexpedition immer mehr dem Ende des langen Sunds näherte, aber unbedingt noch zum gewaltigen Berg vorstoßen wollte, stieß auch die zweite Expedition von Süden her in diese Region vor. Die harte Arbeit steckte den todmüden Begleitern des Königs in den Knochen, zwang sie dazu die letzten Kräfte freizusetzen. Seit fünf Tagen kämpften sie sich nun schon durch mehr oder weniger dichten Wald voran und begrüßten erleichtert jeden buschfreien Wiesengrund. Doch seit diesem Tag umgab sie nur noch schwer durchdringlicher Wald. So manche Axt wurde dabei stumpf und auch die Schwerter trugen Scharten davon. Der am Vortag einsetzende Regen blieb zwar schwach, doch er reichte aus, den Untergrund schlüpfrig und die Stämme und Sträucher glitschig zu machen. Seit dem Morgen ließen die Männer den Berg, den eine Schneekrone schmückte, nicht mehr aus den Augen. Zu ihm zog es sie hin, so als würde dort etwas ganz Besonderes auf sie warten. Doch immer wieder verbargen die Baumkronen den magischen Berg. Der Wald wirkte wie ein hoher Dom, von dem der König annahm, dass es sich bei ihm um einen Zedernwald handelte. Wo die Riesenbäume etwas Platz ließen oder mächtige Baumleichen eine kleine Lichtung geschlagen hatten, wuchs dichtes und zähes Unterholz. Dies zwang entweder zu Umwegen oder zu einem quälenden Kampf mit dem Gestrüpp. Hier trafen sie auf Wild, zum Glück jedoch nicht mehr auf Bären, die ihnen vor Tagen so zu schaffen gemacht hatten.

Die aggressiven thulanischen Bären, deren Fell ein dunkles Braun aufwies, sahen in den Menschen zu Recht einen zu vertreibenden Rivalen. Zweimal schon wurden sie von den mächtigen Petzen angegriffen und einmal gelang es nur mit viel Glück, einen abzuwehren. Ein alter Bär erkor sich den Löwenberger zum Opfer, als dieser zum Austreten ging. Der König bemerkte das Krachen im Unterholz und vernahm das Gebrüll des wütenden Tieres. Er, Vinsivad und Schwiegersohn Totila griffen instinktiv zu den Speeren und eilten dem rufenden Totila zur Hilfe. Des Königs Speerwurf aus nächster Nähe traf den Bären wohl schon im Leben, doch seine beiden Söhne gingen auf Nummer sicher und setzten ebenfalls ihre Speere. Dicht vor dem Löwenberger Totila schlug das Tier auf und verzuckte. Erschreckt und erleichtert knurrte der: „Nicht einmal in Ruhe Schei.... kann man hier." Die drei „Retter" lachten lauthals und nahmen den Dank des Grafen witzelnd entgegen. Der blieb ernst: „Indulf, Du hast wohl einen siebten Sinn für die Deinen, hab tausend Dank und auch Ihr meine jungen Freunde. Ich dachte soeben mein letztes Stündchen sei gekommen, Gott sei Dank habt Ihr mich errettet." Indulf, dabei wie ein Lausbub grinsend: „Totila, ich will Dich doch noch weiter quälen und kann daher nicht auf Dich verzichten." Der lachte nun mit: „Ich weiß ja wer dies sagt, doch im Ernst mein König und Freund, im Stich lassen werde ich Dich nicht, außerdem brauchst Du doch einen, der Dir immer mal wieder die Meinung sagt." Am Abend gab es ein Festessen und eine Fortsetzung des launigen Geplänkels.

Diese Expedition umfasste an die hundert Männer, darunter, neben den schon Genannten, eine Reihe von Edlen und die Hälfte der „Löwen". Wer nicht an einer der beiden Expeditionen teilnahm, war „Daheim" in der Willkommensbucht mit dem Bau der Quartiere und anderen alltäglichen Arbeiten beschäftigt. Der umsichtige und allseits respektierte Graf Wittich führte dort in Vertretung des Königs die Regie. Nach diesem unliebsamen Intermezzo blieben einige zurück, um das Fell des Bären abzuziehen und das Fleisch zu zerlegen, soweit es bei dem Alter des Tieres überhaupt noch genießbar war. Da die Vorausgehenden mittlerweile einen schmalen Pfad geschlagen hatten, konnten sie ihnen leicht folgen. Sie fanden nirgendwo Anzeichen von eventuell hier lebenden Menschen. Dennoch ließen sie in ihrer Wachsamkeit nicht nach, sie konzentrierten sich nun allerdings stärker auf die Bären. Einige Male konnten sie über den Kiesstrand der Albia ziehen, was das Vorankommen viel leichter machte, doch auf dieser Seite des Flusses blieben solche Strände eher selten. Auf der anderen Seite des behäbig dahinfließenden Gewässers gab es mehr von diesen und auch der Wald schien drüben lichter zu sein. Sie wären daher besser beraten gewesen, die Albia an ihrem Oberlauf zu überqueren. Dort hatte sich eine Furt angeboten, doch hatten sie entschieden auf der rechten Seite des weißen Gewässers zu bleiben, weil sie meinten, auch später noch eine Furt vorzufinden. Das stellte sich als Irrtum heraus, denn bald schon floss die Albia ruhig und sichtlich tiefer dahin. Bevor sie erstmals auf die Albia gestoßen waren, mussten sie mühevoll eine zwei Täler trennende Bergschwelle überwinden. Das Durchqueren der vielen zur Baltha und zum Balthasee hinabeilenden Nebenflüsse war davor bei weitem einfacher gewesen.

Nach der Einmündung der in einem weiten Kiesbett mäandrierenden Aenia in den Balthasee hatte sich vor Tagen des Königs Zug geteilt. Fünfzig Mann unter Führung der Grafen Gesalich und Markja zogen weiter am Balthasee entlang. Ihr Rückweg sollte sie um das Sonnbergmassiv herum und von Süden her wieder zur Willkommensbucht führen. Wie sich bald heraustellte, hatte dieser Trupp das wesentlich leichtere Los gezogen. Im Westen des Seebereichs ließ sie das Grasland zügig vorankommen, und es taten sich, abgesehen von den Flussübergängen, keine größeren Schwierigkeiten auf. Selbst ein „Pass" – wenn man angesichts der geringen Höhe überhaupt von einem solchen sprechen durfte – den sie als äußersten Punkt im Westen zu überqueren hatten, schuf ihnen keine Probleme. Ein aus den Bergen herabstürzender wasserreicher Fluss verwehrte der Truppe danach den Zugang zu den westlichen Auen, doch das war ohnehin nicht ihre Richtung. Rings um das Sonnbergmassiv wechselten sich weite Grasebenen mit Galeriewäldern an den Flüssen ab. Diese Expedition traf schon nach sechs Tagen wieder jenseits der Willkommensbucht am Vik ein und wurde von den Fischern mit Kähnen herübergeholt.

Währendessen hatten die nach Norden gezogenen Männer den Zedernwald zu überwinden und quälten sich über einen weiteren reissenden und breit einmündenden Nebenfluss der Albia. Ein lichter Wald nahm sie auf und entließ sie auf eine weite und heiter anmutende Aue. Der Nieselregen hörte auf und ein Regenbogen erfreute das Auge. Als dann der Wald endete genossen sie endlich einen freien Blick auf die Albia, wurden aber davon sogleich wieder abgelenkt. Vor ihnen türmte sich nun der herrliche Bergriese himmelhoch auf, und die längst grünlich gefärbte Albia umspielte kleine Felsinseln. Noch staunten sie über die unglaublich schöne Aussicht, da bannte sie eine wundersame Wolkenerscheinung, die sie als göttliches Zeichen deuteten. Jenseits der Albia stemmte sich ein gewaltiger dunkel glänzender Felsriegel gegen den Strom. Über dessen höchster Erhebung durchbrach in diesem Augenblick die Sonne eine Wolkenwand. Ein riesiges Lichtkreuz leuchtete vor ihnen auf, wirkte auf sie wie die Pforte zum Himmel. Die rauen und so abergläubigen Krieger sanken auf die Knie. Ihr König breitete die Arme aus und betete laut das Vaterunser, in das seine Männer ergriffen einstimmten. Als sie geendet hatten, flüsterte König

Indulf: „Dies ist ein heiliger Ort, dort drüben werden wir unsere Hauptstadt Theodericia erbauen. Gott in seiner Güte gab uns diesen Hinweis, und den gilt es zu befolgen.“ Er sprach den Seinen aus dem Herzen. Wieder einmal hatte ihr Herrscher und oberster Kirchenherr aus der Intuition heraus entschieden. Die Thulaner hatten den Mittelpunkt ihres Reiches gefunden, jenen Ort, der für sie zum politischen, religiösen und geistigen Zentrum ihres Thule werden sollte.

Die Wolke lichtete sich allmählich, doch diese Erscheinung verloren sie nie mehr aus ihrer Erinnerung. Auf der Suche nach einem möglichen Übergang zogen die Männer an der Albia entlang. Sie kamen aber nicht weit, denn bald schon verwehrte ihnen ein breites Gewässer das Fortkommen. Die grünschimmernde, gemächliche Albia vereinte sich vor ihnen mit einer gewaltigen Silberflut, welche deren Wasser mit Urgewalt zur Seite drängte. Der sie bisher begleitende Gebirgszug brach rechts von ihnen in einer jähen Wand ab, der gewaltige Strom setzte ihm hier eine schroffe und unüberwindliche Grenze. Gegenüber wirkte der Strom gnädiger, er ließ zwischen seinem Bett und den Flanken des gekrönten Bergriesen ein schmales Tal frei. Welch ein Gegensatz zu der ihm gegenüberliegenden abweisenden Bergwand tat sich auf. Sanfte Berghänge am Fuß des Riesen ließen generös ein wenig Platz für eine locker mit Bäumen bestandene Talebene. Linker Hand von den Thulanern lag nun jenseits der Albia der Gipfel des Felsblocks, er zeigte sich in seiner herben Schönheit. Von dort oben genoss man sicher einen weiten Blick auf die beiden Ströme und ihre Täler. Nach diesem Anblick, und voller Erwartung auf diesen magischen Ort, drängte es sie dort hinüber zu gelangen. Doch wie sollten sie das tiefe Gewässer überwinden?

Der König ordnete den Bau eines Floßes an und ließ das Lager aufschlagen. Während sich der Großteil der Mannschaft um den Bau des Floßes kümmerte, errichteten andere an jener Stelle von der aus sie das Wolkenwunder bestaunt hatten, ein riesiges Kreuz aus Baumstämmen. Die vier „Bärentöter“ und sechs der „Löwen“, stiegen unterdessen den Berghang zur Rechten hinauf, um von oben ein Bild des heiligen Orts zu gewinnen. Einem schmalen Felsband folgend erklommen die zehn Thulaner zuletzt eine Aussichtskanzel. Was sie nach dem anstrengenden Anstieg erblickten, das war wahrlich atemberaubend. Unter ihnen gähnte eine schaudernde Tiefe, in der sich die silbernen Wassermassen dem Meer zu wälzten. Äußerst vorsichtig kletterten sie die letzten Schritte, denn ein Fehltritt bedeutete den sicheren Tod. Doch welch ein Lohn wurde ihnen jetzt zu Teil. Nicht nur der freie Blick auf den herrlichen Berg belohnte die mutigen Kletterer, es war noch weit mehr. Der dunkle Felsriegel erwies sich von hier oben aus betrachtet als ein zweimal gekrümmtes langgestrecktes Plateau, auf dem viel Raum war für eine große Stadt. Rechts wurde es begrenzt von einem hellglitzernden Silberband, das sich zwischen Inselchen hindurch aufwallend in die Tiefe stürzte. Von ihrer Warte aus wurde noch deutlicher, dass der Silberfluss – obwohl er hier schmäler war als die Albia – weit mehr Wasser führte und diesen Fluss bei deren Einmündung einfach zur Seite drängte. Auf der anderen Seite umfloß ein Bach die mächtige Felsscholle. Dieser speiste nacheinander zwei Weiher und floß anschließend in die Albia. Jenseits dieses Tales erhob sich ein weniger schroffer Hügelzug, der nahe der Albia rechtwinklig nach Süden abbog. In dessen Mitte, etwa auf der Höhe des Steges zwischen den kleinen Seen, war dieser Hügel etwas eingekerbt, dahinter eröffnete sich ein weites grünes Talbecken. Mitten darin wand sich ein locker von Bäumen gesäumtes Flüsschen durch den Wiesengrund. Dieses verlor sich zuletzt in einem riesigen hellstrahlenden Silberspiegel. Hohe mit weißen Hauben bestäubte Gebirgsketten im Hintergrund schufen diesem Kleinod einen würdigen Rahmen. Es war eine Traumlandschaft, die sich vor ihren Augen auftat und Vinsivad begeistert ausrufen ließ: „Atta, Du hast uns ins Paradies geführt. So viel Schönes ist unbeschreiblich. Hier will ich nie mehr weg.“ Der König legte den Arm um seinen Jüngsten, es dauerte eine ganze Weile bis er ihm antwortete: „Vinsi, mein Junge, ein Jahr lang musst Du uns noch in Genua vertreten und dort Deinen Oheim Theodemir ablösen. Danach kannst Du mich hier nach Kräften unterstützen, in diesem unseren Paradies.“ Der Angesprochene nickte schicksalsergeben, er hatte in seiner Begeisterung vergessen, dass ihm diese Aufgabe ja noch bevorstand und seine große Bewährungsprobe bedeutete. Lange konnten sie ihre staunenden Blicke nicht abwenden von diesem beeindruckenden Bild, hockten eng beieinander, selbst der Respektabstand zum König wurde hier oben aufgegeben. Als sie mit den Bezeichnungen des Gesehenen durcheinander gerieten, beschlossen sie spontan eine „Taufe“ vorzunehmen. Mit dem majestätischen Berg fingen sie an, der Herrscher nannte ihn die Landeskrone. Der See wurde zum

Amelungensee und folgerichtig der daraus fließende Strom zur Amelunga. Bei den beiden Weihern verschoben sie die Taufe auf später, beschlossen einen der beiden nach dem ersten Fisch zu benennen, den sie aus ihm ziehen würden. Das im Wiesengrund hinter dem schmalen Hügelband „tanzende“ Flüsschen nannten sie die Larvia. Dabei wollten sie es fürs erste belassen.

Sie warfen noch einen letzten Blick auf das Panorama, schauten noch einmal hinunter ins Tal der unteren Amelunga wo zu ihrem Schrecken vier große Ruderboote tief unter ihnen gegen den Strom ankämpften. Sie hielten sich nahe der schroffen Wand, dort schien die Strömung nicht so stark zu sein. Erleichtert und erfreut erkannten sie am Eberkopf wie am roten Löwen auf den Schilden ihre Seefahrer. Es war unverkennbar, dort unten kamen Hildebrandt und Kronprinz Indulf mit ihren Gefährten. Welch ein unglaublicher Zufall, ausgerechnet hier, mitten in der Wildnis, trafen sie aufeinander. In ihrer Freude über das Zusammentreffen hasteten sie beinahe unvorsichtig ins Tal hinunter. Ein fröhliches Fest entwickelte sich bei ihrem Wiedersehen. Vieles gab es zu berichten, der sparsam mitgeführte Wein ging schon an diesem Abend zu Ende. Die Thulaner hatten eine wichtige Etappe ihres Weges erreicht und den Mittelpunkt ihres gelobten Landes gefunden.

Abb. 7 Der heilige Platz („Theodericia“) bei Ankunft der Entdecker

Abb. 8 Die ersten Entdeckungsreisen in Thule

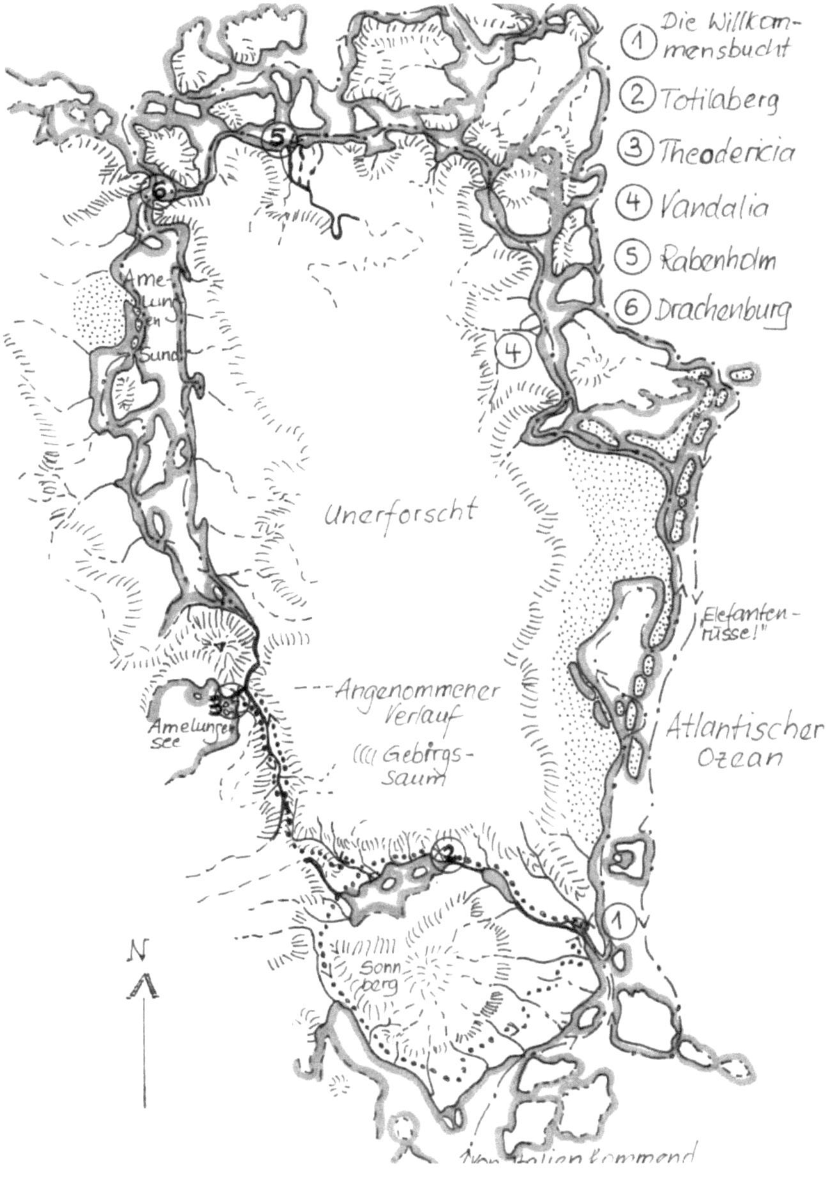

Zwischenbilanz

Zwei Jahre waren inzwischen seit der glücklichen Ankunft vergangen. Ein Übermaß an Arbeit und unerwarteten Schwierigkeiten mussten dabei überwunden werden. Doch an diesem zweiten Jahrestag der Landung in Thule blickten die Thulaner mit Stolz zurück. So drückte es der König in seiner Rede an die Bewohner der Willkommensbucht aus. Er dankte den Seinen für ihren Einsatz, ihre Beharrlichkeit und dafür, dass sie bei Rückschlägen den Mut nicht verloren hatten. Noch blieb diese kleine Stadt die größte Ansiedlung in Thule. Die meisten der über fünftausend Einwohner lebten jetzt in festen Steinhäusern, überwiegend droben in der mauerumgürteten Bergstadt. Die Hafeninsel wuchs derzeit schnell, dort herrschte rege Bautätigkeit. Die Tretradkräne – vier hatten sie hier im Einsatz – halfen ihnen ebenso wie die beweglichen, vielerorts einsetzbaren Gerüste und Schalungen. Im Wettlauf mit der Zeit wurde vieles einheitlich gebaut, lediglich in der Gestaltung der Fassaden und der individuellen Ausgestaltung der Innenräume zeigten sich gewisse Unterschiede. Bei den Amtsbauten wichen die Thulaner zwar von der Standardisierung ab, doch auch hier wurden die allgegenwärtigen Kolonnaden nicht von monolithischen Säulen getragen. Gemauerte Imitationen mussten diese ersetzen, so wie sie vorläufig auch auf Plastiken und Denkmale verzichteten. Alle Bauten wurden dem Diktat des Zwecks und der Zeit untergeordnet. Außerdem knauserte der Schatzmeister Graf Gesalich mit jedem Solidus und war nicht bereit Schnörkel, oder wie der nüchterne Adelige gelegentlich sagte, Spielereien hinzunehmen.

Das repräsentative im Viertelkreis gebaute Hafenamt galt als Aushängeschild der Stadt und begrüßte die Ankommenden. Wer es nicht anders wusste, hielt das vierstöckige Gebäude für einen römischen Palast und die Stadt für eine römische Kolonie. Es nahm in seiner gekrümmten Form die kleine Eindellung der großen Bucht auf, ließ sich von einer breiten durch die Treppe geteilten Terrasse huldigen. Zwei geplante Zierbrunnen an den Seiten sollten später diese besondere Anmutung noch verstärken. Im zweiten Stock des breit angelegten Gebäudes wurde inzwischen die Nautikschule eingerichtet. Hier gaben dann die Grafen Stilicho und Beowulf – und fallweise noch andere – ihr nautisches Wissen an die thulanischen Kapitäne weiter. Sie planten diese Schulung später auszuweiten, um den künftigen Kapitänen eine grundlegende und umfassende Ausbildung zu vermitteln. Links und rechts des Hafenamtes standen zwei eindrucksvolle Paläste mit schön gegliederten Obergeschossen und filigranen Arkaden. An jener Stelle, wo zwei Jahre zuvor der Waffenmeister Hildebrandt als erster Gote die neue Heimat betreten hatte, wuchs eine Kirche in die Höhe. Das wie ein römischer Tempel angelegte Gotteshaus sollte im nächsten Jahr fertig sein. Die kleine Anhöhe rechts des Hafenamtes war vorläufig als Park vorgesehen, spätere Generationen konnten es dann immer noch bebauen. Der Anblick der Hafeninsel von der Bucht aus beeindruckte und erfreute die Bewohner wie die Ankommenden.

Direkt hinter dem Hafenamt lockte der große Markt, dessen südlicher Teil bereits seinen Zweck erfüllte. Bauern, Handwerker und Händler boten dort ihre Erzeugnisse an und erfreuten sich guter Nachfrage. Das östliche Ende der Marktstrasse unweit des Flusses Ticina, beherrschte der mächtige und gut gefüllte Kornspeicher. Ihm gegenüber wuchs das dreistöckige Zeughaus in die Höhe und hinter diesem sollte als nächstes Bauwerk das erste Lazarett von Thule entstehen, noch vor jenem in Theodericia, was die Hiesigen so wichtig fanden. Wenn die Willkommensbucht schon nicht die Hauptstadt sein konnte, so wollten sie wenigstens bei der Realisierung wichtiger Vorhaben die Ersten sein. Die konstruktive Rivalität zwischen den beiden größten Städten Thules entstand schon in diesen Tagen und zog sich durch die ganze thulanische Geschichte. In Willkommensbucht gründete der König mit der Nautikschule die erste Hochschule Thules. Hier hatten die Hafenstädter die Nase vorn, doch der Stachel des Neides haftete im Fleische, denn in der Hauptstadt plante die Krone eine Universität. Dass irgendwann eine in Willkommensbucht folgen musste, das war für die Einheimischen eine ausgemachte Sache.

Der Plan der Hafeninsel lag fest, das römische Gitternetz legte der planende Architekt großzügig aus, er wollte einförmige Quartiere und Häuser vermeiden. Im Neubaugebiet jenseits der Marktstrasse war schon eine Reihe von Gebäuden fertiggestellt, die von den Händlern bevorzugt wurden. Die Handwerker hingegen verteilten sich über beide Stadtteile. Zwei gut besuchte Gaststätten bereicherten die Hafeninsel, obgleich der Wein nach wie vor Mangelware blieb. Die Fischer siedelten überwiegend jenseits der nördlichen Ticinabrücke. Dort konnten sie unbehindert von den großen Schiffen ihre Boote auf den Strand ziehen und vor den Häusern die Netze trocknen und flicken. Mit dem gegenüberliegenden Ufer und den kleinen Inseln im Fluss verbanden sie drei Stege, die einen schnellen Zugang zum Markt eröffneten. Sie fühlten sich wohl in ihren gewohnten, bunt bemalten Holzhäusern und verzichteten deshalb gerne auf die teuren Steinbauten. Die königlichen Zuschüsse steckten sie lieber in Kähne, Netze und Trockengestelle, die den Hügel hinter ihnen bedeckten.

Vor einigen Tagen wurde endlich ein wichtiges, sehr aufwendiges Bauwerk begonnen, das Aquädukt. Dieses sollte eine Doppelfunktion erfüllen, einerseits frisches Quellwasser aus den nahen Bergen herbeiführen und andererseits als Stadtmauer dienen. Das Aquädukt würde das Dreieck zwischen den beiden „alten" Stadtteilen abgrenzen und diesen neuen Stadtteil schützen. Stimmten die Berechnungen des Baumeisters Claudius, dann konnte sogar die am höchsten gelegene Burg mit frischem Wasser versorgt werden. Er legte den Wasserdruck so aus, dass das Gefälle von den Bergen herab ausreichte, den als Stadtmauer angelegten Teil des Aquädukts relativ nieder zu halten. Manche meinten, dass sich die Thulaner mit dem zusätzlichen Bau übernehmen könnten, denn eine andere Großbaustelle war noch nicht fertiggestellt. Die Erd- und Schlammschicht im angefangenen Kanal hatten sie zwar schon entfernt und auch die Brücke provisorisch gebaut. Doch nun galt es die Kanalsohle auszuheben, eine große Herausforderung für alle Beteiligten. Gut in Erinnerung blieben ihnen die ersten Tage nach ihrer Ankunft, als sie murrend und zögerlich vor einem unübersehbaren Berg von Aufgaben standen. Es bedurfte schon kräftiger „Nachhilfe" durch den König, um diesen Unwillen zu brechen. Mit den Erfolgen entstand jedoch bald das Gefühl „wir packen es". Glücklicherweise wurden sie weder durch die Beschaffenheit des Untergrunds noch durch Mangel an Baumaterial behindert. Selbst das Grundmaterial für den Cementitium, aus dem sie neben vielem anderen die Leitungen, Gewölbe und Kuppeln bauten, fand sich im Südland. Zurück zum Kanal, den der Volksmund Königskanal nannte. „Gott ist mit den Tüchtigen" zitierte der Architekt, und das Glück blieb ihm auch hier hold. So wie in der Bergstadt ließen sich Felsplatten herausbrechen und von den Steinmetzen ohne großen Aufwand zu Bausteinen verarbeiten. Damit zogen sie an Ort und Stelle die Seitenwände des Kanals empor und gewannen sogar noch Baumaterial für andere Vorhaben. Dadurch ermutigt, sondierten sie den Bereich vor dem geplanten Aquädukt. Wie erhofft, konnten sie hier vor dem künftigen Aqädukt einen Graben anlegen, der ihnen die gewünschten Steine liefern würde. Spontan entschied der König, dass an der Strasse nach Theodericia auch ein repräsentatives Stadttor entstehen sollte.

In dem neuen Stadtviertel sollte später – neben einer weiteren Kirche – eine Schule gebaut werden. Dieser Wunsch des Königs stieß allerdings nicht bei allen auf Verständnis, denn die größeren Kinder arbeiteten derzeit überall mit und würden dann fehlen. Doch offen wagte dies niemand anzusprechen. König Indulf, dem dies ein großes Anliegen war, konnte manchmal ziemlich unwirsch reagieren. Das mussten auch jene erfahren, die er zweimal nacheinander beim „Faulenzen" erwischt hatte. Dann konnte es schon mal vorkommen, dass er dem Betroffenen mit der Verbannung in die Wildnis drohte, was jeweils großen Schrecken auslöste. Diese Strafe bedeutete für jeden mühevollste Plackerei, große Not und Entbehrung, wenn nicht gar ständigen Hunger. Selbst bei kleineren Verstößen wie Diebstahl, Raufereien und Betrug war mit dem Herrscher, der auch als Richter fungierte, nicht zu spaßen. Der Verurteilte wurde dann ohne Lohn bei den härtesten Arbeiten eingesetzt und büßte schwer. Bei den anfänglichen Konflikten zwischen den Sippen – soweit diese noch bestanden – reagierte der König mit deutlichen Worten, wie auch bei Streit um Vorrang. „Kümmert Euch um die Arbeit, sorgt dafür, dass es uns allen gut geht. Wir brauchen ein festes Dach über dem Kopf, ausreichendes Essen und ein gutes Auskommen, dafür sorgt mit all Eurer Kraft. Diese törichten Streitereien ärgern mich. Wer gut zusammenarbeitet, hilft sich und den anderen, und er steht dann in meiner Gunst, daran orientiert Euch und nicht an unnötigem Gehabe. Weder wir noch die anderen sind ideale Menschen. Seid gnädig mit Euren Nächsten, Nachbarn und Mitbürgern, sie geben alle ihr Bestes. Das gilt auch dann, wenn wir nicht mit allem einverstanden sind, was die Anführer anordnen." So wie schon bei seinen Kriegern hielt der König streng auf Disziplin, erzwang Fleiss und Zusammenarbeit. Blickten die Betroffenen später auf das Geleistete zurück, zeigte sich, dass der Herrscher gut daran getan hatte, nicht nachzugeben. Als Ausgleich wurde zum Abschluss eines großen Bauwerks ausgiebig gefeiert und der

König sparte nicht mit Anerkennung, das ließ all die Mühe und die ungewohnte Arbeit bald wieder vergessen.

Der rege Handel und Warenumschlag war für die Verantwortlichen sehr erfreulich, denn es füllte die Truhen des Schatzamtes, doch leider gab es auch eine Kehrseite. Es befand sich jetzt so viel Geld im Umlauf, dass sich die einfachen Münzen bereits verknappt hatten; doch bisher wurden zu aller Verdruss weder Silber- noch Kupfervorkommen entdeckt. Das inzwischen gefundene Eisen entsprach keineswegs höheren Anforderungen und enttäuschte die Schmiede. Solidi gab es zwar noch ausreichend, doch der König entließ diese nur dosiert in den Kreislauf, damit die Goldmünzen knapp und wertvoll blieben. Die nach Genua entsandte Flotte hatte den Auftrag in Gades Kupferbarren zu erwerben, um wenigstens diesem Mangel ein wenig abzuhelfen. Die fehlenden Erze würden in Bälde das weitere Wachstum empfindlich beeinträchtigen, diese Sorge teilte der König mit seinen Beratern. Unermüdlich forschten deshalb Bergleute in den Gebirgen nach Spuren der Metalle, bisher ohne Erfolg. Derzeit suchten sie zwei Bergtäler jenseits des Amelungensees ab, trugen dabei nicht nur die Hoffnungen ihres Königs im Gepäck.

Wenden wir uns wieder der Willkommensbucht zu, die viele hinter vorgehaltener Hand inzwischen Indulfsvik nannten. Seit Sundsvik in Hildebrandtsvik umbenannt war, drängten die Hiesigen darauf das sperrige Wortungetüm Willkommensbucht ebenfalls umbenennen zu dürfen. Wenn schon dem zweifellos hochverdienten Hildebrandt eine Stadt gewidmet wurde, dann stand dies erst recht ihrem so hochverehrten König und Gründer von Thule zu. Außerdem wollten sie damit allen anderen zuvorkommen und ihre eigene Bedeutung auf immer mit dem Namen des Heldenkönigs verbinden. Der König wusste dies längst, es schmeichelte ihm zwar, denn er war keineswegs frei von Eitelkeit, doch er zauderte wieder einmal. Im persönlichen Bereich zeigte sich diese Eigenschaft weit ausgeprägter als bei den Staatsgeschäften.

König Indulf residierte hier längst in der Burg, in der noch an allen Ecken und Enden gebaut wurde. Er weilte allerdings nicht nur hier, denn er ritt rastlos zwischen den im Werden begriffenen Städten Theodericia, Hildebrandtsvik und der Willkommensbucht hin und her. Er trieb alle an, lobte und ermutigte die Seinen, sorgte dafür, dass die Lasten gleichmäßig verteilt wurden. Rund um die genannten Orte siedelten sich die Bauern, Hirten, Holzfäller und Köhler an. Sie konnten wie zuvor in Italien die gewohnten Produkte anbauen, ihre Herden weiden und – wenngleich limitiert – Holz einschlagen und zu Holzkohle verarbeiten. Zuerst galt es jedoch, die Bäume auf den Trassen zu fällen, über die später die Strassen führen sollten. Und dann mussten in härtester Arbeit auch die Stümpfe der Bäume entfernt werden, eine überaus verhasste Tätigkeit. Die Bauern umzäunten ihre Felder, um das zahlreiche Wild von Saat und Früchten fernzuhalten. Die Landbevölkerung siedelte in kleinen Weilern und hielt so die Gemeinschaft aufrecht. Jeder durfte für den eigenen Bedarf jagen und fischen, eine Beschränkung gab es nicht, lediglich die Schonzeit musste eingehalten werden. Einige erhielten auch die Konzession zum Weiterverkauf des erlegten Wildbrets, wie der gefangenen Fische. Das in den Orten verkaufte Wildbret bereicherte sowohl die dortigen Tafeln, als auch das Einkommen der ländlichen Bevölkerung. Jeden Sonntag zogen die Menschen in die Kirchen der Städte, um zu Gott zu beten, den Markt aufzusuchen und mit den anderen Thulanern zusammenzukommen. Vielleicht lag ein weiteres Motiv auch darin, dass es bisher nur hier Wirtshäuser gab und dort auch Wein, den Schiffe aus dem fernen Europa mitgebracht hatten. Die eigenen Weinstöcke trugen spärlich, es stellte sich heraus, dass diese weder um die Willkommensbucht herum, noch in Hildebrandtsvik gut gediehen. Dafür umso besser auf dem vulkanischen Boden an den westlichen und südlichen Abhängen der Landeskrone in Theodericia. Allerdings waren die Weinstöcke noch zu jung, um einen guten Ertrag zu bringen. Die Schiffe brachten neben Wein auch zusätzliche Rebstöcke mit, denn oberhalb von Theodericia sollten neue Flächen bestockt werden. Das Land, besonders um Theodericia und den Amelungensee herum, erwies sich als paradiesisch fruchtbar und lockte immer mehr Bauern dorthin. Leider begrenzten dort die vielerorts steil aufragenden Berge die nutzbare Fläche. So wie im Südland musste auch im Mittelland jede Rodung vom König genehmigt werden. Dieser verhielt sich hier restriktiv. „Wir verfügen in Thule über freie Flächen in Hülle und Fülle, wir erhalten uns so weit wie möglich den schönen Wald. Nur dort wo wir Siedlungen anlegen und Strassen bauen, schlagen wir den Wald ein. Ansonsten gehen wir schonend mit diesem Geschenk Gottes um.“ So sprach der Herrscher und was König Indulf wollte, das war Gebot in Thule.

Schon seit einer Woche bangten die Thulaner um die überfälligen Schiffe, in manche Nachfrage mischte sich bereits leise Sorge. Neun Schiffe sollten dieses Mal aus Genua zurückkommen. Der König, dem die Seinen unterstellten, er könne wie einst seine Ahnin Amalaberga in die Zukunft sehen, sprach von vielen Flüchtlingen aus Italien, die er erwartete. Schon im vorigen Jahr brachten die drei ausgesandten Schiffe weit mehr Menschen nach Thule, als sie angenommen hatten. Mehr als vierhundert Menschen hatten sich im vergangenen Jahr in Genua eingefunden und dort auf die Schiffe von der Goteninsel gewartet. Prinz Theodemir kostete es damals einige Mühe, diese vielen Menschen unterzubringen und zu versorgen. Der Bruder des Königs ließ sie arbeiten und solche Güter beschaffen, von denen er annahm, dass sie im Gotenland benötigt wurden. Er erwarb von den Genuesen auch noch ein beschädigtes Schiff, das seine Schützlinge allmählich instandsetzten. Zusammen mit den drei thulanischen Dromonen reichten sie gerade noch aus, um die vierhundertdreissig Wartenden mit ihrer Habe an Bord zu nehmen. Die vielen Güter, die er für die neue Heimat der Seinen erworben hatte, benötigten außerdem ziemlichen Stauraum. Dazu kam, dass der Prinz selbst mit seiner Familie, deren Hausrat und Pferden mit an Bord ging. Theodemirs Vorfreude auf die große Familie war riesig und auch seine Neugierde auf die ihm noch unbekannte neue Heimat. Nichts hatte er bis dahin über das Schicksal der Ausgereisten und nichts über deren Aufenthaltsort erfahren. Als dann die ersten Schiffe der Goten, gut zu erkennen an der Löwenflagge, in den Hafen von Genua einfuhren, fühlte er sich unendlich erleichtert. Ihre guten Botschaften erlösten ihn damals aus banger Sorge und großen inneren Nöten.

Neuankömmlinge

Endlich – zehn endlos lange Tage überfällig – trafen die thulanischen Schiffe im Vik ein, zerzaust und teilweise beschädigt, doch zur Erleichterung aller vollzählig. Der Wächter auf dem Burgturm gab das alle erlösende Signal. Alles was gehen konnte, versammelte sich am Hafen, neugierig auf die „Neuen". Endlich war es soweit, alle ausgesandten zwölf Schiffe, und nicht wie angenommen nur neun, passierten die Einfahrt zur Bucht und zogen in Kiellinie hinein. Oben auf der Treppe des Hafenamtes stand die königliche Familie in ihren Staatsgewändern. Prinzessin Rechis, die in diesen Tagen ein Kind erwartete, und Prinzessin Riguntis, die ihr zur Seite stand, waren in Theodericia zurück geblieben. Das alte Herzogspaar ließ es sich nicht nehmen den Enkel Vinsivad und die Ankommenden zu begrüßen. Die schwangere Theodegundis hatte sich ihnen angeschlossen, um ihren Gemahl Beowulf schon hier in die Arme schliessen zu können. Der Platz zwischen König und Kai blieb frei für die Ankommenden, denn zuerst sollten sie ihren König sehen und von ihm begrüßt werden.

Nebeneinander machten die Schiffe fest, der neue Kai sorgte für ein leichtes Anlegen und konnte nun selbst bei Ebbe angelaufen werden. Jetzt wurde es spannend, alle Augen richteten sich auf das Flaggschiff. Als Erster eilte Vinsivad die Planke hinunter und stürzte sich in die Arme der Eltern und Angehörigen. Ihm folgte gemessener und zögerlich, ein schüchternes junges Mädchen. Zurückhastend fasste sie der Prinz an der Hand und stellte sie den überraschten Eltern vor. Bei der fremden Schönen handelte es sich um Gerhildis, die Enkelin des Herulerfürsten Bulkari. Die junge Dame wurde herzlich willkommen geheißen und gerne in die Familie aufgenommen. Danach wirkte die goldblonde Herulerin mit dem Engelsgesicht sehr erleichtert, ihr ängstlicher Gesichtsausdruck wich großer Freude. Die heimliche Verlobung der beiden jungen Menschen sanktionierte der König. Auch Beowulfs Begrüßung fiel seitens der Gemahlin und der Stiefkinder stürmisch aus, die Familie begrüßte ihn herzlich. Dann gab der Seegraf ein Zeichen und löste damit auf dem Flaggschiff Bewegung aus. Auf den Jubel, der zuvor den beiden königlichen Söhnen galt, folgte nun ein erstauntes Raunen über die drei nächsten Ankömmlinge.

Gestützt von seiner Frau und einem hünenhaften Edlen, humpelte zu aller Überraschung, aber unverkennbar Herzog Aligern die breite Planke hinunter. Als des Königs Schwiegersohn Totila seine Mutter und den Stiefvater erkannte, da hielt ihn nichts mehr bei der königlichen Familie. Er stürmte hin zu seiner Mutter, die er lange und liebevoll umarmte und danach den Stiefvater in seine Arme schloss. „Welch ein Glück, Ihr lebt und seid nun bei uns, ich freue mich unbeschreiblich." Mehr konnte er nicht mehr sagen, denn neben ihn traten seine Schwiegereltern, das Königspaar. Gebannt saugten sich alle Blicke an der kleinen Gruppe fest. Was würde jetzt geschehen, alle kannten doch das Zerwürfnis zwischen ihrem König und seinem Cousin Aligern. König Indulf sprach zuerst: „Willkommen daheim verehrte Herzogin und lieber Cousin. Ihr seid dem Inferno entronnen und stoßt endlich zu den Euren. Ich freue mich riesig darüber, sehe jedoch mit großem Bedauern, dass Du, lieber Cousin Aligern, nicht ganz unbeschadet davongekommen bist." Er küsste Herzogin Gerlindis galant die Hand und – Staunen machte sich breit – umarmte seinen überrumpelten Cousin und hielt ihn herzlich fest. Täuschten sich die Umstehenden oder war es wirklich so, dass dieser sich das gerne gefallen ließ. Erleichterung zeigte sich auf seinem bärtigen Gesicht. Freudentränen trübten ihm das Auge und ein tiefer Seufzer entlud sich. Wie schwierig hatte er sich dieses Wiedersehen ausgemalt und dabei inständig auf einen gnädigen Cousin und König gehofft. Und jetzt dieses überaus herzliche Willkommen, das alles Vergangene einfach wegwischte. Doch wie würde ihm Rechis begegnen, seine Cousine und Königin? Sie umarmte noch die Gemahlin Aligerns und wandte sich dann voller Freude ihm zu. Sie küsste den Cousin auf die bärtigen Wangen und erwiderte seine Umarmung heiteren Sinns. „Endlich sehen wir uns wieder Aligern, Du bist jetzt bei uns, darüber freue ich mich riesig." Genauso herzlich fiel die Begrüßung durch Tante und Onkel aus, das Herzogspaar freute sich sichtlich, den so unerwartet eingetroffenen Neffen und dessen Gemahlin willkommen zu heißen.

Der dritte im Bunde, Graf Ardarich der Gepide, wurde zu seiner Freude herzlich willkommen geheißen, so wie es ihm Prinz Vinsivad auf der Reise vorausgesagt hatte. Seine Befürchtungen lösten sich auf wie ein flüchtiger Nebel. Ihm und den Seinen, die sich hinter ihm scharten, konnte man die Erleichterung ansehen. Zu den Gepiden und Aligerns Getreuen gesellte sich noch die Begleitung von Bulkaris Enkelin, hundert Heruler und sechzig Rugier. Insgesamt entstiegen 1120 Menschen den Schiffen, nahezu die Hälfte von diesen waren Männer im mittleren Alter, die ehemals den Byzantinern als Söldner gedient hatten. Sie, die den Krieg in Italien mitgemacht hatten, waren oftmals nicht ohne Blessuren dem Kriegsfuror entkommen. Natürlich wurden die thulanischen Matrosen und Seekrieger herzlich begrüßt. An deren Spitze Graf Stilicho, der einen großen Anteil daran hatte, dass Schiffe und Ladung, trotz widriger Umstände, heil in die Bucht gelangten. König Indulf hieß alle Neuankömmlinge herzlich willkommen. Er sprach die einzelnen Stämme direkt an und bat sie, sich von nun an als Thulaner zu fühlen. An einer Stelle in seiner Rede betonte er: „Baut mit mir, Eurem König, gemeinsam unser Thule auf, macht aus ihm, Schulter an Schulter mit uns allen, ein Land des Friedens, der Gerechtigkeit und des Wohlstands. Sorgt mit dafür, dass sich bei uns drei Anliegen erfüllen: Toleranz und Achtung für Menschen und Religionen, Ordnung und Disziplin in jeder Hinsicht, Verständnis und Unterstützung für all jene, die zu alt, zu krank oder noch zu jung sind, um uns bei diesem harten, arbeitsreichen Unterfangen zu helfen. Ihr findet kein Paradies vor, denn dieses müssen wir uns erst noch schaffen. Doch wir haben es hier gut getroffen und eine schöne und fruchtbare Heimat vorgefunden. Wir brauchen tüchtige Menschen, die Bauwerke und Mauern erstellen, die Strassen und Brücken bauen, es mangelt uns an Handwerkern jeder Art. Aber auch hinter dem Pflug oder bei der Pferde- und Rinderzucht gibt es viel zu tun. Ihr werdet bei uns Euren Platz finden und auch Euer Auskommen. Soweit Ihr keine Familie habt, in Thule warten tüchtige Frauen auf eine neue Ehe und Kinder auf einen neuen Vater.“

Danach leisteten alle Neuankömmlinge ihrem König im Chor den Treueid, den bei den Kriegern der Anführer und bei den anderen das Familienoberhaupt durch Kniefall und Handkuss beschworen. Zu Aligern bemerkte der König leise: „Fiel es Dir sehr schwer, mir diesen Eid zu leisten, mein Cousin?“ Der schüttelte den Kopf, blickte seinen Cousin offen ins Gesicht und sagte mit klaren Worten: „Indulf, überhaupt nicht, Dich hat unser Volk gekürt und Du verdienst es auch. Kein anderer hätte die Unseren in eine neue Heimat führen können. Du hast Dir den Respekt der Byzantiner erworben und die Franken in die Schranken verwiesen. Dein Ansehen bei Freund und Feind ist seitdem gewaltig, manche sehen in Dir den zweiten Theoderich, welch eine

Auszeichnung. Die Zeit als Söldner und was ich währenddessen über Dich in Erfahrung gebracht habe ist an mir nicht spurlos vorbei gegangen. Es hat mich zwar langsam, aber doch immer mehr von Dir überzeugt. Jetzt kann ich Dich neidlos anerkennen und mich und die Meinen Dir unterstellen. Außerdem, das spürte ich an Bord, hängen Dir unsere Leute in großer Verehrung und Dankbarkeit an." Indulf schloss ihn gerührt in die Arme und sagte: „Aligern, dies von Dir zu hören nimmt die letzten Vorbehalte von meiner Seele und macht großer Zuversicht Platz. Lass uns wieder so gute Freunde sein wie einst als Heranwachsende. Ich habe bereits eine Dir gemäße und ehrenvolle Aufgabe, doch davon später."

Nach dieser wichtigen Zeremonie, mit der die Neuankömmlinge formell in die Gemeinschaft der Thulaner aufgenommen wurden, breitete der König – nun als oberster Priester – seine Arme aus. Er segnete die Menschen und betete laut das Vaterunser in der Fassung von Bischof Ulfilas. Trotz der herrschenden Enge sank das Volk auf die Knie und sprach das Gebet mit. Viel hörten die Neuen schon an Bord von den Thulanern über ihren König, dessen Untertanen sie nun waren. Alle rühmten sie ihn als großen Helden, klugen Herrscher und besonderen Menschen. Das Auftreten ihres Königs, den viele der Neuen bisher lediglich als gotischen Heerführer und Feind gekannt hatten, war beeindruckend, die Herzlichkeit mit der er sie alle aufgenommen hatte, war einfach überwältigend. Zum Schluss seiner Ansprache nahm er ihnen eine weitere Sorge ab. Sie alle würden vorübergehend Aufnahme bei den Einwohnern der Stadt und auf den Höfen der Umgebung finden. Nach einer Zeit der Eingewöhnung würde auf sie, die Neuthulaner, eine ihnen gemäße neue Aufgabe und ihr endgültiger Heimatort warten. Die sprichwörtliche Gastfreundschaft stellten die Goten nun auch als Thulaner in ihrer neuen Heimat unter Beweis. Freude und Erleichterung erfasste die Neuankömmlinge, sie durften nun in Freiheit und Frieden leben, mussten keine Kämpfe mehr bestehen und konnten ihren Beitrag leisten für eine neue Zukunft.

Die Neuangekommenen fanden noch auf dem Hafenplatz ihre Gastfamilien und gingen mit ihnen zu derem Domizil. Zuvor war ihnen ein Termin genannt worden, an dem sie sich wieder auf dem Hafenplatz einfinden sollten, um dann zu erfahren, wie es weitergehen würde. Der

König hatte das Herzogspaar, Graf Ardarich und ihr engstes Gefolge eingeladen seine Gäste zu sein. Noch ging es nicht zur Burg, denn dem Wunsch der Gäste folgend nahmen sie sich Zeit, um ihnen noch mehr von der neuen Heimat zu zeigen. Wie staunten sie als sie durch eine fast fertige Stadt geführt wurden und nicht durch ein Dorf aus Blockhütten und Grassoden. Trotz der vielen Baustellen zeigte sich deren künftiges Bild, und es versprach schön zu werden. Fast alle Strassen waren geplastert, auch der Bereich des Kais und der Marktplatz. In der Breite hoben sich die Strassen angenehm ab von den Gassen der eng verwinkelten Städte Italiens. Die Neuthulaner erfuhren, dass unter dem Pflaster Kanäle für Abwasser und Leitungen für Frischwasser verliefen, so wie bei den Römern. Die Willkommensbucht wies Anklänge an Ravenna und Rom auf, aber in der Anlage der Stadt zeigte sich, dass die Thulaner auch andere Aspekte wichtig fanden. Was ihnen Prinz Vinsivad berichtet hatte, das fanden sie nun bestätigt, die Bewahrung und Erweiterung des römischen Erbes. Die Handschrift des Königs konnten sie überall sehen, sein Wille prägte diese Stadt, und die Genialität des Architekten Alexandros verwandelte ihn in Schönheit und Funktion. Heute, am Sonntag ruhte zwar alle Bautätigkeit, doch die Geschäftigkeit während der Woche ließ sich gut aus den zahlreichen Baustellen ableiten.

Nachdem sie den neuen Kanal überquert hatten zeigte sich jene Fläche, auf der noch vor kurzem Holzhäuser standen. Oben in der weitgehend fertiggestellten Bergstadt wurde nur noch an vier monumentalen Bauten gebaut. Und hier sollte vor zwei Jahren noch Wildnis gewesen sein, was heute kaum vorstellbar war. Dieser feste Ort im Falle eines Angriffs bildete eine Stadt in der Stadt und wurde von dem beeindruckenden Domplatz geprägt. Die Bergstadt lag auf einer nach Westen abfallenden Bergscholle, deren höchste Stelle die repräsentativen Bauwerke krönten. Vier Strassen gingen vom Domplatz aus und erschlossen das Quartier. Neben dem Dom lag auf einem Sporn des Plateaus die Burg in deren Gästehaus sie unterkommen würden. Daneben lag ein Gebäude, in dem bisher alle staatlichen Ämter Thules untergebracht waren. Die Stadt selbst wurde repräsentiert durch das Stadthaus, in dem rechts dahinter liegenden kleinen Forum tätigten die Bewohner ihre Einkäufe. In den anderen Gebäuden der Bergstadt lebten die meisten Bewohner der Hafenstadt. Eines der Wohnhäuser betraten sie, um eine Wohnung im dreistöckigen Gebäude anzusehen. Sie blickten hinein in großzügige Räume und hinaus auf den weiten Innenhof, den kleine Bäume und Blumenbeete schmückten. Zwei Brunnen zeugten davon, dass hier einmal vom Aquädukt herbeigeführtes Wasser sprudeln würde. An den Strassenseiten waren Gärten angelegt, um die Lichtferne römischer Strassen zu vermeiden. Trotz dichter Bebauung wirkte die Bergstadt dadurch viel großzügiger und lichter. Lächelnd gestand der König, Architekt Alexandros habe ihm immer neue Zugeständnisse abgetrotzt, um eine schöne und repräsentative Stadt zu schaffen. Die topographischen und finanziellen Begrenzungen hätten seine Phantasie beflügelt. Dies habe die Kopie einer römischen Pflanzstadt verhindert und ein eigenständiges Stadtbild entstehen lassen.

Am Morgen lüfteten die Männer der vorabendlichen „feuchten“ Runde bei einem Ritt durch die nun belebte Stadt ihre Köpfe aus. Sie trafen auf staunende Neuankömmlinge und emsige Bauleute und Handwerker. Den König und sein Gefolge erfreute diese Geschäftigkeit, denn es ging voran. Ab und an rief der Herrscher den Fleissigen einige anerkennende Worte zu, die sie erfreut aufnahmen. Die „Neuen“ ergriff diese Aufbruchsstimmung und ihr Wunsch sich einzubringen bekam Flügel. In spätestens einem Jahr sollten mehr als die Hälfte der hiesigen Bauleute abgezogen werden, um in Totilaberg weiterzubauen. Vorrangig würde die Achse von Willkommensbucht über Theodericia nach Hildebrandtsvik entwickelt und besiedelt werden. Erst danach würden – von diesen Zentren ausgehend – dem Wachstum der Bevölkerung folgend, weitere Siedlungen angelegt. Aligern bemerkte lächelnd: „Mein König und Cousin, Dich hat ja der Bauwurm mächtig erfasst, Du glühst geradezu vor Begeisterung.“ Indulf gab ihm lachend zurück: „Lieber Aligern, das ist allemal besser als im Krieg die Eisen fressen zu lassen. Ich gebe es gerne zu, mir macht es Spaß; sehe ich eine neue Baustelle, dann geht mir das Herz auf, denn das ist für mich ein Friedenswerk.“ „Das alles kostet doch eine Menge Solidi, oder bekommen die Leute für ihr Arbeiten lediglich Obdach und Verpflegung? Wie könnt Ihr diesen schnellen Aufbau überhaupt finanzieren?“ So fragte Graf Ardarich. Schatzmeister Gesalich gab ihm Auskunft: „Wir bezahlen unsere Leute gut, so können sie nicht nur ihre Familien unterhalten sondern auch in einem der Steinhäuser eine Wohnung erwerben. Wir geben unseren Leuten einen Vorschuss, der zusammen mit geliehenem Geld ausreicht, um ein Haus oder eine Wohnung zu kaufen. Zusätzlich entstehen Mietshäuser in denen wir Mietwohnungen anbieten können. Die Krone, aber auch wir, die vermögenden Edlen, bauen diese Häuser. So verhindern wir schlechte Bauwerke und Wucherpreise, wie einst in Rom. Unser König hat eine Bank gegründet und wir haben uns daran beteiligt. Zu unserer Überraschung wurden auch andere Einlagen in der Königlichen Bank eingebracht, und die ersten Zinszahlungen, vor allem seitens der Händler und Handwerker, aber auch der Bauern sind schon eingegangen. Ardarich, Ihr werdet erleben wie Wohlstand für viele, und vernünftige Bedingungen für die übrigen entstehen."

Nach dem Rundritt tagten die leitenden Herren in der Aula der Burg. Der König kam sofort zur Sache, er hatte nämlich für Herzog Aligern und Graf Ardarich eine besondere Aufgabe. Den Cousin des Königs, Herzog Aligern, ernannte er zu dessen Freude zum Waffenmeister als Nachfolger des verstorbenen Hildebrandt. Dies war weder eine Überraschung noch stieß es auf Vorbehalte. Gespannt waren sie auf die Funktion, die der König dem gepidischen Grafen zuweisen würde. „Graf Ardarich, den wir seit vielen Jahren kennen – leider stand er auf der anderen Seite – erlebten wir stets als einen klugen und bei uns angesehenen Edlen. Näheres zu ihm konnte ich gestern noch erfragen und erfuhr, dass er schon als Kind in seiner erzreichen Heimat Dacia (heute Siebenbürgen) mit seinem Großvater und dessen Prospektoren auf Erzsuche gewesen ist. Ich schließe aus der Begeisterung mit der er davon erzählt hat, dass es wohl seine heimliche Leidenschaft blieb. Wir alle, die wir die Geschicke unseres Volkes lenken, sind besorgt darüber, dass uns ein Engpass an wichtigen Erzen droht. Wenn es uns nicht bald gelingt in Thule geeignete Erze zu finden, dann steht unser Vorhaben Wohlstand zu schaffen auf tönernen Füßen. Graf Ardarich, hier brauchen wir jemanden, der sich der Prospektoren annimmt und sie anführt. Diese Aufgabe habe ich Euch zugedacht." Des Grafen Freude wirkte ansteckend, der bisherige Krieger durfte nun eine friedliche und ihm auf den Leib geschneiderte Aufgabe übernehmen, und er wurde nicht als ein geduldeter Flüchtling behandelt. Zwei weitere Adelige unter den Neuankömmlingen bekamen ebenfalls ein verantwortliches Amt übertragen. Damit wurden die Heruler und Rugier von Anfang an angemessen eingebunden, was ihnen das Gefühl gab, ihren Anteil am Aufbau von Thule leisten zu dürfen.

So als wäre es bestellt worden, platzte mitten in diese Runde einer der „Löwen“ hinein und meldete einen der ausgesandten Prospektoren. Der Bergmann strahlte beim Eintritt über das ganze Gesicht. „Hohe Majestät und edle Herren, ich bin außer mir vor Freude, wir haben unseres Landes Schatzkammer gefunden. Im Tal der Neria wurden wir fündig, und wie...! Fünf Lagerstätten entdeckten wir, alle versprechen reiche Ausbeute und Güte. In einem Seitental der unteren Neria tritt Eisenerz von hervorragender Qualität zu Tage. Unweit davon fanden wir Quecksilber, mit dem sich Gold aus dem Muttergestein lösen lässt. Und dieses erhoffte Gold fanden wir dann im oberen Neriatal, zuerst im Flussbett und dann einige Meilen entfernt in einem steilen Abhang. Es liegt in reiner Form als Körner im Fluss und zeigt sich am Berg als goldhaltiges Gestein.“ Er reichte dem König einen kleinen Lederbeutel, dieser öffnete ihn und ließ den Inhalt in seine Hand rieseln. Goldkörner, eines davon groß wie eine Kirsche, zeigte der Herrscher den Seinen. „Graf Ardarich, mit Euch kommt das Bergmannsglück und ein Berg von Arbeit. Euch, meinen eifrigen und endlich belohnten Erzsuchern, danke ich herzlich und freue mich mit Euch über Euren Erfolg.“ Ringsum freudige Gesichter, eine große Sorge verflüchtigte sich. Als sie dann noch erfuhren, dass im Neriatal, so wie es von den Leitpflanzen her zu vermuten war, neben Blei- auch Kupfererzlager zu erschließen sein müssten, orderte der König zur Feier des Tages Wein.

Diese überschäumende Stimmung „nützte“ der König, er ließ sich die vor wenigen Tagen gezeichnete Landkarte von Thule bringen. Diese Karte – die ihn mit Stolz erfüllte – zeigte den Edlen erstmals das Abbild ihrer Insel und deren Corona von kleineren Inseln. Dank der Expeditionen, der Arbeit der Landvermesser und deren technischen Hilfen, lag nun eine Übersicht Thules vor, die nicht nur die Neuen staunend betrachteten. Diejenigen Bereiche, die sie noch nicht erkundet hatten, blieben weisse Flecken. Das galt sowohl für die Hauptinsel, als auch für die Inseln rund um sie herum. Deutlich zu erkennen waren die für eine spätere Besiedlung geeigneten Räume und die das Land teilenden Gebirge und Seen. Auf der Landkarte, dabei zumeist den die Regionen begrenzenden Bergrücken folgend, legte der König acht Großräume fest, die er als Herzogtümer bezeichnete. Amelungia, das Südland und Rhenia behielt er für sich und die nun um Aligern erweiterte Königliche Familie. Die Spannung stieg an, würde es Überraschungen geben, wer trat neben Herzog Aligern? Mit den Herzogtümern Fjordland, Isteria und Stormland belehnte er seine aus den alten Fürstengeschlechtern stammenden Getreuen. Aus den Gesprächen wusste er welche Gegend diese bevorzugten und für ihre Nachkommen sichern wollten. Denn vorläufig konnten diese Herzogtümer weder erschlossen, noch besiedelt werden. Mit dem Holmenland belehnte der König seinen Bruder Theodemir, was niemand wirklich überraschte. Das Ostland wurde vorläufig nicht als Lehen vergeben.

Gesalich wurde Herzog von Fjordland, Totila jener von Isteria und Wittich bekam das von ihm erkundete Stormland. Diese Ernennungen waren so wenig überraschend wie die Erhebung Theodemirs und der beiden Schwiegersöhne Beowulf und Totila zu Prinzen. Noch eine weitere Neuerung führte der Herrscher ein, die Grafen Ardarich, Markja, Optari, Pissa und Stilicho ernannte er zu Gaugrafen und belehnte sie mit Grafschaften in den Herzogtümern. Graf Stilicho wurde zum Gaugrafen von Vandalia erhoben und fühlte sich reich belohnt. König Indulf berücksichtigte bei den Erhebungen das Herkommen und die bisherigen Verdienste, er berücksichtigte auch die Zugehörigkeit zu Volksstamm und Sippe. Allen anderen Edlen – jenen die mit ihm nach Thule kamen, und jenen die später hinzustießen – stellte er in Aussicht, dass auch sie mit Gaugrafschaften rechnen durften. „Treue zum Königshaus, Leistung für Thule und Ansehen bei den Thulanern sind dabei die vorrangigen Gesichtspunkte.“ Alle waren es zufrieden, die bisherige informelle Rangordnung wurde lediglich durch eine formelle Titulierung bestätigt. Einmal mehr zeigte sich das Geschick des Königs die Weichen richtig zu stellen und späteren Machtkämpfen von vorn herein die Nahrung zu entziehen. Einen Nebeneffekt brachten die Ernennungen noch mit sich. Das häufige Verwechseln der beiden Grafen Totila fiel weg, wie das lästige Umschreiben mit des Königs Schwiegersohn oder der Löwenberger. Herzog Aligern freute die Erhebung seines Stiefsohnes zum Prinzen und ließ ihn verschmerzen, dass er mit seinem Herzogsrang nicht mehr alleine stand. Außerdem übertrug ihm sein Cousin mit der Ernennung zum Waffenmeister den wichtigsten Rang unter den Herzögen, die auch als des Königs „Minister“ agierten. Die Ernennungen sollten am darauffolgenden Sonntag in der Aula der neuen Burg von Theodericia feierlich bestätigt werden.

Am Vorabend hatten die Neuangekommenen die „Alt-Thulaner“ mit vielen Fragen bestürmt. Wie war das Klima in Thule? Und wie war die Insel im Inneren und wieviel Menschen boten die Inseln Platz? Sie wollten sowohl die Anzahl der Thulaner wissen, wie jene ihrer waffenfähigen Männer und Näheres über den Waffenmeister und seinen Tod erfahren. Im Verlauf der Unterhaltungen kamen immer mehr alltägliche Sachverhalte zur Sprache. Durch die Vermischung von Goten, Vandalen und Italiern, wie durch das langjährige Zusammenleben mit den Nachfahren der Römer, schlichen sich in die Gotische Sprache immer mehr lateinische Begriffe ein. Und dies nicht nur in den Bereichen Militär, Verwaltung, Justiz und Technik. Sie drangen auch in die alltägliche Sprache ein, was sich in der Namensgebung der Neugeborenen zeigte. Das Gotische begann zu einem Thulanischen zu werden, was der Integration der nichtgotischen Völker zuträglich war.

Die Fragen nach dem Klima konnte nicht pauschal beantwortet werden, denn in Thule gab es verschiedene Klimazonen. An der Westküste sei das Klima rauer als im Binnenland, aber es schien ein ideales Klima zur Schafhaltung zu sein. Im zentral gelegenen Amelungia herrschte ein nahezu paradiesisches Wetter. Auch das Südland und der östliche Bereich des Fjordlandes lagen in einer begünstigten Klimazone. Gemäßigtes Klima wiesen Rhenia und Isteria auf, während Stormland und Holmenland stärkeren Klimaschwankungen ausgesetzt waren. Dort regnete es im Sommer häufiger, das Meer beeinflusste diese Regionen stark. Das Ostland prägten seine Küstenwüste und ein kalter, fischreicher Meeresstrom. Regen fiele dort selten, weshalb lediglich am Rand der Berge und an den in der Wüste versickernden Flüssen das Siedeln Sinn mache. Die kleineren Inseln zeigten völlig unterschiedliche Natur und Klimata, manche litten unter Trockenheit und andere an zu viel Regen. Thule kurz zu beschreiben, war schlicht unmöglich, zu vielgestaltig zeigte sich das Land. Die Gebirge erhoben sich oft schroff aus dem Meer oder stiegen steil aus den Ebenen auf, die von wasserreichen Flüssen durchströmt wurden. Hoch oben in den Bergen regnete es häufiger, Wolken berieselten hier die schneebedeckten Bergriesen, die das himmlische Nass dann als Bäche und Flüsse zu Tal schickten. Viele Wasserfälle stürzten sich gischtend hinunter ins Tal, strebten den in höheren Lagen oft steil eingeschnittenen Tälern zu, sanken als

Wasserschleier ins Meer oder belebten die Steilwände so manches Sees. Nicht nur deshalb wirkte das Umland der Seen zumeist sehr anziehend. Seen gab es in fast allen Regionen, wenngleich häufiger in der Mitte und im Süden Thules. Dorthin zog es die Menschen, obwohl die nahen Gebirge hier die Möglichkeiten zum Siedeln einschränkten.

Zur Anzahl der Thulaner gab es bisher nur Schätzungen, und diese lagen über Zehntausend. Prinz Beowulf versprach die Schiffslisten auszuwerten. Herzog Wittich wollte darin die Geburten und Sterbefälle einbeziehen. Überaus erfreulich war der Kindersegen in den letzten beiden Jahren, und der Anzahl der Schwangeren nach zu schließen, standen bald noch weitere Geburten an. Auch in der Königlichen Familie stellte sich erneut Nachwuchs ein. Sowohl die Kronprinzessin Amalaris, als auch deren Schwägerinnen Rechis und Theodegundis würden erneut zu Müttern werden. Die Möglichkeit eine zweite Frau zu minnen, steigerte die Zahl der Geburten um einige Hundert. Die „Neuen" überraschte diese ungewöhnliche Lösung. Als sie die große Zahl der Witwen und ledig gebliebenen Frauen erfuhren, hielten sie dies aus Staatssicht heraus betrachtet für eine gute Lösung. Ardarich zeigte sich als fröhlicher Geselle und witzelte: „Dann kann ja ich, der Witwer, auf einmal mit zwei Frauen vor den Traualtar treten und spare so viele Solidi." Zwar stimmten alle in sein Lachen ein; er hätte sich diese Äußerung besser gespart, denn so wurde er zum gefragten „Opfer" der verwitweten Edelfrauen. Die genaue Zahl der Thulaner wollten Beowulf und Wittich den Herren zwei Wochen nach dieser Zusammenkunft präsentieren. Greifen wir vor, die dann vorliegenden Zahlen überraschten alle. Zusammen mit den neu Angekommenen lebten damals 14.839 Thulaner in der neuen Heimat. Den Waffenmeister Aligern interessierte vor allem die Zahl der wehrfähigen Männer, denn er wollte seine Planung auf konkreten Daten aufbauen. Über viertausend Männer zwischen Sechzehn und Sechzig waren wehrfähig. Sein Feuereifer freute den königlichen Cousin, der sich in seiner Entscheidung bestätigt fühlte. Der Abend zog sich hin, so mancher Becher wurde geleert, manch launiges Gespräch geführt, und es wurden auch die alten Weisen von Liebe und Kampf angestimmt. So kam es, dass aus zeitlichen Gründen Hildebrandts Tod nicht mehr zur Sprache kam. Der König bedeutete seinen neuen Gefolgsleuten, dass ohnehin eine längere Würdigung des legendären Helden angemessen sei.

Abb. 9 Willkommensbucht („Indulfsvik“) beim Tod König Indulfs

Ein Blick zurück auf Italien

Fürs erste war die Wissbegier der Neuankömmlinge gestillt. Am nächsten Abend konnten Aligern und Ardarich berichten, was sie selbst erlebt und was sich darüber hinaus noch zugetragen hatte. Herzog Aligern, der mit seinen Mannen Cumae besetzt hielt und während dieser Zeit regelmäßig über die Fortschritte der Franken informiert wurde, geriet durch diese Nachrichten immer mehr in Unruhe. Die treulosen mit vielen Verbrechen beladenen Merowinger durften Italien auf keinen Fall beherrschen. All das, was die Goten in langen Jahren aufgebaut hatten, das würden diese Barbaren brutal zerstören und dem Land ihren üblen Stempel aufdrücken. Trotz aller Erbitterung und allem Groll auf die treulosen Italier, das hatten sie dann doch nicht verdient. Wenn es schon ihnen, den Goten, verwehrt sein würde hier noch länger zu herrschen, dann sollten, trotz aller Vorbehalte, lieber die Byzantiner ihr Regiment wieder aufrichten. Als Narses ihm Ende des Jahres 553 in einer erneuten Verhandlung großzügig entgegenkam, übergab Aligern Cumae an den byzantinischen Feldherrn. Im Übergabevertrag wurde festgelegt, dass der Herzog und diejenigen, die ihm folgen wollten mit dem Ende des Krieges in Italien frei abziehen durften. Der kaiserliche Feldherr Narses, geleitet von der Leibgarde und einer Elitetruppe betrat danach den Boden der unbezwungenen Feste. Ihn erstaunte die geringe Anzahl der Verteidiger, die ihm diesen langanhaltenden und erfolgreichen Widerpart geboten hatten. Er inspizierte den großen Königshort, machte kein Hehl daraus, dass Kaiser Justinian darüber höchst erfreut sein dürfte. Er ließ den Schatz sofort auf drei im Hafen liegende Schiffe bringen und gen Byzanz in See stechen. Geordnet verließen die gotischen Verteidiger ihr „Gefängnis“ und folgten ihrem Herzog in eine ungewisse Zukunft. Sie wurden formell ins byzantinische Heer aufgenommen und mit dessen Regeln vertraut gemacht. Seite an Seite mit dem bisherigen Gegner würden sie nun gegen die verhassten Franken kämpfen.

Ardarich berichtete, dass von da an sowohl er und seine Gepiden, als auch die Rugier und andere germanische Hilfsvölker Herzog Aligern unterstanden. Auch alle Goten, die schon im Sold des Kaisers waren, übernahm der Herzog. Von den Germanen verblieben lediglich die Heruler unter ihren alten Anführern. Der Feldherr sorgte dafür, dass Hunnen und Isaurier, beide Erzfeinde der Goten, von diesen ferngehalten wurden. Aligern und Ardarich lernten sich im Verlauf der folgenden Wochen näher kennen und immer mehr schätzen. Von ihm, dem Gepiden – einem Augenzeugen der Schlacht am Sarnus – erfuhr der gotische Herzog viele Einzelheiten über den Tod seines Bruders und über den genialen Ausfall seines Cousins Indulf. Ardarich sei, so wie alle Anführer, sehr überrascht gewesen über das Ergebnis der Verhandlung zwischen Narses und Indulf. Die milden Bedingungen, die der gotische Herzog für sich und die Seinen erhandelt hatte, seien zuvor schier unvorstellbar gewesen, hätten aber auch ihn erfreut. Ardarich gab unumwunden zu, dass er seitdem in Aligerns Cousin sowohl einen gewaltigen Kämpfer und Strategen sehe, als auch einen klugen Anführer und Verhandler. Mit dieser Bewunderung hätte er nicht allein gestanden, auch die anderen germanischen Unterführer des Feldherrn Narses teilten seine Ansicht.

Wiederholt war Herzog Aligern ins Gespräch mit Narses, seinem Feldherrn gekommen. Der machte kein Hehl daraus, wie sehr ihn der neue König der Goten beeindruckt hatte. An einige Sätze aus einem der ersten längeren Gespräche erinnerte er sich noch gut. „Herzog, hättet Ihr vor Jahren Euren Cousin zum Feldherrn bestimmt, dann wäre Italien weiterhin in der Hand der Goten und ich stünde nicht hier. Sowohl Belisar als auch ich, hätten einem gleichwertigen Strategen gegenüber gestanden, der Euer dann überlegenes Heer von Sieg zu Sieg geführt hätte. Wir konnten Euch Goten nur besiegen, weil Euch im Feldzug wie in der Schlacht zu viele strategische und taktische Fehler unterlaufen sind. Damit will ich weder Eurem königlichen Bruder nahetreten, noch Eurem König Totila. Strategische Intelligenz und taktisches Geschick sind allemal kriegsentscheidender als aller Mut, Tapferkeit und Waffengeschick. Mir ist längst zu Ohren gekommen, dass König Indulf seine Krieger zum Einsatz von Pfeil und Bogen gezwungen hat und damit die Gefechte entscheiden konnte. Es war gut für meinen Kaiser und mich, dass Ihr dessen Genialität nicht erkannt habt oder nicht erkennen wolltet. Noch ein letzter Gedanke dazu, mein neuer Heerführer, die Schlacht von Cannae wurde deswegen zur Katastrophe für das römische Heer, weil die „Kühnen“ alle Bedenken beiseite schoben, das taktisch richtige Zaudern aufgaben, und blind in ihr Verderben rannten. Damit rechnete der geniale Hannibal und legte seinen Schlachtplan entsprechend an. Darüber denkt nach, denn damit kennt Ihr schon eine der wichtigsten Regeln eines guten Feldherrn. Nütze den günstigen Augenblick, überlege dir was der Gegner tun wird, und mache selbst das, was dieser nicht erwartet. Bezogen auf den italischen Kriegsschauplatz bedeutet dies, wir liefern den Franken nur dann einen Kampf, wenn wir Schwachstellen erkennen und ausnützen können. Deren Zahl und Ungestüm brechen sich im italischen Sommer an Krankheiten und Seuchen, ihre strategischen Fehler werden ein Übriges dazu tun. Krankheiten und Seuchen sind unsere Bundesgenossen, und unsere Geduld ist der Schlüssel zum Sieg. Wir werden in diesem Sommer keine großen Angriffe wagen und uns im Winter, dann wenn die Anfälligkeit für Seuchen bei den Franken gering ist, in Rom verschanzen." Dass König Indulf ihm eine wohlgefällig aufgenommene Botschaft aus Gades gesandt und den dortigen Störenfried gleich mitgeliefert hatte, teilte er seinem gotischen Heerführer gleich zu Anfang der Unterredung hocherfreut mit. „König Indulf hätte sogar das Recht gehabt, die Schätze der eroberten Stadt Gades an sich zu nehmen. Stattdessen hat er sie uns als den rechtmäßigen Eigentümern übergeben. Er ist fürwahr ein edler und würdiger König!"

Aligern erzählte von weiteren Gesprächen, in denen er das Denken des klugen Feldherrn kennengelernt, und seinerseits darüber mehr und mehr nachgedacht hatte. Freimütig gab der Herzog zu, dass sich dadurch allmählich seine Einstellung zu Indulf verändert hatte. Innerlich leistete er ihm Abbitte, und immer mehr wurde ihm zur Gewissheit: Sollte er diesen Krieg an der Seite der Byzantiner überleben, dann würde er alles daransetzen, zu den Seinen übers Meer zu gelangen. Er konnte sich inzwischen gut mit dem Gedanken anfreunden, seinem Cousin den Treueid zu leisten und in dessen Dienste zu treten. Als er sich später mit seinem neuen Freund Ardarich austauschte, riet der ihm zu. „Schade, dass ich als Gepide nicht mit Dir ziehen kann, das würde mich reizen. Mich Deinem Cousin zu unterstellen, damit hätte ich keine Schwierigkeiten, König Indulf ist ein besonderer Mann." Spontan hatte Aligern versprochen, den Freund mitzunehmen und bei seinem Cousin und König ein gutes Wort einzulegen, doch dessen bedurfte es ja dann nicht. Als Aligern das so in die Runde einbrachte, lachte der König kurz auf und entgegnete: „Ich erlebte Euch, Graf Ardarich, obwohl Ihr uns ja bekämpft hattet, stets als einen integren und gut zu uns passenden Edlen. Doch selbst dann, wenn Ihr mir fremd gewesen wärt, hätte ich mich der

Bitte meines Cousins nicht verschlossen, auf Aligerns Empfehlung baue ich. Redliche Menschen sind uns in Thule willkommen, für jeden finden wir hier Arbeit und Auskommen."

Die beiden Freunde fuhren fort in ihrem Bericht und legten den weiteren Verlauf des Krieges mit den Franken dar. Wie vorhergesagt, überwinterte Narses mit dem Heer in der alten Hauptstadt des Römerreiches. Zuvor schlug er die Franken bei Ariminium, lockte sie mit einer verstellten Flucht heraus, was deren ungestüm nachsetzenden Horden viele Tote eintrug. Die Franken teilten danach ihr Heer, der größere Teil zog unter Führung Herzog Butilins bis hinunter nach Rhegium (Reggio di Calabria) am Fretum Siculum (Strasse von Messina). Diesem Heer gehörten Alemannen und etwa dreitausend Goten an. Herzog Leuthari, sein Bruder, zog mit dem Rest des Heeres an der Ostküste entlang gen Süden und verheerten das geschundene Land aufs Neue, raubten alles von Wert und schonten weder die Bevölkerung noch die Kirchen. Leuthari kehrte als erster um, er hatte vor seine große Beute in Sicherheit zu bringen und dann von der Heimat aus seinem Bruder Verstärkung zu senden. Doch bei Pisaurum (Pesaro) wurde sein Heer überfallen, es verlor fast die ganze Vorhut, die Übrigen schafften es noch bis nach Ceneta (Caneva) in Venetien. Dort würgten sie Fieber und Seuchen, dem fast alle erlagen, auch Herzog Leuthari. Herzog Butilin zog ebenfalls wieder gen Norden und bezog bei Capua ein festes Lager direkt am Volturnus. Doch auch sein Heer zollte dem unbekannten Land bitteren Tribut, die Ruhr raffte viele seiner Krieger dahin. Noch immer führte er ein starkes Heer von Dreissigtausend an, wähnte sich unangreifbar und dem byzantinischen Heer überlegen. Dies erwies sich als Irrtum, denn Narses nutzte die Situation aus, obgleich er lediglich achtzehntausend Mann aufbieten konnte. Der byzantinische Feldherr reizte die Alemannen mit Nadelstichen zu unbesonnenem Handeln. Ihre nach Lebensmittel suchenden Trupps wurden niedergemacht. Den die Brücke über den Casilinus schützenden alemannischen Holzturm setzten die Byzantiner mit brennenden Heuwagen in Brand, und stürmten die Brücke. Ein im Lager der Alemannen die Runde machendes Gerücht, ermutigte diese zur Schlacht. Überläufer hatten eine „Empörung" der Heruler gemeldet und behauptet, diese würden sich vom Kampf fernhalten, was sich als trügerisch erwies.

Neben diesem spannenden Bericht war den Männern allerdings auch das leibliche Wohl wichtig. Es wurde Wild aus den umliegenden Wäldern aufgetischt und Wein aus Gades serviert. Doch schon bald drängten die „Altthulaner“ die beiden Neuankömmlinge dazu, mit ihrem Bericht fortzufahren. Diese ließen sich nicht lange bitten, Aligern ergriff wieder das Wort. Im massiven Keil griffen die wütenden Alemannen an und durchbrachen sogar die Linie der Byzantiner. Narses, der mit dieser Art des Angriffs gerechnet hatte, ließ die Flügel seines Heeres einschwenken. Damit nahm die Tragödie der Alemannen ihren Anfang. Mit den halbnackten Alemannen hatten Narses Bogenschützen leichtes Spiel, fast jeder Pfeil fand ein Opfer. Die Heruler, die eigentlich die Mitte der byzantinischen Linie einnehmen sollten, erschienen zwar spät auf der Wahlstatt, aber doch noch rechtzeitig. Sie griffen die verwirrten Alemannen von vorne an. In diesem dichten Gedränge, eingefangen in einem würgenden „Netz“, konnten die Alemannen ihre überlegene Anzahl nicht ausspielen und wurden dahingemetzelt. Herzog Butilin und die Seinen verloren allesamt ihr Leben, nur fünf Alemannen konnten entkommen und in der Heimat von der Katastrophe künden. Der Preis, den die Byzantiner für ihren Sieg bezahlten, belief sich auf achtzig Mann, die beim brachialen Ansturm des Keils fielen. Den Goten unter Aligern und den Herulern, die nun von Sindual geführt wurden, galten der besondere Dank des Feldherrn und der Preis des Tages. Aligern hatte dabei an seinem gesunden Bein eine böse Verwundung erlitten, trotzdem hatte er seinen Posten nicht verlassen. Seither musste er sich auf einen Speer oder einen Stock stützen. Unter den feindlichen Toten befanden sich alle dreitausend Goten, auch Graf Wutulf, der diesmal nicht entfliehen konnte. Alle anderen Goten auf fränkischer Seite kamen auf anderen Kriegsfeldern zum Einsatz. Als diese von der völligen Niederlage der Alemannen erfuhren, besetzten sie sofort das schwer einnehmbare Campsä (Conza) in Samnium. Diese siebentausend Goten ergaben sich erst im nächsten Frühjahr den Byzantinern und gerieten anschließend in die Sklaverei. Im Jahr 555 endete der zwanzigjährige Krieg, der als Gotenkrieg in die Geschichte einging und ein verheertes Land hinterließ.

Obwohl es schon spät war, wollten die Zuhörer die spannende Geschichte zu Ende hören und ließen nicht locker und so fuhr Aligern fort mit seinem Bericht: Doch auch nach diesem Sieg entließ Feldherr

Narses die Goten noch nicht aus ihrem Dienst und sie mussten weiter als Söldner kämpfen. Das byzantinische Heer zog langsam gen Norden, nahm Stadt für Stadt in Besitz, und machte danach Platz für die nachrückenden Beamten des Kaisers. Erst in Venetien entließ der Feldherr Narses die nun entbehrlichen Goten, nicht ohne ihren Sold großzügig nach oben aufgerundet zu haben. Dort stießen sie auch auf die letzten der verzweifelten gotischen Frauen, Alten und Kinder. Alle anderen überlebenden Goten waren über die Alpen nach Norden geflohen. Aligern nahm diese Landsleute mit Billigung des Feldherrn in seine Munt und sie durften sich ihm auf seinem Zug nach Genua anschließen. Aber nicht alle der ihm unterstellten Germanen, nicht einmal alle Goten folgten Herzog Aligern. Etliche wollten lieber als gut bezahlte Söldner in den Diensten der Byzantiner bleiben, als das ungewisse Schicksal einer fernen und nicht einschätzbaren „Heimat“ auf sich zu nehmen. Mit nahezu tausend Menschen zog der Herzog nach Genua und hoffte, hier mit allen an Bord gehen zu dürfen. Dort traf er auf den Sohn von Indulf und Rechis, der diesen Stützpunkt der Goten leitete. Prinz Vinsivad hieß ihn und all die vielen, die mit ihm kamen, herzlich willkommen. Aligern kam es so vor, als hätte ihn der Prinz längst erwartet. Von ihm erfuhr er Näheres über die neue Heimat, von der Vinsivad so begeistert erzählte, dass Aligern in seinem Entschluss bestärkt wurde. Hocherfreut vernahm seine Gemahlin, dass ihr Sohn Totila inzwischen zum Schwiegersohn des Königs geworden war. Aligern musste damals kräftig schlucken, doch heute konnte darauf angestoßen werden.

Nun ergriff wieder der Gepide Ardarich das Wort und erzählte, wie es ihm ergangen war. Wenige Tage vor der Ankunft der thulanischen Flotte traf Graf Ardarich mit seinem Gefolge im Hafen von Genua ein. Diese Gepiden, Heruler und Rugier wussten nicht, ob sie willkommen waren, auch die wenigen Frauen und Kinder dieser Gruppe bangten um ihre Aufnahme. Sie baten ihn, Ardarich, und des Bulkari Enkelin Gerhildis für sie zu bitten. Vinsivad konnte und wollte sich der demütig vorgetragenen Bitte nicht verschließen. Die flehenden Augen des Mädchens rührten ihn und ihre jugendfrische Schönheit verzauberte ihn. Ardarich meinte dazu schmunzelnd: „Der schmucke Prinz sah nur noch Bulkaris Augenstern. Da wusste ich, wir waren willkommen. Wir hofften darauf, dass der Prinz von seinem königlichen Vater so viele

Befugnisse eingeräumt bekam, dass er in unserem Sinne entscheiden konnte.“

Auf das Häuflein der Getreuen Herzog Bulkaris war Ardarich in der Nähe von Parma gestoßen. Verzweifelt suchten die Heruler dort nach einer neuen Heimat. In einer abgeschiedenen Burg im Appennin wuchs Gerhildis heran, treulich gehütet von den alten Recken ihres Großvaters und betreut von drei Mägden. Dort oben blieb das Grab ihrer Mutter zurück, auch ihre Großmutter fand in dieser Burg ihre letzte Ruhestätte. Als die Heruler erfuhren, wohin die Gepiden und Rugier strebten, bat ihn die junge Fürstin, mitziehen zu dürfen. Ardarich stimmte zu und halste sich so ein weiteres Problem auf, denn noch wusste er selbst nicht, ob die Goten ihn und die Seinen in deren ferne Heimat mitnehmen würden. Und nun brachte er auch noch die unbequemen Heruler mit, diese unruhigen kampfessüchtigen Burschen. Der riesengroße Stein, der ihm dann in Genua vom Herzen fiel, hätte das Meer zum Wallen bringen müssen. Von nun an blieb „nur“ noch eine große Sorge virulent. Konnten die erwarteten Schiffe, deren Anzahl Prinz Vinsivad nicht kannte, die vielen Menschen und ihre spärliche Habe überhaupt aufnehmen? Riesig war dann die Erleichterung als zwölf Schiffe in den Hafen einliefen; auf diesen würden sie alle Platz finden. Keines der Schiffe blieb in Genua zurück, denn Seegraf Beowulf entschied, dass alle wieder nach Thule zurückfuhren und sie waren gut beladen. Auf der Seereise verliebten sich die beiden Fürstenkinder ineinander und wagten einen aus Sicht Ardarichs unbedachten Schritt. Sie verlobten sich ohne die Zustimmung des Vaters und Königs einzuholen. Weder Ardarichs Bedenken, noch die von Aligern wurden angenommen, der Königssohn und das fürstliche Waisenkind versprachen einander die Ehe. „Majestät, während der ganzen Reise machte ich mir weniger Sorgen um meine Akzeptanz, als darum, wie Ihr mit dieser Verlobung umgehen würdet“, schloß der Gepide seinen Bericht. König Indulf lächelte und entgegnete: „Vielleicht waren wir, meine Rechis und ich mit unseren Kindern oft zu nachsichtig, doch da alle prächtig gedeihen, konnte es nicht so ganz falsch gewesen sein. Natürlich sind mir unsere alten Regeln wichtig, doch mein Sohn durfte diese Entscheidung treffen, und er traf eine gute Wahl. Gerhildis gefällt uns beiden ausnehmend gut, sie ist uns auch aufgrund ihrer Herkunft sehr willkommen.“

Narses ließ Aligern mit den Goten und Ardarich mit den Seinen ziehen, er tat dies mit einem weinenden und einem lachenden Auge. Einerseits sparte er für seinen Kaiser viel Sold ein, doch andererseits wurde das byzantinische Heer dadurch geschwächt. Hätte er allerdings geahnt, dass ihm kurz darauf auch Sindual und dessen Getreue von der Fahne gehen würden, dann wäre ihm die Entscheidung sicher weit schwerer gefallen. So musste er geschwächt gegen die Heruler zu Felde ziehen, die härtesten und erfahrensten Kämpfer, die ihm zuvor gedient hatten. Er hoffte, dass damit der letzte Funke des langen Krieges erloschen war und so schnell keine Invasion mehr ins Haus stand. Noch rechnete er nicht mit einem Einfall der Langobarden, obwohl hin und wieder langobardische Späher gesehen wurden. Damit schlossen Aligern und Ardarich ihren Bericht.

Im Herzen Thules

Am folgenden Morgen brach eine große Reisegruppe ins Innere von Thule auf. Von der königlichen Familie blieben nur Kronprinz Indulf und seine Gemahlin Amalaris zurück. Alle anderen, unter ihnen auch die meisten der Neuankömmlinge, zogen mit nach Theodericia. Nur jene neuangekommenen Goten, die in Willkommensbucht Verwandte vorgefunden hatten, erkoren den Ort ihrer Landung zum neuen Domizil. Die Frauen, Alten, Kranken und Kinder der Weiterreisenden fanden Platz auf den von Ochsen gezogenen Wagen, die Frauen und Kinder der Edlen fuhren in den neuen Kutschen, welche die Thulaner den Römern nachgebaut hatten. Mit einer mechanischen Bremse, die sich sogar festellen ließ, war ihrem alten tüchtigen Ingenieur Claudius sogar eine erste eigenständige Erfindung gelungen. Die neuangekommenen Ex-Krieger zogen zu Fuß mit, ihre Anführer hoch zu Ross. Dasselbe galt auch für die Gepiden, Heruler und Rugier, die in der Hafenstadt keinen „Familienanschluss“ gefunden hatten und ihrem berittenen Anführer Ardarich folgten. Langsam kroch der große Zug die breite, an manchen Stellen sogar geplasterte Straße entlang. In Thule entstanden breiter ausgebaute Reichsstraßen als die der Römer in Italien. Zumeist waren es zwar noch festgestampfte Kiesstraßen, doch deren kritische Stellen sollten im Laufe des nächsten Jahrzehnts mit Pflastersteinen belegt werden.

Dieses gemächliche Reisen ließ Zeit und Raum, sich an der schönen unbekannten neuen Heimat zu erfreuen und für viele Fragen und Gespräche. Was gab es da nicht alles zu sehen, unbekannte Blumen und Sträucher, Tiere, die den von Italien her bekannten zwar ähnelten, aber bei genauem Hinsehen etwas anders aussahen. Zur Linken begleitete sie ein breiter Fluss, die Baltha, jenseits grüßte das Sonnbergmassiv und in der Ferne zeigten sich hohe Gebirge. Je weiter der Zug kam, desto näher rückten die schroffen Berge auf der rechten Seite heran, welche die Entdecker Appennin genannt hatten. Gegen Mittag weitete sich die Baltha zum Entensee, einem von Schilf umrahmten Paradies für Wasservögel. Neben einer Brücke, die nahe an dessen Mündung ein Flüsschen überquerte, lag eine neue Mansio, die zugleich mit der Straße errichtet wurde. In dieser Raststätte erfrischten sich die Reisenden mit einem kühlen Trunk. Überall an den Straßen, die allmählich den Süden und das Kernland von Thule erschlossen, wurde römischem Vorbild folgend nach dreissig Meilen eine solche Herberge angelegt.

Am späten Nachmittag erreichte der Zug das Tagesziel, die im Werden begriffene Stadt Totilaberg. Es zeichnete sich schon damals ab, dass hier zwei miteinander verbundene Orte entstehen sollten. Hier unten an ihrem Lagerplatz entstand eine Stadt am See und weiter oben die Bergstadt mit weitem Blick über den Balthasee. An dieser Stelle sandten die Berge sanfte Hügel bis fast an den See, ließen eine Passage frei, vor der Raum für die Stadt Totilaberg blieb. Die hiesigen Blockhäuser waren von der Willkommensbucht hierher transportiert worden und dienten nun für eine Übergangszeit als Unterkünfte. Deren Baukastenprinzip hatte sich bewährt. Vor dem abendlichen Mahl am Lagerfeuer ritten die Edlen mit dem König hinauf zu einem Platz, um den herum später die Bergstadt erstehen sollte. Mitten in einer Lichtung wuchs eine mächtige Eiche, hinter der eine Quelle entsprang. Alle, die von ihrem säuerlichen Wasser kosteten fühlten sich davon belebt. Sie spürten es mit unverbildeten Sinnen, dass sie auf einem Kraftplatz standen und heilendes Wasser tranken. Der König erzählte den „Neuen“ wie sie vor knapp zwei Jahren auf diesen besonderen Ort gestoßen waren und dort ihr Nachtlager aufschlugen. In jener Nacht träumte er von seinem Cousin König Totila, der ihm riet, an dieser Stelle eine Stadt zu gründen. Zu Ehren des unvergessenen Helden nannten sie die geplante Stadt nach König Totila, der sie zu diesem Platz geführt hatte. Hildebrandt sagte damals: „Ich bin mir sicher, die himmlischen Körper unserer Könige sind mit uns übers Meer gezogen. Sie geben uns ihren Segen und schützen uns vor grober Unbill. Über Dich Indulf, ihren anerkannten Nachfolger, treten sie mit uns in Verbindung.“ Die abergläubigen Goten waren überzeugt, dass der alte Gefährte der Könige dies richtig deutete, ihre Zuversicht wuchs weiter. Auch die „Neuen“ folgten dieser Deutung und übernahmen sie. Der besondere Platz sollte durch einen Kranz von Bauten umrahmt werden, sonst aber unbebaut bleiben. Auf dem kleinen Plateau, das sich darüber erhob, würde irgendwann eine Burg entstehen. Doch galt es, zuerst die Wohnräume, Werkstätten und die Bauernhöfe zu erstellen. Das Baugelände wurde vermessen und der unermüdliche Architekt Alexandros skizzierte den Stadtplan. Hier gab es Arbeit für mehrere Jahre und eine reizvolle Aufgabe für die Bauleute und Handwerker. Etliche der neu Angekommenen bewarben sich spontan um diese Arbeit und wurden von Herzog Wittich, dem „Innenminister“, sofort dem leitenden Baumeister zugewiesen. Provisorische Wirtshäuser versorgten die Bauleute mit Ess- und Trinkbarem. In einem davon, romantisch am See gelegen, ließen sich die Edlen mit ihren nächsten Angehörigen zu einem Dämmerschoppen nieder.

Am nächsten Morgen verließ die Truppe beim ersten Sonnenstrahl ihr Lager und zog weiter, denn es stand ihnen eine noch längere Strecke bevor. Entlang des Weges siedelten bereits Bauern und kultivierten die Ebene nördlich des Sees. Eine schmale hochgeständerte Holzbrücke führte über die Aenia und ließ keinen Gegenverkehr zu. Daneben arbeiteten fleissige Menschen an den Fundamenten einer breiten Steinbrücke. Auch diese würde sich bald hoch über den sich in einem weiten Kiesbett schlängelnden Fluß wölben. Die Baumeister hatten zum Glück vor dem Brückenbau erkannt, dass sich der scheinbar träge Fluss gelegentlich in einen reissenden Strom verwandelte und konnten daher vorsorgen. Der Aushub des Baus und jener der Straße bildete den ersten Abschnitt eines Dammes, der als Schutz gegen die spätherbstlichen Überschwemmungen dienen sollte. Die Straße welche bis dahin in westlicher Richtung verlief, führte nun gen Norden. Dort wo sie abbog, verlief ein noch nicht ausgebauter Weg weiter durch eine breite Ebene am Nordufer des Balthasees. Vermutlich würde an dieser Abzweigung bald ein Dorf entstehen. Ein Gasthof und ein nahegelegener Gutshof bildeten dessen übliche Vorboten.

Bald darauf verlief die Straße nicht mehr im Talgrund, sie schmiegte sich an einen Berghang und stieg fast unmerklich an. Von hier aus eröffnete sich ein herrlicher Blick auf den hohen Appennin und hinunter in das bewaldete Tal der Aenia, deren breites Kiesbett sich als grauer Lindwurm durch den Wald wand. Nach einigen Meilen schien ihnen ein Berg den weiteren Weg zu versperren, doch bei genauem Hinsehen erkannte man das Band der Straße, die sich in Kehren an ihm hochschraubte. Dieses Hindernis überwand der Albiapass, welcher Amelungia mit dem Südland verband. An vielen Stellen der über den Pass geführten Straße wurde eifrig gebaut. Die Steigungen und die Baustellen erwiesen sich als geringes Hindernis. Überall wo sich der Zug zeigte, gab es begeisterte Zurufe, die vor allem dem König galten, der seinerseits die Fortschritte zur Freude der Bauleute lobte. Als sie den

Scheitelpunkt des Passes erreicht hatten, blickten sie hinunter auf das Trogtal, in dem die breite Albia behäbig gen Norden floss. Ganz in der Ferne zeigte jetzt die Landeskrone ihr weisses Haupt; ein majestätischer Anblick. An ihrem Fuß lagen das heutige Reiseziel, die heilige Stadt Theodericia, der Sitz des Königs und das Zentrum Thules. Die steil bergabführende Straße überspannte zumeist noch auf provisorischen Holzbrücken die Einschnitte der herabstürzenden Bäche. Dieser Pass hatte seinen Entdeckern vor zwei Jahren große Schwierigkeiten bereitet, deshalb wurde die Straße unmittelbar danach in Angriff genommen. Links der Straße, jenseits der hier aus einem tief eingeschnittenen Tal herausquellenden Albia, erhoben sich die hohen Seeberge. Sie vereinten sich oben mit den Wolken und kämmten deren Wassersegen aus. Daher führten diese Bergflüsse große Mengen Wasser heran und machten so die Albia bis zur oberen Brücke schiffbar. Diese Steinbrücke erreichten sie am frühen Nachmittag, nachdem sie zuvor noch eine kurze Rast eingelegt hatten. Dort wuchs rund um die Mansio ein Dorf, das seine Bewohner hochtrabend Falkenberg nannten. Jenseits der Albiabrücke ging es nun eben und bequem am Fluss dahin. Hier kamen sie so gut voran, dass sich bereits am späten Nachmittag ihr Ziel die Burg von Theodericia zeigte. Das war also die Residenz, der Mittelpunkt ihrer neuen Heimat. Wie damals die Entdecker, so erlebten es jetzt auch die Neuthulaner: von diesem Felsen ging etwas Magisches aus, er zog alle Blicke auf sich. Weder der behäbig dahinfließende Fluss faszinierte die Menschen, noch die besonderen Bäume, die ihn säumten. Selbst die vielen Vögel, die immer wieder aufflogen waren ihnen keinen Blick mehr wert, als endlich der mächtige Felsriegel frei vor ihnen lag, hinter dem die gewaltige Landeskrone himmelwärts emporstieg. Staunend blickten die Neuen auf diese Szenerie, die das Auge fast überforderte. Nach einer kurzen Pause ging es über eine Brücke, welche die kleine Amelunga querte, und dann hatten sie es fast geschafft. Zwischen dem Mühlsee und dem sich darüber senkrecht auftürmenden Plateau zog sich die schmal gewordene Straße hinauf, führte über eine steilansteigende Rampe zur Felsbastion. Hier oben standen sie nun, die Neuen, ergriffen von dem herrlichen Anblick und erfüllt mit großer Freude über ihre neue Heimat, die sie sich in ihren kühnsten Träumen nicht so großartig vorgestellt hatten.

Von dem Platz aus, an dem sie nun innehielten, neigte sich das Plateau, so dass das silberglitzernde Band, die Amelunga ihren Blick fesselte. Auch nach Westen zu fiel das Gelände sanft ab, endete an einem bewaldeten Hügel, der wie ein Hufeisen ein leicht ansteigendes mit Gebüschen bewachsenes Talbecken umfasste. Ein aus Aushub aufgeworfener Wall trennte die Stadt vom übrigen Plateau, das einige Straßen und Pfade durchquerten sonst aber unberührt blieb. Vereinzelte Bäume, hie und da schütteres Gebüsch bedeckten den mittleren Teil des Plateaus, das noch überwiegend den Wiesen gehörte. Darauf tummelten sich einige Pferde, grasten einige wenige Rinder, denn die großen Herden weideten unten im Seetal und jenseits der Hügel im Larviatal. Dort entstanden das königliche Gestüt und die Villa Rustica sowie weitere Gutshöfe und Weinberge. Rechts zog sich ihre Straße eben weiter, krümmte sich, umging einen Hügel und entzog sich dann ihren Blicken. Jenseits der Amelunga stieg die Landeskrone zuerst gemächlich an, um dann steiler empor zu streben. An deren unteren Hängen zeigten sich einige frisch angelegte Weinberge und unter diesen lagen geduckte Häuser, viele noch aus Baumstämmen errichtet. Dies war die „Vorstadt“ der Fischer, Weinbauern, Küfer und Weber. Die Kernstadt verbarg sich noch auf dem schräg gegenüberliegenden Sporn, der von den beiden Strömen eingezwängt wurde. Als sie sich umdrehten und hin zur Kante der steil abstürzenden Felsbastion bewegten, bot sich ihnen ein beeindruckendes Panorama. Zu ihren Füßen lagen der Mühlsee und der Hechtsee, die ein reißender Bach, die kleine Amelunga, verband. Hinter dieser Talaue erhob sich eine Hügelkette, die in der Ferne von einem hohen Gebirge überragt wurde, den thulanischen Alpen. Die nach Westen spähenden Augen zog ein blausilberner Spiegel an, den die Abendsonne gerade mit einem goldenen Schimmer zu überziehen begann. Der Amelungensee, Thules größtes Binnengewässer verlor sich in der Weite, schien kein Ende zu nehmen. Einige Inseln belebten ihn wie Schiffe ohne Segel. Der See lockte an sein Ufer, doch er stand vorerst nicht auf dem Programm. Nach diesem überwältigenden Eindruck, ging es weiter in Richtung der Stadt.

Durch ein provisorisches Tor gewann die Gruppe einen ersten Blick in die entstehende Stadt. Die bereits gepflasterte Straße zog sich fast gerade hin, bog nach der tafelartigen Erhebung in leichter Krümmung nach links ab. Noch war Theodericia eine einzige Baustelle, überall wurden neue Gebäude errichtet, Gräben ausgehoben, rollten Fuhrwerke und quietschten die Tretradkräne. Der Aushub bedeutete hier eine wahre Kärrnerarbeit; dunkler harter Fels leistete großen Widerstand und musste von kundiger Hand gebrochen werden. Aus diesem Grunde wurden die Gräben nur flach ausgehoben, welche die großen Tonrohre für Abwasser und die kleineren für Frischwasser aufnehmen sollten. Der Ausbruch ließ sich hier nur selten als Baumaterial verwenden, es musste deshalb herangeschafft werden. Am Fuss der Hügelkette hinter den kleinen Seen brachen sie die benötigten Steine für Häuser, Mauern und Treppen. Aus diesem Steinbruch sollte später eine mächtige Arena werden, die sich jetzt schon anhand der im Halboval als Stufen ausgebrochenen Steine erkennen ließ. In einigen Jahren würden dort die Theodericianer die so beliebten Pferderennen verfolgen können. Ein weiter westlich gelegener Steinbruch fraß sich im Halbkreis in den Hügel hinein. Dessen Gestein war härter und daher dem Hügel schwerer zu entreißen. In etlichen Jahren sollte hier eine Therme angelegt werden und ihr Wasser aus dem höhergelegenen Amelungensee beziehen. Dies blieb allerdings vorerst Zukunftsmusik, denn die Häuser, Werkstätten, öffentlichen Gebäude, Brücken und das Aquädukt hatten noch Vorrang.

König Indulf lag ohnehin weit hinter seinem inneren Zeitplan zurück, erlebte dies als persönliche Niederlage und seit einiger Zeit auch als Gefühl der Ohnmacht. Bis dahin war alles zügig vorangegegangen, man hatte die Ziele auch erreicht, doch an diesem heiligen Ort wurde seine Geduld ein ums andere Mal auf die Probe gestellt. Von der großen Kirche standen nicht mehr als ihre Grundmauern, dabei sollte sie schon seit einem Jahr fertig sein. Ausgerechnet hier hatte die Arbeit zwei Todesopfer gefordert, was von vielen als schlechtes Omen gedeutet wurde, sodass eine zeitlang niemand hier arbeiten wollte. Erst als der König in seiner Rolle als Kirchenherr, in einer feierlichen Zeremonie den Ort segnete und ein Kreuz weihte, ging es endlich wieder voran. Weder in Willkommensbucht noch in Hildebrandtsvik stießen sie auch nur entfernt auf solche Schwierigkeiten wie am Platz der Hauptstadt. Königin Rechis musste ihren Gemahl so manches Mal aufrichten und zur Geduld mahnen. Sie hatte es nicht einfach mit ihm, denn mit Ohnmacht oder dem Gefühl einer Niederlage konnte ihr Mann schlecht umgehen. Zu viel wollte er auf einmal, überforderte damit sich und die mit ihm waren und war in solcher Verfassung ungerecht zu den Seinen. Alle

Freundlichkeit verschwand hinter einer grimmen Haltung, niemand konnte ihm etwas recht machen und keiner arbeitete ihm dann schnell und viel genug. Rechis verbündete sich an solchen Tagen mit ihren Schwiegereltern, die neben ihr den größten Einfluss auf ihren starrsinnigen Sohn hatten. Indulf träumte von einer Universität, der ersten hohen Schule von Thule. Die dringend benötigten Mediziner sollten hier ausgebildet werden und mit ihnen auch Juristen und Offiziere. Damit verbunden war sein zweiter Traum, eine für alle zugängliche Bibliothek. Noch immer lagerten die kostbaren Bücher in einem Raum der Burg, unerreichbar für die Interessierten. Dabei wurde dort doch jeder Raum für andere Zwecke benötigt. Die Burg, als größte Baustelle Theodericias, bestand bisher lediglich aus dem Palas mit der Königsaula und den Gemächern der königlichen Familie.

Kehren wir zur Hauptstraße zurück, wo links ein langes vierstöckiges Gebäude seiner Vollendung entgegenging. Dieses würde vorläufig alle Amtsräume von Thule und Theodericia unter seinem Dach vereinen. Dahinter und nur über Treppen zu erreichen, lagen dicht beieinander viele Blockhütten. Dort wurden die Neuthulaner fürs erste untergebracht. Diese Hütten hatten sich die Theodericianer nach der Erfahrung in Willkommensbucht als erste Unterkünfte gebaut, doch inzwischen wohnten die meisten in komfortablen Steinhäusern. Wer nach Hildebrandtsvik weiterreisen sollte, fand vorübergehend eine Bleibe in den Zelten, die auf der unteren Terrasse nahe der Amelunga aufgeschlagen waren. Die Goten, die hier Verwandte hatten, kamen bei diesen unter. Links säumten hohe lange Gebäude die Straße, die sich allmählich aus der Platzform in eine breite Straße verwandelte. Diese Bauten trennten Treppenabgänge voneinander und bargen zumeist Wohnungen in ihren Mauern. Ihnen gegenüber lagen weniger langgestreckte, jedoch nicht minder hohe Gebäude. Die Gassen zwischen ihnen waren so breit angelegt, dass zwei Fuhrwerke gut aneinander vorbeikamen und den Fußgängern zu beiden Seiten genügend Platz blieb. Dahinter zeigten sich weitere Gebäude, einige davon, wie Herzog Totila ausführte, mit weiten Innenhöfen. Den Mittelpunkt dieses kleinen Stadtviertels bildete ein Platz, auf dem die Kirche der Katholiken entstand. Etwa fünftausend Menschen lebten in Theodericia, durch den aktuellen Zuzug übertraf es nun zahlenmäßig Willkommensbucht. Weiterer Wohnraum sollte auf dem Sporn entstehen und diesen in den nächsten Jahren allmählich ausfüllen, was einer Hauptstadt gut anstand. Unmittelbar nach dem kleinen Tafelberg, der einmal den Dombezirk tragen würde, hatten sich die Herzöge Gesalich, Totila und Wittich ihre Palais erbaut. Hinter deren eher strengen Fassaden verbargen sich großzügige Räume und jeweils ein prächtiger Innenhof, der Mittelpunkt des Familienlebens. Die neuangekommenen Edlen, ihre Familien mit engstem Gefolge sollten dort als Gäste ihre vorläufige Bleibe finden. Für Herzog Aligern und seine Gemahlin Gerlindis, die ja nun zur königlichen Familie zählten, war ein Domizil in der Burg vorgesehen.

Doch zuerst ging es hinauf zur Akropolis, wie Herzog Gesalich den Burgberg in einer Melange aus Spott und Stolz nannte. Steil wand sich die Straße nach oben, führte vorbei an etlichen Baustellen, auch die der großen arianischen Rundkirche, welche die unweit von ihr liegende kleine Kirche St. Ulfilas ablösen sollte. Diese war auch als künftige Grablege der Familie des Königs vorgesehen. St. Michael, so der Name der Rotonde, bekam daneben sowohl einen freistehenden Glockenturm, als auch ein Baptisterium zugesellt. Bevor die Gruppe nun die innere Burg betrat warf sie noch ein Blick hinunter auf die Amelunga. Ein Zaun schützte vor dem Absturz in den tief unten tosenden Strom. Am Ende der kleinen leicht gegen Westen zu abfallenden Ebene waren Stromschnellen zu sehen, die sich in fünf Stufen gischtend und hell aufstiebend hinab zur Einmündung der gemächlichen Albia stürzten. Die Amelunga, dieser übermütige und wilde Gebirgsfluss schien noch ein letztes Mal das Dasein als ungezügelter Strom zu genießen, um danach vereint mit der Albia, gesittet und ruhiger zum Amelungensund zu fließen. Zwischen bebuschten Felsinselchen hindurch drängte die Silberflut ungestüm zu Tal. Nur die beiden oberen Inselreihen waren in etwa gleich hoch wie die beiden gegenüberliegenden Ufer der Amelunga. Dort waren Brücken vorgesehen, um eine bequeme Querung zu schaffen. Derzeit diente eine Kette von Pontonbrücken zwischen den größeren Flussinseln dem Erreichen des jenseitigen Ufers. Sie verbanden Theodericia mit der Straße nach Hildebrandtsvik. Von ihrem Aussichtspunkt aus konnten sie weder die Behelfsbrücke wahrnehmen, noch die Baustelle der festen Steinbrücke dicht daneben. In der Mitte dieser breiten Brücke sollte ein Aquädukt geführt werden, das die Stadt künftig mit dem frischen Wasser aus drei kräftig fließenden Quellen der Landeskrone versorgen sollte. Das andere Ufer konnten sie von hier aus nur teilweise einsehen, ein flacher Hügelrücken verbarg den unteren Teil der Weinberge sowie den am Strom entstehenden Vorort der Weinbauer, Fischer und Wollweber. Hinter dem vorgelagerten Hügelrücken zeigten sich zwei schmale Terrassen, die den Strom von der hier rasch ansteigenden Landeskrone schieden.

Oben in der noch nicht fertiggestellten Burg erwartete Prinzessin Riguntis die königliche Familie und ihre Gäste, die ihr durch Boten angekündigt waren. Neben ihr, fest an Mutters Bein geklammert, musterte die zweijährige Tejaris skeptisch die vielen Ankommenden. Doch als der König vom Pferd stieg, erkannte ihn das dunkelgelockte Mädchen und stürzte sich in Nonnos Arme. Er warf die jauchzende Kleine hoch in die Luft, fing sein Engelchen wieder auf und herzte das hübsche Kind. Herzog Aligern, dem die Überraschung galt, wusste bis dahin weder, dass er der Oheim des Kindes war, noch dass er der Geliebten seines Bruders gegenüber stand. Nun zeigte sich hinter Riguntis ein kleiner Blondschopf, ermutigt durch seine Cousine Tejaris. So erblickte er die Großeltern und seinen Papa auf den er freudig zustakste. Totila nahm seinen kleinen Aligern stolz auf den Arm und zeigte ihn seinen Eltern. „Dies ist Euer erster Enkel. Lieber Vater wir haben ihn nach Euch genannt, und den zweiten werdet Ihr bald zu sehen bekommen." Als ihn die Großmutter übernehmen durfte, strahlte sie unter Freudentränen, die auch ihr Gemahl nicht unterdrücken wollte. Diese Begegnung war so überwältigend und beglückend, dass das Herzogspaar vor Freude nur noch stammeln konnte. Dem kleinen Mann schien dies nichts auszumachen, er wühlte im graublonden Bart seines Großvaters, dem auch das kindliche Zupfen daran nichts von seinem Glück nahm. Die anderen Kinder der königlichen Familien begrüßten zwar artig ihre Eltern und Verwandten, doch danach zog es sie weit mehr zueinander. Als sich das Herzogspaar wieder gefasst hatte, stellte ihnen der König seine Tochter Riguntis vor und legte dabei dar, wie deren Töchterchen Tejaris mit ihnen verwandt war. Herzogin Gerlindis nahm die junge Frau ebenso herzlich in die Arme wie danach Herzog Aligern. Die weiche Seite des Löwen von Cumae wurde hier allen vor Augen geführt. Herzog Aligern, der seit zwanzig Jahren nur wenig außer Kampf, Not und Sorge erfahren hatte, erlebte endlich wieder eine friedliche Welt und eine herzliche Großfamilie. Seiner Cousine Rechis maß er hierbei einen nicht geringen Anteil zu, deren Warmherzigkeit und Fröhlichkeit Familie und Hof prägten.

Der erste Besuch galt danach der im Wochenbett liegenden Rechis der Jüngeren. Aligern staunte, seine Schwiegertochter war in Art und Aussehen ihrer Mutter sehr ähnlich. Die drei sich bisher unbekannten Menschen verloren im Nu alle Befangenheit und waren einander spontan zugetan. Totila hatte allerdings nur noch Augen für das schlummernde Neugeborene, das er nun zum ersten Male sah. Erleichtert bekam er dennoch mit, dass sich seine Frau mit seinen Eltern auf Anhieb gut zu verstehen schien. Der Palas der Burg war zwar beengt, doch Aligern und Gerlindis erhielten zwei geräumige Zimmer mit Blick auf die Einmündung der Albia in die Amelunga. In einem Mond würde das Palais des Prinzenpaares unweit der inneren Burg fertig sein und dort Platz in Hülle und Fülle bieten. Sowohl für Totila als auch für seine Gemahlin Rechis galt es als ausgemacht, dass die Eltern dann bei ihnen wohnen würden. Herzog Aligerns Amtssitz, in dem zuvor Hildebrandt amtiert hatte, lag ohnehin in Theodericia, vorläufig in einem kleinen Bau am Aufstieg zur oberen Burg.

Abb. 10 Die Heilige Stadt (Theodericia) beim Ableben von König Indulf.

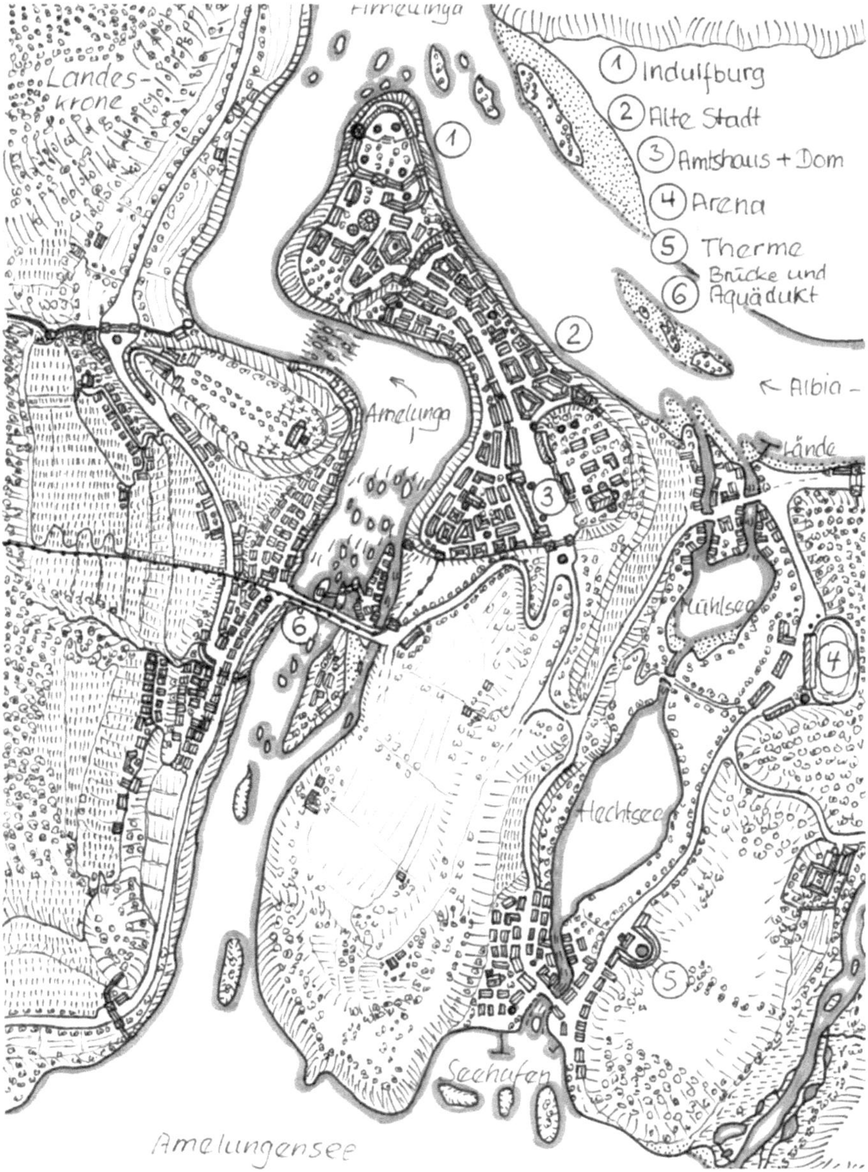

Neuordnung

Den Amelungensee, das Gestüt im Larviatal und Hildebrandtsvik lernten die letzten Neuankömmlinge in den nächsten Tagen kennen. Wie bei den vorherigen Stationen gewannen sie aufs Neue eine Bestätigung, im irdischen Paradies angekommen zu sein. Alle fanden Arbeit, die meisten von ihnen halfen auf einer der vielen Baustellen mit. In Hildebrandtsvik waren bisher nur wenige Steinhäuser entstanden, die Bewohner wohnten noch in Hütten oder Zelten. Doch wer rundum neue Häuser entstehen sieht, erträgt in der Vorfreude auf das künftige Heim Unbill und Unbequemlichkeit leichter. Graf Ardarich wollte seine neue Herausforderung rasch angehen. Begleitet von Herzog Gesalich fuhr er mit seinen Getreuen über den Amelungensee, um im Neriatal nach seinen Schützlingen, den Bergleuten zu sehen und sich selbst ein Bild der Erzlagerstätten zu verschaffen. Aligern, nun Mitglied des Kronrats, machte sich mit der Organisation des Heeres vertraut und mit den Fähigkeiten der Krieger. Was er hier erfuhr, das versetzte ihn in Staunen. Die von Indulf und Hildebrandt vorgenommene Änderung in Taktik und der Art der Ausrüstung, erinnerte ihn sehr an die Gespräche mit dem byzantinischen Feldherrn Narses. Nun konnte er erkennen, dass sich sein Cousin und König in ähnlichen Denkkategorien bewegte wie Narses, der geniale Stratege des Byzantinischen Kaisers. Indulfs Vorstellungen zum Aufbau Thules wie zu dessen Staatswesen überzeugten ihn; obgleich vieles daran völlig anders war, als er es aus den Zeiten der Nachfolger König Theoderichs kannte. Der Staatsentwurf lehnte sich an Elemente der Regierung des großen Gotenkönigs an, etliches aus der Staatsverfassung der Römer kam hinzu, doch vieles war neu. Damit hatte sich der Krieger Aligern jedoch bisher nur am Rande beschäftigt.

Der Kronrat bestand mit Aligern aus fünf Prinzen und vier Herzögen. Erst in späterer Zeit sollte sich dieser Kreis um andere Schichten der Thulaner erweitern. Je nach Thema wurden andere Edle und seltener Fachleute hinzugezogen. König Indulf hörte auf seine Getreuen, rang um die beste Lösung, bedachte vor allem die Langfristwirkung der jeweiligen Entscheidung. In der ersten Runde, an welcher Aligern teilnahm, stand ein brisantes Thema an. Die ausgeprägte Lust der Thulaner am Würfeln, wie am Setzen auf mögliche Sieger bei den Wettkämpfen hatte sich in Thule zum Problem entwickelt. Derartiges wurde nun verboten und „Forderungen“ aus Spiel- oder Wettgewinnen als unredlich gebrandmarkt. Dadurch wurden auch die Frauen und Kinder der Süchtigen geschützt. Zum Glück gab es in Thule keine Unfreien mehr, so konnte sich kein Spielverlierer beim letzten Wurf als Einsatz setzen und bei Spielverlust zum Unfreien werden. Doch unentgeltliche Dienste in Folge einer verlorenen Wette hatte es schon gegeben, diese wurden nun drakonisch geahndet. Wetteinsätze bei Pferderennen oder Waffenwettbewerben führten für diejenigen, die dabei ertappt wurden, zu hartem Arbeitseinsatz im Steinbruch oder anderen schweren Arbeiten; und dies ohne Entgelt. König Indulf wollte die Auswüchse im Keim ersticken, um nicht später statt eines Rinnsals einen Strom eindämmen zu müssen.

Wieder einmal nahmen sie sich der Themen Ungleichheit und verdeckte Unfreiheit an. Dieses lag allen am Herzen, dennoch wuchs die Erkenntnis, dass sie einer Utopie anhingen. Nach wie vor mussten sich Frauen und Männer als Mägde und Knechte bei den Begüterten verdingen, aber sie blieben, wenngleich abhängig, freie Menschen. Denn sie konnten sich jederzeit eine andere Herrschaft suchen. Zu festgelegten Löhnen konnte sich der Kronrat nicht durchringen, als zu unterschiedlich erwiesen sich die Tätigkeiten. Mehr Transparenz sollte künftig dazu beitragen, die Entlohnung zu vereinheitlichen und Ausbeutung zu vermeiden. Nur bei Arbeiten, die im Auftrag der Krone erfolgten, so wie beim Straßenbau oder dem Bau von Amtsgebäuden, Kirchen- und Schiffsbauten, gab es eine festgelegte Besoldung.

Einiges gilt es noch nachzutragen. Herzog Aligern durfte auf dem königlichen Gestüt den Rappen seines Bruders Teja übernehmen, das damalige Königspferd. Er war darüber so überrascht wie erfreut. Diese großzügige Geste seines Cousins entsprach keineswegs den tradierten Gepflogenheiten, denn das Königspferd stand dem nachfolgenden König zu. Die Cousins kamen sich wieder näher, sie bedauerten beide, dass ihre Feindschaft sie um vieles gebracht hatte. Ihr Verhältnis fand mehr und mehr zum vertrauten Umgang zurück, den sie einst gepflegt hatten. Auch Königin Rechis und die königliche Familie hatten großen Anteil am Wiedererstehen der damaligen Freundschaft. Diese sollte leider in der Geschichte von Thule eher eine Ausnahme bleiben.

Neben der eigentlichen Funktion übernahm jeder Kronrat Sonderaufgaben. Prinz Theodemir, einst „Außenminister“ seines Bruders und Königs, widmete sich neben dem Rechtswesen auch dem Aufbau von Glasbläsereien. Sein Neffe Indulf, der Kronprinz, übergab die Zuständigkeit für Flotte, Werften und die Nautikschule an seinen Schwager Prinz Beowulf. Er selbst koordinierte den Aufbau von Totilaberg und die Entwicklung von Willkommensbucht. Prinz Vinsivad wurde beauftragt, den Bau der Straße vom Amelungensee zu den Erzlagerstätten im Neriatal zu leiten. An der Einmündung der Neria in den Amelungensee sollte er einen Hafen und den Ort Kronstadt anlegen. Prinz Totila sah seine Hauptaufgabe im Voranbringen der Stadt Hildebrandtsvik. Der Schatzmeister Herzog Gesalich betreute den Kirchenbau in den vier Städten. Herzog Totila kümmerte sich um die Entwicklung der Landwirtschaft und Fischerei, er betreute auch den Ausbau der Straße von Theodericia nach Hildebrandtsvik. Herzog Wittich, der „Innenminister“, nahm sich der Straße von Theodericia nach der Willkommensbucht an. Der Waffenmeister Herzog Aligern beaufsichtigte künftig den Burgenbau. Er veranlasste den Bau von Grenzburgen auf dem Albiapass und vor Hildebrandtsvik. Später sollte eine Grenzburg zwischen Amelungia und Rhenia folgen. Damit wollte er das Herz von Thule vor einem Überfall schützen. Jedem der Edlen wurde eine Aufgabe übertragen, mit Ausnahme von Graf Optari. Dieser versponnene Adelige, den nur sein engstes Gefolge respektierte, konnte sich nicht durchsetzen und besaß kein Organisationstalent. Er hatte aber großes Interesse an Kunst und Kultur. Bildhauer, Mosaikkünstler, Freskenmaler und Musiker fanden in ihm ihren Fürsprecher. Graf Pissa, Winzer und Bootsbauer, leitete den Schiffsverkehr auf dem Amelungensee, der Amelunga und der Albia. Er musste lange um die Anerkennung seines Königs ringen, da er einst bei der Königswahl für Wutulf gestimmt hatte. Durch unermüdlichen Einsatz und kluges Handeln erwarb er sich doch noch die Gunst des Königs, was letztlich dazu führte, dass der Herrscher ihn zum Gaugrafen ernannte. Diese Liste ließe sich beliebig fortsetzen, doch damit soll es sein Bewenden haben.

Über den Tod des Waffenmeisters gilt es noch nachzutragen. Bei der Landung in Thule schien Hildebrandt nach wie vor über schier unerschöpfliche Kräfte zu verfügen, trotz seines hohen Alters, das niemand genau kannte. Überglücklich war er, dass sein so klein gewordenes Volk zu guter letzt doch noch eine sichere Heimat gefunden hatte. Als er erkannte, dass Thule zum Paradies werden konnte, war er in der Lage loszulassen. Dazu kam die Gewissheit, dass sein König das Erbe Theoderichs würdig ausfüllte. Er machte noch eine Expedition mit, welche die südlichen Inseln erkundete und zog letztmals an der Seite seines Herrschers nach Sundsvik, dem Hafen von Theodericia. Dort fühlte er sein Ende kommen und bat, ihn hoch zu dem Ort der geplanten Burg zu begleiten. Er wollte noch einmal von dort zur Landeskrone schauen, den Amelungensund sehen und hinein ins Tal der Amelunga blicken. Mühsam, unter Aufbietung der letzten Kräfte und gestützt auf seinen König, schaffte er den Weg hinauf zum Berg. Dort musste er sich setzen, Schwäche übermannte ihn, aber ein Lächeln umspielte seine vom Leben gegerbten Züge. „Indulf, nun holt mich der Tod, der mich so lange floh. Mir blieb der Tod auf der Wahlstatt versagt, aber den Strohtod muss ich nicht erleiden. Auf diesem herrlichen Fleck Erde, im Angesicht der Landeskrone, darf ich nun sterben. An der Seite meines Königs, der mich wie auch die Letzten unseres Volkes vor Knechtschaft bewahrt hat, ruft mich der Allmächtige. Gott sei auf immer mit Dir mein König und unserem Volke." Immer stockender sprach der alte Krieger, kaum zu vernehmen für die Umstehenden. König Indulf, der ihn stützte, und zu dem er sprach, vernahm die Worte wohl, die sein Getreuer flüsterte und gab dem Sterbenden seinen Königssegen. Ein letzter tiefer Seufzer drang aus seiner Kehle, dann hauchte er sein Leben aus. Kampf und Unglück begleiteten weite Phasen seines langen Lebens, doch friedlich durfte er sterben, draußen in der freien Natur und an einem Ort den er liebte, in den Armen des Mannes, bei dem er sein Volk so gut aufgehoben wusste. Indulf, der ihm die Lider schloss, nannte Sundsvik spontan um in Hildebrandtsvik. Er entschied, dass dem Treuesten der Treuen in der neuen Stadt eine Kirche als Grablege erbaut wird. Vorerst wurde er hier oben in die Erde gebettet, wo später einmal die Hildebrandtsburg erbaut würde. Bald darauf wurde die Kapelle Hildebrandts erbaut, die Hildebrandtsburg allerdings erst unter dem dritten Nachfolger von König Indulf I. vollendet. Trutzig wie der Namensgeber blickte sie wachsam hinaus auf den Amelungensund, hütete die Hafenstadt zu ihren Füßen und schützte das Herz Thules, die heilige Stadt Theodericia. So wie der Gründer Thules, König Indulf I., blieb dessen getreuer Waffenmeister unvergessen, er wurde für die Thulaner zum Symbol unbeirrbarer Treue.

Abb. 11 Hildebrandtsvik beim Tode König Indulfs I.

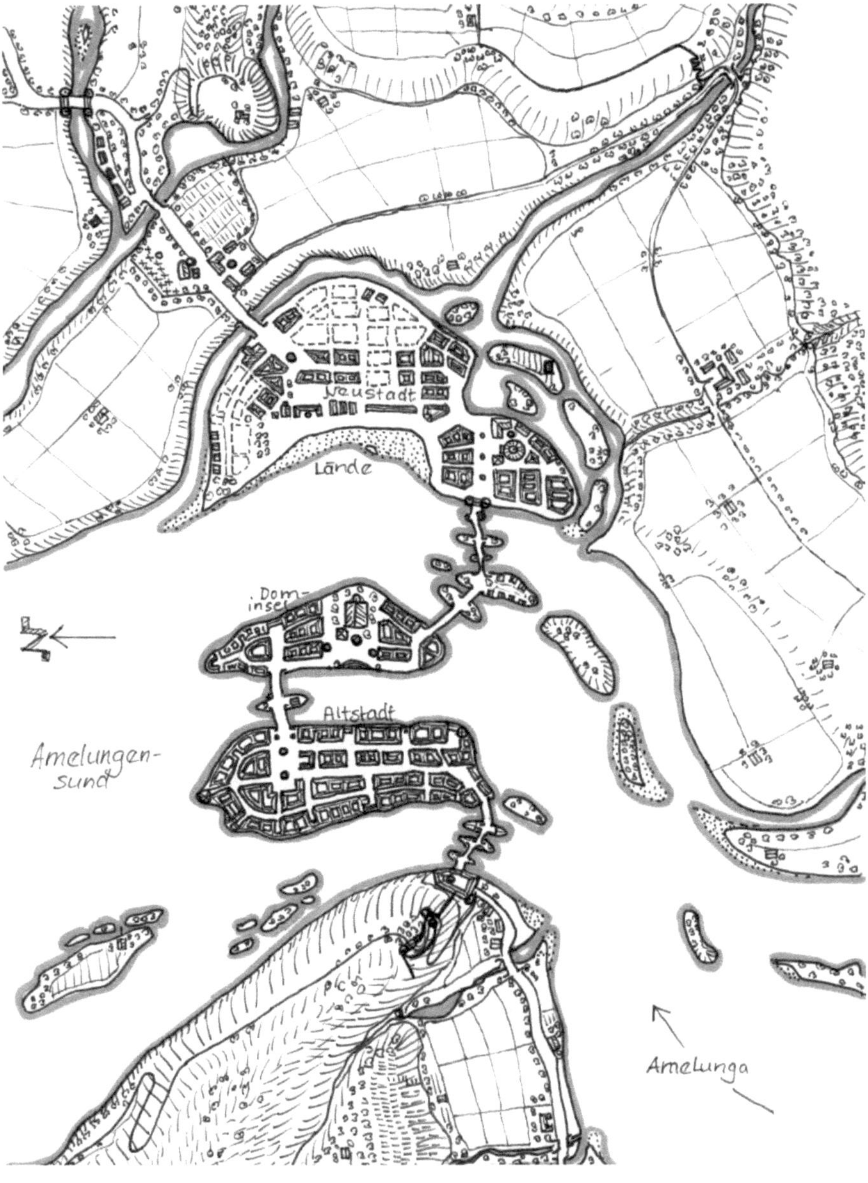

Epilog

Als König Indulf im Jahre 575 nach kurzer Krankheit starb, trauerte sein ganzes Volk mit der königlichen Familie. Zur Beisetzung strömten die meisten Thulaner nach der Heiligen Stadt und folgten dem endlosen Trauerzug. Als erster König fand er seine letzte Ruhestätte in der Rundkirche St. Michael unterhalb der Burg. Sein Tod bedeutete für die Thulaner den Verlust ihres verehrten Vaters und Beschützers. Ihr König wurde sofort schmerzlich vermisst, denn er der Held, Stratege und Staatsmann war der Garant sicherer Zeiten. König Indulf verdankten sie ihre neue Heimat, die er gesucht und mit Hilfe der Vandalen gefunden hatte. Nur ihm, dem Gründer ihres Staates Thule, verdankten sie ihre schöne und fruchtbare Heimat und eine bisher unbedrängte Freiheit. Vom Tag der Landung an drückte er Thule seinen Stempel auf. Unermüdlich hielt er alle zur Arbeit an, kümmerte sich neben dem Lebensnotwendigen auch um die richtigen Weichen für die Zukunft. Dank ihm funktionierte dieser kleine Staat von Anfang an, entstand ein Kreislauf der Güter und des Geldes, gab es Gesetze, Rechte und Pflichten für die Thulaner. Alle Dienste wurden entlohnt, sie schufen die Basis eines regelmäßigen Einkommens und ließen ein bescheidenes Vermögen entstehen. Mit dieser verlässlichen Struktur entstanden beste Voraussetzungen für die Zukunft. Ihre Enkel würden es einmal besser haben als sie selbst, durften in einer friedlichen Welt heranwachsen und die ersten Annehmlichkeiten genießen. Aber wie sah es für die Generation der Gründer aus?

Nach wie vor lag unendlich viel Arbeit vor ihnen, aber es wurden alle satt. Stolz durften sie auf große Erfolge verweisen: Jeder hatte ein festes Dach über dem Kopf und fand sein Auskommen. Ihr Volk war erfreulich gewachsen, der Kindersegen hielt an und versprach gute Perspektiven. Mit Theodericia, Indulfsvik (einst Willkommensbucht), Hildebrandtsvik und Totilaberg waren vier Städte entstanden. Um diese herum und zwischen ihnen entstanden weitere Ansiedlungen. Die Heilige Stadt, der Mittelpunkt ihres Reiches, war längst zu dem Anziehungspunkt schlechthin geworden. Hier residierte der Herrscher, amtierten die Herzöge und befanden sich die obersten Behörden. Es gab hier sogar schon eine Universität, ein Theater, die Staatsbibliothek, und der größte Dom Thules wuchs in die Höhe. Doch nicht nur wegen dieser politischen

Instanzen und kulturellen Errungenschaften zog es die Thulaner dorthin, auch andere Wünsche wurden hier erfüllt. Dazu zählten die neue Therme und die mächtige Arena, in der die Pferderennen stattfanden. Nicht zu vergessen die besonderen Geschäfte in denen es auch Ausgefallenes zu kaufen gab. Zur Einkehr standen viele Gasthäuser bereit, die den besten Wein der Inseln ausschenkten.

Ihre schöne Hauptstadt konnten sie über gut ausgebaute Straßen erreichen, neuerdings zweigten von der Reichsstraße I, die bisher nur Indulfsvik, Theodericia und Hildebrandtsvik verbunden hatte, noch andere Straßen ab. Eine endete in der kleinen Siedlung Veendamm an der Ister und eine andere führte am Nordufer des Amelungensees entlang zu dem Dorf Seebrücke. An einer Strasse von dort hin zur Schatzkammer Thules im Tal der Neria wurde gebaut, die Fertigstellung des ersten Abschnitts bis Kronstadt stand bald bevor. Die Straßen wurden lebhaft genützt und trugen bei zu regem Handel und Wandel. Längst hatten die Menschen ihr Thule entschleiert und kannten all jene Räume, die von künftigen Generationen erschlossen und urbar gemacht werden konnten. Obwohl die Bevölkerung immer mehr anwuchs, verharrten die Thulaner vorerst lieber in den ersten Siedlungsbereichen. Trotz der Erkenntnis, dass es im Norden und Westen gutes Land zum Siedeln gab, blieben sie lieber beieinander. Lediglich der Bergbau aufgrund der Bodenschätze lockte die Menschen noch in andere Gegenden. Das Gefälle zwischen den blühenden Regionen im Zentrum und im Süden Thules und jenen der übrigen Gegenden würde, so wie es sich abzeichnete, wohl über viele Jahre – wenn nicht gar Jahrhunderte – bestehen bleiben. Der Motor des Wachstums drehte sich in den Regionen Amelungia und Indulfia, auch Rhenia würde noch von ihm profitieren. In den Regionen Fjordland und Isteria sollte sich vor allem die Landwirtschaft entwickeln. In den klimatisch weniger begünstigten Regionen Stormland und Holmenland gab es noch viel zu tun. Doch das reiche Amelungia war und blieb das Paradies Thules.

Abb. 12 Die Hauptinsel von Thule

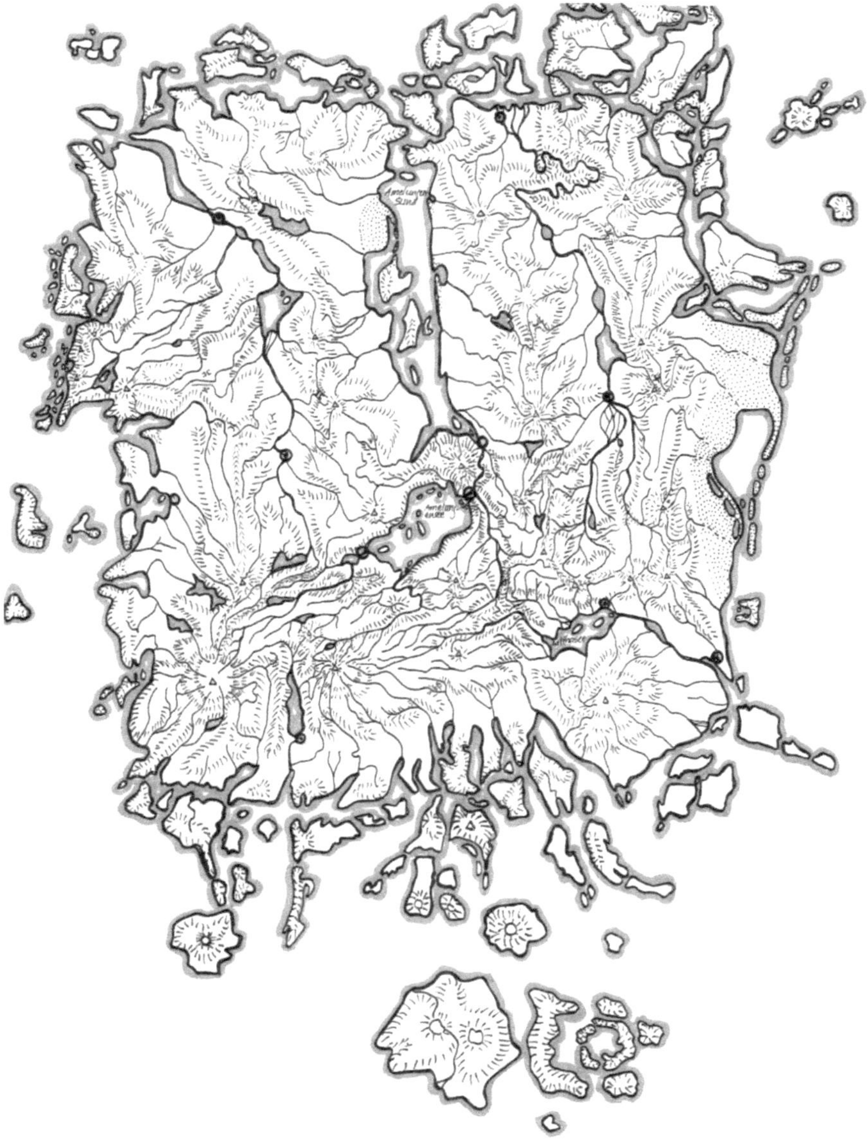

Anhang

Arianer: Anhänger einer christlichen Glaubensrichtung, die durch Bischof Arius (ca. 260 – 336 n. Chr.) begründet wurde. Für ihn ist Christus zwar Gottes vornehmstes Geschöpf, ist jedoch mit ihm nicht wesensgleich. Die Ostgermanen übernahmen diese sie überzeugende Religion wegen der Ähnlichkeit mit ihrem Adoptionsritus der Schwertleihe. Die Arianer wurden von der „offiziellen" Kirche als Ketzer gebrandmarkt und bekämpft.

Auraria: Entspricht in etwa unserer Gewerbesteuer.

Astrolabium: Nachts eingesetztes Peilgerät, das sich anhand der Fixsterne zum Ermitteln der geograpischen Breite des eigenen Standorts und der jeweiligen Nachtstunde eignete. Das Astrolabium war ein im Altertum (speziell bei den Griechen) zum Navigieren häufig eingesetztes Hilfsgerät. Es geriet später weitgehend in Vergessenheit, gelangte dann über die Araber an die Portugiesen und galt dort als ein bestens gehütetes Geheimnis.

Donatisten: Anhänger einer christlichen Glaubensrichtung in Nordafrika, die Bischof Donatus um 313 n. Chr. in Karthago begründet hatte. Deren Kernbotschaft lautet: Nur ein würdiger (quasi heiligmäßig lebender) Priester darf die Sakramente spenden. Die Donatisten wurden vom Papsttum erbittert bekämpft.

Dromone: Großes Schiff der Antike, es war mit bis zu drei Segelmasten und auch mit vielen Ruderbänken ausgestattet. Es wies eine Länge von ca. 40 – 50 m auf und hatte eine Besatzung von 100 – 300 Mann.

Epaminondas: Feldherr der Thebaner, er führte mit der schiefen Schlachtordnung eine neue Variante in die Gefechtstaktik ein.

Exarch: Hoher byzantinischer Beamter; Statthalter einer Provinz oder eines Landesteils, mit besonderen Machtbefugnissen ausgestattet.

Foederaten: Relativ unabhängig unter der Herrschaft der römischen Kaiser lebende Völker/Stämme. Sie waren allerdings zum Heeresdienst oder wenigstens zum Grenzschutz verpflichtet.

Gepiden: Großes ostgermanisches Volk, das sich noch vor der Wanderzeit von den Goten abgespaltet hatte. Sie zogen von der unteren Weichsel in den Raum des heutigen Ostungarn/Westrumänien und wurden dort 567 n. Chr. von den verbündeten Awaren und Langobarden vernichtet. Die Reste der Gepiden flohen ins Byzantinische Reich oder gingen im Volk der neuen Eroberer, den Awaren auf.

Gnomon: Der Gnomon ist eine Art Sonnenuhr zur Bestimmung der ungefähren Tageszeit. Ein Stab wirft auf ein Tablett auf dem sich Hilfslinien befinden einen Schatten, der je nach Länge und Richtung die ungefähre Zeit (bei Tageslicht und ruhigem Seegang) angibt.

Greutungen: Alte Bezeichnung der Ostgoten. Abgeleitet von deren Wohnsitzen in der Steppe Südrusslands.

Hunnen: Großes ostasiatisches Reitervolk, das die ***Völkerwanderung*** maßgeblich mit ausgelöst hatte. Sie führten mit ihren Bogen und Pfeilen, die sie vom Sattel aus verschießen konnten, eine neue Kampfform ein. Die Hunnen vertrieben und unterwarfen die Goten, bildeten unter Attila in Ungarn ein Großreich. Nach deren Niederlage auf den Katalaunischen Feldern (451) und dem Tod Attilas zerfiel das Reich. Noch Jahrzehnte danach streiften Scharen als Söldner oder räuberische Trupps durch Italien und Südosteuropa. Die Mehrzahl der Hunnen zog sich 454 von Ungarn aus zurück in die Weiten der osteuropäischen Steppen.

Heruler: Kleines ostgermanisches Volk, das von der Ostsee über das schwarze Meer in das Gebiet zwischen March und Theiss zog und dort ein Reich gründete; es wurde von den Langobarden zerstört. Viele ihrer Krieger standen als Söldner in den Diensten der Römer/Byzantiner. Sie waren gesucht wegen ihrer verwegenen, oft jedoch unbesonnenen Tapferkeit. Sie standen zudem im Ruf der Streitsucht und des unsteten Verhaltens.

Isaurier: Antiker Volksstamm in dem Bergland des kleinasiatischen Kariens (heute Teil der südwestlichen Türkei). Sie stellten die Elitetruppen für das Byzantinische Reich und erlangten dort großen Einfluß.

Karthago: Bedeutendste Handelsstadt des Altertums; deren Ruinen liegen bei Tunis. Sie wurde im 9. Jh.v.Chr. gegründet, 146 v.Chr. von den konkurrierenden Römern zerstört und dem römischen Reich eingegliedert. Sie war erst die Hauptstadt der Seemacht der Karthager und danach diejenige der römischen Provinz Africa. Von 439 – 533 n. Chr. erlangte sie als die Hauptstadt des Reiches der Vandalen wieder eine gewisse Bedeutung.

Kline: Antike Liege; bei den Kelten auch als Totenliege für ihre Fürsten benützt (Ausgrabung in Hochdorf bei Stuttgart).

Langobarden: Großes ostgermanisches Volk. Sie wanderten von Südschweden zuerst in die verlassenen Siedlungsgebiete der Rugier im Raum Niederösterreich, und dann weiter nach dem oberen Pannonien. Nach ihrem Sieg über die Gepiden 566/567 fielen sie ein Jahr später in Italien ein. Dort gründeten sie ein Reich in Oberitalien (Lombardei) mit der Hauptstadt Pavia (Ticinum). Bald darauf verdrängten sie dann die Byzantiner weitgehend aus Italien (bis 750). Karl der Große, der vom Papst gerufen wurde, eroberte 774 Pavia, unterwarf die Langobarden und machte sich selbst zum König der Langobarden.

Latifundien: Sehr großer Grundbesitz römischer Patrizier. Diese Güter wurden zumeist von Verwaltern oder Pächtern bewirtschaftet. In der Phase der germanischen Landnahme wurden sie zu einem großen Teil von den Eroberern eingezogen und an deren Adelige/Freie verteilt.

Monopolium: An die Herrschaft zu leistende Gebühr für die Erlaubnis bestimmte Waren als einziger Händler in einem Ort/einer Region feilbieten zu dürfen.

Munt: Im germanisch geprägten Siedlungsraum das Schutz- und Vertretungsverhältnis für Ehefrau, Kinder und Gesinde. Es erstreckte sich auch (Vormundschaft) auf die Waisen und die unverheirateten Frauen.

Nauarchus: Römisch/Byzantinischer Seeoffizier, der im Einsatz entweder das Flaggschiff einer Flotte oder einen kleineren Flottenverband führte.

Ostrogoten: (Ostro = Ost) Alte Bezeichnung für die Ostgoten, sie entstand als Folge der auf der Wanderung notwendigen Teilung der volkreichen Goten. Eine Gruppe zog westwärts des Dnjestr flussabwärts (später als Westgoten bezeichnet) und eine andere ostwärts am Strom gen Süden. Letztere siedelten sich im östlichen Bereich der neuen Heimat nördlich des Schwarzen Meeres an mit dem Zentrum auf der Krim.

Punier: Römischer Name der Karthager. Abgeleitet aus Poeni/Phöniker.

Rostra: Eigentlich Schiffsschnabel, in der Antike ein erhöhtes Rednerpodest.

Rugier: Kleines ostgermanisches Volk, das in der Zeit der Völkerwanderung von der Odermündung in das Gebiet rund um Krems/Tulln zog. Deren Königssitz lag nahe des heutigen Ortes Mauer (bei Pechlarn an der Donau). Eine sich abspaltende Gruppe zog mit den Ostgoten nach Italien.

Siliquatium: Verkaufssteuer ähnlich unserer Umsatzsteuer.

Solidus: Byzantinische Goldmünze von 4,55 g Gewicht. Weitverbreitet als Handelsmünze. Sie war im Byzantinischen Reich bis 1453 im Umlauf und wurde im Westen jedoch schon um 800 durch Karl den Großen als Münze außer Kraft gesetzt.

Sueben: Vereinigung westgermanischer Stämme. Sie waren ursprünglich im Gebiet zwischen der Elbmündung und Havel/Spree wohnhaft und zogen dann in den Süden Germaniens. Der Teilstamm der Quaden wanderte bis nach Nordwestspanien (Galicia) weiter und gründete dort 411 ein Suebenreich, das 584 nach harten Abwehrkämpfen im Westgotenreich aufging.

Terwingen: Die „Waldbewohner“, alte Bezeichnung für die Westgoten.

Ulfila: Ist die griechische Bezeichnung für Wulfila (Wölfchen). Begründer des arianisch-germanischen Christentums. Geboren um 310, gestorben 383. Er agierte als Missionar und Bischof. War das geistliche Oberhaupt der Westgoten und übersetzte um 370 die Bibel ins Gotische. Sein Vaterunser, wie seine Glaubensrichtung übernahmen alle Ostgermanen.

Vandalen: Großes ostgermanisches Volk, es wanderte von der westlichen Ostsee über Schlesien und Dakien weiter nach Spanien und setzte von dort über nach Nordafrika. Sie gründeten unter König Geiserich 429 ein großes Reich im heutigen Tunesien sowie Westlibyen und Ostalgerien. Die Vandalen galten als hervorragende Seefahrer und wirkten auch als gefürchtete Piraten. Nach Jahren des Niedergangs und des Wohllebens wurde dieses Reich 533/534 von den Byzantinern vernichtet.

Visigoten: (Visi = West) Alte Bezeichnung für die Westgoten; entstanden auf der aus logistischen Gründen notwendigen Teilung bei der Wanderung der Goten von der Weichselniederung den Dnjestr hinunter.

Inzwischen hat **Günter Stoewer** zehn Bücher im Re Di Roma-Verlag veröffentlicht.

Die Reihe der **Bücher, die von Thule handeln** ist inzwischen auf sechs Bände gewachsen.

- Der Zug der letzten Goten (Vom Vesuv nach Thule)
- Der Adler über Thule (Vom Kerker auf den Thron)
- Adler und Viper (Der verheißene Prinz)
- Der allgegenwärtige König (Eine Gräfin auf der Suche)
- Gift und Stahl (Machtkampf in Thule)
- Magier und Engel (Eine königliche Ehe)

Ein siebter Band liegt handschriftlich vor. Dieses Material muss noch überarbeitet und getippt werden. Wann dieses Buch vorliegen wird lässt sich nicht absehen.

Außerdem veröffentlichte der Autor den dreibändigen Nachkriegsroman **Die Launen des Schicksals**.

*Die Erinnerungen der Carola H. + Die Liebe der Regula E.
*Geraubte Identität
*Ein denkwürdiger Tag

Sein Buch **G'schichten** (Eine lange und einige kurze) ist eher in der Jetztzeit verankert.